La Grande Histoire de

La Seconde Guerre Mondiale

DES PREMIÈRES VICTOIRES DU JAPON À STALINGRAD ET EL-ALAMEIN

Décembre 1941/Novembre 1942

DU MÊME AUTEUR

CHEZ LE MÊME ÉDITEUR

Dans la même collection rouge et blanche

LA GRANDE HISTOIRE DE
LA SECONDE GUERRE MONDIALE
Tome 1 : Septembre 1938-Juin 1940
de Munich à Dunkerque

Tome 2 : Juin 1940-Juin 1941
de l'Armistice à la Guerre du désert

Tome 3 : Juin 1941-Décembre 1941
de l'invasion de l'URSS à Pearl Harbor

LA GUERRE D'ALGÉRIE
Ouvrage couronné par l'Académie française

LA CONQUÊTE DE L'ALGÉRIE

LA FRANCE COLONIALE
1. La gloire de l'Empire
2. Retour à l'Hexagone

L'AFFAIRE SI SALAH

PAS MÊME UN CAILLOU

PIERRE MONTAGNON

La Grande Histoire de

La Seconde Guerre Mondiale

DES PREMIÈRES VICTOIRES DU JAPON À STALINGRAD ET EL-ALAMEIN

Décembre 1941/Novembre 1942

Pygmalion
Gérard Watelet
Paris

Sur simple demande adressée aux
Éditions Pygmalion/Gérard Watelet, 70, avenue de Breteuil, 75007 Paris
vous recevrez gratuitement notre catalogue
qui vous tiendra au courant de nos dernières publications.

ISBN 2-85704-402-X

Au commandant Bernard Cabiro,
grand officier de la Légion d'honneur,
patriote et soldat de légende.

THÉATRE DES OPÉRATIONS

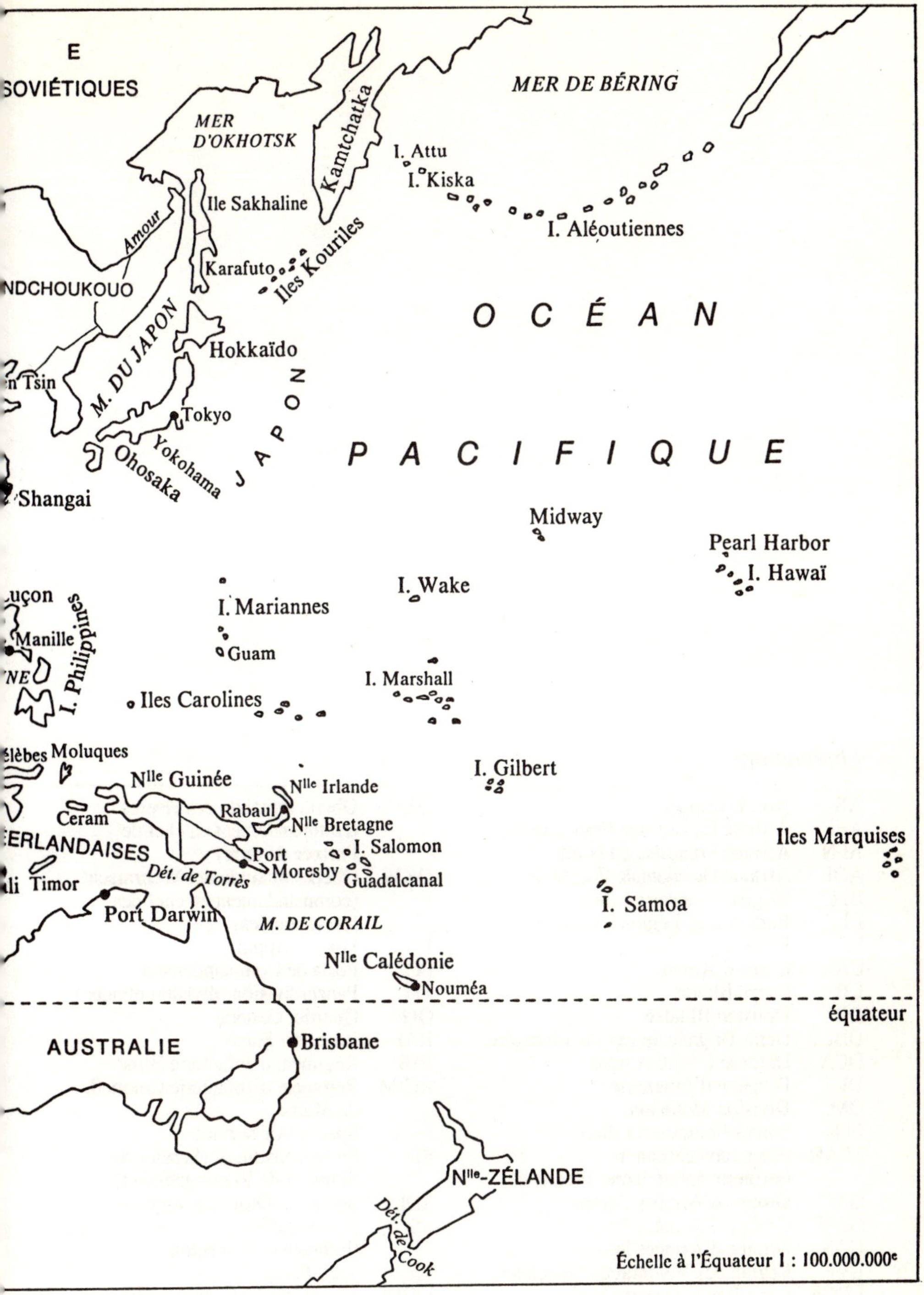

DÉCEMBRE 1941 - NOVEMBRE 1942

Abréviations

AB	Armée Blindée
AEF	Afrique Equatoriale Française
AFN	Afrique Française du Nord
AOF	Afrique Occidentale Française
BFL	Brigade Française Libre
BLE	Bataillon de Légion Étrangère
BP	Bataillon du Pacifique
CA	Corps d'Armée
CB	Corps Blindé
DB	Division Blindée
DBLE	Demi-Brigade de Légion Étrangère
DCA	Défense Contre Avions
DI	Division d'Infanterie
DM	Division Motorisée
FFL	Forces Françaises Libres
FLAK	Fliegerabwehrkanon (artillerie antiaérienne allemande)
GAC	Groupe d'Armées Centre
GAN	Groupe d'Armées Nord
GAS	Groupe d'Armées Sud
LVF	Légion des Volontaires Français
LRGB	Long Range Desert Group
MG	Maschinengewehr (mitrailleuse)
NKVD	Commissariat pour les Affaires intérieures
OKH	Oberkommando des Heeres (commandement en chef de l'armée de terre)
OKW	Oberkommando der Wehrmacht (commandement en chef des forces armées)
PA	Point d'Appui
PC	Poste de Commandement
PD	Panzerdivision (division blindée)
QG	Quartier Général
RAF	Royal Air Force
RIB	Régiment d'Infanterie Blindée
RCIM	Régiment d'Infanterie Coloniale du Maroc
SAS	Special Air Service
SD	Sicherheitsdienst (Service de Sûreté et de Renseignement)
SOL	Service d'Ordre Légionnaire
SS	Schutzstaffel (Echelon de Protection)
TF	Task Force
UGIF	Union Générale des Israélites de France
URSS	Union des Républiques Socialistes Soviétiques
WDAF	Western Desert Air Force

Chapitre premier

CONTRE-OFFENSIVE D'HIVER DEVANT MOSCOU

Il y avait eu le 1er septembre 1939, le 10 mai 1940, le 6 avril 1941, le 22 juin 1941 [1]. Le 8 décembre 1941 une nouvelle étape a été franchie. La Seconde Guerre mondiale a pris une autre dimension. Elle sort du cadre européen voire africain pour gagner l'Extrême-Orient et le Pacifique. Les États-Unis entrent dans le conflit. National-socialisme, fascisme, impérialisme japonais entendent renverser démocraties et bolchevisme curieusement unis. Qui l'emportera dans le bras de fer engagé le 3 septembre 1939 et relancé le 8 décembre 1941 ? Il faudra attendre la fin de 1942 pour commencer à voir ployer l'un des jouteurs à El Alamein et Stalingrad. D'ici là, 1942 sera encore une année sévère pour les puissances alliées contre l'Axe et le pays du Soleil-levant.

Avec cependant de premières éclaircies : les contre-offensives d'hiver de l'armée Rouge, les batailles de la mer de Corail et de Midway.

1. Correspondant, on s'en souvient : à l'agression contre la Pologne ; à l'offensive en Europe occidentale contre la France, la Belgique et les Pays-Bas ; à l'invasion de la Yougoslavie ; à l'attaque contre l'URSS.

*
* *

La phase décisive de la bataille de Moscou[1] s'est jouée de la mi-novembre au 5 décembre 1941[2]. De tout son poids, le GAC de von Bock s'est efforcé d'enlever la capitale soviétique. Les fantassins de la IVe armée ont poussé le long de « l'autoroute » Smolensk-Moscou. La IIe armée blindée de Guderian au sud, les IIIe et IVe armées blindées de Reinhard et Hoepner au nord ont essayé de lancer une vaste manœuvre d'encerclement. En vain. Ténacité et hiver soviétique ont eu raison de la puissance des PD et du courage des combattants. « Typhon », la marche sur Moscou, s'est terminée sur un échec. Leurs troupes à bout de forces, leurs lignes de communications tendues à l'extrême, les généraux allemands ont dû s'incliner devant l'inéluctable. Impossible d'aller plus avant. Dans la nuit du 5 au 6 décembre, ils ont tous prescrit de passer à la défensive.

Le front devant Moscou, le 5 décembre 1941, rend compte des efforts allemands des dernières semaines. Il épouse sensiblement la forme d'un bicorne planté devant Moscou. De part et d'autre de la ville existent deux larges trouées. Au sud de Kalinine occupée, les 3e et 4e AB se sont avancées jusqu'au canal Volga-Moscou. C'est là que les Allemands se sont le plus rapprochés de la capitale. Au sud, Guderian a buté sur Toula. Il l'a légèrement débordée en vue de remonter vers le nord, puis a été contré. Entre ces deux gigantesques béliers enfoncés dans le dispositif soviétique, la IVe armée de von Kluge a vu mourir son élan. Ses éléments de tête s'accrochent maintenant sur leurs positions à une cinquantaine de kilomètres de Moscou.

---

1. Par bataille de Moscou il faut entendre l'affrontement pour la prise de la capitale soviétique opposant

– côté allemand, le groupe d'armées centre du maréchal von Bock comprenant du nord au sud : la Xe armée de Strauss ; la IIIe armée blindée de Reinhard ; la IVe armée blindée de Hoepner ; la IVe armée de von Kluge ; la IIe armée blindée de Guderian ; la IIe armée de Weith ;

– côté soviétique, un ensemble comprenant : essentiellement le front ouest de Joukov (qui a englobé les rescapés du front de Briansk), au centre ; le front de Kalinine de Koniev, au nord ; l'aile droite du front du sud-ouest de Timochenko, au sud.

On sait que, dans la terminologie soviétique, « front » correspond à un groupe d'armées et « armée » sensiblement à un corps d'armée.

Les deux belligérants sont évidemment appuyés par leurs aviations respectives.

2. Cf. tome III, *De l'invasion de l'URSS à Pearl Harbor,* chap. 9.

Ces tentatives, bien qu'infructueuses, ont coûté cher. Du 16 novembre au 5 décembre, le GAC a compté 55 000 tués, 100 000 blessés ou atteints de gelures graves. 780 chars, 300 canons ont été détruits. Inexorablement, le front de l'Est commence à laminer la Wehrmacht.

Joukov, commandant du front de l'Ouest et maître d'œuvre de la défense de Moscou, a plié parfois mais n'a pas cédé. Renforcé [1], il a sans répit lancé de nouvelles troupes dans la mêlée. Les Sibériens, reconnaissables à leurs tenues blanches d'hiver, ont commencé à se manifester [2].

Ces Sibériens, robustes, bien équipés, constituent des recrues de choix. Staline, l'esprit libre, a pu dégarnir son Extrême-Est. Sorge, son premier espion, qui l'avait informé du déclenchement de Barbarossa, lui a assuré que les Japonais n'interviendraient pas contre l'URSS. Ils ont d'autres desseins et trop à faire. À partir du 8 décembre 1941, n'auront-ils pas contre eux Chinois, Britanniques, Américains, Hollandais, Australiens, Philippins ?

*
* *

Le 5 décembre 1941, le rapport des forces dans cette bataille de Moscou s'équilibre sensiblement. 720 000 Soviétiques contre 800 000 Allemands. Les nazis l'emportent en blindés, 1 000 chars contre 670, et en bouches à feu, 10 400 contre 5 900, mais la Luftwaffe n'a plus la maîtrise absolue du ciel. Elle est dominée par un adversaire qui a l'avantage de bases plus rapprochées.

La physionomie de la guerre évolue. Après de terribles revers, voici enfin pour l'armée Rouge quelques succès. Le 29 novembre, elle a repris Rostov-sur-le-Don. Tikhvine le sera bientôt. Sébastopol se défend avec opiniâtreté. La résistance de Moscou a galvanisé les énergies. Le soldat soviétique a six mois de feu derrière lui. Il s'est aguerri. Ses chefs ont gagné en expérience. La sélection (Staline aidant) a éliminé. Le sentiment patriotique s'est fortifié. La haine de l'envahisseur, devant ses exactions, s'est incrustée dans les cœurs. La discipline de

---

1. Il a reçu en particulier, en novembre, le renfort de la 1re armée de choc et des 10e et 20e armées.

2. Arriveront de Sibérie, au cours de l'hiver, 15 divisions d'infanterie, 3 divisions de cavalerie et 8 brigades de chars.

fer imposée par l'arsenal du parti interdit les dérobades. L'armée Rouge n'est plus ce qu'elle était le 22 juin 1941. Mieux motivée, mieux commandée, mieux armée aussi, plus nombreuse, elle devient dangereuse. La Wehrmacht l'apprendra de plus en plus à ses dépens.

* * *

Depuis la mi-novembre, devant une situation raffermie par l'incorporation de renforts et la résistance opiniâtre de ses combattants, la Stavka [1] pense contre-offensive. Elle voit large : écarter définitivement la menace qui pèse sur Moscou, rétablir les communications avec Leningrad, barrer la route du Caucase.

Pratiquement, suite à l'hiver et au potentiel disponible, la contre-offensive dite de décembre n'interviendra que devant Moscou.

Joukov sait ce qu'il peut attendre de sa troupe. Pas d'encerclement style Guderian. Pas de chevauchées à la poursuite d'un ennemi en retraite. Pragmatique, le commandant du front de l'Ouest se fixe des objectifs simples : rejeter l'ennemi le plus loin possible de Moscou, lui infliger le maximum de pertes. Pour ce faire, il dispose de 17 armées dans lesquelles ont été incorporés les Sibériens.

L'offensive débute le 5 décembre sur le front de Kalinine et sur la droite du front de l'Ouest. Elle se généralise, à partir du 6, sur 80 km de Kalinine à Yelets (200 km au sud de Toula). Les Soviétiques veulent éliminer les deux saillants qui tendent à enserrer Moscou.

Les 67 divisions du GAC, étirées sur un large front, sont surprises. Elles ne s'attendaient pas à une telle réaction de l'adversaire. Il n'est pas question de manœuvrer. Le thermomètre est tombé à – 35°. Les moteurs des chars et des véhicules refusent de démarrer. La neige interdit les déplacements. Les armes automatiques s'enrayent, culasses bloquées par le gel. Les gre-

1. La Stavka désigne l'aréopage de hautes personnalités militaires qui entourent le commandant suprême, Staline, avec mission de l'éclairer, de le conseiller pour définir la ligne des opérations. En décembre 1941, la Stavka comprend Vorochilov, Timochenko, Boudienny, Joukov, Chapochnikov. Organisme militaire, elle se différencie du GKO, Comité d'État pour la Défense, spécifiquement civil et politique, qui, présidé également par Staline, comprend Molotov, Malenkov, Beria, Kaganovitch, Voznessensky.

nades s'avèrent souvent les seules armes utilisables dans le corps à corps.

Résister sur place ou reculer ? Les généraux allemands entendent raccourcir leurs fronts pour mieux assurer leurs défenses. En maints endroits, sur initiatives locales, des unités se replient. Le 8 décembre, Hitler intervient. Sa directive n° 39 prescrit de passer partout sur la défensive mais surtout de ne tolérer aucun abandon de terrain :

> « L'armée ne doit pas faire un seul pas en arrière. Chaque homme doit combattre là où il se trouve. »

Le 16, il revient à la charge. Il enjoint à von Bock de :

> « Contraindre les troupes à défendre avec une extrême opiniâtreté les positions menacées, sans tenir compte des percées de l'adversaire sur les flancs et les arrières de nos troupes. »

La décision de Hitler, si décriée soit-elle par ses subordonnés, évite sans doute un désastre. Battant en retraite, les soldats allemands, pris en flagrant délit de manœuvre, auraient été plus aisément bousculés. La panique – qui parfois se manifestera – aurait pu précipiter vers l'arrière des hordes de fuyards. Contrainte et forcée, la Wehrmacht fait face. Ses unités, telle la Vieille Garde, forment le carré. Villes ou villages se transforment en hérissons [1] contre lesquels viennent buter cavaliers et fantassins soviétiques. Même débordés, ils résistent. L'armée Rouge n'a pas un parc suffisant de véhicules pour exploiter les brèches qui se creusent de-ci de-là. Et l'hiver sévit plus que jamais. Toujours – 30°, – 35°. Les Russes, mieux vêtus, souffrent moins que les Allemands, mais ils souffrent. Ils ne gagnent que dans la douleur et dans le sang les kilomètres qu'ils grignotent. Car les ordres de Hitler n'y peuvent rien. Les armes commandent. La Wehrmacht doit céder du terrain et des positions.

Le 7 décembre, la Volga est atteinte dans le secteur de Rzhev. La IXe armée allemande se retire derrière le fleuve. Le 9, la voie ferrée Moscou-Kalinine est coupée. Le 11, Istra, objet de très durs combats quelques semaines plus tôt, tombe.

---

1. Selon le fameux concept d'*Igelstellen* qui reviendra souvent par la suite dans le vocabulaire allemand.

Le 13, le Politburo ordonne aux services gouvernementaux évacués sur Kouïbychev de regagner la capitale. Cette décision tend à montrer aux diplomates étrangers que le danger s'est éloigné.

Le même jour, la bataille s'intensifie, au profit des Soviétiques. Kline, Kalinine seront occupées le 16 ; Volokolamsk, autre haut lieu de la défense de Moscou, le 20.

Au sud, les combats font tout autant rage dans la trouée de Toula. Le 18 décembre, le front de Briansk est reconstitué avec trois armées. Inséré entre les fronts ouest et sud-ouest, il a mission d'aider Joukov à écraser la IVe armée de von Kluge et la IIe armée blindée de Guderian. Ce dernier s'était engagé vers le nord pour contourner Moscou. Dans la nuit du 5 au 6 décembre, arrêtant son offensive et conscient de sa position avancée, il avait amorcé son retrait. Mais il se trouve dans une double impasse. Soldat, les ordres de Hitler lui imposent de ne pas reculer. Chef, il a conscience de condamner ses unités s'il ne les replie pas. Guderian a du caractère. Il n'hésite pas à aller voir Hitler pour obtenir le recul de ses blindés sur une ligne plus favorable. Il n'y gagne, à court terme, que son limogeage. Pour lui, comme pour nombre de ses pairs, la rupture s'amorce avec un haut commandement qui, à leurs yeux, refuse de prendre en compte les conditions réelles de la lutte.

Inexorablement, en effet, la situation se dégrade, tant pour Guderian que pour la IIe armée à sa gauche et la IVe armée à sa droite. Corps d'armée ou divisions encerclés et décimés [1]. Dispositif largement enfoncé. Villes perdues : Kalouga, Soukhinitchi, Yelets. Tout le secteur au sud de Moscou, conquis fin novembre, est perdu en une quinzaine de jours.

*
* *

La Wehrmacht, à son tour, connaît les mécomptes de la défaite et de la retraite. Matériel lourd abandonné. Véhicules calcinés. Blessés sans soins. Combattants faits prisonniers. Habitués à des victoires aisées et peu coûteuses, les Allemands payent en URSS le prix de la guerre voulue par leur Führer. Au 10 décembre, l'état-major peut faire un premier bilan : 750 000 hommes hors de combat dont 200 000 morts depuis le 22 juin, soit 24,22 % des effectifs engagés. Les semaines à venir coûteront encore très cher.

---

1. Le 34e CA de la IIe armée est encerclé et anéanti à l'ouest d'Yelets.

Le soldat soviétique n'est pas enclin à s'apitoyer. Il retrouve sa terre dévastée, isbas et villages incendiés, villes en majeure partie détruites. Istra n'a plus que trois maisons intactes. Partout s'étalent les traces des méfaits. À Volokolamsk, huit cadavres se balancent à un gibet. Six hommes, deux femmes. « Partisans », annonce une pancarte...

*
* *

Cette contre-offensive victorieuse de l'armée Rouge, à l'heure où les Anglo-Américains éprouvent de rudes revers en Extrême-Orient, conforte la position internationale de l'URSS. Elle apporte un espoir dans le camp des peuples opprimés. Les Allemands peuvent être battus.

Entrée des États-Unis dans le conflit. Échec allemand devant Moscou. Les observateurs lucides admettent désormais que la victoire de l'Axe n'est pas encore assurée. Ce mois de décembre 1941 marque un premier tournant.

*
* *

A Rastenburg, son PC avancé en Prusse-Orientale, Hitler s'inquiète et s'irrite. Il est loin de la ligne Arkhangelsk-Astrakhan qu'il s'était fixée. L'avenir de la guerre est peut-être remis en question. Les généraux qui n'ont pas su glaner les succès escomptés paieront. L'opinion populaire connaîtra les coupables.

Von Rundstedt, commandant du groupe d'armées sud, a déjà été poussé vers la sortie fin novembre [1]. Motif : avoir accepté d'abandonner Rostov-sur-le-Don. Il est le premier d'une longue série.

Von Brauchitsch, le chef de l'OKH, est à bout de nerfs. Intermédiaire obligé entre Hitler et ses généraux, il subit les remontrances des uns et de l'autre. Le 19 décembre, il se décide à affronter Hitler pour essayer d'obtenir ce repli général que réclament ses pairs. Au bout de deux heures de palabres à sens unique, il ressort blême et épuisé. Il n'est plus chef de l'OKH. On apprend vite qu'il n'aura pas de successeur. Hitler s'octroie le commandement de l'armée.

Von Bock, malade, connaît le même sort que von Brauchitsch. N'est-il pas le « vaincu » de Moscou ? L'habile von

1. Remplacé par von Reichenau.

Kluge le remplace. Guderian est limogé le 26 décembre, peu après son entretien avec Hitler, pour avoir retraité sans ordres (reproche sans fondement dans le cas précis invoqué). Hoepner, en janvier 1942, sera même renvoyé de l'armée pour avoir ordonné à l'un de ses corps d'armée de se replier [1]. En quelques semaines, 36 généraux de corps d'armée ou de division subissent le même traitement. Le courroux de Hitler atteint le GAN qui piétine devant Leningrad. Von Leeb, officiellement pour raisons de santé, est mis à la retraite, le 18 janvier 1942. Son successeur, von Küchler, nazi fidèle, ne fera pas mieux.

Hitler, dans sa mauvaise humeur, s'est privé de chefs expérimentés et respectés. Théoricien et habile tacticien sur le terrain, Guderian, « Heinz le rapide », a un nom dans la Wehrmacht. Bientôt, les événements imposeront au Führer de rappeler ceux qu'il a chassés. Von Rundstedt, von Bock, Guderian reviendront.

Hitler perd des généraux. Dans cette bataille d'usure qui se prolonge devant Moscou, il perd aussi les meilleurs de ses combattants, ceux des grandes chevauchées de Pologne, de la campagne de France, des plaines soviétiques. Des milliers et des milliers de chefs de chars, de tireurs, de conducteurs ne réapparaîtront plus sur le champ de bataille. La mitraille et le froid soviétique les ont couchés à jamais. Ils constituaient les équipages des IIe, IIIe et IVe armées blindées, le fer de lance de la Wehrmacht. Après Moscou, le glaive sera définitivement émoussé.

*
* *

Au début de janvier 1942, la situation de Moscou s'est bien améliorée. Les deux grandes trouées risquant d'enfermer la capitale ont été résorbées. Au nord, l'avance soviétique a été de l'ordre de 70 km en moyenne ; au sud, entre Orel et Toula, souvent du double. Toula est entièrement dégagée. Koursk, Orel, Briansk, Roslavl s'annoncent comme des objectifs possibles. En revanche, au centre, vers Mojaisk, le dispositif allemand a peu lâché. La IVe armée s'accroche à ses retranchements, à une soixantaine de kilomètres à l'ouest de Moscou. Non sans danger. Ses positions en flèche sont susceptibles d'être tournées par des attaques surgissant de Volokolamsk ou de Kalouga.

---

1. Hoepner, anti-nazi farouche, participera à l'élaboration du complot du 20 juillet 1944 et sera pendu le 8 août.

*
* *

L'armée Rouge, la rigueur de l'hiver, ont eu raison de l'offensive de la Wehrmacht sur Moscou. En sont-elles les seules responsables ? Des années après la mort du dictateur, Joukov écrira dans ses *Mémoires* :

> « Fréquemment, je suis interrogé sur le rôle de Joseph Staline pendant la bataille de Moscou.
>
> « Joseph Staline demeura à Moscou pendant toute cette période, coordonnant hommes et moyens matériels pour battre l'ennemi. Il faut lui rendre ce qui lui est dû. En dirigeant le Comité d'État à la Défense (GKO) et en s'appuyant sur les cadres supérieurs des commissariats du peuple, il effectua un travail colossal sur le plan de l'organisation des réserves stratégiques et des moyens matériels nécessaires. Par son exigence rigoureuse, il parvint à obtenir, si l'on peut dire, jusqu'à l'impossible. » [1]

Par sa rude exigence, *il obtenait l'impossible.* L'expression rend compte de la réalité. Des hommes, comme toujours, ont façonné le sort de Moscou à l'automne 1941 : Hitler, par sa décision trop tardive ; Joukov, par sa science militaire ; Staline, par son intransigeance inhumaine. Hors de tous sentiments, ce dernier a tiré des siens le meilleur d'eux-mêmes.

*
* *

En décembre, l'armée Rouge a connu un autre succès. De moindre envergure mais positif pour le sort de Leningrad. Le 10 décembre le général Meretskov a chassé les Allemands de Tikhvine. Dans la seconde moitié du mois, il parvient à les repousser à l'ouest du Volkhov. La voie ferrée menant au Ladoga redevient exploitable. Certes, la liaison directe avec Leningrad reste verrouillée par l'occupation de Schlüsselburg. La route de la glace sur le lac est toujours, durant l'hiver, le seul accès à la ville. Cependant, l'utilisation de la voie ferrée par Tikhvine offre d'autres possibilités que l'itinéraire de Zaborojé, terminé le 6 décembre

---

1. G. Joukov, *Mémoires,* tome I, p. 526.

au milieu des forêts et des marécages. Grâce à ce cordon « convoi de la glace – chemin de fer de Tikhvine » la reliant à l'extérieur, Leningrad parviendra à tenir.

Fort de tous ces résultats, Moscou, Tikhvine, Staline entend poursuivre et prolonger la contre-offensive lancée le 6 décembre :

> « Les Allemands sont en plein désarroi du fait de leur défaite dans la région de Moscou, ils sont mal préparés à l'hiver. C'est actuellement le meilleur moment pour passer à l'offensive. »

Il reprend les précédents objectifs devant Leningrad, Moscou et Rostov. Il y inclut le Donbass. Joukov, toujours réaliste, s'efforce d'expliquer l'impossibilité d'une action généralisée, mais le maître du Kremlin s'obstine. Il veut « pulvériser les Allemands pour qu'ils ne puissent attaquer au printemps ». Les événements lui révéleront vite l'utopie d'une telle perspective.

*
* *

Devant Leningrad comme en Ukraine, l'armée Rouge n'a pas les moyens d'inquiéter sérieusement la Wehrmacht. Moscou a bénéficié des priorités. Les armées de réserve lui ont été attribuées. Courant janvier 1942, Staline les ventilera à nouveau du nord au sud. Il sera trop tard. L'émiettement ne permettra pas de modifier les rapports de forces. Presque partout, les offensives soviétiques seront sans grands lendemains [1]. L'Ukraine connaîtra une petite reprise de terrain au-delà du Donetz, le « saillant de Barvenkovo ». La Crimée sera l'objectif d'un débarquement qui échouera [2]. Dans les premiers mois de 1942, le gros des combats se localisera devant Moscou : l'armée Rouge voudra en écarter totalement le danger, la Wehrmacht y maintenir une avance chèrement acquise.

*
* *

---

1. Le front du nord-ouest ne parviendra pas, au sud du lac Ilmen, à isoler la XVIe armée allemande avancée sur Demiansk. Les contre-attaques allemandes repousseront les tentatives des 2e et 1re armées de choc (retirées à Joukov) qui manquent là une belle occasion d'encercler et d'anéantir le gros d'une armée allemande.

2. Cf. chap. 8.

Le 10 janvier, le front ouest de Joukov attaque en force à hauteur de Volokolamsk. Au terme de deux journées de combats acharnés, la défense allemande plie. Joukov veut exploiter son avantage mais Staline lui retire la 1re armée de choc et la 16e armée. Son dispositif s'étire et s'affaiblit. Ses troupes s'arrêtent. Les progrès viendront des ailes.

Au sud-est du lac Ilmen, le front de Kalinine a trouvé une ligne de défenses irrégulières. Ses 3e, 4e et 39e armées s'enfoncent résolument vers le sud et le sud-ouest. Au début de février, leur progression atteindra plus de 250 km. Vitebsk et Smolensk seront directement menacées.

Cette percée venue du nord peut conduire à un large encerclement du gros du GAC, toujours figé à l'ouest de Moscou. À condition que le flanc gauche, remontant du sud, puisse faire jonction. La situation, sur la carte, permet toutes les espérances. Le front de Briansk s'est avancé dangereusement entre Viazma et Briansk. Il approche de Kirov. La brèche entre les 39e armée au nord et 10e armée au sud n'est que de 120 km environ. En l'obturant, l'armée Rouge rendrait à la Wehrmacht la pareille des grands coups de tenaille de l'été 41. Le plan est grandiose.

Est-il réalisable, face à un adversaire qui, le 3 janvier, a reçu une nouvelle injonction de Hitler ?

> « S'accrocher à chaque localité, ne pas reculer d'un pas, se défendre jusqu'à la dernière cartouche, la dernière grenade, voilà ce que le moment présent exige de nous. »

Est-il également concevable dans les conditions atmosphériques de l'heure ? L'hiver 1941-1942 demeure des plus rigoureux [1]. La température oscille entre – 20° et – 25°. En janvier, la neige tombe en abondance. Il est difficile de se déplacer en dehors des routes ou des pistes.

Les Soviétiques, toutefois, disposent d'un atout pour barrer les arrières du GAC : leurs partisans.

Dans les forêts à l'est de Smolensk, entre Viazma et Roslavl, et au milieu de l'intervalle à combler, deux immenses poches se sont progressivement formées. Elles couvrent un territoire vaste comme plusieurs départements français. Les Soviétiques les regardent comme libérées. Elles sont le fief des partisans, ces

1. Sans équivalent, paraît-il, depuis 140 ans.

combattants surgis de la défaite et de l'occupation [1]. Des profondeurs boisées, ils font irruption pour harceler la Wehrmacht et ses lignes de communications. Les voies ferrées qui, depuis Smolensk, rayonnent vers Viazma et Moscou, Roslavl et Briansk, Soukhinitchi et Toula, sont leurs cibles privilégiées. En ces mois d'hiver, ils feront sauter 650 ponts et dérailler 225 trains.

Épaulés, encadrés, ces milliers de partisans peuvent, dans l'esprit de la Stavka, constituer le bouchon obturant la porte de sortie du GAC. À cet effet, elle lance, dans la bataille, des parachutistes, deux corps de cavalerie, et la 33e armée du général Efremov.

Dans la nuit du 18 janvier, 452 parachutistes sont largués dans la région de Jalanie (40 km au sud de Viazma). 1 200 autres les rejoindront les quatre nuits suivantes. 2 300 seront encore largués du 27 janvier au 2 février non loin d'Osesetchnia (50 km à l'ouest de Viazma). Seul le manque de tonnage aérien limite ces parachutages, amenant sur le terrain des troupes d'élite [2].

Simultanément, deux corps de cavalerie réalisent deux raids de légende. Débouchant, l'un du nord, l'autre du sud, le 11e corps du général Gorin et le 1er corps du général Belov rejoignent les partisans. Viennent se joindre à eux les éléments de la 33e armée

---

1. Des unités de partisans, regroupant rescapés, déserteurs, volontaires, membres du Parti, se sont progressivement constituées durant le second semestre 1941 en Russie, Biélorussie, Ukraine, Crimée. Leur nombre et leur puissance croissant, elles perturberont de plus en plus les arrières de la Wehrmacht. Celle-ci devra consacrer des troupes importantes à essayer de les neutraliser. Après ses combats devant Moscou en décembre 1941, la LVF sera chargée de cette mission jusqu'au 1er septembre 1944 (cf. *De l'invasion de l'URSS à Pearl Harbor*, tome III).

2. Les Soviétiques ont été, bien avant la Seconde Guerre mondiale, de grands précurseurs dans le domaine des troupes aéroportées. Les écoles de saut étaient nombreuses, à Moscou et Maly-Viazma notamment. En 1939, le nombre de brevets décernés dépassait 100 000.

En septembre 1935, à l'occasion des manœuvres de l'armée Rouge, 600 paras sont largués dans la région de Kiev, 1 200 dans la région de Moscou. 1 200 le seront à nouveau près de Minsk en 1936.

Ce, alors qu'en France le parachutisme restait embryonnaire. En 1939, les 601e et 602e compagnies d'infanterie de l'air basées à Reims et Maison-Blanche, près d'Alger, n'alignaient pas 300 parachutistes. (Le capitaine Geille, fondateur avec le capitaine Sauvagnac de ces unités, avait été envoyé en URSS pour s'y instruire.)

Les Allemands avaient mis sur pied un solide corps de parachutistes qui devait intervenir en Norvège, Belgique, Hollande et Crète (cf. tome I : *De Munich à Dunkerque,* et tome II : *De l'Armistice à la guerre du Désert*).

qui ont résolument marché vers l'ouest à travers le dispositif allemand.

Cet ensemble, partisans, parachutistes, cavaliers, fantassins, sera-t-il capable d'assurer le verrouillage du GAC de von Kluge ? Non.

Les Russes manquent d'artillerie, et plus encore de munitions. Les Allemands se battent farouchement. Ils contre-attaquent les unités qui essayent de les encercler. Des renforts venus d'Europe occidentale se portent sur Viazma.

Les partisans tombent dans le piège de la « grande guerre ». Troupes de guérilla, ils doivent, moustiques insaisissables, frapper vite, nulle part et partout. Épousant la tactique des troupes régulières, ils se heurtent à mieux armé et mieux structuré. Leurs pertes sont énormes. Leurs compagnons, eux aussi, connaissent le même destin. Des semaines de combats vident les rangs d'unités mal soutenues. Les maigres secours n'arrivent que par air. Les divisions de Efremov passent de 8 000 à 1 400 hommes. Les brigades de chars ne comptent plus que 15 à 20 unités.

Au début d'avril, la situation bascule. L'assiégeant devient l'assiégé. Les Allemands tiennent solidement le triangle Rjev-Gjarsk-Viazma. Leurs liaisons sont assurées. La poche de Viazma reste largement ouverte sur l'extérieur. Les Soviétiques, fixés entre Viazma et Smolensk, connaissent des jours difficiles. Ordre leur est donné de percer et de regagner les lignes. Certains y parviendront. Nombreux tomberont. Un des deux corps de cavalerie sera quasiment anéanti.

Joukov écrira : « La noix était plus dure que nous ne l'avions pensé. »

Ce repli sonne le glas définitif de la contre-offensive d'hiver. L'armée Rouge devant Moscou est à bout. Les combattants sont épuisés. L'armement, les munitions arrivent mal. Le dégel accentue les difficultés de communications. A l'instar des autres secteurs de Leningrad ou de l'Ukraine, le front s'immobilise. Un calme relatif s'établit pour le printemps.

*
* *

Le bilan de l'offensive d'hiver ne s'avère, toutefois, pas négatif pour l'URSS. Joukov a repoussé l'ennemi à 150 km à l'ouest. Moscou n'est plus à la merci du raid d'un commandant de panzers audacieux. 150 000 km² de territoire ont été réoccupés. Ils comptaient, avant la guerre, cinq millions d'habitants.

Pour la Wehrmacht, la bataille de Moscou, échec militaire, se solde par une lourde saignée [1]. L'offensive d'hiver lui a coûté 400 000 hommes [2]. Le front russe s'affirme la préoccupation première d'Hitler et de l'OKW. Des renforts importants doivent y être acheminés. De décembre 1941 à avril 1942, 36 divisions, 8 brigades blindées (soit environ 800 000 hommes) sont ramenées de l'ouest vers l'est. En conséquence, l'invasion de la Grande-Bretagne est définitivement écartée.

Politiquement, la contre-offensive soviétique corrobore l'échec de décembre 1941 sur Moscou. La Wehrmacht, qui a dû céder du terrain, perd son auréole d'armée invincible. Les hésitants réfléchissent. Espagne, Turquie ne se risquent pas à rejoindre un camp au succès aléatoire. Le Japon se gardera de se manifester en Sibérie orientale.

Si l'Allemagne termine affaiblie cette première phase de la guerre, paradoxalement, l'autoritarisme de son chef en sort renforcé. Hitler avait imposé de résister sur place sans céder du terrain. Cette tactique a payé. Le pire a été évité. Le maître du IIIe Reich se conforte dans sa certitude de ses talents militaires et des vertus de la défensive statique. Il a éliminé les généraux qui ne partageaient pas ses vues. Fort du précédent, il imposera le même refus aux mouvements de repli. Les désastres, à commencer par celui de Stalingrad, seront au terme de son implacable obstination.

L'URSS n'a pas pour autant partie gagnée. La Wehrmacht occupe la partie la plus riche et la plus peuplée du territoire ennemi. Celle qui produisait 65 % du charbon, 48 % des céréales, 60 % de l'aluminium, 65 % de l'acier. Les pertes humaines ont été terribles. Les estimations hésitent sur le bilan exact du 22 juin 1941 à la fin de l'offensive d'hiver. De 5 à 7 millions de tués et blessés. De 3 à 5 millions de prisonniers. L'URSS, heureusement pour elle, dispose d'un capital humain de 179 millions d'habitants. De ce vivier, la poigne de fer de Staline tirera les millions de combattants nécessaires pour les batailles à venir.

---

1. De janvier à mars 1942, la IVe armée perd 97 000 hommes, la IXe armée à peu près autant.

2. Les pertes allemandes à l'est, on l'a vu, s'établissent à 750 000 hommes le 10 décembre 1941 (tués, blessés, disparus, prisonniers). Elles seront de 946 000 hommes le 10 février 1942, 1 183 000 hommes le 10 mai 1942, 1 472 000 hommes le 10 août 1942, 1 637 000 hommes le 10 septembre 1942. À la fin de la campagne d'hiver, les Allemands ont donc perdu plus d'un million d'hommes. La bataille de Moscou, à elle seule, leur aura coûté 500 000 hommes, 1 300 chars, 2 300 pièces d'artillerie, 15 000 véhicules, 250 000 chevaux.

Chapitre II

LA RUÉE JAPONAISE

Chronologiquement, le déroulement des principales invasions japonaises peut s'établir comme suit :

décembre 41 :	Guam, Wake, Hong Kong
déc. 41 - 15 février 42 :	Malaisie, Singapour
janvier - 9 avril 42 :	Philippines, Bataan
février - 9 mars 42 :	Indes néerlandaises
mars - mai 42 :	Birmanie
avril - 6 mai 42 :	Corregidor.

Ce calendrier répond à une logique stratégique. Hong Kong, Wake, la Malaisie, occupées très rapidement, libèrent des troupes pour en finir avec les Philippines tout en permettant d'intensifier l'attaque sur les Indes néerlandaises. Si les Philippines, jusqu'à la mi-avril, constituent un souci sérieux, les Indes néerlandaises sont assez vite envahies. Il devient alors possible d'intervenir en Birmanie tout en s'orientant vers la Nouvelle-Guinée et la Nouvelle-Bretagne, portes de l'Australie.

Pour être mieux appréhendés, les faits doivent être étudiés théâtre par théâtre. A défaut de respecter le strict déroulement chronologique, l'analyse ira des premiers revers, en décembre

1941, en Malaisie, aux Philippines, en Birmanie et finalement aux Indes néerlandaises, cette dernière avancée annonçant les futures batailles, plus faciles à cadrer dans le temps, de la mer de Corail, de Midway et de Guadalcanal.

Les interventions japonaise sur Ceylan, anglaise sur Madagascar, celle-ci s'étalant sur l'année 1942, relèvent des opérations dans l'océan Indien. À ce titre, sans oublier toutefois les répercussions de l'affaire de Madagascar, sur les rapports Grande-Bretagne – France Libre, elles s'intègrent dans la guerre en Extrême-Orient et dans le Pacifique. Elles feront l'objet d'un chapitre spécifique, arbitrairement détaché par la suite.

*
* *

Au soir du 8 décembre 1941, le bilan est lourd pour Américains et Britanniques. Le gros de la flotte du Pacifique a été détruit à Pearl Harbor. Bombardiers B/17, chasseurs P40 ont connu, à Luçon, un sort identique. Hong Kong est envahi. Wake a été attaqué. Guam, les concessions de Shanghaï sont occupés. Singapour a subi un bombardement meurtrier. En Malaisie, des débarquements ont eu lieu en plusieurs points. La première journée a procuré aux Japonais un avantage incontestable [1].

Et ce n'est pas fini. Deux jours plus tard, la 22e flotte aérienne japonaise a envoyé par le fond le *Prince of Wales* et le *Repulse* que Churchill avait expédiés à Singapour à titre de dissuasion [2].

Ces agressions, aussi brutales qu'inopinées, ne laissent pas d'autre choix que de se battre. Se battre quel qu'en soit le prix. La sauvegarde de la liberté face à l'impérialisme nippon l'impose. Même si chaque jour de ce mois de décembre 1941 sonne un peu plus le glas de la présence anglo-américaine dans le Pacifique et en Extrême-Orient.

*
* *

Hong Kong

Le major général Maltby espérait contenir l'adversaire, durant quelques jours, dans les Nouveaux Territoires, le long de

1. Cf. tome III, *De l'invasion de l'URSS à Pearl Harbor*, chap. 20.
2. Cf. *ibid.*, chap. 21.

la ligne Gindrinkers. Son vis-à-vis japonais, le général Taikaishi Sakai, ne le lui permet pas. Sa supériorité est du simple au double. Il attaque avec 20 000 hommes bien appuyés par l'artillerie et l'aviation. Les positions écossaises sont enfoncées. La chute de la redoute de Shing Mu, point fort du dispositif, le 9 décembre, ébranle la résistance. L'évacuation de la partie continentale de Hong Kong devient inévitable.

A Kowloon, réserves de carburants, entrepôts, navires marchands sont détruits ou sabordés, ainsi que les batteries de l'île de Stonecutters. Mais les Japonais réussiront à s'emparer de centaines de jonques et de sampans qui se révéleront fort utiles.

Hong Kong n'est pas bien vaste, 88 km^2 seulement. L'île, plus longue que large, se creuse de ravins et se piquette de hauteurs de 300 à 600 m. Ses côtes, très découpées, se prêtent mal à la surveillance. Le continent est proche. Quelques centaines de mètres le séparent de la corne nord-est. Devil's Peak, désormais aux mains des Japonais, de l'autre côté du détroit de Lei U Mun, domine les rivages et le fort de Sai Wan.

Taikaishi Sakai pensant l'emporter rapidement adresse un ultimatum au gouverneur, Sir Mark Young, qu'il menace d'un sévère bombardement. Refus catégorique. Young exhorte les siens à « tenir bon pour le roi et pour l'Empire ».

Tenir, oui, mais comment ? Maltby dispose de 10 000 Canadiens, Écossais, Indiens et d'environ 2 000 volontaires de Hong Kong. Au total, 26 canons et 56 postes de mitrailleuses couvrent des kilomètres de littoral. Radar, reconnaissance aérienne font défaut. L'île doit aussi compter avec des saboteurs et une « cinquième colonne », même si la population chinoise [1] dans sa quasi-totalité n'est pas favorable aux Japonais.

Taikaishi Sakai tient parole. Un intense bombardement s'abat sur Hong Kong. La plupart des fortins et des projecteurs sont atteints. Le 17, le Japonais envoie un second ultimatum. Nouveau refus.

Le lendemain, des préparatifs de débarquement sont repérés de l'autre côté du détroit de Lei U Mun. Le fort de Sai Wan est neutralisé par des bombardiers en piqué. Dans la nuit, sur les jonques et sampans capturés à Kowloon, 6 bataillons franchissent le détroit avant le lever de la lune. Les Japonais sont dans l'île, et avec eux les crimes de guerre. Prisonniers, personnel médical sont, entre autres, massacrés à la baïonnette.

---

1. Hong Kong, en 1941, comptait 1 500 000 habitants, presque tous chinois.

Dans la confusion nocturne des premiers comptes rendus, Maltby tente de lancer quelques contre-attaques. Toutes échouent ou tombent dans le vide. Au jour, la situation est plus claire. Les Japonais ont établi une solide tête de pont au nord-est de l'île. Indiens et volontaires s'efforcent de les stopper, mais Wong Nei Chong Pass, le carrefour central, tombe. Les forces britanniques sont menacées d'être coupées en deux. Le général Lawson, encerclé, a été tué en essayant de se dégager.

Durant huit jours, la bataille va faire rage, avec de lourdes pertes de chaque côté. Le 21, Maltby s'efforce encore de reprendre Wong Nei Chong Pass, mais les Japonais poussent sans relâche. Peu à peu, ils enfoncent le coin. La résistance britannique éclate et se reporte sur la péninsule Stanley, à l'extrémité sud, et dans la partie ouest de l'île.

La garnison est épuisée, ses unités exsangues. La colline Bennets, l'un des ultimes bastions, n'est plus défendue que par 32 grenadiers canadiens, 14 aviateurs, 10 marins et 43 volontaires. Eau, munitions commencent à manquer. Le 22, la majorité des citernes a été saisie par l'ennemi.

Le 25 au matin, les défenseurs sont acculés dans leurs deux réduits. A 15 h 15, Maltby indique au gouverneur « que la poursuite de la lutte signifierait le massacre de la garnison, risquerait d'attirer de lourdes représailles sur la population civile et n'affecterait pas le résultat final ». Sir Mark Young doit se résigner à capituler sans conditions.

4 500 Canadiens, Écossais, Indiens ou volontaires ont été tués. 6 500 sont prisonniers. Les Japonais auraient perdu 2 750 hommes.

L'Union Jack ne flotte plus sur Hong Kong, haut lieu de la puissance britannique en Extrême-Orient. Dans l'île livrée à la soldatesque ivre, viols, pillages, meurtres se succèdent avec l'aval du commandement japonais.

Malaisie

Le général Yamashita [1], commandant de la XXVe armée chargée d'envahir la Malaisie, a besoin d'une victoire rapide. Ancien membre du Koda-Ha, organisation terroriste responsable d'un coup d'État en 1932, il est marqué. Seule sa valeur

1. Exécuté, en 1946, comme criminel de guerre.

professionnelle incontestable lui a permis d'émerger mais, en cas d'échec, il ne lui sera rien pardonné.

Tokyo est aussi pressé que Yamashita de voir ses armes l'emporter en Malaisie. Ce protectorat britannique fournit 38 % du caoutchouc mondial et 58 % de l'étain. Et, à l'extrémité de la péninsule malaise, presque sur l'équateur, se dresse Singapour, autre clé de la puissance britannique en Extrême-Orient.

Le colonel Tsuji, l'un des « cerveaux » de l'État-Major nippon, était parvenu, au terme d'une longue étude, à trois conclusions essentielles : Singapour est très mal défendue du côté de la terre ; le potentiel aérien britannique en Malaisie est fortement surestimé ; enfin, sur les 88 000 hommes chargés de la défense de la péninsule malaise, moins de 40 % sont britanniques. D'où l'idée de Tsuji d'une attaque terrestre en Malaisie, la plus rapide possible, pour ne pas laisser à l'adversaire le temps de fortifier Singapour vers le nord. Ce plan impliquerait de disposer de moyens de génie importants pour franchir les cours d'eau.

Yamashita, forte personnalité et forte carrure, avait donc la charge de mener à bien cette mission capitale pour l'économie de son pays et la mise à mal du prestige du Royaume-Uni. Pour ce faire, il lui avait été confié de gros moyens : trois divisions d'infanterie dont deux très expérimentées [1], deux régiments d'artillerie lourde, une brigade de chars [2], soit au total 60 000 hommes. 459 avions, 159 navires se tenaient prêts à le soutenir. L'implantation de troupes japonaises en Indochine, depuis juillet 1941, lui assurait des bases relativement proches. L'occupation concomitante de la Thaïlande permettra d'acheminer rapidement des renforts par l'isthme de Kra. Chez tous, soldats, marins, aviateurs, le moral était au plus haut.

---

1. Les 5e et 18e divisions, qui avaient participé à de nombreuses opérations de débarquement en Chine.

2. Tous chars légers :

– type 94 : poids, 15 tonnes ; équipage, cinq hommes ; vitesse, 40 km/h ; armement, un canon de 57 mm, deux mitrailleuses de 7 mm ;

– type 95 : poids, 10 tonnes ; équipage, trois hommes ; vitesse, 40 km/h ; armement, un canon de 37 mm, deux mitrailleuses de 7 mm.

Ces chars faiblement blindés (17 m/m maximum) offrent l'avantage d'être aisément transportables, d'opérer sur un terrain bien différent des larges horizons d'URSS ou d'Afrique du Nord et d'avoir en face d'eux un adversaire peu muni d'armement antichars. Leur apparition devait apporter une contribution non négligeable aux succès nippons en Malaisie et Birmanie.

Le général Percival [1], commandant en chef en Malaisie, peut compter sur trois divisions d'infanterie, deux régiments blindés et des services [2]. Ses troupes, mal entraînées, ne sont pas préparées à la guerre dans la jungle. Beaucoup sont immobilisées dans des servitudes de gardiennage. Jusqu'au début de décembre 1941, l'entraînement s'est effectué avec difficulté. Les intérêts mercantiles prévalaient. L'accès dans les plantations de caoutchouc était interdit. Quant aux 141 avions de la RAF, largement dispersés, ils sont démodés dans leur ensemble [3].

En dépit des bourrasques et des creux de 6 pieds, les débarquements du 8 décembre 1941 à Singora et Patani, en Thaïlande, et Kota-Bahru, au nord-est de la Malaisie, sont un succès. Conséquence immédiate, les Thaïlandais se rangent dans le camp nippon. A Kota-Bahru, la résistance anglaise est bousculée après une chaude réception. En fin de journée, le général Key doit replier la 8e brigade indienne. La RAF ne connaît pas un meilleur sort. Ses terrains ont été soigneusement bombardés et mitraillés. Son potentiel, dans le nord de la Malaisie, est passé de 110 à 50 appareils. En outre, les Japonais occupant désormais l'aérodrome de Singora sont à même d'appuyer sans délai leurs contingents au sol.

De Singora et de Patani, plus que de Kota-Bahru, ils sont en excellente position pour descendre vers le sud. C'est du reste là qu'ont débarqué leurs deux meilleures divisions, les 5e et 18e. Sur la partie occidentale de la péninsule, de bonnes routes mènent à Kuala Lumpur, Malacca et Singapour. La 11e division indienne y est signalée tenir l'important carrefour routier de Jitra, peu après la frontière.

Il pleut, il pleut sans relâche. Le ciel déverse des cataractes. Les emplacements de combat se transforment en poches d'eau. Le temps a manqué pour disposer des barbelés et des mines. Les Britanniques commettent également l'erreur de trop s'étaler. La 5e division japonaise, attaquant avec des chars, se heurte à des positions sans grande consistance. En certains endroits, les hommes s'abritent sous des hévéas, au lieu d'occuper leurs

---

1. Qui venait de remplacer le général Pownall, nommé chef d'état-major de Wavell.

2. Soit : 19 600 Anglais, 15 200 Australiens, 37 000 Indiens, 16 000 recrues locales.

3. 17 bombardiers Hudson, 34 Blenheim, 27 Wildebeeste, 43 chasseurs Buffalo, etc.

emplacements de combat. Des postes antichars seront trouvés démunis de servants. Malgré quelques belles résistances ponctuelles, le commandement local redoute d'être débordé. Le 11, vers 22 heures, Percival finit par accepter l'ordre de repli qui lui est soumis.

Un repli qui tourne vite à la débandade. La 11e division, prise de panique par le bruit des chars et les rumeurs d'encerclement, s'enfuit sous la pluie. Elle perd du monde et abandonne tout son matériel lourd. Jitra s'achève en désastre pour les armes britanniques.

Les Japonais exultent :

> « Les Indiens n'ont pas l'esprit combatif [...] Ils sont contents de se rendre [...] Ils sont soulagés d'en avoir fini avec la guerre [...] »

Yamashita écrit :

> « Si des troupes indiennes sont incluses dans les forces britanniques défendant la Malaisie, le travail devrait être facile. »

La perte de Jitra ouvre la porte de la Malaisie. D'entrée, la campagne est compromise. Le temps manquera aux Britanniques pour déployer des renforts et organiser les défenses de Johore et Singapour.

Gurin, 40 km au sud de Jitra, tombe le 15. L'île de Penang est abandonnée le 16. Georgetown, son chef-lieu, venait de subir un bombardement de terreur. Des centaines de tués, des milliers de blessés. De nuit, le commandement militaire fait évacuer la garnison et les Européens. Les Japonais trouveront une île désertée mais aux ressources intactes. L'écho de cette évacuation catastrophe laissant derrière elle Chinois, Indiens, Malais, retentit jusqu'à Singapour. La ville commence à prendre peur.

Et la ruée japonaise se poursuit par tous les moyens. A pied, en camion, à bicyclette même. Les « deux-roues » chapardés au hasard de l'avance deviennent le moyen de progression numéro un des fantassins de Yamashita. Du côté anglais, aucun soutien aérien, aucune intervention de blindés ne sont à espérer. Percival entendait stopper l'ennemi sur la Perak. Tentative vaine.

Taiping est occupée le 16, la rivière franchie le même jour sans résistance. Les troupes affaiblies, démoralisées, harcelées par l'aviation et les raids sur leurs arrières, fuient. Après cette dérobade, Ipoh tombe le 28 décembre. Le 31, plus du tiers de la distance jusqu'à Singapour a été parcouru.

Bornéo

La véritable invasion de Bornéo n'intervient qu'en janvier 1942 lorsque le Japon se tourne vers les Indes néerlandaises. Cependant, un petit détachement de fusiliers marins a débarqué à Mira dans le protectorat anglais de Sarawak le 16 décembre, et s'est emparé de l'aérodrome. Des chasseurs-bombardiers de la 21e flottille s'y sont aussitôt installés à demeure. Une opération identique, le 24, a permis d'occuper Kuching. Les Japonais sont désormais à la latitude de Singapour, dont 800 km à peine les séparent.

La mainmise sur les points stratégiques de Sarawak a été rapide. Que pouvaient y opposer les Britanniques ? Rien.

Wake

Le 11 décembre, les Wildcat et les Marines du commandant Devereux ont vigoureusement repoussé les assaillants. L'amiral Shigeyoshi a dû rebrousser chemin avec de lourdes pertes. Deux destroyers ont été coulés, trois croiseurs légers, un destroyer, un transport de troupes endommagés. Rançon de cette résistance, il ne reste à Wake que trois Wildcat indemnes sur les douze qu'il avait le 11 au matin.

La courageuse défense de Wake soulève l'enthousiasme aux États-Unis. Les Américains, après Pearl Harbor, sont en quête de fierté. « Les Marines ont tenu à Wake », proclame la presse. Le *Washington Post* parle d'un autre Alamo. De bouche à oreille se propage la réponse des Marines interrogés sur leurs urgences : « Qu'on nous envoie encore des Japs... » (Il est de belles légendes.)

A Hawaï, l'amiral Kimmel désire soutenir Wake. Il se doute que les Japonais y reviendront. Sentinelle avancée, à mi-chemin des Philippines, l'île est trop bien située.

Kimmel, dans son infortune, a sauvé, par miracle, ses deux porte-avions. L'*Enterprise* et le *Lexington* se trouvaient en mer lors de l'attaque de Fuchida. Avec le *Saratoga*, en provenance de Californie, l'amiral met sur pied trois Task Forces articulées chacune autour d'un porte-avions [1]. Il prévoit d'envoyer l'une d'elles, la Task Force 13 de l'amiral Fletcher, sur Wake.

Pearl Harbor a évidemment mis en émoi les États-Unis. Qui est responsable de ce désastre ? On cherche des coupables [2]. Les hommes politiques, les premiers, ont besoin de boucs émissaires. Knox, le secrétaire à la Marine, se rend à Oahu pour « prévenir une enquête du Congrès qui s'annonce mauvaise ». Le spectacle de l'allée des cuirassés le plonge dans une colère froide. Kimmel constitue la cible idéale, même s'il n'est pas le seul à incriminer [3]. Il doit passer son commandement à l'amiral Nimitz le 17 décembre à 15 heures [4].

Le Pacifique connaît durant quelques jours un vide de commandement. Nimitz n'a pas encore rejoint son poste. L'amiral Pye, intérimaire, n'a pas les coudées franches à l'heure où des décisions s'imposent. Qui doit avoir la priorité ? Wake, ou Hawaï, toujours passible d'une attaque ? Peut-on risquer des porte-avions pour essayer de sauver Wake ? Washington ne tranche pas.

Pye envisage de renforcer la Task Force 13 par la 11 qui est partie attaquer les Gilbert. Les renseignements sur la présence de porte-avions lui font redouter de tomber dans un piège. Washington se décide enfin à lui faire savoir que Wake est regardé « comme une charge et non comme un atout ». Pourquoi, dans ces conditions, prendre de gros risques ? Craignant pour ses deux porte-avions, Pye ordonne aux Task Forces 13 et

1. Task Force 8, amiral Halsey, avec l'*Enterprise* ; Task Force 11, amiral Brown, avec le *Lexington* ; Task Force 13, amiral Fletcher, avec le *Saratoga*.

2. Dès le lendemain de l'attaque, de nombreuses enquêtes sont diligentées de toutes parts.

Durant la guerre, trois commissions parlementaires, une présidentielle, trois de l'armée, trois de la marine, tenteront de cerner les responsabilités. 38 volumes de témoignages seront rendus publics par le Congrès en septembre 1945, entraînant le travail durant neuf mois d'une autre commission. Après la guerre, de nombreux ouvrages seront publiés sur le sujet aussi bien aux États-Unis qu'à l'étranger.

En conclusion générale, interrogatoires et rapports imputent la tragédie plus à des erreurs humaines d'interprétation qu'à des fautes par omission ou conspiration. L'amiral Kimmel et le général Short sortent, dans l'ensemble, largement blanchis et font figure de boucs émissaires.

3. Le haut commandement de l'US Navy n'échappe pas à la tourmente. Si Stark demeure le chef des opérations navales, il cède, de fait, le premier rang à l'amiral King, précédemment commandant de la flotte de l'Atlantique.

4. Le général Short est également révoqué et mis à la retraite.

11, que la tempête a de surcroît retardées, de se tenir à distance. Le 22 décembre, à l'aube, Wake sera seule.

Kajioka veut laver l'affront du 11. Il se présente avec quatre croiseurs lourds, deux porte-avions prélevés sur la force de Nagumo rentrant de Pearl Harbor et 2 000 hommes à débarquer. Rendu prudent par l'expérience, il maintient ses navires hors de portée des canons de l'atoll.

La mer est déchaînée. Des bourrasques de pluie limitent la visibilité. Cette tempête dissimule les barges de débarquement. A terre, les défenseurs ne sont pas surpris mais sont trop peu nombreux. La majorité d'entre eux est immobilisée pour servir les pièces d'artillerie. Ils ne sont que 85 pour constituer une véritable unité d'infanterie. Ils n'en lancent pas moins une contre-attaque vigoureuse et payante contre les éléments débarqués. Mais des poignées d'hommes ne sauraient longtemps en contenir des centaines. A 7 heures, le commandant Devereux câble : « L'ennemi est sur l'île. Issue douteuse. »

Wake est encerclée. Aucun secours n'est à espérer. La Task Force 11 est à 1 000 km, la Task Force 13 à 650. Devant l'évolution de la situation, Pye ordonnera de se replier sur Pearl Harbor. Quant aux derniers Wildcat, ils ont été détruits la veille.

A 7 h 30, le drapeau blanc est hissé sur le château d'eau dominant les retranchements américains. En milieu d'après-midi, Kajioka descend à terre prendre possession de l'atoll qu'il rebaptisera Otori Shima, « l'île des oiseaux ». 1 500 Américains sont prisonniers, 120 ont été tués. Leur résistance a coûté 800 morts aux Japonais.

Grâce à Guam et Wake, le Japon contrôle les routes maritimes du Pacifique central. Les Philippines sont désormais complètement isolées.

Et sur ces Philippines flotte fièrement la bannière étoilée. En 1934, le Congrès a voté la loi Tydings-Mac Duffie garantissant sans condition aux Philippines qu'elles seraient indépendantes le 5 juillet 1946. D'ici là, l'autorité américaine persistera. Telle est la situation le 8 décembre 1941. MacArthur a le pas sur Quezon, président philippin aux prérogatives limitées.

Philippines

MacArthur, le 8 décembre, a perdu le premier round. Bien que prévenu, il a été pris au gîte. Nombre de ses bombardiers B/17 ou de ses chasseurs ont été détruits au sol. Les Japonais savent qu'ils attaqueront un adversaire privé de couverture aérienne. Ils sont du reste plus qu'optimistes. Leurs renseignements leur laissent supposer ne pas rencontrer de résistance farouche. Ils estiment pouvoir conquérir Luçon en cinquante jours, l'ensemble des Philippines en trois mois.

Confiant dans un facile succès, le général Homma, qui commande l'armée d'invasion, la XIVe, n'a alloué pour envahir Luçon que deux divisions d'infanterie, deux régiments de chars, et des unités d'appui et de services. En revanche, il n'a pas ménagé l'aviation. Les 5e et 11e groupes aériens doivent fournir 500 chasseurs et bombardiers. Ce sont eux qui, dans la journée du 8, l'ont emporté sur l'US Air Force du général Brereton et qui, maintenant, poursuivent leurs harcèlements sur les aérodromes.

MacArthur, sur le papier du moins, n'est pas sans moyens. Patron en titre des forces américaines en Extrême-Orient (USA FFE) depuis le 26 juillet 1941, il a sous ses ordres dix divisions d'infanterie, cinq groupes d'artillerie côtière, deux régiments d'artillerie, un régiment de cavalerie à cheval avec quelques voitures de reconnaissance, soit près de 200 000 hommes, philippins en majorité. (Il n'a que 15 000 Américains.) Les scouts philippins sont valeureux, mais que penser de leurs compatriotes ? Peu entraînés, mal équipés, quelle sera leur conduite au feu ?

Le général Wainwright commande les troupes de Luçon Nord, le général Parker celles de Luçon Sud. Une force dite Visayan-Mindanao sous le général Sharp défend le reste de l'archipel [1].

A Cavite, sur la rive sud de la baie de Manille, MacArthur dispose aussi de la flotte de l'amiral Hart. Un croiseur lourd, deux croiseurs légers y côtoient treize vieux destroyers, quelques vedettes et canonnières. Sans couverture aérienne sérieuse, le tout n'a pas grande valeur. Il y a aussi 29 sous-marins susceptibles, eux, d'être fort utiles, à condition qu'on veuille les utiliser.

Les Japonais ne s'interrogent pas longtemps sur l'intérêt ou non des navires de l'amiral Hart. Le 10, leurs bombardiers piquent avec une redoutable précision sur Cavite. Ateliers de réparations, entrepôts, usine électrique, casernes, infirmeries, station radio sont touchés. On compte 500 victimes. Un stock de 200 torpilles sous-marines est détruit. Devant un tel bilan, Hart

1. L'archipel des Philippines, 300 000 km² environ, comprend deux îles principales, Luçon, au nord, 108 000 km² (avec Manille, la capitale) et Mindanao, 95 000 km², au sud.

s'empresse d'éloigner ses bâtiments, à l'exception, provisoire, des sous-marins. De même, devant les raids continuels sur les aérodromes, les B/17 se réfugient à Port Darwin en Australie.

Le ciel est libre, la mer dégagée. Homma n'a plus qu'à éliminer les forces terrestres pour s'approprier les Philippines.

Dès le 8 décembre, 450 fusiliers marins ont investi sans difficulté l'île de Bataan, étape sur la route Formose-Luçon. La XIVe armée s'offre l'avantage d'un premier aérodrome. Deux jours plus tard, alors que les bombes tombent sur Cavite, elle débarque deux régiments à Aparri et Vigan, sur la côte septentrionale de Luçon. Le 12, Homma tient deux aérodromes supplémentaires, Laoag et Tuguegarao. C'est un sérieux avantage devant un adversaire dont les cocardes sont absentes au-dessus des combattants. Le 12 toujours, Homma fait occuper Legaspi, à la pointe sud-est de Luçon. En quelques heures, il se rend maître d'un nouvel aérodrome.

MacArthur comptait refouler l'envahisseur sur les plages. Partout, les plages sont vides et ses Philippins ont plus tendance à esquiver le combat qu'à le rechercher. L'état de la mer a été le principal obstacle aux opérations de débarquement. Seule l'intervention, avant leur départ, des derniers B/17 a endommagé deux navires de transport.

Pourtant, les assaillants sont encore peu nombreux. En chaque point, ils ne dépassent pas l'effectif d'un régiment. Leur faiblesse fait leur force. En petites colonnes, ils s'infiltrent résolument vers le sud, jetant inquiétude et perturbation sur les arrières. Sans le dévoiler, ils préparent l'arrivée du gros de la XIVe armée.

Celle-ci se présente en force le 22 dans la baie de Lingayen et, le 24, dans celle de Lamon. Lingayen est à 200 km au nord de Manille, Lamon Bay à 100 km. La menace en tenaille sur la capitale s'affirme d'heure en heure. Au nord, forts de leurs aérodromes et de l'absence de contre-attaques, les Japonais progressent résolument avec chars, canons et obusiers de 150. Dans la plaine, de bonnes routes s'ouvrent à eux. Au sud, l'isthme se rétrécit, le relief s'affirme, mais la 16e division du général Morioka, quoique incomplète, est maîtresse du terrain [1].

1. Parallèlement, à partir du 20 décembre, la XIVe armée prend pied à Davao, dans l'île de Mindanao, ainsi que dans l'île de Jolo entre Bornéo et Mindanao. Jolo tombera le jour de Noël, apportant une excellente plate-forme pour surveiller la mer des Célèbes.

MacArthur n'a plus que des fantassins. Ses appels à l'aide sont restés sans réponse faute de possibilités. La Navy elle-même a pris peur. Elle a retiré ses sous-marins et les a envoyés se réfugier à Fremantle, en Australie. Les aviateurs s'éloignent les derniers, à l'exception de quelques pilotes de chasse qui dissimulent soigneusement leurs appareils.

Le commandant en chef des forces américaines en Extrême-Orient se résigne à l'inévitable. Luçon est condamnée. Un vieux dossier, le plan Orange, remonte à la surface. Il prévoyait un réduit dans la presqu'île de Bataan, sur la rive occidentale de la baie de Manille, dans l'attente de secours extérieurs. Incapable de résister dans Luçon, MacArthur prescrit d'exécuter le « WPO-3 », c'est-à-dire le plan Orange. Cette opération délicate implique de dégager 40 000 hommes, Américains et scouts philippins, de la double attaque frontale japonaise, les hommes mais aussi leur matériel et leur ravitaillement.

Ayant déclaré Manille ville ouverte le 25, MacArthur gagne l'île forteresse de Corregidor avec le président Quezon, ses proches et un carré de fidèles. Il est bien décidé à tenir et à le faire savoir...

Le 31 décembre, les Japonais ne seront plus qu'à 50 km de Manille.

*
* *

La conférence Arcadie

Toutes ces mauvaises nouvelles n'ont pas ébranlé Churchill. Le Premier ministre est taillé dans du granit. L'adversité se brise contre sa résolution. Les revers sont inévitables, mais il est persuadé qu'à long terme il l'emportera. Il a foi en la puissance américaine. Depuis son arrivée au pouvoir, il a fait du soutien d'outre-Atlantique la pierre angulaire de sa politique. La « grande Alliance » avec les États-Unis sauvera le Royaume-Uni.

En cette fin d'année 1941, il est à nouveau en Amérique. Pearl Harbor ne l'a pas pris au dépourvu. Trop de recoupements l'avaient éclairé [1]. Les États-Unis sont maintenant résolument engagés. Le Japon par Pearl Harbor, l'Allemagne par déclaration officielle le 11 décembre se sont proclamés en guerre

---

1. Cf. tome III, *De l'invasion de l'URSS à Pearl Harbor,* chap. 19.

contre la bannière étoilée. Une telle opportunité est à exploiter. Ravi, « Enfin, nous avons gagné ! », Churchill s'est empressé de se manifester auprès de Roosevelt. Désormais étroitement unis contre les agresseurs, les deux alliés doivent se concerter pour aligner leur politique de guerre. Que se passerait-il si les Américains donnaient la priorité à la lutte contre les Japonais ? Churchill redoute trop une telle perspective pour ne pas l'étouffer dans l'œuf. Roosevelt, un instant hésitant, a agréé le principe d'une rencontre immédiate que son visiteur baptisera « conférence Arcadie ».

Le Premier ministre a ainsi quitté Londres pour la Clyde afin d'embarquer sur le cuirassé *Duke of York* flambant neuf. Laissant le général Alan Brooke « garder la boutique », il a emmené avec lui son staff militaire, Pound, Portal, Dill [1], ainsi que lord Beaverbrook, membre du Comité de guerre.

Pour les passagers du *Duke of York*, cette traversée de l'Atlantique, en décembre, ne saurait être une croisière d'agrément. La tempête. Les U-Boote. Et Churchill. Un Churchill qui profite de ce relatif temps mort pour télégraphier, réfléchir et coucher par écrit ses conceptions stratégiques, mettant largement à contribution ses collaborateurs.

Il aimerait voir Staline entrer dans la coalition contre le Japon. Eden étant en voyage à Moscou, il le presse par télégrammes d'intervenir en ce sens. Depuis des semaines, il fait patte de velours avec le maître du Kremlin. Il lui adresse ses compliments pour la résistance de l'armée Rouge. Il fait l'impossible pour lui acheminer de l'aide. Mais Staline n'a qu'un leitmotiv vis-à-vis des Occidentaux : « Second front ! » Plus avisé qu'Hitler sur ce point, il refuse obstinément de se battre sur ses deux flancs. Vertement, il répond à Eden que « la Grande-Bretagne a assez d'alliés contre le Japon avec la Chine, les Indes néerlandaises et les États-Unis ». Le sort en est jeté. Staline se tiendra coi en Extrême-Orient. L'URSS ne se manifestera que pour jouer les ouvriers de la onzième heure, en août 1945, quelques jours avant Hiroshima et Nagasaki.

La longue semaine en mer a été laborieuse. C'est un véritable plan d'ensemble sur la stratégie à venir que Churchill apporte avec lui à la Maison-Blanche. Adroitement, il le présente comme un simple mémorandum pour le conseil des chefs d'état-major

---

1. Respectivement Premier Lord de la Mer, chef d'état-major de l'Air, ancien chef d'état-major impérial.

britanniques – évidemment susceptible de servir de base de travail. Il y compte bien. Les siens en ont débattu longuement avec lui sur le *Duke of York*. Les Britanniques arrivent ainsi en collège uni, présentant un programme complet qui ne dessert pas obligatoirement les intérêts de Sa Majesté. Ce n'est pas un mince avantage. Les Américains, en face, n'ont pas eu le loisir d'une telle concertation pour offrir une pareille unanimité. Les idées du Président ne sont pas toujours celles de ses adjoints militaires [1].

Atlantique, Pacifique, campagne de 1943, Churchill a tout prévu, privilégiant évidemment la notion d'« Europe d'abord ». Partant de là, il préconise, plus ou moins ouvertement, de continuer à soutenir Staline, d'occuper l'Afrique du Nord française (opération « Gymnast »), d'essayer d'entraîner le retour de la France de Vichy dans la guerre, et d'envisager un débarquement sur le continent européen pour 1943. Quant au Japon, il conseille de s'en prendre essentiellement à ses lignes de communications pour l'affaiblir avant de passer, ultérieurement, à l'offensive.

Tout cela sent évidemment le « made in Britain », mais Churchill a des atouts pour le faire accepter.

Il a l'oreille de Roosevelt. Habilement, il a su lui témoigner respect et sympathie. Le Président est sensible à ces signes extérieurs. Il apprécie la vitalité et l'imagination sans cesse en éveil de son ami anglais. Aussi écoute-t-il largement son interlocuteur qui, de son côté, s'évertue à sembler lui donner raison. D'entrée, comme à Terre-Neuve, la connivence est totale. Churchill loge du reste à la Maison-Blanche. Les deux hommes se voient plusieurs heures par jour, déjeunent ensemble et, évi-

---

1. Cette unanimité britannique derrière leur Premier ministre, ainsi que son parfait rodage, conduiront les Américains à opter pour une structure identique.

Armée de terre et marine faisaient chacune bande à part, au détriment parfois de l'intérêt commun. La création, en février 1942, d'un commandement interarmées, *Joint Chiefs of Staff* (JCS), réalisera l'unité de commandement sous la direction du Président dont les fonctions sont parfaitement définies par la Constitution des États-Unis (art. 2, paragraphe 2) : « Le Président devient commandant en chef de l'armée et de la flotte des États-Unis et de la milice des divers États, lorsqu'elles entrent en activité au service des États-Unis. »

Le JCS comprendra le général Marshall pour l'armée de terre, l'amiral King pour la marine et le général Arnold pour l'aviation. L'amiral Leahy, chef de l'état-major particulier de Roosevelt à partir de juillet 1942, en assurera la présidence. Sa position personnelle, son âge, son expérience permettront d'assurer une excellente liaison avec la présidence et une bonne coordination entre les trois armes.

dence non négligeable, s'expriment dans la même langue. « Nous paraissons être d'accord sur 95 % des sujets environ, dira un jour Roosevelt, ce qui n'est vraiment pas mal comme moyenne. »

Cette complicité au sommet ne plaît qu'à demi aux responsables militaires américains. King, qui vient de prendre de fait la tête de l'US Navy, ne cache pas sa méfiance vis-à-vis de la « perfide Albion ». Marshall n'est pas loin de partager les mêmes sentiments. Tous, non sans quelque raison, suspectent les Britanniques de considérer l'Amérique comme un réservoir d'armes et d'hommes, « en vue de campagnes faites sur mesure pour servir leurs intérêts ».

Comme nombre de leurs compatriotes, ils préféreraient s'occuper du Pacifique et soutenir la Chine [1].

Heureusement pour la bonne entente entre casquettes étoilées, Dill s'interpose. Le maréchal, vieux soldat, a du prestige auprès des Américains. Marshall et lui deviendront amis dans un débat où les sujets de mésentente ne manquent pas. A commencer par de Gaulle et les Français libres que Washington supporte très mal [2]. Heureusement, Churchill se montre fair-play envers l'homme du 18 Juin. Même s'il devait, par la suite, évoquer :

> « la croix de Lorraine comme la plus lourde [qu'il ait eu] à porter » (du moins le dit la légende...).

Qui le contesterait ? Il a bien du talent. Ayant entraîné l'adhésion du Président, il va entraîner celle du Congrès. Après un Noël en compagnie de Roosevelt et marqué par l'office divin, lien supplémentaire avec son hôte, il affronte, le lendemain, sénateurs et représentants. L'orateur Churchill est à la hauteur de l'honneur qui lui est accordé. Il trouve le mot juste, place la plaisanterie au bon moment, décoche la pointe qui électrise : « Pour qui donc nous prennent-ils ? », a l'art de faire vibrer la corde sensible. Il conclut en affirmant :

---

1. Ils obtiendront du reste un prêt de 500 millions de dollars en faveur de la Chine et l'envoi du général Stilwell comme chef d'état-major auprès de Tchang Kaï-chek.

2. C'est l'époque où les FFL, sur ordre de De Gaulle, débarquent à Saint-Pierre-et-Miquelon, et en obtiennent le ralliement, au grand dam des Américains qui avaient d'autres vues pour l'archipel.

« Cependant, je proclame mon espoir et ma foi, fermes et indestructibles, que, dans les jours qui viennent, le peuple américain et le peuple britannique, pour assurer leur propre sécurité et le bien de l'humanité tout entière, avanceront côte à côte dans la majesté, la justice et la paix. »

Et de quitter les lieux sous les ovations en faisant avec les deux doigts le V de « Victory ».

Bien de l'humanité, justice, paix. Roosevelt est l'apôtre de tels idéaux. Profitant d'un court séjour de Churchill à Ottawa, il s'empresse de les traduire, reprenant, pour l'essentiel, les termes de la Charte de l'Atlantique du mois d'août 1941. Le 1er janvier 1942, Roosevelt, Churchill, Litvinov pour l'URSS, Soong pour la Chine, signent ce texte appelé par Roosevelt « Déclaration commune des nations unies » [1] et qui sera paraphé par vingt-six autres nations.

« Déclaration commune des États-Unis d'Amérique, du Royaume-Uni de Grande-Bretagne et de l'Irlande du Nord, de l'Union des républiques socialistes soviétiques, de la Chine, de l'Australie, de la Belgique, du Canada, de Costa Rica, de Cuba, de la Tchécoslovaquie, de la République dominicaine, du Salvador, de la Grèce, du Guatemala, de Haïti, du Honduras, de l'Inde, du Luxembourg, des Pays-Bas, de la Nouvelle-Zélande, du Nicaragua, de la Norvège, du Panama, de la Pologne, de l'Amérique du Sud et de la Yougoslavie.

« Les gouvernements soussignés,

« ayant souscrit au programme commun de buts et de principes énoncé par la Déclaration conjuguée du Président des Etats-Unis d'Amérique et du Premier ministre du Royaume-Uni de Grande-Bretagne et d'Irlande du Nord, en date du 14 août 1941, connue sous le nom de Charte de l'Atlantique,

« étant convaincus qu'il est essentiel de remporter une victoire complète sur leurs ennemis pour défendre leur existence, leur liberté, leur indépen-

1. Et non plus « puissances associées », comme précédemment. Cette déclaration servira de base à la future Charte des Nations unies en 1945.

dance et leur liberté religieuse, ainsi que pour sauvegarder les droits de l'homme et la justice dans leur propre pays aussi bien que dans les autres, et qu'ils sont désormais engagés dans une lutte commune contre des forces sauvages et brutales visant à asservir le monde, déclarent :

1° Chaque gouvernement s'engage à mettre en œuvre toutes ses ressources, militaires ou économiques, contre les membres du Pacte tripartite ou ses adhérents avec lesquels ce gouvernement est en guerre.

2° Chaque gouvernement s'engage à coopérer avec les gouvernements soussignés, et à ne pas conclure d'armistice ou de paix séparés avec les ennemis.

« Les autres nations qui collaborent ou pourront collaborer par une assistance et une contribution matérielle à la lutte pour vaincre l'hitlérisme pourront adhérer à la présente déclaration. »

La France Libre est absente. Toujours l'animosité de la Maison-Blanche, de Cordell Hull en particulier.

« Liberté religieuse. » Staline a approuvé le terme, présenté, il est vrai, comme signifiant simplement liberté d'avoir ou non de la religion.

Roosevelt et Churchill peuvent être satisfaits. Les idéaux chers au premier sont proclamés. La « grande Alliance » du second existe.

La majeure partie du monde s'est liguée contre l'Allemagne, l'Italie, le Japon et leurs satellites.

De fait, l'événement passe cependant au second plan. La primeur est aux décisions d'ordre militaire, et c'est ce qui compte pour Churchill.

70 000 Américains partiront prochainement pour la Grande-Bretagne et l'Islande. Churchill souhaitait cette présence. Elle lui permettra de mieux défendre son pays et de libérer des troupes pour le Moyen-Orient et l'Afrique du Nord.

Un conseil mixte des chefs d'états-majors est créé (Combined Chiefs of Staffs, CCS). Installé à Washington, il aura mission de soumettre à Roosevelt et Churchill les recommandations des chefs militaires pour la conduite de la guerre.

Un gigantesque programme d'armement américain prévoit en fabrication :

	1942	1943
Avions de combat	45 000	100 000
Chars	45 000	75 000
Canons de DCA	20 000	35 000
Canons antichars	14 900	non fixé
Mitrailleuses	500 000	non fixé

La machine industrielle américaine se met en route sous la direction de Donald Nelson [1]. L'effort de guerre devient prioritaire. Et la production de navires marchands suivra au même rythme :

5 339 000 tonnes en 1942,
12 384 000 tonnes en 1943.

De telles réalisations surclassent de loin le potentiel de l'Allemagne et du Japon [2]. La première commence à subir les effets du pilonnage du Bomber Command sur ses grands centres. Le second, en dépit de sa mainmise sur les richesses minières ou pétrolières des Indes néerlandaises, est loin de telles capacités.

D'ores et déjà, 70 divisions dont 10 blindées sont à l'instruction aux États-Unis. 3 750 000 recrues ont été appelées pour l'armée de terre, 1 000 000 pour l'aviation.

Churchill peut enfin se vanter d'une désignation flatteuse pour l'amour-propre britannique. Le général Wavell est nommé commandant en chef ABDA (American-British-Dutch-Australian) dans l'Asie du Sud-Est. Mais peut-être est-ce là un cadeau empoisonné ? Sur ce front de 3 200 km, de la Birmanie à l'Australie, avec des forces éparses n'y a-t-il pas plus d'infortunes à glaner que de lauriers ?

*
* *

Le 10 janvier, Wavell arrivera à Batavia (actuelle Djakarta [3]) pour coiffer l'Abdacom voulu par Roosevelt et Churchill. Il a

1. Directeur du War Production Board.
2. Le Japon sort, à l'époque, 300 à 500 avions par mois.
3. Il installera son PC à Bandoung.

besoin de doigté pour ménager les susceptibilités de ses alliés et subordonnés. Tous voudraient tout commander. Un dosage discuté confiera les forces terrestres à un Hollandais (général Ter Poorten), l'aviation à un Américain (général Brereton), la marine à un autre Américain (amiral Hart). A ce commandement supposé unifié de défendre Malaisie, Birmanie, Indes néerlandaises, Philippines et Australie.

C'est beaucoup, eu égard aux véritables moyens militaires [1], à l'absence de liaisons sûres, ceci aggravé par les susceptibilités personnelles ou nationales. MacArthur s'estime assez grand pour être maître chez lui. Les Australiens entendent bien ne pas être abandonnés.

Il ne faut pas s'étonner que la lutte sur le terrain se ressente de ces particularismes face à un adversaire qui n'a pas de telles entraves. Pratiquement, l'Abdacom n'interviendra vraiment que dans les Indes néerlandaises. Les Anglais en Malaisie, les Américains aux Philippines perdront seuls la partie.

*
* *

Le 14 janvier, pour gagner du temps, Churchill prend le risque de rentrer en hydravion. Qu'importe si, dans la crasse de l'Atlantique, il écorne un peu les défenses de Brest ! Il est en droit de se sentir l'âme d'un bon partisan. N'a-t-il pas conforté sa « grande Alliance » avec les États-Unis ? N'a-t-il pas permis au principe « Europe d'abord » de continuer à prévaloir ? N'est-il pas en mesure d'espérer voir l'armement américain affluer au profit des adversaires de l'Axe ? N'a-t-il pas, en toile de fond, des perspectives de débarquement en Afrique du Nord et sur le continent ?

Certes, plus que jamais, eu égard à la puissance de la coalition rassemblée autour de la Grande-Bretagne et des États-Unis, la victoire est assurée, mais avant de l'atteindre, combien d'heures cruelles encore ?

---

1. Soit, sensiblement, pour défendre les Indes néerlandaises :

– armée de terre : 140 000 Hollandais, en majorité indigènes, plus quelques milliers d'Australiens et de Britanniques par la suite ;

– marine : 9 croiseurs, 26 destroyers, 40 sous-marins, provenant de l'US Navy, de la Royal Australian Navy, de la Navy britannique et de la flotte néerlandaise ;

– air : le point le plus faible. Les Anglais ont été décimés en Malaisie ; les Hollandais n'ont que des appareils périmés.

Chapitre III

DRAPEAUX BLANCS SUR SINGAPOUR ET CORREGIDOR

Le 1er janvier 1942, Yamashita a déjà sérieusement étrillé son adversaire. En trois semaines de campagne, il a pris l'avantage militaire et psychologique tout en effectuant le tiers du parcours jusqu'à Singapour. L'axe Kuala Lumpur-Malacca s'ouvre devant lui jusqu'au sud de la péninsule.

Les Britanniques n'ont jamais eu la possibilité de se reprendre. Ils retraitent, épuisés. Ils s'efforcent de s'accrocher quelque temps sur des fleuves ou des rivières, mais la pression japonaise les bouscule, à moins que la psychose de l'encerclement ne les contraigne au repli. Car les Japonais, sûrs d'eux, poursuivent leurs débordements. Ils lancent des colonnes à travers la jungle ou effectuent des débarquements amphibies sur les arrières. Face aux résistances plus solides, ils engagent leurs chars.

Implacable, la litanie des points perdus s'égrène. Kampar débordée tombe le 2. La défense sur le fleuve Slim est écrasée. La 12e brigade indienne disparaît. La 28e est réduite au tiers de ses effectifs. Port Swettenham est occupée le 9, Kuala Lumpur le 11. Dans la débâcle, une grande partie du matériel et des stocks ne peut être détruite. Les soldats japonais en profitent largement.

Yamashita leur répète : « Pour les rations, servez-vous chez l'ennemi ! »

A la mi-janvier, Wavell apprend avec stupeur qu'aucun plan de repli sérieux n'a été élaboré, que l'occupation de la province méridionale de Johore signifierait la chute de Singapour. Pis encore, il découvre, *de visu*, que rien n'existe pour défendre la ville côté terre. Angoissé, il presse Percival d'accélérer les défenses. Churchill, alerté, tempête :

> « Je veux qu'il soit absolument clair que j'attends que chaque pouce de terrain soit défendu, que chaque bout de matériel ou de défense soit anéanti pour empêcher sa capture par l'ennemi, et qu'il n'est pas question de reddition tant que les combats prolongés pourront se poursuivre dans les ruines de la ville de Singapour. »

En son for intérieur, il n'est pas toutefois sans s'interroger. Où est-il préférable d'expédier les renforts ? En Birmanie ou à Singapour ? L'efficacité lui impose de notifier à l'état-major britannique :

> « En tant qu'objectif stratégique, j'estime que le maintien de la route de Birmanie (vers la Chine) est plus important que la sauvegarde de Singapour. »

Certes, mais le Premier ministre escompte bien que la porte de l'Extrême-Orient résistera longtemps avec panache et saura organiser ses défenses.

Organiser les défenses de Singapour ? Cela paraît bien tardif. Rien n'a été prévu, rien n'a été installé. Côté terre s'entend. La jungle était déclarée impénétrable. Un peu comme les Ardennes pour la France en 1940. L'ennemi a toujours été supposé venir de la mer. Les batteries regardent vers le large. A la rigueur, si les Japonais, seul adversaire potentiel, se risquaient en Malaisie, ils seraient interceptés par la Navy ou contenus dans la province de Johore. Jamais ils n'atteindraient Singapour par l'intérieur de la péninsule.

Percival semble partager les idées communes. Curieusement, il ne pousse pas les travaux de défense. Cet officier général n'est pas sans facultés intellectuelles. Il sait par moments se

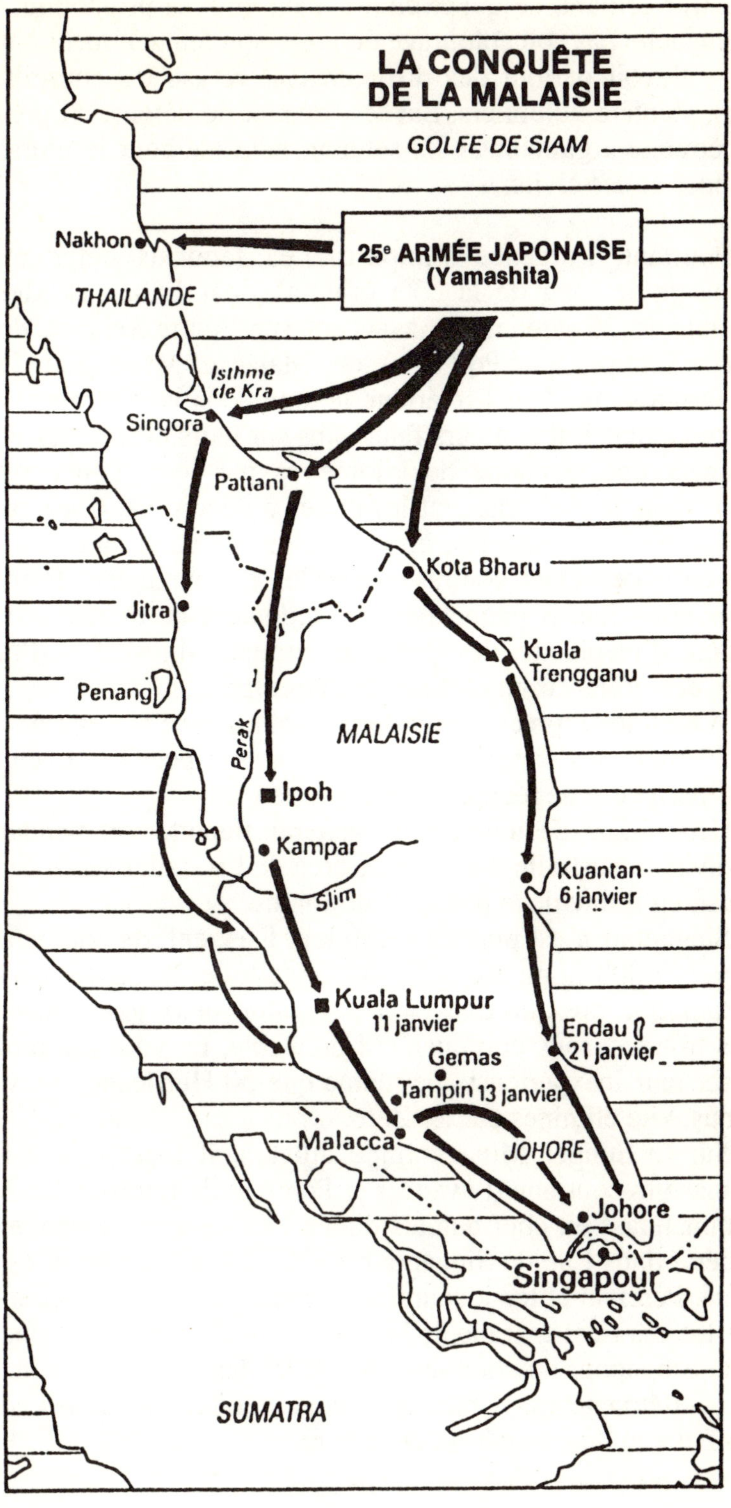

LA CONQUÊTE
DE LA MALAISIE
GOLFE DE SIAM
25e ARMÉE JAPONAISE
(Yamashita)
Nakhon
THAILANDE
Isthme
de Kra
Singora
Pattani
Kota Bharu
Jitra
Kuala
Trengganu
Penang
Perak
MALAISIE
Ipoh
Kampar
Slim
Kuantan
6 janvier
Kuala Lumpur
11 janvier
Endau
21 janvier
Gemas
Tampin 13 janvier
Malacca
JOHORE
Johore
Singapour
SUMATRA

montrer brillant, ce qui explique, peut-être, sa promotion. Ceci n'empêche pas son entourage de juger son tempérament « négatif ». Il voit partout des difficultés. Il refuse les conseils, les avis, s'entête volontiers. Sur les travaux de défense, il présente un étrange argument : « Ils seraient néfastes pour le moral des troupes et des civils. »

Pourtant, l'urgence s'impose. Les Japonais déferlent. Ils avancent le long de la côte orientale, par Endau et Mersing atteinte le 26 janvier. Ils avancent sur l'autre versant, depuis Kuala Lumpur, par Port Dickson, Malacca, Muar, Batu Pahat. Ils progressent, dans l'intérieur, le long de la voie ferrée et de la route Gemas-Labis. Leurs fantassins sur leurs bicyclettes volées gagnent une trentaine de kilomètres par jour. Leurs avions, seuls dans le ciel, traquent les unités à découvert. Chez eux, la jungle ne suscite aucune appréhension, ils ne craignent pas de s'y enfoncer. Quel contraste avec les Britanniques ! Empêtrés dans leurs lourds paquetages, ils redoutent ce monde inconnu peuplé d'éléphants, de tigres, de serpents, d'insectes, d'humidité, des bruits étranges d'un sol détrempé.

Wavell avait préconisé un large repli. Il espérait, en ramenant rapidement ses troupes à l'arrière sur une position aménagée, leur permettre de récupérer quelque peu.

Cette ligne de défense, le général Benett, commandant la 8e division australienne, s'est efforcé de l'installer sur le Sunger Muar, en limite de la province de Johore.

Singapour n'est plus qu'à 150 km. Des renforts ont été acheminés, 7 000 hommes de la 44e brigade le 22, la 18e division britannique presque dans son intégralité deux jours plus tard. Ces troupes, sans entraînement préalable, ne vont pas tarder à payer leur inexpérience, de même que 50 Hurricane, nouveaux venus, vite éliminés par les Zero.

Sur le Sunger Muar comme ailleurs, il n'est rien à faire. Yamashita continue d'avancer et Percival de retraiter. Le 30, le commandant en chef anglais donne l'ordre d'un regroupement général dans l'île de Singapour. Le 31, à l'aube, le repli est terminé. Percival et les joueurs de cornemuse des Highlanders ont été les derniers à franchir la jetée de 400 mètres de long qui relie Singapour au continent. A 8 h 15, les sapeurs enclenchent leurs détonateurs. Chaussée, voie ferrée, conduites d'eau s'affaissent dans le détroit de Johore.

* * *

La chute de Singapour

Pour défendre Singapour, île de 40 km sur 25 [1], Percival a sous ses ordres 85 000 hommes dont 15 000 administratifs et non-combattants, soit 13 bataillons britanniques, 6 australiens, 17 indiens, 2 malais. L'ensemble représente 4 divisions mais est loin d'en avoir la force et la cohésion. Les unités sont incomplètes, inexpérimentées, sous-équipées. Plus grave encore, le moral se ressent des revers et replis successifs dans des conditions difficiles.

Yamashita et Percival ne sont plus séparés que par le détroit de Johore, ce bras de mer de 700 m à 5 km de large qui relie le détroit de Sumatra à la mer de Chine. L'un doit le franchir, l'autre en interdire le passage.

Percival reste ancré sur ses conceptions personnelles. Comme MacArthur, il compte repousser l'envahisseur sur les « plages ». Il masse ses forces le long des 50 km de rivage, sans se réserver un important élément d'intervention. Pire, persuadé que l'attaque interviendra au nord-est, il y concentre le gros de ses moyens, les 11e et 18e divisions britanniques [2]. Il ne garde sur la face nord-ouest, là où pourtant le détroit est le moins large, avec des possibilités d'embarquement bien camouflé, que la division australienne. Pratiquement il n'a plus d'aviation. Seuls huit Hurricane et six Buffalo sont encore en état de prendre l'air. Plus de marine non plus. Sur ordre de l'Amirauté, la Navy abandonne sa base... « à l'anglaise », et envoie son personnel à Ceylan.

L'aspect le plus critique est évidemment l'absence de travaux de défense et l'intensité des bombardements. Le retard n'a pu être comblé. Peu d'obstructions ou de retranchements

---

1. 596 km² exactement. Singapour, ville d'environ un million d'âmes, se situe sur la face sud de l'île. Quelques villages, Bukit Timah, Bukit Panjang, Pasir Panjang, Mandai, Nee Soon, etc., se dispersent dans le restant d'un paysage de jungle et de plantations.

Mauvais choix, trois terrains d'aviation sur quatre ont été implantés au nord. Ils sont à portée de l'artillerie japonaise.

2. Dispositions prises contre l'avis de Wavell qui voyait – l'avenir lui donnera raison – l'attaque au nord-ouest.

Percival fait même transférer côté est les moyens de défense disponibles (mines, barbelés, fûts d'essence, etc.).

sont prêts pour interdire un débarquement. Il est maintenant trop tard pour les réaliser sous le feu des canons japonais. Ceux-ci, des hauteurs de Johore, se sont joints à l'aviation contre la ville et les points sensibles. Le chuintement de l'arrivée des obus d'artillerie se mêle au fracas des bombes d'avions. Les marques de la guerre apparaissent de plus en plus. Singapour est désormais aux avant-postes. Il n'est pas de rues sans cratères, de quartiers sans décombres. On dénombre 200 morts au minimum par jour, sous ce pilonnage incessant. Les civils se terrent de leur mieux. Des familles européennes ont pu être évacuées mais pas toutes. Les faubourgs chinois ou malais sont les plus éprouvés. Leurs habitations résistent moins bien aux effets des bombardements.

Yamashita prépare l'invasion avec trois corps d'élite (Garde impériale, 5e et 18e divisions). Ils sont frais, entraînés, bien appuyés. 200 bateaux démontables munis de moteurs hors-bord, une centaine de navires de débarquement se tiennent prêts. Une patrouille australienne, audacieusement aventurée de l'autre côté du détroit, les repère et rend compte de leur concentration dans les criques devant le secteur nord-ouest. Sans écho. Le commandement ne réagit pas à ce renseignement capital [1].

Vers 22 heures dans la nuit du 7 au 8 février, des fusées rouges et bleues s'élèvent soudain dans le ciel.

« Quelle idée de faire un feu d'artifice ! », note avec un humour bien britannique un citoyen de Sa Majesté.

La division Chrysanthème, la 18e, venait de signaler que ses premiers éléments avaient traversé le détroit et débarqué. L'invasion finale de Singapour commençait. 4 000 vétérans de Chine, en premier échelon, abordent le secteur nord-ouest, le moins défendu. Les communications téléphoniques ont été coupées par les tirs de préparation. Faute d'appels et de précisions, les artilleurs restent muets, les projecteurs éteints. Dans l'obscurité, le feu des avant-postes australiens manque de justesse.

Les Japonais accusent des pertes mais, omniprésents, se glissent au milieu des défenseurs. Ombres silencieuses, ils surgissent, la baïonnette en avant. En quelques secondes et quelques mouvements, ils éliminent ceux que les flammes de leurs armes permettent de localiser. Vers 1 heure du matin, ils ont solidement pris pied au sud du détroit. Peu à peu, les Austra-

1. Yamashita, il est vrai, s'était efforcé de tromper Percival en faisant occuper un petit îlot dans le secteur nord-est.

liens évacuent leurs positions avancées. Au matin, Percival alerte Wavell :

> « L'ennemi a débarqué en force et a progressé d'environ 8 km. La situation est sans conteste sérieuse. Ai fait un plan pour concentrer les forces autour de Singapour si nécessaire. »

Devant l'avance japonaise, il serait prudent d'effectuer les destructions exigées, à juste titre, par Churchill. Le gouverneur, Shenton Thomas, s'y oppose en avançant le même argument que Percival : « Ce serait mauvais pour le moral ! »

La décision du gouverneur[1] « procurera à l'ennemi, en cadeau de bienvenue, des véhicules et des usines bien équipées ». En revanche, sur les quais et dans les chantiers navals, les équipes de destruction parviennent à accomplir leur besogne (non sans opposition de certains responsables civils européens parfois). Preuve de la hantise d'une fin prochaine, on brûle les stocks d'alcool comme les réserves de billets de banque. Le nombre de blessés augmente. Le théâtre Victoria, la cathédrale deviennent des postes de secours.

La situation militaire s'aggrave d'heure en heure. Il n'est de plan ni de manœuvre d'ensemble. Il est des retraites affolées et des défenses héroïques. L'occupation de l'aérodrome de Tengah, en secteur australien, apporte une facilité supplémentaire à Yamashita.

Il serait peut-être possible d'essayer de contenir l'envahisseur, sur la ligne « Jurong », côté ouest. Un bras de mer, les rivières Jurong et Kranji constituent une coupure nord-sud. Percival, pessimiste, préfère préparer une défense rapprochée à Singapour, comme il l'a annoncé à Wavell. Par malheur, ses instructions pourtant simplement de caractère préparatoire sont communiquées et regardées comme exécutoires. Une première défense prometteuse, le secteur nord, près de la jetée détruite, est abandonnée. Il en est de même de la ligne « Jurong ». Les deux divisions anglaises du nord-est, les troupes de forteresse de Changi, à l'extrême est, font mouvement vers l'arrière.

De tous côtés, Australiens et Britanniques se resserrent sur la ville.

---

1. Shenton Thomas, honnête homme, avait le sentiment de protéger ainsi les « indigènes » qui auraient à continuer à travailler après la reddition.

Rendant une visite inopinée à l'île, Wavell se rend compte que le front cède partout. Court-circuitant Percival, il ordonne une contre-attaque qui se termine en désastre. En l'imposant, sans doute avait-il en l'esprit les dernières directives de Churchill :

> « L'honneur de l'Empire et de l'armée britannique est en jeu. Alors que les Russes combattent comme ils le font et que les Américains s'accrochent à Luçon, la réputation de notre pays et de notre race est engagée. »

Le Premier ministre a fait ses comptes. Il y a plus de Britanniques et d'Australiens sur l'île que de Japonais. Singapour se doit de résister longtemps.

A la faveur de la nuit, des bateaux s'éloignent emmenant des civils, des familles. Au centre ville, les réfugiés asiatiques encombrent les rues et les squares, après avoir fui devant les Japonais. Ceux-ci ont débarqué des chars. Ils convergent vers la ville.

Le 13 février, un de leurs avions largue un message de Yamashita invitant courtoisement Percival à se rendre. Le commandant en chef britannique, à cette heure, sait fort bien qu'une telle éventualité lui est interdite. Les consignes de Churchill sont formelles :

> « Il ne fallait pas songer à épargner les troupes ou les populations civiles. »

Les Britanniques sont enfermés dans un périmètre d'une quarantaine de kilomètres. Dans la moiteur tropicale plane l'odeur des corps en décomposition et des chairs grillées. Bien des combattants ont renoncé. Des déserteurs errent dans les rues, en quête d'alcool pour tout oublier. L'eau elle-même, après les dommages occasionnés aux réservoirs et aux canalisations par les bombes, se fait rare. Sous les obus, des privilégiés arrivent encore à trouver une place sur les bateaux en partance. Mais, des 80 navires partis pour Java, presque tous seront coulés par la marine japonaise en embuscade.

Sur la route côtière Pasir-Panjang-Singapour, la division Chrysanthème, encore elle, attaque avec force. La brigade malaise résiste jusqu'à l'anéantissement, mais ne peut interdire l'entrée sud de Singapour. A l'hôpital d'Alexandra où déboulent les fantassins japonais, c'est l'horreur. Plus de 200 médecins, infirmiers, blessés sont tués à l'arme blanche. Il n'y aura que trois miraculés du massacre.

A 14 heures, ce 13 février, Percival réunit ses adjoints. Tous songent à arrêter le calvaire des troupes et des civils, mais ils perçoivent qu'ils n'en ont pas la prérogative. Celle-ci est à Londres, où Churchill fait face à une terrible responsabilité. Tenir encore quelques heures et accepter des milliers de victimes supplémentaires ?

Wavell lui a fait comprendre que la décision était entre ses mains.

La charge est lourde, même pour un Churchill. D'accord avec Brooke, son bras droit militaire, il finit par câbler à Wavell qui attend sa réponse :

> « Vous êtes seul juge au moment où rien ne peut plus être gagné à Singapour, et vous devez donner à Percival les instructions adéquates. »

Ce dernier a l'autorisation de hisser le drapeau blanc, s'il le veut.

Le 14 février tombe un samedi. Un week-end d'agonie attend Singapour. Le dernier réservoir alimentant la ville a été saisi par les Japonais. Dans moins de quarante-huit heures, il n'y aura plus d'eau. Percival redoute une épidémie. Plus d'un million de civils se massent dans un rayon de 5 km. Les bombardements de la veille ont fait 500 morts. Des troupiers, esseulés pour certains, réclament de se rendre.

En face, mais les Britanniques l'ignorent, la situation n'est guère meilleure. Les combattants sont épuisés, les munitions se raréfient. Des contre-attaques énergiques avec des troupes fraîches et résolues rejetteraient les soldats de Yamashita. Mais Percival ne les a pas, ces troupes fraîches et résolues. Les siennes sont à bout physiquement et moralement.

Dimanche 15, 9 h 30. Percival a convoqué à nouveau ses adjoints. Plus d'eau. Aucune possibilité de contre-attaque. En vingt minutes, la décision est prise :

> « Silencieusement et tristement nous décidâmes de nous rendre. » [1]

1. Général australien Benett. Après la reddition, Benett se glissera jusqu'au port, avec quelques compagnons, ayant au préalable préparé son départ. Refusant

A 14 heures, les émissaires britanniques prennent contact avec les premières patrouilles japonaises. Les exigences de Yamashita ne tardent pas. Percival doit se présenter en personne pour effectuer la reddition. Le général anglais ne peut que s'incliner. Le cessez-le-feu, correspondant à une capitulation sans conditions, intervient à 20 h 30. Yamashita s'est engagé personnellement à protéger les femmes, les enfants, les civils britanniques.

A 20 h 30, un lourd silence s'abat sur Singapour. Une campagne de 73 jours s'achève par l'un des plus grands désastres de l'histoire de l'armée britannique. Elle lui a coûté 9 000 morts et blessés et 130 000 prisonniers. Les Japonais ont perdu 9 284 hommes dont 3 000 tués.

Trois années d'internement débutent pour militaires et civils. Beaucoup partiront pour les camps de travail et y mourront par milliers. En dépit des promesses de Yamashita, les femmes et les enfants seront internés dans la prison de Changi. L'oppression n'épargnera pas les Malais, et moins encore les Chinois, ennemis héréditaires.

*
* *

Bataan et Corregidor

MacArthur a évité le pire, tant à Luçon Nord qu'à Luçon Sud. Par d'habiles manœuvres « en tiroir », il a replié ses troupes sur la presqu'île de Bataan. Indirectement, son adversaire l'a aidé. Tout à la perspective de son entrée en vainqueur dans Manille, Homma songeait plus à la parade qu'à la bataille. En déambulant, le 2 janvier 1942, dans les artères de la capitale, il accordait aux Américains et aux Philippins des délais pour se retrancher.

Ils sont environ 80 000 regroupés dans cette péninsule montagneuse de 50 km de long sur 20 de large. 15 000 Américains, 65 000 Philippins. Leurs dépôts de munitions sont bien approvisionnés mais ceux de vivres n'ont pas été constitués à temps. Les défenseurs de Bataan, auxquels se sont joints 26 000 réfugiés, vont immédiatement se trouver confrontés à un terrible

---

la défaite et l'internement, il quittera Singapour sur une jonque chinoise et parviendra à gagner l'Australie où sa conduite sera diversement appréciée. Il lui sera reproché d'avoir abandonné sa troupe, et il ne recevra plus de commandement.

problème : la faim. MacArthur doit limiter les rations à 2 000 calories par homme et par jour. C'est insuffisant. Les soldats, mal nourris, souffrent tout autant de la pénurie de médicaments. Pas de quinine pour lutter contre le paludisme.

La rivière Calaguiman, des marais, les hauteurs du mont Natib offrent une première ligne susceptible de barrer l'entrée de Bataan. Wainwright tient avec le 1er corps le flanc occidental, Parker avec le 2e le flanc oriental. En face, Homma a perdu du temps et des troupes. Sa meilleure division lui a été retirée pour l'invasion des Indes néerlandaises. Sa 65e DI, en relève, est inexpérimentée.

MacArthur, dans l'application du plan Orange, veut croire la résistance possible. Ce fameux plan ne prévoyait-il pas de tenir jusqu'à l'intervention des renforts ? Washington lui adresse de bonnes paroles et des promesses de soutien. Mais les jours passent. Les défenseurs de Bataan ne voient rien venir. MacArthur commence à douter.

Comment pourrait-il en être autrement ? Les Américains, en ce début de 1942, n'ont rien pour aller appuyer MacArthur. Roosevelt a beau presser ses adjoints militaires, ceux-ci ne connaissent que trop leur misère du moment. Dans leur esprit, les Philippines sont condamnées.

Dans la moiteur tropicale, on se bat. Les Américains et leurs compagnons philippins refusent de céder. Les Japonais souffrent, accusent des pertes. A la longue, devant des hommes épuisés, ils grignotent du terrain.

Réfugié avec MacArthur sur l'îlot de Corregidor, Quezon s'insurge de cet apparent abandon de son mentor américain. Malade, démoralisé, il parle d'exiger l'indépendance immédiate pour obtenir des Japonais la neutralité de son pays. Roosevelt s'interpose avec force. Pour couper court, le président philippin est discrètement évacué par un sous-marin dans la nuit du 21 février.

MacArthur se retrouve seul avec ses soldats. Il a compris qu'il ne recevrait aucune aide et s'apprête à mourir. Il ne saurait en être autrement. La fin de Bataan et de Corregidor se terminera par une mêlée sanglante. Et un MacArthur ne se voit pas prisonnier, sort que lui promet la « rose de Tokyo » [1].

Roosevelt ne veut pas d'un tel sort pour son prestigieux général dont toute l'Amérique regarde et admire la défense. Le

1. Speakerine japonaise, s'exprimant depuis Tokyo dans un américain très pur. Les G.I.'s l'avaient ainsi surnommée.

défenseur de Bataan et de Corregidor fait figure de héros national. MacArthur captif, quelle humiliation pour les États-Unis ! MacArthur tué, quel deuil ressenti par l'opinion publique ! Envers et contre tout, le Président décide de sauver MacArthur, appuyé en ce sens par Churchill, toujours sensible à la valeur des symboles.

Pour l'intéressé, quel débat intérieur ! Obéir à son Président ou abandonner les siens ? Un moment, il songe à démissionner et à devenir un simple combattant du rang. Son entourage l'en dissuade. Il se doit à son pays. Le 23 février, Roosevelt lui enjoint de gagner la partie encore libre de Mindanao et de là l'Australie. Le 9 mars, faute d'avoir été entendu, il se fait pressant : « La situation en Australie rend souhaitable votre arrivée... »

C'est clair. MacArthur ne peut plus se dérober. Il obéira. Il partira pour l'Australie prendre le commandement des troupes de la revanche.

Le 11 mars, à 20 heures, il s'embarque, avec sa famille [1] et son état-major, sur la vedette lance-torpilles PT/41. Un voyage plus que périlleux l'attend. Les Japonais surveillent la mer. Ils se doutent que le général américain tentera de leur échapper.

Un dernier salut à Wainwright à qui incombe maintenant la charge ingrate du commandement, et la PT/41 file vers le large. L'esquif ne mesure que 23 m sur 6. Ses machines fatiguées ne lui permettent pas de dépasser 23 nœuds. La mer est agitée. Un fort vent d'est se mêle aux bourrasques de pluie.

« On se serait cru dans une bétonneuse », dira MacArthur, tout aussi malade que ses compagnons.

Par miracle, la vedette échappe à la vigilance japonaise dans sa traversée de nuit. Le jour suivant, elle s'immobilise quelques heures dans une crique déserte des îles Cuxo avant de reprendre sa route à l'ouest de l'île Negro. Trente-six heures après son départ, elle accoste à Coyagan, sur la côte septentrionale de Mindanao. Le général Sharp et 25 000 hommes y résistent toujours. 900 km dans les eaux japonaises ! D'enthousiasme, MacArthur décerne la Silver Star [2] au courageux équipage qui a su le mener à son premier bon port.

2 500 km en B/17, au-dessus de territoires contrôlés par les Japonais, attendent les voyageurs. Le ciel est aussi périlleux que

1. Son épouse, son fils âgé de trois ans, et la nurse de celui-ci.
2. Équivalent de la Croix de guerre française.

la mer. Au terme d'un vol mouvementé, MacArthur et ses compagnons se posent à 80 km au sud de Port Darwin. Ils sont au moins en pays ami. Un DC/3 les prend en charge jusqu'à Alice Springs au cœur de l'Australie, mais l'épouse de MacArthur n'en peut plus. Le général se résigne à prendre un petit train à voie étroite, très Far West, jusqu'à Adélaïde. Là, enfin, revient le confort avec un Pullman spécial jusqu'à Melbourne. Le héros de ce long périple s'y voit réserver un accueil spectaculaire. Politiciens, militaires guettent ses premières paroles : « Je suis parti, mais je reviendrai. »

« Je reviendrai. » MacArthur, avant de quitter Corregidor, l'avait promis à Wainwright. Il le clame à nouveau très fort à la face du monde en guerre. Message d'espoir, de certitude, d'engagement personnel, ce « Je reviendrai » vole de ville en ville, d'unité en unité, de bivouac en bivouac. MacArthur s'est personnellement engagé. Il reviendra.

Le 18 avril, à 62 ans, il est officiellement promu commandant en chef dans le Pacifique sud-ouest. La médaille d'honneur du Congrès, distinction hautement sélective, lui est attribuée. Le personnage MacArthur entre dans la légende. Intronisé grand homme, il doit faire grand avec peu, car, à sa désillusion, il découvre brutalement qu'il n'a rien. L'Australie est vide de troupes. Aucun renfort immédiat n'est annoncé. Pas question de repartir soutenir Wainwright. Son ancien lieutenant et ses soldats sont bel et bien condamnés.

*
* *

Sur Bataan, Américains et Philippins, maintenant sous le commandement local du général King, ont reculé d'une trentaine de kilomètres. Au milieu de la péninsule, un peu en avant des hauteurs difficilement pénétrables du mont Bataan, ils se sont organisés sur une ligne Bagac-Orion.

Homma, qui devait conclure en 50 jours, a largement dépassé ses délais. Pour en finir, le Japonais reçoit des troupes fraîches : la 4e division, en provenance de Shanghai, de l'artillerie, du génie. 60 bombardiers bimoteurs lui sont envoyés pour joindre leur feu à celui des artilleurs.

Le 3 avril au matin, canons, obusiers, mortiers, durant cinq heures, préparent l'assaut du mont Samat, point haut du dispositif américain. Quatre jours plus tard, au terme de combats acharnés, le coin est enfoncé. La ligne de résistance a craqué. La poussée japonaise peut s'infléchir vers le sud-est pour tourner l'ensemble des positions de King.

Celui-ci voudrait contrer la menace. Ses unités trop affaiblies par la maladie, le manque de nourriture, n'en sont plus capables. Partout, le front est disloqué ; le moral, après des semaines d'épreuves et de luttes dans l'univers tropical, lâche.

Le 9 avril, King envoie deux émissaires avec un drapeau blanc. Bataan capitule. 2 500 hommes parviennent à gagner Corregidor ; 78 000 autres, physiquement et moralement à bout, sont prisonniers. Le plus terrible est encore devant eux. Les Japonais entraînent leurs captifs dans une infernale marche de la mort sur plus de 100 km pour les regrouper à San Fernando (au nord de Manille). Des centaines et des centaines de captifs meurent au cours de cette course impitoyable. Les malades, les traînards sont sommairement abattus. Le Japonais, à Bataan comme ailleurs, reste égal à lui-même dans sa sauvagerie et son refus de sentiments humanitaires [1].

*
* *

Corregidor

Bataan a cessé le combat mais Corregidor se dresse toujours indomptable à 5 km au large barrant l'entrée de la baie de Manille. Cette forteresse naturelle de 700 hectares, escortée par les trois îlots de Caballo (Fort Hughes), El Fraile (Fort Drum) [2] et Carabao (Fort Frank), se dresse contre l'envahisseur nippon.

Les géographes se plaisent à la représenter comme un jeune batracien. L'image n'est pas fausse. Corregidor a bien la silhouette d'un têtard. Sa tête, circulaire et massive sur un rayon d'un kilomètre, domine la mer de ses 310 m. Son corps et sa queue s'allongent vers l'est en s'effilant sur 5 km.

Les Américains, locataires des lieux, les ont fortifiés au début du siècle. Devant les perspectives d'indépendance pour 1946, ils ont eu tendance à laisser aller. L'endroit, certes, est

---

1. Certains auteurs avancent une explication de cette absence d'humanité. Le Japonais se bat jusqu'à la mort. Il n'accepte pas de se rendre. Le *Bushido*, le sens de l'honneur militaire, le lui interdit. De là son mépris des prisonniers. Un tel sentiment ne saurait justifier sévices et massacres pratiqués par l'armée japonaise avec le plein aval du commandement.

2. El Fraile – 1/2 ha – a été arasé et transformé en un « cuirassé de ciment ».

fortifié mais ces fortifications pourraient être beaucoup plus solides. La partie la plus haute se couvre de batteries souvent mal protégées. A l'extrémité est, a été édifié le petit terrain d'aviation de Kindley Field, sans grande protection. Au centre et largement en vue, s'élèvent les bâtiments militaires, casernes, entrepôts, hôpital. A côté, pour éviter de contourner une colline abrupte, un tunnel de liaison, le tunnel de Malinta [1], a été taillé dans le roc. Outre ses facilités de communications, il est censé pouvoir servir d'abri pour le commandement, l'hôpital, les stocks de vivres. Il est sans conteste l'emplacement le mieux protégé des bombardements de toute nature. MacArthur puis Wainwright y ont installé leur PC. A défaut de confort, le tunnel assure une relative sécurité. On s'y pressera.

Sur Corregidor Wainwright dispose d'environ 15 000 hommes, mais administratifs plus que combattants dans leur majorité. Seule troupe de choc, les 1 130 Marines du 4e régiment ramenés de Shanghai avant le 8 décembre 1941.

Certes, Corregidor, pour se défendre, n'est pas sans atouts. Son insularité, ses falaises limitant les possibilités de débarquement, ses batteries [2] lui apportent de réels moyens de défense. Mais elles sont déjà anciennes et trop souvent à découvert. Son site est dominé. Depuis Bataan, les artilleurs d'Homma ont tout loisir pour se déplacer et régler leurs tirs sur des objectifs fixes. Surtout le souci premier s'appelle le ravitaillement, comme à Bataan. Aucun secours n'est arrivé. Aucun n'est attendu. Le rationnement est impératif, et le moral s'en ressent.

Depuis la prise de Manille, les Japonais ne cessent de pilonner Corregidor pour saper sa résistance. Leurs bombardiers, volant à haute altitude, vident régulièrement leurs soutes. A partir du 6 février, l'artillerie, bien camouflée dans les vallons de la péninsule de Cavite, tire aussi à intervalles d'une minute. La

1. Ce tunnel, appelé à symboliser la résistance de Corregidor, court d'est en ouest. Long de 450 m, il est large de 10 m. Il possède 25 alvéoles latéraux longs de 120 m chacun.

2. Soit 56 pièces de 3 à 12 pouces dont 2 portent à plus de 20 km, 6 à 15. La défense antiaérienne s'appuie sur 24 canons de 3 pouces, 48 mitrailleuses de 50 mm et 6 projecteurs de 60 pouces. Ceux-ci sont susceptibles de surveiller la mer.

Les trois îlots sont pour leur part assez bien pourvus : Fort Hughes : 17 pièces de 3 à 14 pouces ; Fort Drum, « USS Drum », disent les marins : 8 pièces de 6 à 14 pouces ; Fort Frank : 21 pièces, du 14 pouces au canon de 75.

canonnade, l'explosion des bombes deviennent l'environnement quotidien.

Le départ de MacArthur avait suscité un fol espoir. Les hommes avaient foi en leur chef. Celui-ci ferait tout ce qui était humainement possible pour les secourir.

Les semaines ont passé. MacArthur ne s'est pas manifesté. Bataan a capitulé. Les Japonais sont de plus en plus pressants. Leur artillerie côtière s'est encore renforcée. Les obusiers de 240 ont causé de lourds dommages à Fort Frank. Sur Corregidor et les îlots, les hommes, avec des demi-rations et un espoir perdu, se traînent. Heureusement, Corregidor possède un chef solide. Constamment sur la brèche, Wainwright va d'une position à l'autre exhorter ses hommes. Ses hommes qui se doutent que les Japonais vont intensifier leurs efforts et très certainement tenter de débarquer.

Massive et brutale, la préparation d'artillerie s'abat sur Corregidor le 29 avril à 7 h 15. L'aviation s'y joint sans attendre. La date de ce déclenchement infernal a été choisie avec soin. Les soldats nippons célèbrent à leur manière l'anniversaire de leur Empereur.

Harcelée de tous côtés, Corregidor disparaît sous les fumées et les poussières. Blocs de rochers, arbres déchiquetés, poutres d'acier, pans de murs sont projetés dans les airs. Les réseaux de communications sont coupés, ceux de barbelés éventrés, les champs de mines retournés, les positions de tir bouleversées, les projecteurs détruits, les dépôts incendiés. Sous les coups qui s'abattent sans répit, il semble que la vie ne puisse subsister dans l'île. Homma profite du vacarme pour acheminer des navires de débarquement depuis la baie de Lingayen. L'assaut final approche.

Dans la nuit du 3 mai, un dernier sous-marin [1] se glisse jusqu'à Corregidor. Il prend à son bord 14 infirmières et quelques officiers supérieurs jugés précieux pour l'avenir. Pour les Américains, le dernier lien est coupé avec la mère patrie. Pour un peu plus de trois ans.

Le 5 mai, à 21 heures, 2 000 hommes du 61e RI se ruent sur les plages, au nord du terrain d'aviation de Kindley. Ils croient la partie facile après l'intensité des bombardements. Il n'en est rien. Le feu des défenseurs les surprend et décime leurs premiers rangs. Des péniches sont mises en pièces par les 75 à tir

1. Seuls 5 d'entre eux auront réussi à gagner Corregidor durant le siège.

tendu. Un rescapé parlera d'un « effroyable massacre ». Mais l'assaillant s'obstine malgré ses pertes, utilise les angles morts. Peu à peu, des têtes de pont s'installent, repoussant des défenseurs débordés par le nombre.

Durant la nuit, les Américains improvisent une ligne de résistance pour barrer l'accès vers le tunnel de Malinta et l'intérieur de l'île. Les généraux Howard et Moore s'efforcent de rassembler des éléments de contre-attaque. Hélas, les vrais combattants rompus aux actions d'infanterie font défaut. Même si les canonniers derrière leurs pièces se battent avec courage, les Marines ne peuvent être partout. Avec le jour, il s'avère impossible de constituer une force susceptible de rejeter les assaillants à la mer.

Le débarquement de quelques chars légers fait définitivement basculer le sort des armes. Faute de carburant pour alimenter les pompes des puits, les défenseurs n'ont plus d'eau. Les munitions se raréfient...

Wainwright, chef humain, redoute un massacre dans le tunnel de Malinta où s'entassent 4 à 5 000 blessés, malades, infirmiers, personnel des services.

A 10 heures, il adresse un ultime message à Washington :

> « Dites à la nation que mes troupes et moi-même avons accompli tout ce qui était humainement possible [...] Avec un profond regret et un respect nullement diminué envers mes vaillantes troupes, je vais me présenter au commandement japonais. »

A midi, le 6 mai 1942, des drapeaux blancs sont hissés sur les positions américaines, aussi bien à Corregidor que sur les trois îlots, mais les Japonais exigent davantage. Wainwright est emmené au PC d'Homma et placé devant un choix impossible. Successeur de MacArthur, il a rang sur le général Sharp qui poursuit la lutte à Mindanao. Sa reddition, pour être acceptée, doit englober l'intégralité des troupes placées sous ses ordres, à Corregidor comme à Mindanao. Le malheureux Wainwright paie l'erreur de ne pas avoir été déchargé à temps d'une partie de son commandement (ou évacué).

A minuit, pour éviter le pire, le massacre à Corregidor, il cède au chantage et ordonne de cesser le combat aux Philippines [1].

1. A Mindanao, Sharp suivant les ordres de Wainwright cessera le combat. Certains refuseront la captivité et « prendront le maquis ». Dans cette île mal

La dernière journée a coûté 350 morts aux Américains. Ils en avaient eu 310 durant le siège. Les Japonais ont subi des pertes équivalentes, voire supérieures durant l'assaut final (et 500 des leurs succomberont à une épidémie de paludisme).

Au total, garnisons des trois îlots incluses, les Japonais, à Corregidor, font quelque 16 000 prisonniers [1]. Pendant un mois, ceux-ci seront considérés comme des otages garantissant la reddition de Mindanao. Après quoi, ils connaîtront les affres de la captivité. Wainwright, interné en Mandchourie, objet des sévices de ses gardiens, ne sera plus à sa libération, en 1945, qu'une silhouette décharnée.

*
* *

Bataan, Corregidor, Singapour, autant de sévères défaites. Paradoxalement, les unes et les autres ne se présentent pas sous le même visage. Singapour laisse aux Anglais un goût amer. 80 000 hommes se sont rendus sans avoir été capables de faire front. A Bataan, à Corregidor, les Américains ont résisté plusieurs mois. En schématisant quelque peu, Singapour apparaît comme la honteuse capitulation d'une armée en rase campagne, Bataan et Corregidor comme l'héroïque résistance d'une poignée de braves. Les Britanniques baissent la tête en évoquant Singapour. Les Américains la relèvent au nom de Bataan et Corregidor. Ils parlent avec fierté des « battling bastards of Bataan », de l'inébranlable rocher de Corregidor, de l'évacuation aventureuse de MacArthur, de l'héroïsme des médecins et infirmiers de Malinta. Conscient de cette vision des choses qui exalte ses compatriotes, Roosevelt, quelques heures avant la fin, mandait à Wainwright :

> « Vous-même et vos dévoués soldats êtes devenus le symbole vivant de nos objectifs de guerre et de la certitude de la victoire. »

---

contrôlée par les Japonais, une résistance et une guérilla philippines, dirigées par le colonel Fertig, prendront de l'ampleur et tiendront jusqu'à la libération.

1. Quelques hommes parviendront à s'échapper :

– une poignée de marins, embarqués dans une chaloupe de 12 m, atteindront Port Darwin ;

– un capitaine d'aviation gagnera Bataan. Avec un autre colonel évadé, il bénéficiera de complicités philippines et rejoindra l'Australie ;

– un lieutenant fait prisonnier se fera passer pour civil et sera l'objet d'un échange en 1943.

Chapitre IV

RETRAITE EN BIRMANIE

Les alliés s'interrogeaient. Quelle priorité ? L'Australie ou la Birmanie ? Pourquoi l'importance de cette colonie britannique [1] enclavée entre la Chine et l'Inde ?

Par sa situation même, la longue cuvette birmane offre deux atouts. Elle couvre l'Inde à l'est, notamment Calcutta et les grands centres de la vallée du Gange. Elle ouvre la porte de la route de Birmanie qui permet de ravitailler la Chine de Tchang Kaï-chek.

Avant 1940, l'hypothèse d'une invasion de l'Inde par l'est paraissait peu plausible. Outre la Birmanie, n'y avait-il pas, plus encore, de larges glacis au levant ? La Chine, l'Indochine française avec le Laos, la Thaïlande. A priori, l'Inde et la Birmanie avaient du champ devant elles. Le 8 décembre 1941 a tout remis en question. Les Japonais s'installent à Bangkok et dans la presqu'île de Kra. Du jour au lendemain, la Birmanie se retrouve aux avant-postes de l'Inde.

1. A la suite des guerres birmanes, la Birmanie en 1886 est devenue colonie britannique. Jusqu'en 1937, elle a été regardée comme une province de l'Inde. A cette date, devant l'émergence des courants nationalistes, elle a été officiellement détachée de sa voisine.

Cette flanc-garde birmane présente un autre intérêt majeur. Le 19 juin 1940, profitant de l'effondrement de la métropole, Tokyo avait adressé un ultimatum à Hanoi :

> « Coupez la route de Chine. Acceptez des commissions de contrôle sur le sol indochinois. »

Le général Catroux, gouverneur général de l'Indochine, dans l'impossibilité de résister par les armes, avait dû s'incliner. Il avait fermé l'accès au Yunnan par la vallée du fleuve Rouge [1]. Depuis, la route dite de Birmanie restait la seule voie d'accès possible à la Chine nationaliste.

Quelle route ! Virages interminables, à-pics vertigineux, cols à plus de 2 000 mètres ! Son parcours, taillé à travers la montagne et des vallées profondes, relie Lashio à Tchoung-King, capitale provisoire de Tchang Kaï-chek. Débarquée à Rangoon, l'aide adressée aux nationalistes chinois remonte par rail sur Mandalay et Lashio. De là, en longues files de camions, elle part serpenter sur la route aux milliers de lacets.

Malheureusement pour les alliés, cette Birmanie stratégiquement si précieuse paie ce passé récent où elle paraissait peu vulnérable. Ce pays, plus grand que la France (680 000 km²), n'est pas défendu. Le 8 décembre 1941, à peine était-il protégé par deux bataillons britanniques, quatre bataillons de fusiliers birmans et neuf bataillons de police militaire autochtones. L'aviation ne comptait qu'une escadrille de seize chasseurs Buffalo.

La situation intérieure n'améliore rien. Cette vieille terre bouddhique, sous l'influence de ses bonzes, aspire à se débarrasser de la tutelle britannique. A la fin des années 30, les 16 millions de Birmans [2] ont obtenu une relative autonomie. Un gouvernement nanti d'un Premier ministre, U Saw, et un Parlement doté d'une chambre basse élue cohabitent avec le gouverneur général, Sir Reginald Dorman Smith. En corollaire, la Défense dépend à la fois du War Office et du gouvernement birman. Elle ne peut, initialement, qu'en souffrir. En outre, la présence de ce puissant courant nationaliste n'est pas sans avantager, en principe, les Japonais forts de leur slogan : « L'Asie aux Asiatiques. »

---

1. Cf. tome II, *De l'Armistice à la guerre du Désert,* chap. 6.
2. Dont un million d'Indiens, mal acceptés et regardés, plus encore que les Britanniques, comme un corps étranger.

Pour remédier à une telle situation militaire, le secours ne peut provenir que de l'Inde, de la Chine ou du Commonwealth. Mais le Commonwealth n'a déjà que trop de théâtres d'opérations. D'Inde arriveront des unités indiennes et Gurkhas qui ne sont pas sans valeur, surtout ces dernières [1]. Il leur manque cependant l'expérience du combat de jungle. Reste la Chine. Tchang Kaï-chek promet son concours. Il est d'accord pour détacher un, voire deux squadrons de l'American Volunteer Group (les fameux « Tigres volants » de Claire Chennault). A Noël, il proposera même l'envoi des 5e et 6e armées chinoises. C'était la perspective de voir dévaler de gros bataillons et avec eux le risque de « fourmis chinoises » promptes à vivre sur le pays. L'offre est refusée. Offensé, Tchang Kaï-chek, par la suite, lorsque l'urgence primera, ne libérera ses divisions qu'au compte-gouttes.

Il est certain aussi que Wavell, commandant en chef aux Indes et bientôt intronisé patron de l'Abdacom, n'a pas encore pris la mesure du combattant japonais. Comme plus d'un responsable européen, il a largement tendance à le sous-estimer. D'où son refus de la main chinoise. Les semaines à venir se chargeront de l'éclairer, ainsi que le général Hutton, son chef d'état-major, qu'il a envoyé à Rangoon prendre le commandement.

*
* *

L'Inde n'entre pas véritablement dans les visées des Japonais mais la Birmanie les intéresse. Rangoon, la « route de Birmanie », les champs pétrolifères de Yenangyaung, constituent autant d'objectifs justifiant leur intervention. L'invasion de la Malaisie dépasse alors leurs prévisions les plus optimistes. Dès le début de janvier 1942, ils peuvent se tourner résolument vers la Birmanie.

Des raids aériens, les 23 et 25 décembre, ont préparé cette nouvelle invasion. Bombardiers et chasseurs nippons s'en sont pris à Rangoon plusieurs heures durant. Les assaillants se sont retirés avec des pertes sérieuses – 50 appareils abattus – mais non sans succès. Les dockers effrayés ayant déserté les quais, il devient de plus en plus difficile de décharger des navires à Rangoon.

---

1. Les Gurkhas, solides guerriers, sont recrutés au Népal, en fonction de vieux accords passés entre l'Empire britannique et le roi du Népal.

Grâce à leur implantation en Thaïlande depuis le 8 décembre, les Japonais disposent de plusieurs possibilités d'accès au sud de la Birmanie. Depuis l'isthme de Kra, depuis Bangkok par le col des Trois Pagodes [1], depuis la région de Raheng en se rabattant plein ouest. L'objectif premier s'appelle évidemment Rangoon. Rangoon n'est pas qu'une capitale. Son port est la principale entrée du pays. De Rangoon partent les voies ferrées vers Prome par la vallée de l'Irrawaddy et vers Mandalay par celle du Sittang. Ce dernier itinéraire, ainsi que les barges lourdement chargées qui remontent poussives l'Irrawaddy, alimentent la « route de Birmanie ».

Le 15 janvier, le général Lida, commandant la XVe armée, entre en campagne avec 2 divisions et 1 brigade blindée. Des éléments de la XXVe armée de Malaisie l'épaulent dans l'isthme de Kra. Progressant le long de la côte occidentale de l'isthme, les Japonais ont tôt fait de dépasser Victoria Point abandonné. Tavoy est atteinte le 19, sa garnison de fusiliers birmans bousculée. A Mergui, les quelques troupes en place parviennent à être évacuées par mer. En moins d'une semaine, trois aérodromes, Victoria Point, Mergui et Tavoy, ont changé de mains.

Débouchant le 20 janvier de la région de Raheng, la 55e division s'empare de Kawkareik et marche sur Moulmein. La 15e brigade indienne, en couverture, parvient à s'esquiver mais perd tous ses moyens d'appui et de transport. Sans cesse, comme en Malaisie, les Japonais, profitant de leur mobilité, s'infiltrent hardiment et surgissent sur les arrières. L'encerclement devient la hantise de leurs adversaires.

Le général Smyth [2], qui commande devant Moulmein, a reçu l'ordre de tenir la place. Très vite, sa situation devient impossible. Homme de terrain, il prend ses responsabilités. Il a vécu

1. Cet itinéraire, le plus facile et le plus direct d'accès à la Birmanie, sera, par la suite, très largement utilisé par les Japonais. Le long de la rivière Kwaï, de Nong Pladuk en Thaïlande à Thanbyuzayat en Birmanie, ils feront construire par des prisonniers de guerre et des habitants réquisitionnés une voie ferrée de 415 km de long. Ils se raccorderont ainsi aux voies ferrées existantes qui mènent à Moulmein et Bangkok.

Plus de 18 000 Anglais, Australiens, Américains, Hollandais mourront à la tâche suite aux terribles conditions de travail, au manque d'hygiène, de soins et de nourriture. (Le roman et le film *Le Pont de la rivière Kwaï* s'inspirent de ce tragique épisode historique.)

2. Smyth, remarquable soldat des deux guerres, est titulaire de la Victoria Cross et de la Military Cross.

Dunkerque et connaît les situations sans espoir. Après deux jours de rudes combats, il se dégage par mer de la souricière, ne perdant que 600 hommes. Moulmein tombe le 30 janvier, apportant à l'assaillant un port et surtout un aérodrome supplémentaire.

La manœuvre japonaise, désormais, s'infléchit sur deux axes. Un détachement, par la côte, contournant le golfe de Martaban, se dirige sur Rangoon. Un autre, empruntant les vallées du Salouen et du Sittang, marche vers le nord.

Les Britanniques n'ont plus qu'un espoir pour stopper la ruée ennemie sur Rangoon : essayer de l'arrêter sur les coupures importantes que représentent le Salouen et le Sittang. Encore leur faut-il éviter d'être pris eux-mêmes au piège et de se retrouver le dos à la rivière.

Smyth en est conscient. Il voudrait interposer au plus vite le Sittang entre l'ennemi et lui, et concentrer la défense en avant de Rangoon. Wavell et Hutton en jugent autrement et optent pour un front plus large impossible à tenir. Ils ont encore du mal à prendre la vraie mesure des Japonais. Ceux-ci, fidèles à leur tactique, s'infiltrent en direction du seul pont existant, point de passage obligé, sur le bas Sittang.

Lorsque Smyth est enfin autorisé à décrocher, le 19 février, il est trop tard. Ses hommes ne pourront pas tous traverser. La division indienne sera encore sur la rive gauche lorsque le pont sautera le 23 à 0 h 30 pour ne pas être pris intact. 3 000 Indiens parviendront à passer à la nage ou sur des radeaux de fortune. Les fidèles Gurkhas, ne sachant pas nager, seront tous engloutis, emportés par le courant.

Churchill, le fait est patent, par-delà ses éminentes qualités, traîne un travers. Il n'aime pas ceux qui lui donnent des sueurs froides et le mettent en fâcheuse posture à Westminster. Bref, ceux qui perdent et ne gagnent pas. Hutton, relevé, est remplacé par Alexander qui a prouvé sa valeur et son sang-froid à Dunkerque. Il y a fait rembarquer son corps d'armée au moindre mal eu égard aux circonstances (et grâce aussi, il est vrai, à l'abnégation des défenseurs français).

Avec Alexander, 51 ans, apparaît un parfait gentleman aussi distingué qu'efficace. Et chanceux, talisman indispensable à un chef de guerre ! A peine en fonction, il se trouvera bloqué dans Rangoon que les Britanniques s'efforcent d'évacuer. Le général japonais qui investit la ville tient solidement la route du nord, celle du repli des soldats d'Alexander. Ses ordres lui ont prescrit d'entrer dans Rangoon par l'ouest. Exécutant appliqué, il déplace le gros de son dispositif vers l'ouest. Les Britanniques pourront forcer le passage dégarni et Alexander quitter la ville. Face à un adversaire moins rivé à ses directives et appréciant mieux les impératifs du combat, le général anglais n'aurait pas connu la suite de sa brillante carrière en Afrique du Nord et en Europe.

Churchill a paré au plus pressé : « A défaut de troupes, j'ai envoyé un homme. »

Alexander en l'occurrence. Est-ce suffisant pour défendre Rangoon ? Douteux.

Pour sauver la ville, il n'est qu'un recours possible dans l'immédiat. La 7e division australienne vogue dans l'océan Indien rappelée par son gouvernement. Churchill et Roosevelt voudraient la faire débarquer pour défendre Rangoon. Le Premier ministre australien et son gouvernement demeurent inflexibles :

> « Nous nous sentons fondamentalement obligés de garder l'Australie non seulement dans son intérêt propre, mais afin de la préserver comme base de l'assaut futur contre le Japon », câble Curtin.

La 7e division australienne ne débarquera pas en Birmanie.

Pour Rangoon, il n'est plus qu'un délai de grâce. Celui que les sapeurs de Lida mettront pour lancer un nouveau pont sur le Sittang : 10 jours.

Le 8 mars, les Japonais entreront dans une cité désertée. Avant leur départ, les Anglais auront eu le temps de détruire l'essentiel.

* * *

Avec la disparition d'« Abdacom », Wavell est redevenu commandant en chef aux Indes avec autorité sur la Birmanie. Sur place, Alexander remplace donc Hutton et coiffe deux nouveaux venus, son compatriote Slim et l'Américain Stilwell. Le premier commande les forces britanniques, basées pour l'essentiel dans la vallée de l'Irrawaddy. Le second, envoyé par Roosevelt auprès de Tchang Kaï-chek, a mission de faire au mieux avec le bon vouloir des Chinois dans les vallées du Sittang et du Salouen et sur le plateau de Shan. La tâche n'est pas simple, compte tenu des Japonais, des Chinois et du caractère de Stilwell. « Vinegar Joe » est plus un soldat qu'un diplomate. Il goûte peu les méandres asiatiques. Il accepte mal les entrechats de Tchang Kaï-chek qu'il traite volontiers de « cacahuète ». L'homme, sur le fond, est solide, intelligent, courageux, et bien décidé à se battre en utilisant au mieux les éléments des 5e et 6e armées que Tchang Kaï-chek lui concède peu à peu.

N'améliorant rien, les combats se déroulent sur un arrière-plan politique local houleux. En Birmanie comme en Inde, les nationalistes s'agitent. Les difficultés de la puissance coloniale les incitent à durcir le ton.

Le Premier ministre birman, U Saw, lance résolument ses filets du côté japonais. Nombre de ses compatriotes l'imitent. Les désertions se multiplient dans l'administration et la police. Une « armée nationale birmane », commandée par Aung San, arrive dans les fourgons de l'envahisseur. Par contre, l'armée régulière reste loyale. Les soldats suivent leurs officiers. Le gouverneur général n'hésite pas. Devant le complot que trame U Saw contre l'Union Jack, il le fait arrêter. La mesure élimine en partie les intrigues. Elle ne saurait, dans les zones envahies, empêcher d'accueillir les Japonais en libérateurs. Cette façade, comme partout, se lézardera bientôt…

La situation intérieure de l'Inde est encore plus complexe. Certes, les Japonais ne sont pas dans le pays mais ils y trouvent écho. Leur slogan « L'Asie aux Asiatiques » porte. Le raisonnement : « Si les Britanniques n'étaient pas là, l'Inde ne risquerait pas d'être inquiétée », frappe tout autant. Churchill, le premier, le reconnaît.

Le nationalisme se complique d'un lourd contentieux religieux et ethnique. La Grande-Bretagne unit sous sa tutelle des millions d'hindous, de musulmans, de Sikhs, de parias que tout sépare. Mais après elle ? Les parties en présence se divisent sur leur avenir.

Pour l'heure, face à la menace japonaise, Churchill a besoin de la paix intérieure et de l'aide indienne pour son effort de guerre [1]. Les Indiens, bien entraînés, bien commandés, se battent héroïquement. En Libye, ils tiennent tête à Rommel. Pour obtenir le calme et le soutien indispensables à la poursuite du

1. Deux millions et demi d'Indiens se porteront volontaires pour prendre les armes de 1939 à 1945. L'armée britannique, en 1942, en compte un million dans ses rangs.

conflit, le Premier ministre est prêt à certaines concessions. Sans aller jusqu'à reconnaître la notion formelle d'indépendance, il ne serait pas hostile à celle d'autonomie interne. Pour essayer d'endiguer la crise qui s'accentue, Sir Stafford Cripps, Lord du Sceau privé, arrive à New Delhi le 23 mars. Il propose à Gandhi et aux chefs du Parti du Congrès et de la Ligue musulmane l'autonomie sous le statut de « Dominion » et le principe d'une Assemblée constituante, une fois les hostilités terminées. Bien au fait des clivages, il n'écarte pas la perspective d'une partition [1]. Le Parti du Congrès se cabre devant une telle éventualité. La mission Cripps s'achève sur un échec dans la confusion totale.

Roosevelt, qui a toujours dans l'esprit des réminiscences de la guerre d'Indépendance, pousse au désengagement des Britanniques. Churchill ne cède pas. Il refuse de faire en pleine guerre « une expérience constitutionnelle », et de risquer de laisser l'Inde sombrer dans l'anarchie de haines séculaires. Résolument, il opte pour une politique de fermeté.

En août, Gandhi lancera son fameux « Quit India ». (« Quittez l'Inde en tant que maîtres ! »)

Allant plus loin, le Parti du Congrès fomente des émeutes et des sabotages. Churchill, craignant que ne se renouvelle la terrible révolte des Cipayes de 1857, riposte par la répression. Gandhi, Nehru, les principaux dirigeants du Parti du Congrès sont arrêtés [2]. L'Inde restera calme. Les engagements se poursuivront. Les véritables échéances n'interviendront qu'au lendemain de la guerre…

*
* *

Alexander a reçu quelques renforts dont la 7e brigade blindée arrivée du Moyen-Orient. D'accord avec Stilwell, il voudrait tenir une ligne Prome-Toungoo, barrant ainsi les vallées de l'Irrawaddy et du Sittang. Il souhaite aussi gagner du temps. La mousson approche. Ses cataractes interdiront alors pratiquement tout mouvement d'envergure.

Le plan Alexander est judicieux, mais les moyens manquent. Hormis la valeureuse 7e BB, Slim dispose surtout de rescapés

1. Qui se révélera par la suite inévitable à l'épreuve des faits et des massacres intercommunautaires, donnant naissance au Pakistan.

2. Gandhi ne sera libéré qu'en 1944.

regroupés vaille que vaille. Stilwell n'a, lui, qu'une division chinoise. Les commandants des Ve et VIe armées inventent sans cesse de nouvelles arguties pour retarder l'arrivée de leurs troupes. L'aviation a subi, le 22 mars, une série de raids qui ont détruit de nombreux appareils au sol. La RAF a dû se réfugier en Inde, et les « Tigres volants » regagner la Chine. Lida, de son côté, grâce à la chute de la Malaisie, s'est sérieusement étoffé. Il a reçu deux nouvelles divisions (16e et 18e), ainsi que deux régiments de chars. Son potentiel aérien, doublé, atteint plus de 400 appareils.

Alexander, bien que bousculé, espère protéger les champs pétrolifères de Yenangyaung et défendre Mandalay, la ville aux mille pagodes, véritable capitale administrative, qui représente un symbole, tout en commandant l'accès à la « route de Birmanie ».

Les Japonais ne lui laissent pas le loisir de réaliser ses ambitions. Comme en Malaisie, ils se montrent partout maîtres dans l'art des débordements. Ils ne cessent de s'infiltrer. Débouchant aussi bien sur les arrières britanniques que sur ceux des Chinois, ils contraignent leurs adversaires à se replier pour éviter l'encerclement. Le 18 avril, ils s'emparent des puits de Yenangyaung. Le 28, au terme d'une marche d'approche par la montagne, ils entrent dans Lashio. Lashio occupée, la « route de Birmanie » est coupée.

Mandalay se retrouve prise en tenaille. La XVe armée l'aborde par la vallée de l'Irrawaddy tout en descendant de Lashio. Alexander a vu la menace. Il décide d'abandonner Mandalay. Le 30 avril, à 23 h 50, les puissantes poutrelles d'acier du pont d'Ava sur l'Irrawaddy s'enfoncent dans les eaux du fleuve, mais le drame du Sittang ne se reproduit pas. Les Britanniques étaient déjà sur la rive droite du fleuve.

Il faut encore et toujours battre en retraite. La saison sèche s'achève. La température excède 40°. Sur les collines arides de la Birmanie centrale, l'eau manque. L'aviation japonaise ne cesse de harceler les convois. De petits détachements audacieusement avancés tendent des embuscades sur les routes et les ponts. A la confusion générale s'ajoute la masse des réfugiés. Près de 900 000 Indiens fuient l'envahisseur et les Birmans hostiles. Ils avancent à pied ou sur des chariots traînés par des buffles.

Slim et les Britanniques se replient vers le nord-ouest par la vallée du Chindwin. Stilwell et les Chinois s'efforcent de gagner la Haute Birmanie et la région de Myitkyina. Le 5 mai, le premier atteint Schwegyin sur la rive orientale du Chindwin. Cinq jours et cinq nuits lui sont nécessaires pour transborder les siens. Les Gurkhas se dévouent à l'arrière-garde. Mission remplie, ils se faufileront à travers la jungle.

Le 6 mai, les éléments avancés des colonnes britanniques entrent dans la province d'Assam. La longue marche s'achève alors que les premières pluies de la mousson débutent. 12 000 hommes ont réussi à passer. 13 000 Anglais, Indiens, Gurkhas, Birmans, sont morts au combat durant cette retraite de 1 400 km [1]. 250 000 réfugiés ont également succombé aux fatigues de la route.

Plus à l'est, Stilwell retraite avec les Chinois. Courageusement, il a refusé une évacuation aérienne personnelle et avance à pied, entraînant les plus braves. Le 13 mai, il franchit à son tour le haut Chindwin sur des radeaux et, par des pistes de jungle, comme les Gurkhas, rejoint l'Assam. 10 000 Chinois l'ont suivi.

Ce sexagénaire est indomptable. Il reprend aussitôt un avion pour rejoindre Tchang Kaï-chek et poursuivre la lutte. Il n'en perd pas pour autant son franc-parler :

> « Quelle raclée ! Oui, on s'est fait virer de Birmanie. C'est une honte ! A nous de comprendre pourquoi, afin d'y revenir et de la reprendre. »

*
* *

La fin de la conquête de la Birmanie marque une étape. Malaisie, Indes néerlandaises, Philippines et enfin Birmanie. Cinq mois de succès ! Le plan programmé a parfaitement réussi. Le Japon a bâti son empire de la « Grande Asie orientale ». Sa suprématie éclate au grand jour.

Avantage immédiat, ses conquêtes lui procurent un pactole indispensable à son effort de guerre. Celui-ci n'est pas cependant obligatoirement gratuit. Carburant, minerais et autres richesses doivent être acheminés sur des milliers de kilomètres à travers le Pacifique. Le Japon possédera-t-il toujours la maîtrise du ciel et de la mer qu'impliquent ces longs transports ?

---

1. Les Japonais auraient perdu 4 500 hommes.

L'effondrement des puissances coloniales, Angleterre, Pays-Bas, France aussi, porte à leur prestige un coup dont elles ne se relèveront pas. Les nationalistes, soutenus au départ par les Japonais, se retrouvent en position de force. Le 8 décembre 1941 et ses lendemains sonnent le glas du colonialisme en Asie.

Ce flux japonais qui a inondé l'Extrême-Orient et une partie du Pacifique a-t-il atteint son maximum ? Faut-il redouter qu'il ne s'étale encore davantage ? Partout, les responsables alliés sont en droit de s'interroger et de s'inquiéter. Sans doute perçoivent-ils mal que déjà le temps travaille pour eux. Lentement, mais inexorablement, la machine américaine se met en route. Doolittle, MacArthur, Nimitz ne vont pas tarder à en administrer la preuve.

L'année 1942, bien mal commencée, se terminera tout autrement.

Chapitre V

ALARME DANS L'OCÉAN INDIEN

Les Japonais, en quelques semaines, ont submergé la Thaïlande, la Malaisie, les Indes néerlandaises. Ils s'enfoncent en Birmanie. Leur avance les met au contact d'un autre univers. Ils bordent un monde marin qui jusqu'alors n'était pas le leur : l'océan Indien.

Singapour, Batavia en verrouillaient les accès. Ces loquets ont sauté. Le détroit de Malacca ouvre sur le golfe du Bengale. Celui de la Sonde sur le cœur même du nouvel océan.

Des rivages qu'ils ont atteints, les Japonais devinent-ils, au-delà des flots, les terres situées à des milliers de kilomètres ? L'Inde, gigantesque canine plantée du tropique aux approches de l'équateur ? L'Afrique, barrière bouchant l'horizon ? La péninsule arabique, table à demi dissimulée par Socotra et la corne orientale du continent africain ?

Ces lointains pays sont-ils les nouveaux objectifs des soldats d'Hiro-Hito ? Les Anglais peuvent le craindre. La boulimie de conquête du pays du Soleil levant paraît inépuisable. Les pays en bordure de l'océan Indien vivent presque tous, à des degrés divers, dans la mouvance britannique. Ils n'en suscitent que davantage de convoitises.

Le Gange, Calcutta s'offrent par voie de terre. Mais pour les autres ? Les distances s'allongent, où la mer fait obstacle. Le regard, un instant, s'immobilise. Une île se détache, sentinelle avancée à la pointe du Deccan : Ceylan. Ceylan, goutte de verdure tombée dans le bleu des flots tropicaux, commande l'océan Indien et ses rivages. Ceylan occupée, l'Inde est sous surveillance, la voie impériale vers Suez par Le Cap menacée, la route de l'Australie coupée. Pour dominer l'océan Indien et les voies qui le sillonnent, il faut tenir Ceylan.

Churchill et son brain-trust mesurent l'enjeu. Le 13 mars, ils font un choix. Ceylan plutôt que Calcutta. Mieux vaut, au pire, l'ennemi dans la vallée du Gange et sa populeuse métropole qu'à Colombo ou Trincomalee. Dans le premier cas, ce n'est qu'un territoire de plus de perdu. Dans le second, tout un dispositif stratégique de communications est mis en péril.

Trois escadrilles de Hurricane et trois de Fulmar [1] sont dépêchées dans l'île. Deux divisions sont détournées à son profit. Une flotte dite orientale est constituée sous les ordres de l'amiral Somerville, commandant de la force H à Gibraltar. Cet assemblage héréroclite de cinq cuirassés, trois porte-avions, sept croiseurs, quatorze destroyers, n'est imposant que sur le papier. Trop de bâtiments datent d'un autre âge. Il est difficile de faire naviguer de conserve deux générations de navires. Somerville s'organise au mieux ou au moins mal. Une Force A, cuirassé *Warspite* [2], porte-avions *Indomitable* et *Formidable*, trois croiseurs, sept destroyers, fournira son intervention rapide. Les autres, Force B, regroupés autour des « 4 R » [3], essayeront de faire mieux que nombre.

Le tout sera basé à Ceylan (Colombo et Trincomalee), ainsi qu'aux Maldives. A 950 km de Ceylan, l'atoll d'Addou dispose d'un lagon aussi vaste que Scapa Flow. Devenu Port T, il est rapidement agencé et fortifié dans le plus grand secret. Un terrain d'aviation y est aménagé. Les navires de Somerville doivent pouvoir s'y réapprovisionner, s'y réfugier et s'y tenir prêts à intervenir.

Les Britanniques disposent d'un avantage : leurs écoutes radio décryptent assez bien les intentions nippones. Le 28 mars, une forte attaque est annoncée contre Ceylan pour le 1er avril.

1. Fulmar : chasseur britannique assez lent mais bien armé, 426 km/h ; 8 mitrailleuses.

2. Le *Warspite* est un vétéran du Jutland mais a été modernisé.

3. Cuirassés *Royal Sovereign, Ramillies, Resolution, Revenge.* Ces bâtiments sont vieux, lents et mal protégés contre les attaques aériennes. Le porte-avions appelé à les accompagner est lui aussi âgé, et surtout trop petit.

Forte attaque ! Les précisions manquent. Mieux vaut sans doute pour le moral des défenseurs. Car s'ils savaient tout ! Nagumo, le commandant de l'opération contre Pearl Harbor, s'avance avec une véritable armada : cinq porte-avions [1], quatre cuirassés, trois croiseurs, onze destroyers [2]. L'amiral Ozawa suit avec un porte-avions, sept croiseurs, onze destroyers. Avec cette escadre plus légère, il doit bombarder Calcutta et perturber le trafic maritime dans le golfe du Bengale.

Somerville se trouve devant un dilemme impossible. Sa flotte est surclassée, sa mission équivoque. Elle lui impose de défendre Ceylan à tout prix. Implique-t-elle, pour autant, qu'il sacrifie tous ses bâtiments ? Les précédents du *Prince of Wales* et du *Repulse* sont dans tous les esprits [3].

L'amiral anglais ne peut espérer l'emporter que dans un combat de nuit. La puissance de feu de ses cuirassés s'imposerait. Les porte-avions ennemis seraient incapables, dans l'obscurité, de faire intervenir leurs appareils [4]. Ses Blenheim [5], basés à terre, ne risqueraient pas d'affronter trop les Zero.

Bref, Somerville doit, sans se laisser repérer, situer Nagumo et se porter contre lui à la tombée du jour. Délicate manœuvre ! Durant trois jours, il patrouille en quête de la flotte nippone. En vain ! Ses soutes vides, il part pour l'atoll d'Addou refaire ses pleins.

Durant son absence, le 4 avril, un Catalina repère les porte-avions ennemis à 560 km au sud-est de Ceylan. Fidèles à leurs habitudes, les Japonais se préparent à porter leurs coups un jour férié pour les Occidentaux. Le 5 avril est le dimanche de Pâques.

Somerville est trop loin pour intervenir, mais l'alerte a pu être donnée. Les navires s'éloignent du port à la hâte. DCA et RAF se tiennent prêtes.

A l'aube du 5 avril, 91 bombardiers et chasseurs tombent sur Colombo. Celui qui les mène est un spécialiste. Quatre mois plus tôt, le commandant Fuchida guidait ses avions au-dessus

---

1. *Akagi, Soryu, Hiryu, Shokaku, Zuikaku,* transportant chacun 60 avions.

2. Le but réel de son apparition est de faire diversion et « d'occuper » la Navy, tandis que des renforts japonais débarquent en Birmanie.

3. Cf. tome II, *De l'Armistice à la guerre du Désert*, chap. 21.

4. Les combats contre les Italiens, en Méditerranée, l'ont montré ; la Navy, avec ses radars, est bien équipée pour les actions de nuit.

5. Blenheim : bombardier bimoteur anglais ; vitesse : 420 km/h ; 600 kg de bombes ; équipage : 3 hommes.

de Pearl Harbor. Il est persuadé, comme son supérieur l'amiral Nagumo, qu'il va rééditer son exploit. Tous deux croient la flotte anglaise à Colombo. A cette heure, elle est à 600 km de là. Colombo ne sera pas un nouveau Pearl Harbor. Le port est quasiment vide, la DCA sur ses gardes. Hurricane et Fulmar ont décollé, prévenus par radar de l'arrivée de la vague japonaise.

Le bilan du raid est faible. Un cargo et un destroyer sont coulés. Les dommages aux installations portuaires sont limités. Par contre, 18 appareils britanniques ont été abattus contre 7 Zero.

La matinée a évité le pire. L'après-midi connaît une tout autre fortune.

Deux croiseurs lourds, le *Dorsetshire* et le *Cornwall*, en route vers l'atoll d'Addou, sont localisés par une reconnaissance aérienne. A 13 h 30, 53 bombardiers en piqué surgissent du soleil. Le *Dorsetshire* est coulé en huit minutes, le *Cornwall* en vingt-deux. 424 officiers et marins disparaissent avec eux [1].

Somerville est revenu dans la zone. A nouveau, il recherche un combat de nuit que Nagumo refuse. Pendant quarante-huit heures, les deux amiraux se guettent. Le 8 avril au matin, le Japonais se dévoile et attaque Trincomalee. Comme à Colombo, l'alerte a été donnée, les bâtiments éloignés. Les dégâts restent légers. Sur les 90 appareils japonais engagés, sept sont abattus, au prix de neuf chasseurs britanniques.

Mais la chance, une fois encore, se détourne de la Navy. Le porte-avions *Hermes* et le destroyer *Vampire*, regagnant Trincomalee une fois le danger écarté, sont localisés. En moins de vingt minutes, ils connaissent le sort du *Dorsetshire* et du *Cornwall*. Trois autres navires sont également coulés.

Simultanément, Ozawa a bombardé Vizagapatnam et Cocanada sur la côte orientale de l'Inde, au sud-ouest de Calcutta. En trois jours, dans le golfe du Bengale, il a détruit 23 navires, soit 112 312 tonnes.

Après l'attaque de Pearl Harbor et la perte du *Prince of Wales*, l'aviation embarquée a montré à nouveau, dans l'océan Indien, sa redoutable efficacité. L'amirauté en tient compte. Inutile de mettre de lourds bâtiments et leurs équipages à la merci de quelques torpilles venues du ciel. Les « 4 R » sont repliés sur Mombasa en Afrique orientale. A cette distance, ils

1. Sur un total de 1 546 membres d'équipage.

seront à l'abri. Sans doute, mais pour servir à quoi ? Seule la Force rapide demeure sur place.

Leurs coups faits, Nagumo et Ozawa se retirent. Leurs escadres ont des plaies à panser. L'océan Indien n'entre pas dans les plans du Haut Etat-Major japonais. Il pense Australie, Pacifique. La mer de Corail, Midway, sont son objectif programmé.

Les Anglais, à cette date, l'ignorent. Faute d'informations précises et au vu du mal subi à Ceylan, en Inde, dans l'océan Indien, la crainte subsiste. Elle explique la décision précipitée sur Madagascar.

Que Churchill, après le raid sur Ceylan, s'inquiète à cause de Madagascar est légitime. Si les Japonais prennent pied dans la Grande Ile [1], ils contrôleront le canal de Mozambique. La route, vitale, par Le Cap serait coupée. Plus de soutien à la VIIIe armée et à la flotte d'Alexandrie. Plus d'acheminement vers l'URSS par le Transiranien. Plus d'évacuation de pétrole du Golfe. Plus de liaisons avec l'Extrême-Orient.

Madagascar est terre française. L'administration de Vichy y règne sans partage. Que se passera-t-il en cas d'invasion japonaise ? Churchill est en droit d'estimer que le précédent de l'Indochine se reproduirait. Vichy n'a ni les moyens, ni, très certainement, la volonté de s'opposer à une intervention militaire nippone sur cette possession à plus de 10 000 km de la mère patrie.

Au demeurant, qui pourrait affirmer que Churchill et ses compatriotes, sur Madagascar, ne dissimulent pas quelque arrière-pensée ? La Grande Ile a été l'objet d'une sévère rivalité franco-anglaise durant la seconde moitié du XIXe siècle. La France de Gallieni l'a emporté. Madagascar est devenue officiellement colonie française en 1896. Mais si la France a triomphé, il est resté dans l'île des traces de cette lutte d'influence, des missions protestantes, des résidents... d'origine britannique. Il ne déplairait peut-être pas à certains de voir l'Union Jack flotter sur Tananarive.

Les Sud-Africains auraient-ils le même dessein ? Ils ne le disent pas. La tentation est plausible. Le canal de Mozambique n'est pas si large. A peine 500 km à certains endroits.

De Gaulle, pour sa part, mesure tout l'intérêt de Madagascar. Il l'a évoqué à plusieurs reprises auprès des responsables britan-

1. 590 000 km², soit une superficie légèrement supérieure à celle de la France.

niques. Il a envisagé l'intervention d'une brigade française pour y rétablir l'autorité de la France Libre. Londres, se souvenant de Dakar, n'a pas donné suite. Un historien anglais écrira :

> « Comme dans le cas de l'attaque de la flotte française à Mers el-Kébir en 1940, la peur se révéla à long terme mauvaise conseillère. » [1]

Incontestablement, Churchill redoute une mainmise nippone sur Madagascar. Brutalement, il décide d'occuper Diégo-Suarez, à la pointe septentrionale de l'île. Le maréchal Smuts, son homologue sud-africain, promet son concours. Roosevelt, en revanche, refuse de s'associer directement. Le président américain, foncièrement hostile à de Gaulle, espère encore du côté de Vichy. Il a dépêché auprès de Pétain l'amiral Leahy comme ambassadeur extraordinaire. Il maintient de tous les côtés des contacts diplomatiques [2]. A Alger, le consul Murphy s'active. Il a négocié avec Weygand. Il complote maintenant avec des sympathisants. Les Américains ne seront donc pas de l'opération « Ironclad » destinée à éliminer le risque de l'implantation de sous-marins japonais à Diégo-Suarez.

Diégo-Suarez offre l'emplacement, par excellence, d'une base navale. A son couchant, l'Afrique orientale. A son levant, l'immensité de l'océan Indien jusqu'aux Indes et à l'Indonésie. Le site lui-même assure un mouillage qui en fait le meilleur port de guerre de l'océan Indien. La vaste baie « où l'on pourrait loger toutes les escadres du monde » [3] ne s'ouvre que par un étroit goulet [4]. La France, dès 1895, a reconnu la valeur de l'endroit. Elle a édifié des installations portuaires et maritimes à Diégo-Suarez et surtout à Antsirane bâtie sur le plateau qui domine la rade au sud. La défense demeure toutefois insuffisante. Peu de fortifications. Une garnison assez faible, éparpillée autour d'Antsirane. Une aviation réduite à quelques avions anciens. Une marine de quelques avisos et sous-marins.

---

1. Lidell Hart, *Histoire de la Seconde guerre mondiale*, *op. cit.*, p. 243.
2. Le consul américain, en poste à Tananarive, entretient de bons rapports avec le gouverneur général Annet.
3. Joffre.
4. La rade offre quatre baies secondaires avec des fonds de 15 à 30 m. Le goulet ouvert vers l'est, d'une largeur de 3 km, est scindé en deux par l'îlot de Nosy-Volana. La passe méridionale est seule accessible.

Au début de 1942, Madagascar se situe un peu en marge d'un monde en guerre. Le gouverneur général Annet, arrivé en 1941, perpétue les traditions coloniales. Les troupes, sous le commandement du général Guillemet, ne sortent guère, faute de moyens, du cadre d'une stricte vie de garnison. La population [1], colons européens ou Malgaches, se préoccupe essentiellement des conditions économiques. L'île vit en autarcie. Exportations et importations ont cessé. Le riz indochinois n'arrive plus. Il faut produire et récolter sur place.

*
* *

Soucieux d'éviter un échec, Churchill a prescrit d'utiliser de gros moyens. Le cuirassé *Ramillies* sera accompagné de deux porte-avions (*Indomitable* et *Illustrious*), de plusieurs croiseurs, destroyers, sous-marins, dragueurs de mines et bâtiments de débarquement. La force d'intervention dite Force 121 comprendra trois brigades (13ᵉ, 17ᵉ, 29ᵉ), un commando, des éléments d'appui, soit environ 30 000 hommes. L'aéronavale interviendra avec des Albacore [2] lancés depuis les deux porte-avions. L'ensemble est placé sous le commandement de l'amiral Syfret [3].

Les Français, en face, pour couvrir Diégo-Suarez et sa région, n'alignent que 4 000 hommes. Un bataillon de tirailleurs sénégalais, trois bataillons de tirailleurs malgaches. Quelques batteries d'artillerie sont bien installées dans la presqu'île d'Orongéa, mais n'envisagent pas de tir de nuit, « l'accès de la baie étant considéré comme impossible de nuit ».

Le 5 mai, à 4 h 30, les 17ᵉ et 29ᵉ brigades prennent terre dans les baies du Courrier et d'Ambararatra, peu surveillées, à l'ouest de Diégo-Suarez. L'opération a une valeur de test. Elle constitue le premier débarquement d'importance réalisé par les

---

1. Madagascar compte alors 3 745 000 habitants avec les Comores. Y sont rattachées ce que l'on appelle les dépendances : Comores, Réunion (200 000 habitants), îles (Saint-Paul, Nouvelle-Amsterdam, Crozet, Kerguelen), terre Adélie.

2. Biplans embarqués armés d'une torpille de 750 kg et de trois mitrailleuses.

3. Roosevelt, en dépit de son refus de participation directe pour ne pas heurter Vichy, a facilité cette importante concentration navale. A la requête de Churchill, il a envoyé plusieurs bâtiments soutenir la Navy dans l'Atlantique. Celle-ci a pu, pour quelques semaines, libérer une partie de la flotte de Gibraltar.

Britanniques. Simultanément, le commando 5 se dirige sur Diégo-Suarez. A 15 h 30, tout y sera terminé. Au sud de la baie, le gros des éléments débarqués emprunte la piste menant à Antsirane par le petit col de Bonne-Nouvelle.

Les Français ont été surpris. Les quelques avions situés au camp Arrachart, à 10 km au sud, ont été détruits sur le terrain. Les bâtiments au mouillage [1] ont été coulés par les attaques à la torpille.

La défense terrestre ne peut être qu'improvisée et sporadique. Ce qui ne signifie pas qu'elle ne soit ni courageuse ni sanglante. Sommé par ultimatum de ne pas s'opposer aux débarquements, le colonel Claerebout, commandant d'armes, répond :

> « Sir, la défense de Diégo a été confiée à mon honneur militaire. Diégo sera donc défendu jusqu'au bout, conformément aux traditions de l'armée, de la marine et de l'aviation françaises. »

Au col de Bonne-Nouvelle, des 75 arrêtent quelques heures durant la progression anglaise. Toute la journée du 6 mai, une série de combats retardateurs s'efforcent de contenir l'adversaire. Au soir du 6, les agresseurs bordent la ligne fortifiée protégeant Antsirane, 3 km au sud de la ville. Dans le ciel, les rares Morane 406 et Potez 63 venus de Tananarive ont tenté l'impossible. Presque tous ont été très vite éliminés. Le capitaine Jean Assolant, qui a repris du service pour l'occasion, est tombé l'un des premiers. Avec lui disparaît l'un des grands noms de l'aviation française [2].

---

1. Croiseur auxiliaire *Bougainville,* aviso *D'Entrecasteaux,* sous-marins *Beveziers, Monge, Héros.* Sont également coulés un cargo allemand et deux cargos italiens réfugiés dans le port et désarmés, conformément aux règlements internationaux.

Le capitaine de frégate Fontaine, commandant le *Bougainville,* sera tué quelques heures plus tard en faisant le coup de feu pour défendre Antsirane.

2. Auteur de la première traversée de l'Atlantique nord, en 1929, sur du matériel français, et de nombreux raids aériens, brillant pilote de chasse de mai-juin 1940, Jean Assolant était à l'époque directeur de la navigation aérienne à Madagascar. A son sujet, comme à d'autres, un demi-siècle après les faits, l'Histoire n'a pas encore retrouvé son objectivité. Le *Grand Larousse encyclopédique du XXe siècle* évoque le passé de Jean Assolant et mentionne : « Il disparut au cours d'opérations militaires. » Ce n'est pas faux mais, historiquement, Jean Assolant est mort pour la France en défendant Madagascar contre les Anglais. Pourquoi nier son sacrifice et récuser son patriotisme ?

Pour forcer la décision, le destroyer *Anthony* tente, dans la nuit du 7, un coup d'audace. Au coucher du soleil, il s'infiltre dans la rade pour débarquer un petit détachement de 60 fusiliers marins sur les quais d'Antsirane. Le bâtiment, bien dirigé, parvient à ses fins. Les fusiliers marins prennent les Français à revers. Poussant audacieusement, ils pénètrent dans la ville européenne, capturent le PC de l'artillerie et font jonction avec leurs camarades arrivant du sud. Au matin du 7, Antsirane est aux mains des Britanniques. La médiation d'un prêtre permet la reddition, sans effusion de sang, du dernier bataillon retranché dans la presqu'île d'Orongéa.

Les Anglais sont maîtres de Diégo-Suarez. L'affaire leur a coûté 109 morts et 284 blessés. Les Français ont eu près de 200 morts et 500 blessés. Quels que fussent ses sentiments, la garnison a fait ce qu'elle estimait être son devoir.

Les occupants se contenteront-ils de ce succès ? A priori, oui, dans l'immédiat. Les 13e et 17e brigades rembarquent. La menace persiste sur l'Inde. A une centaine de kilomètres au sud de Diégo-Suarez, à Ambilobe, sur la route de Majunga, s'établissent les avant-postes anglais et français. Un escadron sud-africain s'installe à Arrachart.

Le gouverneur général Annet espère parvenir à un modus vivendi acceptable pour les deux parties. Il envoie même des « visiteurs » négocier un protocole d'accord. Les Anglais sont exigeants. Annet, lui, ne veut pas céder sur les droits de l'administration française. Les semaines passent.

Les incursions de sous-marins japonais dans le canal de Mozambique se poursuivent. Des navires anglais sont coulés. Le cuirassé *Ramillies* et un pétrolier sont atteints en rade de Diégo-Suarez par des torpilles lancées par un sous-marin de poche [1].

De fausses rumeurs circulent. Les Japonais mazouteraient dans les ports de Madagascar. Annet s'indigne et dément. En vain.

Sur place, les amiraux prônent l'occupation de Tamatave et de Majunga, les deux autres ports de l'île. Smuts pousse dans le même sens. Il accuse les Français de complicité. Churchill, finalement, acquiesce et prélève des troupes pour achever le contrôle total de Madagascar.

1. Les deux hommes d'équipage, plutôt que de se rendre, préfèrent le suicide.

Le 10 septembre, la 29e brigade occupe Majunga sans rencontrer de forte résistance. Laissant la place à la 22e, elle rembarque pour se diriger sur Tamatave. Là, pas plus qu'à Majunga, il ne saurait y avoir de véritable bataille. Des colonnes marchent aussitôt sur Tananarive. A peine sont-elles retardées par des bouchons et des destructions sur les axes. Tananarive, déclarée ville ouverte, est atteinte le 23 septembre. Annet s'est réfugié, provisoirement, à Fianarantsoa. Le 29, les Sud-Africains débarquent à leur tour à Tuléar et volent au secours de la victoire. De jour en jour, les représentants de Vichy perdent du terrain. Pour éviter la capture, ils s'enfoncent vers le sud. Fianarantsoa est prise le 29 octobre.

Annet ne serait pas hostile à une fin honorable du conflit. Vichy le somme de lutter jusqu'au bout. Loyal, il s'incline en s'efforçant de limiter les combats.

Le 5 novembre, il se voit contraint d'accepter un armistice qui est une capitulation. Du moins peut-il y faire insérer un article qui engage la Grande-Bretagne :

> « Rien dans les présentes conventions ne modifie ni diminue d'aucune façon la souveraineté de la France sur l'île de Madagascar et ses dépendances. Le drapeau français continuera à flotter partout où il sied dans ces territoires. »

Mais les derniers affrontements ont encore coûté quelques dizaines de morts et de blessés de chaque côté.

Plus d'un historien s'est interrogé sur l'utilité de cette seconde campagne [1]. Le débarquement en Afrique du Nord approchait. Madagascar, comme l'Afrique occidentale ou Djibouti, aurait basculé sans effusion de sang.

Churchill donne-t-il, dans ses *Mémoires,* la véritable explication de cette intervention ?

> « La nouvelle de l'heureuse conclusion de l'épisode de Madagascar parvint à un moment où nous avions le plus pressant besoin d'un succès. »

Quelques semaines après Dieppe, ce besoin est, pour le moins, évident.

---

1. Et même de la première. Voir ci-dessus l'opinion de Lidell Hart.

Et la France Libre, dans cette campagne où une partie du patrimoine national est en cause ? Elle a été tenue à l'écart. De Gaulle, à juste titre, s'en irrite, d'autant qu'il avait fait des offres de service. Ce contentieux malgache s'ajoute à d'autres. Sur la Syrie et le Liban où la Grande-Bretagne interfère pour réclamer des élections. Sur la conjuration du secret vis-à-vis des « Free French » dans les opérations à venir en Afrique du Nord. De Gaulle les pressent, mais n'est informé de rien. Septembre et octobre sont pour lui des mois de relations tendues avec ses alliés.

C'est le 30 septembre que se situe l'algarade célèbre, au 10 Downing Street, entre deux hommes en colère.

CHURCHILL. – Vous dites que vous êtes la France ! Vous n'êtes pas la France ! Je ne vous reconnais pas comme la France ! La France, où est-elle ?
DE GAULLE. – Si, à vos yeux, je ne suis pas la France, pourquoi et de quel droit traitez-vous avec moi de ses intérêts mondiaux ?

Les répliques, sur ce ton, fusent pendant plusieurs minutes, avant que les deux hommes ne se séparent, les visages fermés.

Personne, cependant, n'a intérêt à envenimer la querelle. De Gaulle est tributaire des Britanniques pour le quotidien. Churchill doit faire feu de tout bois.

Une fois encore, est-il sincère dans ses *Mémoires* ? S'il ne l'exprime pas ouvertement, il laisse entendre sa pensée. Il ne peut pas continuer à traîner à ses basques un partenaire irrité. Il vote une « prime », un « lot de consolation » en quelque sorte, Madagascar. Madagascar où, la marée japonaise brisée, les risques s'atténuent.

Selon l'auteur des *Mémoires de guerre,* Eden, le 6 novembre, vient le voir, « tout sucre et tout miel ». Il lui annonce que le gouvernement de Sa Majesté a décidé de rétrocéder Madagascar à la France combattante. Il lui propose d'annoncer, dans un communiqué commun, le départ pour Tananarive du général Legentilhomme, déjà nommé haut-commissaire pour l'océan Indien. De Gaulle reçoit même une invitation à déjeuner chez le Premier ministre. Perspicace, il en déduit que le débarquement en Afrique du Nord n'est pas loin.

Le communiqué commun sur Madagascar sera effectivement publié le 11 novembre[1]. Trois jours après l'arrivée des Anglo-

1. « Des conversations sont en cours entre le gouvernement britannique

Américains en Algérie et au Maroc. Le dossier malgache s'oriente vers un règlement.

Le 14 décembre, de Gaulle et Eden signeront un texte remettant la Grande Ile entre les mains de la France combattante. Le gouverneur Saint-Mart, désigné comme nouveau gouverneur général, quittera Bangui pour Tananarive. L'administration française, peu à peu, reprendra ses droits.

La Réunion, entre-temps, a rejoint le camp gaulliste. Le contre-torpilleur *Léopard*, capitaine de frégate Richard, battant pavillon à croix de Lorraine, a pénétré dans la nuit du 27 au 28 novembre en rade de Saint-Denis, mis à terre sa compagnie de débarquement. Troupes et population ont acclamé les arrivants. Mais la batterie de la pointe des Galets s'est montrée hostile. Un civil a été tué en s'interposant courageusement. Trois autres l'ont été par des salves perdues. Réfugié dans l'intérieur, le gouverneur Aubert n'a pas prolongé sa résistance. Il a entériné le ralliement. L'administrateur Capageny le remplacera peu après.

Les possessions françaises de l'océan Indien ont repris le combat. A Madagascar, comme à la Réunion, les troupes sur place se rallient à de Gaulle dans une large proportion. A Madagascar, la moitié des officiers, les deux tiers des sous-officiers, l'intégralité des hommes de troupe. Transférés en Grande-Bretagne, les autres rejoindront l'Afrique du Nord une fois l'union réalisée entre de Gaulle et Giraud.

Le drame de Madagascar paraît clos. Il aura, pourtant, des séquelles. Le prestige de la France a souffert. Les Anglais et les Sud-Africains, durant leur séjour, n'ont pas formulé que des propos innocents. La révolte de 1947 sera, cinq ans plus tard, dans le droit fil de la mise à mal de l'autorité française [1].

---

et le Comité national français concernant les dispositions à prendre au sujet de Madagascar. Le Comité national français a désigné le général Legentilhomme pour être haut-commissaire à Madagascar. Le général de division Legentilhomme se mettra en route prochainement pour prendre ses fonctions. »

1. Aussi tragiques et douloureux, les événements du 8 mai 1945 dans le Constantinois, en Algérie, résulteront d'antécédents identiques. Algérie 1945, Madagascar 1947 ont en grande partie les mêmes origines.

Chapitre VI

LA PERTE DES INDES NÉERLANDAISES MENACE SUR L'AUSTRALIE

Quel fabuleux domaine ! Près de 2 millions de km² étalés sur 5 000 km. 13 677 îles, dont 6 000 habitées, de Sumatra à la Nouvelle-Guinée occidentale par Java, Bali, Timor, Bornéo, les Célèbes, etc. Là poussaient les épices, bien plus convoitées que les temples ou les volcans par les navigateurs assez hardis pour, au-delà du Cap, affronter l'océan Indien. Lointain héritage de la Compagnie hollandaise des Indes orientales, ces terres, en 1941, sont propriété des Pays-Bas.

Les Hollandais, grâce à ces possessions lointaines, possèdent le troisième empire colonial du monde. Pour les conquérir et les conserver, ils se sont battus contre Portugais, Anglais et sultans locaux. Ils vont devoir se battre à nouveau pour essayer de les préserver des Japonais.

Car ces terres, aujourd'hui encore plus qu'hier, ont de quoi attirer les regards. Eau et chaleur les fécondent généreusement. Le travail des hommes y produit en abondance riz mais aussi caoutchouc, tabac, sucre, thé. Le sous-sol procure pétrole, étain, charbon, nickel, et même or et argent. Ce sont là des biens précieux pour un Japon qui en est si mal pourvu. Aussi, comment s'étonner qu'il ait programmé de s'en emparer au plus vite et donné la priorité au sud plutôt qu'au continent chinois ?

Pour garder de telles richesses, les Hollandais sont bien peu nombreux. 100 000 d'entre eux, colons plus ou moins récents, y vivent à demeure, noyés dans une population de 70 millions d'âmes. L'armée ne représente qu'une force de souveraineté en territoire colonial. Ses 140 000 hommes, presque tous indigènes, mal armés et surtout peu motivés, sont disséminés. Mais aussi comment surveiller et défendre 81 497 km de côtes ? Il existe bien une marine composée de quelques croiseurs et destroyers, mais elle n'a ni porte-avions ni couverture aérienne sérieuse.

Et puis, la Hollande est en guerre en Europe. Elle a mis un genou à terre en mai 1940, mais n'a pas cédé. La reine et son gouvernement se sont réfugiés à Londres. En 1941, les principales préoccupations des Hollandais sont la lutte contre le nazisme et la libération du territoire national. Si les Indes néerlandaises suivent la Couronne dans son combat, elles passent obligatoirement au second plan.

La seconde quinzaine de décembre 1941 a vu les Japonais s'installer à Jolo et à Sarawak. La conquête de la Malaisie et des Philippines se déroule aussi bien et même mieux que ceux-ci ne l'avaient prévu. Ils peuvent, sans plus tarder, se reporter sur les Indes néerlandaises dont ils ont tant besoin, en particulier sur le plan pétrolier.

*
* *

Le plan pour s'en emparer a prévu trois forces et trois étapes. A partir de Cam Ranh, en Indochine, la force ouest occupera Sumatra, Banka et l'ouest de Java ; au départ de Davao, à Mindanao, la force est occupera Bornéo et l'est de Java ; enfin, toujours depuis Davao, la force centrale interviendra contre les Célèbes, Ceram, Timor et Bali.

Mais toutes trois n'interviendront pas simultanément. L'action sur Bornéo et les Célèbes aura lieu en janvier 1942, celle sur Timor et Sumatra en février. Java, l'île la plus riche et la plus peuplée, sera alors encerclée. Son invasion correspondra au troisième temps, en mars.

Ce schéma est logique, cohérent. Il permet en outre de se rapprocher de l'Australie. Une fois Timor occupée, Port Darwin ne sera plus qu'à 450 km. Une bonne heure de vol.

Partout, la tactique employée sera sensiblement la même. Débarquement ou, dans quelques cas, parachutage, non loin d'un aérodrome. Conquête de celui-ci. Constitution d'une plateforme en vue d'un nouveau bond en avant. Ainsi, en quelques semaines, les Japonais tiendront-ils la quasi-totalité des Indes néerlandaises et finiront-ils par se rapprocher dangereusement de l'Australie. La résistance rencontrée variera. Parfois, quelques heures suffiront pour l'annihiler. Parfois, plusieurs jours seront nécessaires. Partout, la supériorité aérienne et navale écartera les plus gros risques d'une réaction aussi bien maritime que terrestre.

*
* *

Un compte rendu de style militaire peut, dans sa brièveté et sa sécheresse, rapporter le calendrier et le développement des opérations. Il estompe obligatoirement les sacrifices, l'exaltation meurtrière des vainqueurs, le désespoir des vaincus traités sans respect des lois de la guerre. Il ne mentionne pas les épreuves qui attendent les militaires alliés, les civils hollandais, regroupés dans des camps d'internement. Il ne laisse pas présager le nombre des disparus dans ces camps que les Japonais transforment en antichambres de la mort.

Janvier 1942

11 : débarquement à Tarakan (nord-est de Bornéo). Un jour de résistance ;
débarquement à Manado (nord-est des Célèbes). Peu de résistance.
Ces actions marquent la déclaration de guerre officielle du Japon à la Hollande.

24 : débarquement à Balikpapan (est de Bornéo). Peu de résistance ;
débarquement à Kandari (est des Célèbes). Peu de résistance.

27 : débarquement à Pemangkat (ouest de Bornéo). Peu de résistance.

29 : débarquement à Pontianak (sud de Pemangkat). Peu de résistance.

30 : débarquement à Ambon (ouest de Ceram). Peu de résistance.

Au 31 janvier, donc, Bornéo et les Célèbes, à l'exception des côtes méridionales, sont entre les mains des Japonais dont les porte-avions ont appuyé chaque débarquement.

Les assaillants, au cours de ce mois, n'ont connu qu'un seul revers. Dans leur approche sur Balikpapan, ils commencent par perdre deux navires de transport, coulés l'un par des bombardiers Glenn Martin encore disponibles, l'autre par le sous-marin K/18. Puis, dans la nuit du 23 au 24 janvier, quatre destroyers américains, vétérans de la Première Guerre mondiale, se sont audacieusement infiltrés dans le détroit de Makassar et ont livré la première bataille navale américaine de la guerre. A 3 heures, ils ont abordé à 27 nœuds la flotte nippone, ancrée au large de Balikpapan, et dont les bâtiments se détachent en masses sombres sur le fond des champs pétrolifères en feu. Attaquant à la torpille puis avec leurs pièces de cinq pouces, les quatre destroyers ont coulé quatre transporteurs et un patrouilleur. Avec de bonnes torpilles [1], ils auraient obtenu un bien meilleur score.

Balikpapan est un beau succès. Il réchauffe les cœurs de l'US Navy. Mais il ne retarde la poussée japonaise que d'une journée et n'interdit pas une tragédie. Furieux de la destruction des installations pétrolières, les Japonais massacrent à l'arme blanche toute la population européenne de la ville [2].

Février

9 : débarquement à Makassar (sud des Célèbes). Peu de résistance.

10 : débarquement à Banjermasin (sud de Bornéo). Peu de résistance.

14 : débarquement à Banka (au large de Sumatra). Peu de résistance ;
parachutage à Palembang (sud-est de Sumatra). Violents combats durant une journée.

---

1. La médiocrité de ses torpilles handicapera sérieusement l'US Navy durant les premiers mois de la guerre. Elles s'immergent trop profondément ou bien leur dispositif de mise à feu ne fonctionne pas. Les Japonais, en revanche, disposent d'un matériel très efficace.

2. Les conquêtes japonaises sont continuellement marquées de crimes de guerre. Il y avait eu Nankin en Chine. Il y eut Hong Kong, Singapour, Balikpapan et beaucoup d'autres. Après la guerre, un certain nombre de responsables seront trouvés, jugés et exécutés. Mais la culpabilité de l'encadrement n'atténue pas celle de la troupe dans tous ces pillages et tueries.

19 : débarquement à Bali. Aucune résistance.
20 : parachutage et débarquement à Timor. Début d'une guérilla qui durera près d'un an.

Le plan est parfaitement respecté. A la fin de février, Java est encerclée.

Les troupes à terre étaient trop peu nombreuses et trop dispersées pour s'opposer sérieusement à l'envahisseur. Leur patron, le Hollandais Ter Poorten, était sans illusions. En dépit de l'héroïsme de ses compatriotes et des petits contingents britanniques ou australiens, il se savait dominé.

L'Abdacom, en revanche, pouvait espérer le succès d'interventions par mer contre les forces de débarquement. La flotte alliée, composée de 9 croiseurs, 26 destroyers, 40 sous-marins, représentait, théoriquement, un atout non négligeable. Balikpapan avait montré qu'il était possible de s'interposer. Mais l'armada alliée était trop hétérogène. Chacun, hollandais, australien, américain, anglais, avait ses habitudes. Doctrine, moyens de communications – voire langue – différaient. La faiblesse de la couverture aérienne les pénalisait encore davantage. Renseignements et appuis faisaient défaut. Tous ces handicaps n'interdisaient toutefois pas de passer à l'action.

L'amiral hollandais Helfrich, qui avait remplacé l'Américain Hart, voulait à tout prix soutenir ses compatriotes. Il a ordonné à l'amiral Doorman, lui aussi hollandais et qui commandait en mer, d'intercepter un fort convoi signalé comme faisant route vers Bali. Dans la nuit du 18 au 19 février, Doorman, à bord du *De Ruyter*, est intervenu dans le détroit de Lombok, avec le croiseur léger *Java*, quelques destroyers et huit vedettes lance-torpilles, plus un croiseur léger et quatre destroyers américains qui l'ont rejoint à propos. Mais l'habile réaction japonaise a déjoué l'attaque. Seul un de leurs destroyers a été endommagé. Leur débarquement, le lendemain, a pu s'effectuer sans dommages.

Si Doorman a échoué dans le détroit de Lombok, il ne renonce pas. Un autre convoi fortement protégé [1] lui est signalé devant Java. Il s'est précipité. Il disposait cette fois non seulement du *De Ruyter* mais de quatre croiseurs, deux lourds, deux légers, et de neuf destroyers, tant hollandais qu'australiens, amé-

1. Protégé, on le saura par la suite, par 2 croiseurs lourds, 2 croiseurs légers, 10 destroyers.

ricains et britanniques. Pratiquement tout le potentiel naval allié était là. Mais Doorman, sans radar ni aviation de reconnaissance, était aveugle. Les Japonais, eux, le suivaient d'heure en heure. Leur aviation les renseignait régulièrement.

Ils avaient aussi leurs pièces de 200, tandis que Doorman n'était armé que de batteries de 150. Forcé de se rapprocher pour devenir efficace, il se rendait vulnérable aux torpilles. Le combat, engagé le 27 février vers 16 heures au nord de Kragan [1], a vite tourné à son désavantage. Le *De Ruyter* a été touché. L'*Exeter,* glorieux vainqueur du *Graf von Spee* [2], également. Un destroyer a été coupé en deux par une torpille.

Héroïque et tenace, Doorman a persisté, pour situer le convoi qu'il voulait intercepter, et continué à s'avancer. Le combat s'est poursuivi de nuit et à courte distance. Moins de 10 km. Mais les torpilles japonaises ont une fois encore démontré leur supériorité. Le *De Ruyter*, frappé à mort, a coulé avec Doorman et 344 marins. Au total, deux croiseurs, quatre destroyers ont été perdus. La bataille de la mer de Java s'est soldée par un lourd échec. Comme à Balikpapan, l'invasion n'a été retardée que de 24 heures.

Les rescapés ont essayé de gagner l'océan Indien, mais nombre d'entre eux avaient été localisés. Les croiseurs australien *Perth* et américain *Houston* ont sombré, pavillon haut, au terme d'un furieux engagement nocturne, après avoir endommagé ou coulé quatre bâtiments japonais. L'*Exeter* non plus n'a pu échapper à l'encerclement. Le tir acharné de ses canonniers n'est pas parvenu à contrer le feu des croiseurs lourds adverses. Les deux destroyers qui l'escortaient ont coulé comme lui. La disparition de l'*Exeter* est un choc de plus pour la Navy et les Britanniques. Après son retentissant succès sur le *Graf von Spee*, il paraissait invulnérable...

Il n'y a donc plus de flotte alliée constituée. Britanniques et Américains retirent leurs derniers destroyers et sous-marins. Java est non seulement encerclée, mais la mer est libre tout autour.

Les Japonais y débarquent le 1er mars au matin. Les Hollandais n'ont qu'une division pour tenir les 800 km de côtes. A leurs côtés ne se trouvent que 7 000 Anglais et Australiens et deux douzaines de chasseurs surclassés par les Zero.

1. Sensiblement au centre de la côte méridionale de Java.
2. Cf. tome I, *De Munich à Dunkerque,* chap. 9.

Wavell a déjà quitté les lieux. Le dernier B/17 est parti le 24 février pour l'Australie. Java est totalement isolée. Personne ne peut la soutenir. Les Britanniques retraitent en Birmanie. Les Australiens craignent pour leur continent. Les Américains, déjà incapables de soulager Bataan et Corregidor, sont encore moins en mesure de se manifester.

Les combats sur l'île dureront une semaine. Bandoung, l'ultime bastion, tombera le 9 mars à minuit, après que la radio aura passé son dernier message :

> « C'est fini [...] Adieu, en attendant des jours meilleurs, et longue vie à la Reine ! »

Les Pays-Bas ont perdu leur empire des Indes. Ils n'en conservent que quelques milliers de kilomètres carrés au sud de la Nouvelle-Guinée occidentale, pour l'essentiel domaine de la jungle ou des mangroves.

Les Japonais, tout en s'occupant des Indes néerlandaises, ont poussé plus loin. Ils ont débarqué sur la Nouvelle-Bretagne et la Nouvelle-Irlande [1]. Ils tiennent solidement les ports de Rabaul et Kavieng qui leur offrent des bases de départ vers les Salomon britanniques, les Nouvelles-Hébrides franco-britanniques et la Nouvelle-Calédonie française. S'ils parvenaient à y prendre pied, ils se situeraient face à l'Australie orientale, la partie la plus riche et la plus peuplée de l'immense continent australien. Ils se placeraient également à bonne distance de la Nouvelle-Zélande. D'ores et déjà, ils se sont installés sur le versant septentrional du dinosaure de Nouvelle-Guinée [2], faute de pouvoir en occuper le versant sud. Le détroit de Torrès, entre la pointe de l'Australie et la Nouvelle-Guinée, étant trop exigu, ils n'ont pas osé s'y risquer. Aussi Port-Moresby, dans le golfe de Papouasie, est-il toujours australien. 7 000 hommes y défendent deux courtes pistes tout justes accessibles aux chasseurs. Mais pour arriver à Port-Moresby, par terre et depuis le nord, la chaîne des Owen

1. Nouvelle-Bretagne et Nouvelle-Irlande, anciennes possessions allemandes, sont alors australiennes sous mandat de la SDN.

2. La Nouvelle-Guinée est traditionnellement présentée sous la forme d'un dinosaure ventru dont la colonne vertébrale est une chaîne de montagnes de 2 500 km de long encore inexplorées en 1942. La partie la plus intéressante en est l'appendice caudal, divisé lui aussi par la chaîne dorsale, mais qui possède de bons ports et un riche arrière-pays.

Stanley s'interpose, haute de plus de 4 000 mètres. Les Japonais oseront-ils s'aventurer dans ce décor de jungle et de montagnes ?

Quoi qu'il en soit, les voici, ce 10 mars 1942, pratiquement à l'apogée de leur expansion (sous réserve de la Birmanie et de Corregidor, qui tient encore, avec quelques kilomètres carrés de Bataan [1]). En trois mois, ils ont conquis Hong Kong, la Malaisie, les Indes néerlandaises, les Philippines, Wake, Guam, la Nouvelle-Bretagne, la Nouvelle-Irlande, la partie vitale de la Nouvelle-Guinée. Le « périmètre de la Grande Asie » a un rayon moyen de 3 500 km autour de Tokyo. Et tout cela contre un prix modique : 5 torpilleurs, 8 sous-marins, 50 000 tonnes de navires marchands, 10 000 morts et 4 000 blessés. En contrepartie, quel butin ! Puits de pétrole, minerais, plantations de caoutchouc, rizières. Et aussi quelles pertes chez l'adversaire ! 9 cuirassés, 7 croiseurs, un porte-avions léger [2], nombre de bâtiments de faible tonnage. Plus encore, 200 000 tonnes de navires marchands, presque tous récupérés intacts, 500 000 prisonniers civils ou militaires mis au travail.

L'Extrême-Orient, le Pacifique occidental sont devenus un monde nippon.

*
* *

L'Abdacom ne se justifie plus. Il n'aura connu que six semaines d'infortune. Le 25 février, Wavell a annoncé sa dissolution et regagné New Delhi. L'avance japonaise en Birmanie rend la situation préoccupante sur les frontières de l'Inde et en bordure du monde chinois.

Le problème du commandement allié n'en subsiste pas moins. Le 9 mars, Roosevelt propose à Churchill une réorganisation complète. Les Britanniques auraient la responsabilité depuis Singapour jusqu'en Méditerranée, les Américains dans le Pacifique. Quant à la zone Atlantique et à l'Europe, elles relèveraient de la responsabilité conjointe des deux alliés sous l'autorité du CCS. Si le Premier ministre s'empresse d'acquiescer, Australiens et Néo-Zélandais n'apprécient pas de voir leurs pays soumis au bon vouloir des chefs d'état-major américains.

1. Et une guérilla de mieux en mieux organisée à Mindanao.
2. Le *Langley*, ancien cargo transformé, coulé le 27 février 1942.

Mais qu'importent certaines doléances ! Les États-Unis représentent plus que 7 millions d'Australiens, et moins d'un million et demi de Néo-Zélandais. Roosevelt, à son seul gré, poursuit ses répartitions [1]. Il doit tout à la fois faire preuve d'autorité et tenir compte de son opinion publique. A cause, en particulier, du cas MacArthur. Le héros de Corregidor est devenu un personnage « incontournable ». D'aucuns le réclament même au commandement suprême à Washington. Les marins, par contre, ne veulent pas de ce général de l'armée de terre. Un crayon à la main, penché sur sa carte, Roosevelt en fin de compte tranche. L'immensité du Pacifique et de ses abords sera divisée en deux zones. MacArthur aura la tranche occidentale, avec les Philippines, les Salomon, la Nouvelle-Guinée, l'archipel Bismarck, Bornéo, les Indes néerlandaises (sauf Sumatra). L'amiral Nimitz aura la partie restante à l'est [2].

Etrange face à face ! A côté du soldat théâtral, un marin de prime abord effacé. Mais si Nimitz est homme de sang-froid, il a aussi la réputation d'accomplir beaucoup avec peu. Dans le cas présent, un tel talent est inestimable. L'ennemi est aux portes de l'Australie. Comment la défendre ? et avec quoi ?

Les Japonais ne tardent pas à faire connaître leur présence. Avant même d'occuper les aérodromes de Timor, leur aviation embarquée s'en prend aux rivages australiens. Le 19 février, 135 avions lancés depuis 4 porte-avions amenés par Nagumo attaquent Port Darwin. A la bombe ou à la mitrailleuse, Kate, Val, Zero visent navires sur rade ou installations portuaires. La protection aérienne est modeste. A peine une dizaine de chasseurs Kittyhawk, vite éliminés. En deux attaques bien menées, à deux heures d'intervalle, les assaillants coulent un destroyer, 5 navires marchands, endommagent plusieurs autres bâtiments dont un navire-hôpital. Ils perdent 15 appareils, essentiellement abattus par la DCA locale. On déplore 250 morts et 180 blessés.

1. Par souci de conciliation, il est toutefois créé un « Conseil de la guerre dans le Pacifique » siégeant à Washington avec des représentants de l'Australie, de la Grande-Bretagne, du Canada, de la Chine, des Pays-Bas et de la Nouvelle-Zélande. La France Libre, eu égard à l'importance de la Nouvelle-Calédonie et des îles du Pacifique ralliées à de Gaulle dès l'été 1940, y sera par la suite représentée.

2. Le Pacifique oriental est lui-même divisé en trois zones : nord, centre et sud. A Nimitz reviennent les deux premières. Celle du Pacifique sud, sous son commandement, relève de l'amiral Ghormley. A noter que ce secteur Pacifique exclut les zones côtières de l'Amérique centrale et de l'Amérique du Sud.

Le 4 mars, nouveau raid, sur Port Darwin toujours, mais aussi sur Wyndham et Broome au sud-ouest. Les dommages sont réels. L'inquiétude davantage encore. Les Australiens se persuadent que ces bombardements préludent à l'invasion de leur sanctuaire.

Dans l'inquiétude du moment, les côtes de Californie s'imaginent aussi menacées. Les usines d'aviation de Boeing, de Douglas et Lockheed à Los Angeles, de Consolidated à San Diego constituent, il est vrai, de bien belles cibles. La psychose du Japonais conduira une nuit à une alerte aérienne et à une bruyante canonnade au-dessus de Los Angeles. Nombre de gens, en toute bonne foi, affirmeront avoir vu des avions. Ce sera cependant le principal incident né d'une imagination frileuse. Les États-Unis sont quand même loin... Mais quel responsable oserait jouer l'impasse sur la seule notion de distance ?

*
* *

Paradoxalement, vainqueurs et vaincus du moment se trouvent dans une situation identique. Les uns et les autres s'interrogent. Quelle suite donner à la situation créée ? Similitude encore, chez tous, les réponses des responsables divergent.

Pour Tokyo, le dilemme est apparemment simple. Où frapper désormais ? L'armée de terre souhaiterait marquer un temps d'arrêt pour se refaire. Elle serait alors mieux à même de se manifester à son avantage, notamment en Chine où Tchang Kaï-chek ne cède pas. La marine, pour sa part, est divisée. Certains amiraux voudraient pousser vers le sud, c'est-à-dire vers l'Australie, la Nouvelle-Calédonie, la Nouvelle-Zélande. D'autres parlent d'attaquer au cœur du Pacifique, de conquérir Midway et de s'en prendre à la flotte américaine.

A Washington comme à Londres, on n'est pas moins perplexe. Après la perte de la Birmanie, l'Inde est en danger, et l'Australie reste toujours menacée. Cette dernière, terre de peuplement blanc, fait partie du Commonwealth. Elle mérite donc d'être prioritaire. Mais la conférence Arcadie a posé en principe de base : « Europa first. » Comment le respecter ?

Des réponses apportées découlent les stratégies adoptées. Curieusement, elles sont assez similaires. Personne ne tranche de manière absolue. Les armes s'en chargeront.

A Tokyo, les marins portent haut. Le Japon ne leur doit-il pas l'essentiel de ses succès ? Yamamoto, leur chef de file et maître à penser du raid sur Pearl Harbor, fait autorité. Son poids fait pencher la balance. Il accepte de couper la ligne de communications États-Unis-Australie en s'emparant des Salomon, des Samoa, des Fidji et de la Nouvelle-Calédonie. Ce nouveau bond conduira à contrôler la mer de Corail. Ceci admis, Yamamoto enlève la décision sur son propre plan qu'il juge essentiel dans l'évolution du conflit : conquérir Midway, sentinelle avancée d'Hawaï.

Midway attaquée, obligatoirement les Américains réagiront. Ils se porteront à son secours avec tous leurs moyens. La perte de cet atoll à moins de 2 000 km de Pearl Harbor serait trop grave. Hawaï elle-même pourrait être emportée. La fenêtre sur la côte occidentale des États-Unis serait largement ouverte. Yamamoto, sûr de la réaction des Américains, les attendra en embuscade. Fort de sa suprématie, en porte-avions notamment, il détruira complètement l'US Navy, parachevant l'œuvre du 8 décembre. Ce succès devrait permettre d'obtenir une paix de compromis avec la puissante Amérique. Car le lucide Yamamoto sait bien que le temps joue contre son pays. Le potentiel industriel américain finirait par l'emporter. Le Japon est condamné à conclure vite.

Pour Washington, un fait est clair. Le Pacifique ne saurait être totalement abandonné. La Maison-Blanche connaît trop l'importance du courant tant civil que militaire, qui tend à le privilégier. 65 % des Américains seraient partisans d'une offensive rapide contre le Japon, moins de 25 % seulement de l'ouverture d'un second front en Europe. King, et il n'est pas le seul dans le Haut Etat-Major, oriente résolument le cap sur le Pacifique. Il n'hésite pas à envisager de modifier les données d'Arcadie (Roosevelt et Marshall devront s'interposer pour redresser la barre vers l'Atlantique). MacArthur aussi plaide ouvertement pour sa paroisse. Ne pas lui donner de gages, ce serait soulever la presse.

Aussi, discrètement, Washington tergiverse.

MacArthur et Nimitz reçoivent des instructions à double détente :

> « Votre mission est de contenir l'ennemi dans ses limites actuelles et de vous préparer à de futures contre-offensives. »

Se défendre dans les secteurs impartis, très bien, mais préparer des contre-offensives, n'est-ce pas contredire le sacro-saint principe « Europe d'abord » ? Les futures contre-offensives devaient être réservées à l'Europe. En préparer dans le Pacifique signifie bien que celui-ci n'est pas délaissé. Au contraire ! Mais les moyens qu'il recevra n'iront pas en Europe.

Ainsi, 80 000 hommes embarquent-ils pour le Pacifique sud-ouest entre janvier et mars. A la fin de 1942, 460 000 soldats américains de l'armée de terre auront été déployés dans le Pacifique contre 380 000 en Europe. Le débarquement du 8 novembre 1942 en Afrique du Nord ne mettra en œuvre qu'un peu plus de 50 000 Américains. Entre-temps, des centaines d'avions seront partis pour l'Australie, la Nouvelle-Zélande et les îles du Pacifique.

Londres, de son côté, outre l'Inde et l'Australie, est confrontée également aux problèmes posés par le Moyen-Orient où les Australiens, eux-mêmes, sont engagés. Curtin, Premier ministre à Canberra, a grondé. Priorité à son pays. Il a ordonné à une division en partance pour la Birmanie de faire demi-tour et de rentrer. Il a parlé de rapatrier de Libye ses autres divisions. Churchill, qui a eu du mal à le modérer, a fait intervenir l'assistance américaine. Mais la Birmanie avait perdu une division qui aurait été bien utile à Rangoon et à Mandalay.

Rien n'est donc simple dans les rangs de la grande Alliance. Heureusement, des conceptions divergentes des Japonais sortiront mer de Corail et Midway. Au préalable, les Américains auront fait savoir qu'ils étaient bien décidés à rendre les coups reçus.

Chapitre VII

PREMIERS SUCCÈS : TOKYO, MER DE CORAIL, MIDWAY

Trente secondes sur Tokyo

Qui en a eu l'idée ? Roosevelt, Arnold ou Doolittle, à moins que ce ne soit King [1] ou l'Anglais Portal lors de la conférence Arcadie. Le premier, en tout cas, accepte d'enthousiasme le plan que lui présente Arnold, son chef d'état-major de l'Air. Il souhaitait réagir. Il en avait besoin pour sa popularité, pour conforter ses compatriotes et démontrer aussi bien à ses adversaires qu'à ses alliés que l'Oncle Sam était toujours bien vivant et résolu. L'US Air Force va bombarder le Japon.

Les Américains, pour un tel projet, peuvent, en principe, escompter le bénéfice de la surprise. Les Japonais, chez eux, ne sont pas particulièrement sur leurs gardes. Ils n'ont rien à craindre du côté de la Chine. Hasarder des porte-avions dans les parages du Japon, qui s'y risquerait ? L'hypothèse semble improbable.

Telle est pourtant l'idée d'Arnold. Des bombardiers, décollant de porte-avions, frapperont Tokyo et iront – si tout va bien – se poser en Chine. King a donné son accord. Cette expédition

1. Ou des membres de son état-major.

lui permettra de roder le porte-avions *Hornet*, dernier-né de la série *Yorktown.*

L'honneur de conduire ce raid, aussi spectaculaire que téméraire, est dévolu au lieutenant-colonel James Doolittle, chef et pilote expérimenté. Celui-ci s'empresse de sélectionner et d'instruire ses aviateurs. Il regroupe sur le terrain d'Eglin Field, en Floride, 21 équipages du 17e groupe de bombardement. Pendant plusieurs semaines, il entraîne ses pilotes à décoller très court, dans les conditions d'envol sur porte-avions, avec des bombardiers B/25 Mitchell. Belle revanche pour Billy Mitchell, le précurseur du bombardement stratégique des années 20 ! Son nom a été donné au bimoteur le plus performant du moment [1]. Il sera associé au succès, si succès il y a.

Le 1er avril, 16 B/25 sont embarqués, en Californie, sur le *Hornet.* Allégés, équipés de réservoirs auxiliaires, ils emportent chacun trois bombes de 500 livres et un chapelet d'engins incendiaires. Après escale à Pearl Harbor, le *Hornet,* rejoint par la Task Force de l'amiral Halsey (porte-avions *Enterprise*), cingle dans le Pacifique nord, cap à l'ouest. Doolittle espère décoller à 700 km de son objectif et avoir ainsi le potentiel suffisant pour rallier la Chine.

A l'aube du 18 avril, l'armada américaine tombe sur un petit destroyer japonais vite envoyé par le fond mais qui a certainement pu donner l'alerte. Tokyo se trouve encore à 1 200 km, mais poursuivre serait suicidaire pour les 2 porte-avions. L'US Navy ne peut prendre un tel risque en avril 1942. Doolittle, en plein accord avec Halsey, décide de décoller sur-le-champ.

La mer est forte. Le vent souffle à 40 nœuds. Les hautes lames aspergent le pont. A 8 h 24, Doolittle lâche les freins et s'arrache du *Hornet* en 467 pieds. A son exemple, ses compagnons le suivent à intervalles réguliers, profitant des coups de tangage. Pour ce premier départ de porte-avions, les pilotes de l'armée de terre déclareront avoir eu l'impression de « décoller normalement et sans problèmes ».

Halsey a rempli sa mission. A grande vitesse il fait demi-tour vers Pearl Harbor. Doolittle s'éloigne pour accomplir la sienne. Ses B/25 volent à basse altitude pour éviter d'être repérés.

A Tokyo, un exercice de défense passive vient de se terminer. L'irruption de Doolittle, à 1 000 pieds voire moins, surprend DCA et chasse japonaise. Les bombes s'abattent sur les sec-

---

1. Vitesse 507 km/h, autonomie 2 170 km, équipage 3 à 6 hommes, 1 360 kg de bombes.

teurs industriels, des dépôts d'essence, des installations militaires non seulement de la capitale mais aussi de Kobe, Yokohama, Nagoya, la formation américaine ayant éclaté avant son irruption dans le ciel du Japon. A la base navale de Yokosuka, le porte-avions *Ryujo,* en cale sèche, est atteint.

Il était midi lorsque les B/25 ont surgi au-dessus des toits. Dans les rues animées de Tokyo, chacun a cru d'abord à un exercice ou à une démonstration. Le bruit des explosions, la pétarade de la DCA, le hurlement des sirènes, la fumée ont eu tôt fait d'imposer la brutale réalité. Pour les responsables, premiers stupéfaits, il était trop tard pour réagir. Doolittle était déjà loin. Seul l'un de ses appareils a été légèrement touché.

Pour les équipages sains et saufs, le plus dur reste à faire. Atteindre la Chine avec des réservoirs aux trois quarts vides relève de l'impossible. Heureusement un fort vent arrière pousse vers le continent. Mais à l'approche des rivages chinois, l'obscurité naissante, la pluie interdisent de se repérer. Chennault, avec ses « Tigres volants », aurait pu guider les pilotes. Par souci du secret vis-à-vis de Tchang Kaï-chek et de son entourage, il n'a pas été prévenu. Il n'est que deux issues : sauter ou tenter un atterrissage de fortune. Doolittle et dix équipages se lancent dans le vide : un seul parachute se met en torche. Un B/25 tombe en mer, suffisamment près des côtes pour permettre de les rallier à la nage. Un autre capote sans grand mal dans une rizière. Un troisième s'écrase au sol. Ses cinq occupants sont plus ou moins grièvement blessés. Des trois derniers, l'un parvient à atterrir à 35 km de Vladivostok, en territoire soviétique [1], les deux autres tombent en zone chinoise occupée par les Japonais. Deux aviateurs se noient. Les huit rescapés sont faits prisonniers. Accusés de bombardements d'objectifs non militaires, ils sont torturés et condamnés à mort ; trois d'entre eux seront exécutés ; un quatrième mourra durant sa détention.

Huit des quatre-vingts aviateurs sont morts. Tous les autres parviendront à survivre. A l'exception de ceux qui ont été faits prisonniers, aidés par les paysans chinois ils échapperont aux patrouilles japonaises et, après bien des tribulations, gagneront Tchoung-king. Doolittle, promu général, sera du débarquement en Normandie en juin 1944 [2].

En revanche, les B/25, qui auraient été fort utiles en Chine, sont perdus. Chennault proteste avec véhémence. Informé, il

1. Son équipage sera interné pour sauver la face vis-à-vis du Japon.
2. En tant que commandant de la 8e US Air Force.

aurait sauvé hommes et matériel. L'incident n'améliore pas les rapports déjà tendus entre les caciques de Washington et le condottiere aviateur, aussi remarquable tacticien de la chasse qu'éminent spécialiste du monde chinois.

Le bilan des destructions est modeste mais l'écho du raid est énorme. Roosevelt a atteint son but. Les Américains se congratulent. La presse s'enflamme. Le *Los Angeles Times* titre : « Doolit' do it ! » (« Doolittle, ça a douillé ! »)

La réaction des Japonais est terrible. Ils ont eu des victimes (une cinquantaine de civils) mais ils sont surtout mortifiés. Leur sanctuaire national a été touché. Une bombe est même tombée près du palais impérial.

Il y a leur vengeance sur les malheureux équipages capturés. Il y a surtout leur vengeance en Chine. 100 000 soldats se répandent dans les provinces du Che-Kiang et du Kang-Siou, brûlant, tuant, violant avec l'habituelle sauvagerie nippone. 250 000 paysans sont massacrés. Ainsi, Tokyo met Tchang Kaï-chek en garde contre toute collusion avec les Américains [1].

Pour ces derniers, ces incursions en Chine présentent un côté positif. Elles détournent des troupes, des avions qui ne sont pas employés ailleurs [2]. Doolittle a surtout démontré aux Japonais que leur patrie était vulnérable. Ils ont découvert que Doolittle et ses compagnons avaient décollé de porte-avions avancés relativement près de leurs côtes. Ce raid hâte les décisions et appuie les intentions de Yamamoto : occupation des Aléoutiennes et prise de Midway. Le Japon serait ainsi couvert. Entre-temps, les ordres pour s'emparer de Port-Moresby et des Salomon sont partis. Yamamoto, sûr de lui, ne les annule pas. Il mènera tout de front, Port-Moresby, Salomon, Aléoutiennes, Midway. A l'épreuve des faits, les porte-avions envoyés dans la mer de Corail lui feront défaut devant Midway. Le prix à payer sera amer. Le raid de Doolittle y aura contribué.

*
* *

La mer de Corail

Les amiraux et les généraux nippons continuent de voir grand, en dépit du raid américain de Doolittle. Au contraire. L'opération contre Port-Moresby et les Salomon demeure pro-

---

1. Effectivement, les relations des Américains avec Tchang Kaï-chek, vexé de ne pas avoir été informé, en souffriront.

2. L'armée japonaise en Chine compte un million d'hommes.

grammée début mai pour profiter du désarroi allié dans cette région. Truk [1] et Rabaul [2] serviront de bases de départ pour cette avancée dans la mer de Corail, autre pas vers l'Australie.

Il est normalement prévu que les forces utilisées se regrouperont ensuite pour agir devant Midway, dans la première semaine de juin. Le calendrier, une fois de plus, ne manque pas d'audace. Tout sera-t-il alors terminé dans la mer de Corail ? Les moyens déployés n'auront-ils pas souffert ? Forts de tous leurs succès éclatants, les Japonais affichent un bel optimisme... « La maladie de la victoire », dira-t-on.

Les opérations envisagées ne sont pas moins présomptueuses. S'infiltrant par le passage Jommard, une première force débarquera à Port-Moresby [3] sur la côte sud-ouest de la Papouasie. Une autre, débouchant de Rabaul, s'orientera sud-est, occupera les Salomon et les Nouvelles-Hébrides avant d'éclater sur Samoa et la Nouvelle-Calédonie.

Pour la réalisation de ce vaste dessein, il est mis en œuvre :

– un groupe d'invasion de onze navires de transport, dit « détachement des mers du Sud », qui sera protégé par un écran de destroyers durant sa marche sur Port-Moresby ;

– un petit détachement pour occuper l'île de Tulagi, au nord de Guadalcanal, où doit être construit un terrain d'aviation ;

– une force de couverture, sous l'amiral Goto, avec le porte-avions léger *Shoho,* quatre cuirassés et un destroyer destinés à protéger les débarquements à Tulagi et Port-Moresby ;

– une force de frappe, sous l'amiral Tagatre, avec les deux porte-avions *Shokaku* et *Zuikaku,* censée briser toute réaction américaine survenant de la direction générale de Pearl Harbor.

Une réaction américaine ? L'amiral Inouye, patron de l'ensemble, n'y croit pas. Il n'escompte guère qu'une demi-résistance. Il connaît l'existence d'appareils américains basés en Australie, mais les juge trop éloignés. Il croit que le porte-avions *Lexington* a été coulé par l'un de ses sous-marins. Il estime que l'opération sur Tokyo a impliqué trois porte-avions

---

1. Truk, modeste îlot des Carolines par 7° nord et 152° est, est à 1 400 km au nord de la Nouvelle-Bretagne.

2. Occupé courant mars avec la Nouvelle-Bretagne.

3. Lae et Salamaua, sur la côte nord-est de la Nouvelle-Guinée, ont été occupées en mars. Les Japonais ont alors manqué d'audace. La garnison de Port-Moresby était incapable de soutenir une attaque et de recevoir de l'aide.

et ceux-ci, en principe de retour à Pearl Harbor, seront incapables de se manifester à temps.

Si Inouye est fort mal renseigné sur la situation exacte des forces américaines, son adversaire direct, l'amiral Nimitz, lui, le déchiffre presque à livre ouvert. Les Américains percent le système de communications des Japonais, en particulier leur code naval JN 25. A Pearl Harbor, le capitaine Rochefort et son équipe décryptent les messages qui révèlent leurs intentions. Le capitaine de corvette Layton peut régulièrement présenter à Nimitz le tableau et la carte des mouvements de la flotte nippone. Un ingénieux réseau de surveillance côtière, mis en place contre les Allemands durant la Première Guerre mondiale, complète les informations. Des postes de guet, les « Coast Watchers », tenus en Nouvelle-Georgie et à Bougainville par des officiers australiens, des colons et des autochtones, signalent les passages de navires au large des Salomon.

A la fin du mois d'avril, les interceptions radio précisent que Port-Moresby est visé et que trois porte-avions se dirigent vers le Pacifique sud. L'opération « MO » contre Port-Moresby se déroulera les 2 et 3 mai. Nimitz et King, son patron, savent ainsi où et quand surgiront les dangers. Ils sont à même de faire l'impasse sur Pearl Harbor puisqu'il n'est pas dans les intentions de Yamamoto de s'y manifester une seconde fois.

Les deux amiraux disposent, sur les lieux ou aux abords, de deux porte-avions. Répondant à la tactique préconisée par Kimmel, ils mettent sur pied deux Task Forces :

– la 17, sous l'amiral Fletcher, autour du *Yorktown* rappelé de l'Atlantique sur l'insistance de King, avec trois croiseurs lourds et six destroyers, au départ de Nouméa [1] ;

– la 11, sous l'amiral Aubrey Fitch, autour du *Lexington*, « Lady Lex » [2], comme disent affectueusement les marins, avec deux croiseurs lourds et cinq destroyers [3].

---

1. La Nouvelle-Calédonie s'est ralliée à la France Libre dès septembre 1940. Nouméa sert de base aux Alliés. Ce rôle dans le Pacifique sud n'est pas inutile pour le prestige des armes françaises et l'amélioration des relations entre la Maison-Blanche et de Gaulle.

2. Le *Lexington*, bâtiment de 40 000 tonnes, qui peut atteindre 33 nœuds, date de 1927. Armé, comme un croiseur, de 8 pièces de 203 mm, il correspond à une conception dépassée. Son franc-bord élevé, sa cheminée massive constituent de belles cibles. En contrepartie, son pont de 280 m permet aux 80 avions embarqués de manœuvrer à l'aise.

3. Soit TF/17 : porte-avions *Yorktown*, croiseurs lourds *Astoria*, *Chester*,

Ces Task Forces [1] doivent se regrouper au point « Buttercup » (Bouton-d'or), à 400 km au sud-ouest de San Cristobal, et passer sous les ordres de Fletcher. Il leur appartiendra de barrer la route à l'envahisseur, le *Hornet* et l'*Enterprise* étant encore trop éloignés [2].

Seule ombre à cette structure, les rivalités de commandement. MacArthur est responsable de la Nouvelle-Guinée et de l'Australie, donc, de Port-Moresby. Nimitz commande la flotte du Pacifique dont dépend la bataille à venir. MacArthur a aussi des avions basés en Australie. Comment harmoniser le tout ? Il serait trop beau que les préséances d'armes armée-marine, ou de personnes MacArthur-Nimitz ne contrarient pas les mesures adoptées [3].

*
* *

Le 2 mai au matin, un guetteur côtier de Bougainville donne l'alerte : des croiseurs, escortant des navires de transport, longent l'île. Une reconnaissance aérienne dépêchée par Fletcher confirme et signale un débarquement à Tulagi, ainsi, semble-t-il, qu'à Guadalcanal. L'heure de Nimitz et de l'US Navy a sonné. Les moyens de MacArthur ne sont pas adaptés [4], et l'action se situe, du reste, hors de son secteur [5].

Fletcher, entrant dans la mer de Corail par le sud, remonte aussitôt vers le nord, sans attendre la TF/11 qui ne l'a pas encore rejoint. Le 4, à 6 h 30, il se trouve à 150 km au sud-ouest de Guadalcanal et lance les appareils du *Yorktown*. Les Japonais se

---

Portland, destroyers *Hammann, Anderson, Russel, Wake, Morris, Sims,* plus le pétrolier *Neosho.* TF/11 : porte-avions *Lexington,* croiseurs *Minneapolis, New Orleans,* destroyers *Phelps, Dewey, Farragut, Aylwin, Monaghan.*

1. Viendront s'y adjoindre 2 croiseurs australiens de l'amiral Crace, le croiseur lourd *Chicago* et le destroyer *Perkins*, ces deux derniers en provenance de Hawaï.

2. Ils rentrent du raid Doolittle.

3. Trois B/26 de MacArthur s'en prendront ainsi, par mégarde, à la Task Force 17, heureusement sans dommages – mais non sans doléances de la part des marins.

4. MacArthur dispose de 500 appareils, pour beaucoup démodés ; 200 seulement sont opérationnels. Peu d'entre eux, notamment les B/17, permettent un bombardement efficace sur les cibles navales.

5. La ligne de séparation des secteurs Pacifique sud-ouest (MacArthur) et Pacifique (Nimitz) laisse les Salomon, les Nouvelles-Hébrides, la Nouvelle-Calédonie et, bien évidemment, la Nouvelle-Zélande chez Nimitz.

croient seuls et à l'abri. Goto s'est retiré sitôt les premiers débarquements réalisés. Profitant du rideau nuageux qui recouvre la mer de Corail, les Devastator et les Dauntless [1] s'abattent par surprise sur les bâtiments au mouillage et qui terminent leurs mises à terre. Fumées, explosions, incendies illusionnent les équipages, encore novices. Ils crient victoire, persuadés d'avoir détruit toute une flotte ennemie. Ils sont loin du compte. Un destroyer, quelques dragueurs de mines ou barges de débarquement ont seuls été perdus. Fletcher, dans ce round initial, a été chanceux. Des nuages pour couvrir son approche. Pas de porte-avions à proximité.

Inouye sait maintenant qu'un, voire deux porte-avions voguent dans la mer de Corail. Il rameute Tagaki et Goto.

Contournant les Salomon par l'est, le *Zuikaku* et le *Shokaku* débouchent dans la mer de Corail le 6 au matin par le travers sud-ouest de San Cristobal. Fletcher, pour sa part, a fait jonction la veille avec Fitch. Cap au nord-ouest, les deux Task Forces s'avancent vers l'archipel des Louisiades et le passage Jommard.

Deux porte-avions américains, *Yorktown* et *Lexington*, contre trois japonais, *Shoho, Zuikaku* et *Shokaku.* La partie n'est pas tout à fait égale. Les Japonais ont, en outre, des pilotes plus expérimentés et de meilleures torpilles.

A des milles de là, ce 6 mai 1942, un drame s'achève. Le combat s'arrête sur Corregidor, alors que le soleil descend dans la mer de Corail.

Pour quelques heures encore, tout y est calme. Les deux adversaires se devinent. Ils se sentent proches l'un de l'autre dans la nuit tropicale qu'anime quelque brise. Après les grains des jours derniers, le firmament lavé resplendit. La mer luit d'un noir teinté de bleu. Parfois, une lame se brise sur les coraux l'éclaboussant d'une lueur blanchâtre. Feu follet marin, elle réveille l'immensité assoupie. Rêveurs et silencieux, les hommes de vigie goûtent cette paix nocturne qui, avec l'aube, prendra fin.

---

1. Douglas TBI Devastator, avion torpilleur embarqué monomoteur. Les rescapés de ce type d'avion, produit en petite série, seront presque tous abattus à Midway : 26 sur 41. Douglas SB D3 Dauntless, monomoteur embarqué d'attaque en piqué. Sera le grand vainqueur de Midway. En plusieurs versions, sera produit à 6 000 exemplaires.

7 mai

Avant même le lever du jour, les avions de reconnaissance ont pris l'air. Etant donné les très courtes distances qui les séparent – de l'ordre de 150 km –, les deux armadas ont tôt fait de se localiser. Aux aviations embarquées de toucher juste.

Décollés du *Yorktown* et du *Lexington*, les 93 appareils américains cherchent leurs proies, au travers des nuages qui bouchent l'horizon. Peu après 11 heures, les Dauntless du *Lexington* repèrent le *Shoho*. Assailli de toutes parts, le porte-avions, atteint de treize bombes et sept torpilles, sombre à 11 h 35.

L'US Navy signe là sa première victoire significative. Un porte-avions de 12 000 tonnes, avec les trois quarts de son équipage (900 hommes), a été envoyé par le fond.

Les Japonais ne tardent pas à se venger. Pris pour un porte-avions et un croiseur, le pétrolier *Neosho* et le destroyer *Sims* se voient entourés d'une meute meurtrière. Le *Sims* connaît une fin rapide. Le *Neosho*, en flammes, parvient à se dégager mais devra, quatre jours plus tard, être sacrifié. Les pertes en marins sont lourdes.

A l'extrême-ouest, Crace, envoyé avec ses croiseurs pour intercepter la force de débarquement se dirigeant vers Port-Moresby, a eu plus de chance. Par d'habiles manœuvres, il a évité les bombardements japonais et même réussi à abattre trois appareils. Son incursion n'est pas inutile. Sa présence, comme celle des porte-avions, conduit Inouye à reporter le débarquement sur Port-Moresby.

Cette première journée du 7 mai se conclut sur un solde positif pour les Américains.

8 mai

Le souci premier est toujours de situer l'adversaire. Chose faite, à 8 h 15. Des deux camps les avions décollent. 300 km en moyenne les séparent maintenant. Moins d'une heure de vol. Les attaques sur les porte-avions, cibles essentielles, vont se dérouler presque simultanément.

A 10 h 57, le *Shokaku* est endommagé. Il doit rompre le combat et s'éloigner vers Truk.

A 11 h 27, le *Lexington* est atteint par une torpille. Se dirige-t-on vers un pat ? Un porte-avions hors de combat de chaque côté.

A bord du *Lexington*, l'optimisme prévaut. Les grosses avaries ont été réparées. Des avions peuvent apponter. Soudain, à

12 h 47, une formidable explosion ébranle le bâtiment. Une étincelle a fait détoner un mélange de gaz d'essence échappés de réservoirs. A 17 h 10, le porte-avions en feu est abandonné. A 19 h 56, une torpille américaine met volontairement fin à la carrière de la valeureuse « Lady Lex ».

Tout est terminé. Inouye n'a plus qu'un porte-avions, ayant perdu la moitié de ses appareils. Prudent, il décide d'en rester là et annule définitivement l'invasion de Port-Moresby par mer. Même si ses pilotes, eux aussi euphoriques, affirment avoir détruit deux porte-avions, il redoute une intervention des appareils basés au sol. Les navires japonais remontent vers le nord. A minuit, Yamamoto ordonnera de poursuivre les forces américaines restantes, mais Fletcher, lui aussi avec un seul porte-avions, a filé vers le sud. Yamamoto renoncera. La mer de Corail ne sera pas intégralement japonaise.

*
* *

Chaque camp a eu des pertes. 77 appareils, 1 074 aviateurs et marins, un porte-avions de 12 000 tonnes, côté japonais ; 66 appareils, 543 morts, un pétrolier, un destroyer, un porte-avions de 40 000 tonnes, côté américain, sans oublier pour ces derniers le *Yorktown* qui a été endommagé (le *Shokaku* aussi). En tonnage, les Américains ont davantage souffert mais cela ne les empêche pas de clamer victoire [1]. Comme les Japonais du reste. Objectivement, ils ont raison. N'ont-ils pas contrecarré le plan japonais d'avance vers le sud, de contrôle de la mer de Corail et d'approche de l'Australie ? N'ont-ils pas préservé la liaison États-Unis-Australie et mis un terme aux revers successifs ? Sans doute n'ont-ils pas encore fait inverser le flux mais les points gagnés dans la mer de Corail leur permettront d'aborder avec confiance la grande mêlée décisive de Midway.

Comment une telle victoire a-t-elle été obtenue ?

Nimitz savait. Yamamoto ne savait pas. Là se situe, sans doute, l'origine du succès. Pleinement informé des intentions adverses, Nimitz a pu manœuvrer en conséquence. Yamamoto s'est aventuré dans le vide, ignorant tout de l'implantation américaine. Cet homme qui voyait grand, trop grand peut-être,

1. Ils cacheront pendant plusieurs semaines la perte du *Lexington*.

trop compliqué aussi, était en fait aveugle. La destinée et la détermination de 35 pilotes ont fait le reste [1].

*
* *

Au demeurant la mer de Corail marque une date dans l'histoire de la guerre navale. Pour la première fois, remarque judicieusement l'amiral King, « les bateaux de surface n'échangent pas un seul coup de canon ».

La bataille n'a été qu'une lutte de porte-avions contre porte-avions par aviation interposée. Celle-ci seule a occasionné les dégâts et les pertes.

*
* *

Midway. Grand tournant du Pacifique

La mer de Corail est une bataille confuse où chaque camp se dispute la victoire. Midway est un succès américain éclatant, sans équivoque.

Ce succès incontestable ne suscite qu'une interrrogation : pourquoi ? Le courage est égal. L'expérience penche plutôt en faveur des Japonais, comme la quantité et la qualité du matériel. La chance ? Il serait indécent pour les combattants et leurs chefs d'y faire par trop référence. Alors ? D'aucuns y verront peut-être la main de Dieu, mais l'histoire enseigne que celle-ci n'est pas toujours du côté du juste...

*
* *

A partir de la mi-mai, Nimitz – il en avait été de même quelques semaines plus tôt pour la mer de Corail – est renseigné [2]. Il connaît l'esprit à défaut de la lettre de l'ordre impérial n° 18 du 5 mai :

---

1. Il convient d'adjoindre l'héroïsme des pilotes abattus et de tous ceux, tombés en mer, ayant poursuivi leur mission jusqu'au bout, en limite de carburant.

2. Près de 90 % des messages japonais ont été déchiffrés. Preuve supplémentaire de la parfaite information américaine : les Japonais avaient prévu des reconnaissances sur Pearl Harbor par des hydravions à grand rayon d'action au départ des French Frigate Shoals (groupe d'îlots à 800 km à l'ouest de Hawaï), que devaient ravitailler des sous-marins. Arrivant sur les lieux, les hydravions trouvent l'ancrage occupé. Les reconnaissances sont annulées.

> « Le commandant en chef de la flotte combinée doit coopérer avec l'armée pour occuper Midway et des positions stratégiques à l'ouest des îles Aléoutiennes. »

C'est clair. Dans un délai proche, Yamamoto attaquera Midway. Perdre Midway serait grave. Ces deux îlots de 500 hectares, avec leurs terrains d'aviation, constituent le bastion avancé de la défense de Pearl Harbor [1] et de la côte occidentale des États-Unis. King et Nimitz en conviennent aisément, Midway doit être défendu. Les deux amiraux acceptent le principe – et le risque – de l'affrontement.

Des renforts en hommes et surtout en avions sont dépêchés sur l'atoll [2] ; les porte-avions du Pacifique sud sont rappelés à Pearl Harbor. Le *Yorktown*, sérieusement touché dans la mer de Corail, arrive le 22 mai et entre aussitôt en cale sèche. Les experts prévoient trois mois de remise en état, Nimitz leur accorde trois jours. 24 heures sur 24, 1 400 hommes se relaient à bord. A l'intérieur des coques, les soudeurs travaillent par plus de 40°. Le 30, le *Yorktown*, avec la TF/17, pourra partir rejoindre la TF/16 du *Hornet* et de l'*Enterprise* déjà en mer. A la tête de cette dernière, Spruance remplace Halsey malade. Fletcher coiffe l'ensemble.

C'est une gigantesque embuscade que Nimitz a préparée. Défenses renforcées sur Hawaï. Sous-marins en avant. Task Forces 16 et 17 en alerte à quelque 560 km au nord. Le 25 mai, Rochefort a annoncé que les Japonais se présenteraient le 3 juin devant Dutch Harbor et le 4 devant Midway. Habituellement prudent, le capitaine Layton s'est même offert le luxe de préciser que les Japonais

> « arriveraient du nord-ouest sur une position de 325° et seraient vraisemblablement visibles à environ 280 km de Midway à 6 heures, heure locale ».

Que demander de plus ?

*
* *

---

1. L'atoll de Midway et ses deux îlots se situent à 2 000 km au nord-ouest d'Hawaï, par 177° est et 28° nord.

2. Midway, début juin, disposera de 26 hydravions, 27 chasseurs, 16 bombardiers en piqué, 17 bombardiers torpilleurs, 17 bombardiers B/17.

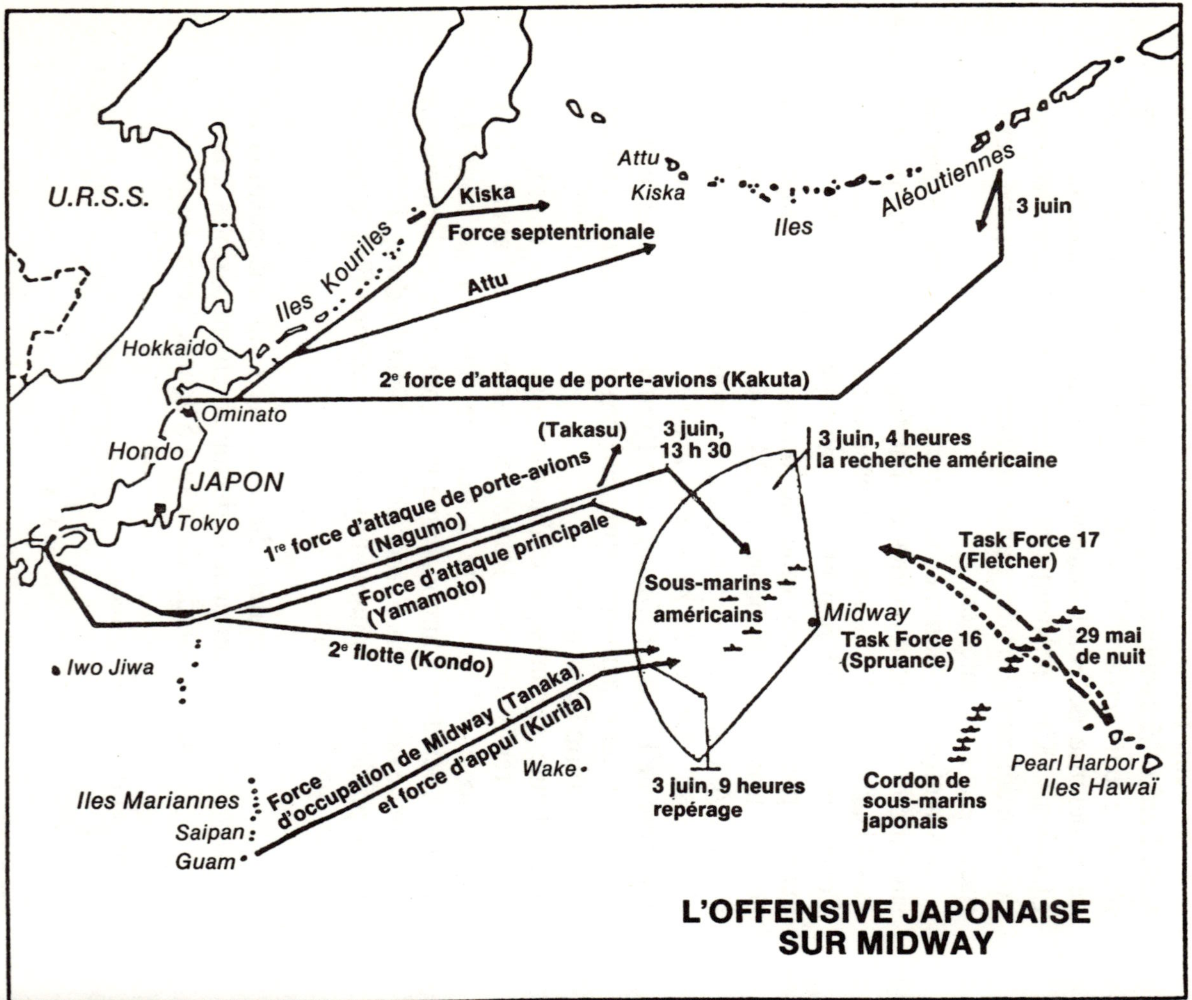
U.R.S.S.
Kiska
Force septentrionale
Iles Kouriles
Attu
Attu
Kiska
Iles
Aléoutiennes
3 juin
Hokkaido
2e force d'attaque de porte-avions (Kakuta)
Ominato
Hondo
JAPON
Tokyo
(Takasu)
3 juin,
13 h 30
3 juin, 4 heures
la recherche américaine
1re force d'attaque de porte-avions
(Nagumo)
Force d'attaque principale
(Yamamoto)
Sous-marins
américains
Midway
Task Force 17
(Fletcher)
Task Force 16
(Spruance)
29 mai
de nuit
Iwo Jiwa
2e flotte (Kondo)
Force
d'occupation de Midway (Tanaka)
et force d'appui (Kurita)
Wake
Iles Mariannes
Saipan
Guam
3 juin, 9 heures
repérage
Cordon de
sous-marins
japonais
Pearl Harbor
Iles Hawaï
L'OFFENSIVE JAPONAISE
SUR MIDWAY

Yamamoto ne se doute de rien. Il a concocté un plan ingénieux et complexe pour faire tomber dans ses rets l'US Navy lorsqu'elle se portera au secours de Midway.

Entre Midway et Pearl Harbor, un cordon de 18 sous-marins doit servir de sonnette pour prévenir de l'arrivée des navires américains : il sera mis en place trop tard. Aucune fumée n'apparaîtra dans les périscopes des sous-mariniers, Fletcher et Spruance étant déjà passés. Yamamoto croira les Américains toujours à Pearl Harbor.

A l'extrême nord, la 2e force d'attaque de l'amiral Kakuta doit bombarder Dutch Harbor, tandis que l'amiral Hosogaya occupera Attu et Kiska. Yamamoto, escomptant là aussi une réaction américaine, pense l'annihiler grâce aux puissants moyens mis en œuvre (deux porte-avions légers, quatre cuirassés, deux croiseurs lourds et douze destroyers). Quittant Ominato, à l'extrémité septentrionale de Honshu, entre les 25 et 27 mai, ces forces des Aléoutiennes doivent intervenir le 3 juin sur Dutch Harbor et le 5 sur Attu et Kiska. L'occupation de ces deux îles, jointe à celle de Midway, assurera, pense le commandement japonais, un écran protecteur à l'est du Japon à hauteur du 180° [1].

L'essentiel se jouera évidemment au centre.

Nagumo doit, à la tête des quatre porte-avions, *Akagi, Soryu, Kaga* et *Hiryu,* arriver par le nord-ouest. Tanaka, avec la force d'occupation, Kunika, avec celle dite de garde, se présenteront au sud-ouest, au départ des Mariannes. Entre eux déboucheront Kondo, avec la 2e flotte, et surtout Yamamoto, légèrement en retrait, avec sa force d'attaque principale. Pour le gigantesque affrontement à venir, le Japon engage là quasiment l'essentiel de sa marine (4 porte-avions, 5 cuirassés, 7 croiseurs lourds, plus des destroyers, des sous-marins et environ 300 avions).

Fletcher n'aligne pas de tels moyens : 3 porte-avions seulement, escortés de croiseurs, de destroyers et de sous-marins [2]. Par contre, sur terre et sur les porte-avions, il dispose de 300 avions mais généralement moins performants que les Kate, les Val ou les Zero.

Yamamoto compte en fait livrer une bataille classique. Le 4 juin, à l'aube, l'aviation embarquée « adoucira » les défenses terrestres de Midway. Le 6, les débarquements s'effectueront.

1. Le Japon se situe à hauteur du 140° est.
2. Les cuirassés, jugés trop lents, ont été envoyés protéger la côte occidentale des États-Unis.

Avec l'arrivée, jugée inévitable, de l'US Navy, les gros bâtiments entreront en action. Toute la supériorité japonaise, alors, se manifestera. Le *Yamato*, sur lequel Yamamoto a hissé sa marque, n'est-il pas le plus puissant cuirassé du monde, avec ses 70 000 tonnes et ses huit pièces de 18 pouces ?

Déjà se dessine une autre faille japonaise. Yamamoto entend mener une bataille entre navires de ligne. Or Midway, comme la mer de Corail, sera une bataille de porte-avions.

3 juin

Un Catalina repère, à plus de 1 000 km à l'ouest de Midway, une formation japonaise avançant en deux longues colonnes. 9 B/17 de l'armée décollent de Midway et vident leurs soutes à haute altitude. Sans résultat sur des cibles aussi mobiles.

Durant la nuit, Fletcher se rapproche et arrive dans la zone fixée par Nimitz, à quelque 300 km au nord-est de Midway.

4 juin

A 4 h 30, 10 Dauntless décollent du *Yorktown* pour une reconnaissance en profondeur dans un secteur est-ouest. Nagumo opère de même. Localiser l'adversaire est toujours l'impératif d'un commandant de porte-avions. Le Japonais, toutefois, est surtout soucieux de bombarder Midway. 36 Kate, 36 Val, avec une escorte de Zero [1], s'envolent de l'*Akagi* et du *Kaga*.

A 5 h 34, Fletcher reçoit un message : « Porte-avions en vue. » A 6 h 03, il en connaît exactement la position : 200 milles ouest-sud-ouest du *Yorktown* (donc légèrement au nord-ouest de Midway). Il donne aussitôt ordre au *Hornet* et à l'*Enterprise* de préparer les décollages.

Un autre message, passé peu après, est bientôt confirmé par les radars. Une importante formation aérienne se dirige vers Midway (il s'agit des appareils lancés depuis l'*Akagi* et le *Kaga*). Les chasseurs des Marines partent pour l'intercepter, mais les Brewster Buffalo ne sauraient rivaliser avec les Zero. 17 sont abattus ; 6 autres, gravement endommagés, se reposent en catastrophe. Un seul rentre intact. Hangars et dépôts de carburant de Midway n'échappent pas aux coups.

---

1. Rappelons que le Kate est un bombardier lance-torpilles, le Val, un bombardier en piqué, le Zero, un chasseur d'interception et d'escorte.

L'attaque a coûté cher aux Japonais. La DCA s'est révélée remarquablement efficace : 38 appareils ont été abattus ; 30 autres sont rentrés inutilisables.

Pertes sur mer pour les uns, pertes à terre pour les autres. La partie paraît égale.

Au-dessus de Midway, le lieutenant Tomonaga, responsable du bombardement effectué par les Kate et les Val, juge le travail insuffisant. Il réclame une nouvelle intervention pour parfaire les destructions. Pressé par son entourage, Nagumo, qui ignore la présence d'unités ennemies dans le voisinage, se laisse convaincre. Il fait retirer leurs torpilles aux avions gardés pour une action éventuelle contre des navires de guerre, et on les rééquipe de bombes. L'opération exige du temps. Une bonne heure, au minimum.

En plein travail, à 7 h 28, un radio plonge Nagumo dans l'inquiétude et le désarroi : « Avons repéré 10 navires, apparemment ennemis, à 240 milles de Midway, cap 150, vitesse, plus de 20 nœuds. »

Tout est bouleversé. Si cette flotte comporte un porte-avions, le risque est grave. A 7 h 45, Nagumo modifie ses directives. Les Kate s'équipent à nouveau de torpilles et se disposent à partir attaquer les bâtiments signalés.

A 7 h 57, autre radio : « Navires ennemis, cinq croiseurs, cinq destroyers. »

Nagumo et son état-major respirent. Il n'y a pas de porte-avions. Au même moment, arrivant de Midway, surgissent des B/17 de l'armée et des Dauntless et Devastator des Marines. Les Zero veillaient. L'affaire ne donne rien.

8 h 25. Le sous-marin *Nautilus*, l'un des douze couvrant Midway, lance une torpille contre un navire de ligne. Torpille défectueuse. Une de plus. 10 Devastator avaient fait la même expérience un peu auparavant en se risquant en enfants perdus contre l'armada japonaise.

Une torpille ne compte pas pour Nagumo. L'alarme bien davantage ce qu'il vient d'apprendre : « Force ennemie accompagnée par ce qui paraît être un porte-avions. »

Que décider, alors que la vague partie sur Midway se présente pour apponter, réservoirs vides ? Elle a priorité. Val et Kate réarmés en torpilles ne seront pas prêts à décoller avant 9 h 18. Nagumo, du reste, ne veut pas les laisser s'éloigner sans escorte de chasse, précaution qui exige encore du temps.

Depuis 7 h 33, les appareils du *Hornet* et de l'*Enterprise* ont pris l'air. Les délais de décollage, les bancs nuageux les ont séparés. En quatre groupes, ils volent vers la position estimée des flottes adverses, les avions torpilleurs au ras des flots, les autres à 19 000 pieds.

La mer est vide au point présumé. Le niveau de carburant baisse dangereusement sur les tableaux de bord. Les pilotes se sont obstinés dans cette traque trop souvent sans retour. Certains bombardiers regagneront Midway ou les porte-avions ; mais les chasseurs, un à un, s'abîment dans l'océan, hélices en drapeau.

Deux squadrons de Devastator ont cependant décelé des fumées. Ils piquent dessus pour être, vers 9 h 30, récompensés : les porte-avions nippons se profilent devant eux. Sans protection de chasse, ils n'hésitent pas, dédaignant les Zero qui tournoient autour d'eux. L'approche suicidaire se termine en massacre. Un seul pilote, l'enseigne Gay, se retrouvera ballotté sur les flots, soutenu par son gilet de sauvetage, et attendant la nuit pour gonfler son canot de caoutchouc [1].

D'autres avions torpilleurs, partis une heure plus tard du *Yorktown*, surviennent à leur tour et connaissent le même sort que leurs camarades, sans avoir la satisfaction de placer un seul de leurs engins [2].

Ces sacrifices, néanmoins, ne sont pas vains. Les Zero tourbillonnent à basse altitude. Très haut dans le ciel, les bombardiers en piqué de l'*Enterprise* et du *Hornet* se regroupent sans être inquiétés. Ils sont 35 au total, 18 du lieutenant commander McClusky, 17 du lieutenant commander Leslie. Tels des faucons, ils plongent brutalement, presque à la verticale.

Sur les quatre porte-avions japonais de Nagumo, le plein en carburant et munitions s'achève. Les ponts sont couverts d'appareils prêts à l'envol. Les navires s'orientent face au vent. Tous les regards se concentrent sur le décollage.

Il est 10 h 30. Soudain, un vacarme domine les trépidations régulières des machines. Avec leurs bombes de 1 000 livres, les bombardiers en piqué fondent sur l'armada japonaise. La surprise est totale. Les guetteurs ont à peine le temps de hurler : « Attention, bombardiers en piqué ! »

L'*Akagi,* navire amiral, est le premier touché. L'ascenseur central est soufflé. Le feu se propage dans les hangars, entraî-

---

1. Par crainte du mitraillage des Zero. Il sera récupéré le lendemain par un Catalina.

2. Il n'y aura que deux rescapés.

nant des explosions en chaîne. En quelques minutes, l'*Akagi* n'est plus qu'un brasier. Nagumo, presque de force, est transféré sur le croiseur léger *Nagara*.

Quatre bombes frappent le *Kaga* et un pétrolier ravitailleur à ses côtés. Une nappe de flammes recouvre le pont. Le commandant est tué sur sa passerelle. Le *Kaga,* devenu incontrôlable, doit être abandonné [1] après le transfert du portrait de l'Empereur – cérémonie rituelle – sur un destroyer d'assistance.

Leslie et ses vétérans de la mer de Corail s'acharnent sur le *Soryu.* Une bombe frappe les hangars, une autre le pont. Tous les avions amassés pour décoller s'embrasent. Le *Soryu* doit lui aussi être évacué.

Seul le *Hiryu*, préservé par miracle, se dérobe vers le nord.

Sur le *Yamato,* à quelque 300 milles des lieux, Yamamoto, au fil des minutes, apprend les terribles nouvelles. Selon les témoins, « il semblait hébété, et personne n'osait l'approcher. Il marchait à pas lents, grignotant sa boulette de riz, et ses yeux étaient pleins de larmes ».

Son plan s'est écroulé. Une trentaine de pilotes américains, en moins d'un quart d'heure, ont anéanti tous ses rêves. Que faire ? Se reprenant, il fait ses comptes. Deux porte-avions légers sont disponibles aux Aléoutiennes. Un autre, un peu au sud, avec la force de Kondo. Le *Hiryu* est intact, comme les cuirassés et les croiseurs. Refusant l'adversité, le commandant de la flotte combinée ordonne un regroupement pour reprendre la lutte.

Les événements, par un revirement brutal, ne vont-ils pas lui donner raison ?

Val et Zero de l'*Hiryu* veulent venger leurs camarades. Vers 14 heures, ils découvrent le *Yorktown*. Méprisant les Wildcat et la DCA, ils se précipitent. Une bombe frappe le pont d'envol, une autre la machinerie, une troisième le quatrième pont. Vingt minutes après le début de l'attaque, le *Yorktown* est immobilisé. Fletcher, privé de radio et de radar, est comme Nagumo contraint de quitter son navire amiral. Il rejoint le croiseur *Astoria.* A bord, l'équipage parvient à relancer les machines. Le porte-avions repart à vingt nœuds, mais une autre vague se présente. Handicapé, le malheureux porte-avions ne peut éviter les torpilles lancées presque à bout portant. Son bâtiment semblant sur le point de chavirer, à 15 heures, le commandant Buckmeister ordonne l'abandon.

---

1. Il sera définitivement coulé à 14 heures par le sous-marin *Nautilus*.

Mais, en fin de journée, les Dauntless de Spruance assurent définitivement le succès. Quatre bombes atteignent l'*Hiryu*. A 21 h 23, le porte-avions en feu s'immobilisera. A 2 h 30, la torpille d'un destroyer japonais mettra volontairement fin à son agonie.

Cette fois, c'en est trop. Quatre porte-avions japonais ont disparu. A 2 h 55, le 5, Yamamoto ordonne un repli général. La chance bascule complètement en faveur des Américains. L'apparition du sous-marin *Tambor* fait effectuer une fausse manœuvre à deux croiseurs lourds. Le *Mogami* aborde violemment le *Mikuma*. Les deux bâtiments sont sérieusement endommagés. Le premier rentre à la vitesse de 12 nœuds [1].

Le *Yorktown* a été abandonné mais tient toujours la mer. Dans un ultime effort, son commandant et une équipe de volontaires remontent à son bord. Pris en remorque, il peut espérer rejoindre un port. Le sous-marin I/168 ne lui en laisse pas la latitude. Le 7 juin, à 6 heures, le *Yorktown* s'engloutit à jamais dans les profondeurs du Pacifique.

*
* *

La victoire américaine est totale et sans appel. En une journée, le sort des armes a basculé dans le Pacifique. « L'invincible » marine impériale a perdu quatre porte-avions, un croiseur lourd, 234 avions et 2 200 marins. Les meilleurs de ses pilotes ont disparu.

Joute décisive, Midway met fin à la supériorité navale et aérienne des Japonais. Ils se retrouvent sur la défensive. L'ère de leurs victoires fulgurantes est close.

Midway est aussi un succès bienvenu pour la cause alliée, au moment où les Allemands l'emportent en Russie et en Libye. Que se serait-il passé dans le cas contraire ? Les Américains n'auraient-ils pas été forcés de négliger l'Europe pour renforcer le Pacifique ? La victoire finale contre l'Allemagne eût été retardée d'autant.

Désormais, une longue et rude mêlée s'instaure. Guadalcanal en sera le sanglant exemple. Elle durera jusqu'à ce que le poids de la puissance industrielle et militaire américaine finisse par submerger le camp nippon.

---

1. Une attaque de B/17 de Midway échouera, mais un bombardier des Marines, en s'écrasant sur le *Mikuma*, lui causera de sérieux dommages. Le navire, rejoint par d'autres avions américains, sera finalement coulé.

*
* *

Les Japonais ont cependant glané une petite victoire. Dans les Aléoutiennes, ils ont bombardé Dutch Harbor, occasionnant de sérieux dégâts au port et aux cantonnements militaires. Ils ont occupé Attu et Kiska, mais sans grand mérite, l'une étant inhabitée, l'autre n'abritant que les dix membres de la station météo.

Et en quoi ces îles perdues, noyées dans les brumes, peuvent-elles leur apporter un grand concours ? En 1943, les Américains les réoccuperont, au terme d'une lutte sévère pour Attu, Kiska ayant été abandonnée par ses occupants...

Chapitre VIII

MAUVAIS PRINTEMPS POUR L'ARMÉE ROUGE

Charniers sur le Volkhov

Leningrad encerclée ne survit – mal – que grâce à la route de la glace sur le lac Ladoga. Allemands et Finlandais enserrent la ville. Certes, les espaces sont trop vastes pour que le dispositif du GAN ne comporte pas de vides. Les Allemands se sont souvent regroupés en « hérissons » autour des villes et des villages. Marécages gelés, forêts autorisent des infiltrations. Essayer de rompre l'encerclement et soulager la cité de Lénine apparaissent possibles devant un adversaire qui souffre de l'hiver.

Le 13 janvier 1942, cavaliers, skieurs, blindés de la 11e armée attaquent sur le Volkhov, fleuve marécageux reliant le lac Ilmen au Ladoga. Ils s'orientent résolument nord-ouest, dans l'axe de Leningrad. Peu après, débouchant des rives méridionales du Ladoga, la 54e armée fait à son tour pression vers le sud pour appuyer l'action.

Vu les trous, les points de moindre résistance, une brèche d'une trentaine de kilomètres de large s'ouvre devant la 11e armée qui s'y enfonce hardiment. En huit jours, elle gagne 80 km et se trouve à mi-chemin de Leningrad. A défaut d'atteindre la ville assiégée, elle peut espérer, en faisant jonction avec la 54e armée, ceinturer le Ier CA allemand.

Le GAN a bien vu le mince ruban de la 11e armée s'étirer entre ses positions. Les généraux allemands savent manœuvrer. Ils amènent des renforts de Leningrad, tandis que les unités au contact contiennent la poussée. Surgissant du nord et du sud, ils sectionnent, à hauteur de Novgorod, le cordon entre la 11e armée et ses arrières. Le 19 mars, 17 divisions de tirailleurs, 8 brigades d'infanterie, 3 divisions de cavalerie, une brigade blindée, se retrouvent isolées [1].

Il n'est toutefois pas trop tard pour réagir. Le filet allemand n'est pas encore très serré. Staline a déjà fait payer les lenteurs et les mécomptes de l'offensive. Deux commandants successifs de la 11e armée ont été limogés. Le 21 mars, le maître du Kremlin désigne un chef qui a toute sa confiance. N'a-t-il pas décoré lui-même le général Vlassov, 41 ans, ancien défenseur de Kiev, ancien commandant de la 20e armée devant Moscou, combattant au courage éprouvé ?

Courageux, le colosse Vlassov l'est assurément. Il n'est pas sot non plus. Il a tôt fait de se rendre compte du piège dans lequel son armée est enfermée et demande l'autorisation de se replier. Refus, par deux fois, de Moscou et de Staline. Ce n'est que le 14 mai que Staline consentira à un retrait des troupes témérairement avancées.

A cette date, il n'est plus temps. Le printemps est là avec le dégel. Les marais ont perdu leur glace. Impossible de les franchir. Les Allemands verrouillent les rares passages. Leur artillerie fait le reste. L'armée Vlassov est définitivement bloquée dans l'univers marécageux du Volkhov.

Plus de liaisons, plus de ravitaillement. Vlassov tente désespérément de faire passer le gros de sa troupe par la voie forestière Erika. Vainement. Que faire ? Les blessés meurent par milliers. Le Volkhov, transformé en charnier, exhale une odeur pestilentielle et vomit des essaims de mouches. Les Allemands ne feront que 32 000 prisonniers. Les autres ont disparu dans les marécages.

Le 11 juillet, le maire d'un village signale à une patrouille allemande la présence d'un officier supérieur caché dans une isba. L'homme, épuisé, amaigri, ne résiste pas. « Ne tirez pas. Je suis le général Vlassov ! »

---

1. La 11e armée avait été renforcée de divisions supplémentaires pour son offensive.

Staline a perdu une centaine de milliers d'hommes et un général considéré comme un espoir de l'armée Rouge. Il avait même envoyé un avion pour le récupérer. L'intéressé, désireux de partager jusqu'au bout le sort de ses soldats, avait refusé. Révolté par les sacrifices inutiles exigés par le régime moscovite, Vlassov choisira bientôt un autre destin.

*
* *

La déroute de Kertch

Depuis le 26 novembre 1941, von Manstein et sa XIe armée campent devant Sébastopol tout en occupant la majeure partie de la Crimée. Fin décembre, les Soviétiques ont débarqué à Kertch et Feodosia [1] pour tenter de reconquérir la presqu'île. Von Manstein a pu les contrer mais, trop occupé ailleurs, il a dû renoncer à son ambition d'enlever Sébastopol avant la Saint-Sylvestre. A la mi-janvier 1942, il a repris Feodosia et organisé un double front. L'un pour ceinturer Sébastopol hermétiquement (sauf côté mer), l'autre pour contenir la 51e armée dans la presqu'île de Kertch, à l'est de l'isthme de Parpatch.

En février, la Stavka a renforcé les effectifs de Kertch et constitué un nouveau front, dit de Crimée. Le détroit gelé, qui sépare Kertch du continent, permet un accès facile. La marine soviétique contrôle la mer Noire. Le 30 avril 1942, 17 divisions de tirailleurs, 4 brigades blindées, 2 divisions de cavalerie des 44e et 51e armées se massent derrière le fossé antichars de

---

1. Le débarquement du 28 décembre à Feodosia devait donner lieu à une illustration tragique des « grandeurs et servitudes militaires ».

Le général von Sponeck commande le XLIIe CA, occupant la presqu'île de Kertch. Ancien chef de la 22e division aéroportée en Hollande, il a un très beau passé militaire. Le soldat est vaillant, le général estimé. Devant l'irruption massive à Feodosia, donc sur ses arrières, il craint d'être coupé. Jouant la sécurité de ses 10 000 hommes et l'intérêt d'un repli tactique, mais à l'encontre des ordres de von Manstein, il ordonne à la 46e DI de se replier sur l'isthme de Parpatch. La division retraite en ordre et s'organise défensivement, barrant avec succès l'entrée de la Crimée. Mais il y a eu désobéissance. Von Manstein relève von Sponeck de son commandement. L'OKW va plus loin. Von Sponeck comparaît devant un conseil de guerre présidé par Goering et est condamné à mort. Sur la protestation de von Manstein, la peine est commuée par Hitler en 7 années de forteresse. Après le 20 juillet 1944, von Sponeck sera exécuté sans jugement par les tueurs d'Himmler. Quant à la 46e DI, elle sera durant deux mois regardée comme un enfant indigne en dépit de sa valeureuse résistance.

18 km qui barre l'isthme de Parpatch. Avec de tels moyens, Moscou compte reprendre les offensives avortées en décembre et janvier ainsi qu'en mars et avril.

Von Manstein, par les reconnaissances aériennes, n'ignore pas la présence de ce bélier de 20 divisions sur son flanc sud-est. Aussi longtemps qu'il subsistera, il ne pourra s'attaquer à Sébastopol transformée en redoutable forteresse.

L'OKH, pensant aux futures campagnes vers le Caucase, le presse d'en finir avec la Crimée. Sans toutefois, faute de réserves [1], lui en donner les moyens. La Wehrmacht commence, après la ponction de l'hiver, à souffrir du mal qui la minera de plus en plus : la pauvreté des effectifs. Von Manstein n'a pas d'autre choix. Sébastopol qui n'est qu'un abcès, si gros soit-il, viendra après Kertch.

Pour une telle entreprise, il dispose au mieux de 5 DI et d'une PD, la 22e. Instruit par l'expérience, il n'envisage d'utiliser le VIIe CA roumain (2 DI, une brigade de cavalerie) que « conditionnellement ». En revanche, il peut compter sur l'appui total de la VIIIe flotte aérienne de son ami von Richthofen. Avec ses Stuka et ses JU 88, von Richthofen est en mesure d'influencer la bataille.

Von Manstein se doute que ses adversaires le guettent ou se préparent dans la partie septentrionale de l'isthme de Parpatch. Séquelle d'un passé récent, une division roumaine y ayant été enfoncée, le front s'incurve vers l'ouest. Il paraît logique de supprimer – ou d'utiliser – cette hernie. Von Manstein attaquera donc au sud de l'isthme, là où on ne l'attend pas, là aussi où le fossé antichars de Parpatch s'annonce le plus difficile à franchir.

Le commandant de la XIe armée laisse donc supposer qu'il frappera au nord. Mouvement de troupes, trafic radio intensifié y donnent l'illusion de concentrations. Pendant ce temps, l'essentiel se prépare le long de la mer Noire. Le XXXe corps (trois DI et une PD) percera plein est. Après quoi, avec sa 22e PD et une partie de ses moyens, il se rabattra vers le nord pour prendre les défenses soviétiques de flanc ou de revers. Celles-ci seront alors encerclées entre le XXXe CA et le XLIIe CA épaulé par les Roumains faisant effort au centre et au nord. Cette opération, baptisée Trappen-Jagd [2], ne manque pas d'audace. 5 DI, 1 PD affronteront trois armées russes ou équivalentes.

1. Von Manstein recevra, toutefois, une PD.
2. « Chasse à l'outarde ».

Le 8 mai, à 3 h 15, l'artillerie allemande entre en action. Du matériel lourd a été amené spécialement de Sébastopol. Avec le jour, les Stuka surgissent et plongent en hurlant. Les blockhaus s'éventrent, les réseaux de barbelés se déchirent. Derrière leurs meurtrières, les Soviétiques tirent sans interruption pour croiser leur feu.

Le vacarme étouffe le bruit des canots d'assaut qui foncent vers la côte. Des hommes sautent à terre. En quelques minutes, ils nettoient les abords du fossé antichars. Se frayant un passage à travers les champs de mines, la 28e DI se porte à leur hauteur. Au soir de la première journée, le front russe se lézarde là où von Manstein l'avait fixé. Le stratège de la percée par les Ardennes, une fois de plus, avait vu juste.

Le 9, au matin, blindés et motorisés sont à même d'exploiter les têtes de pont créées par l'infanterie. Comme prévu, la XXIIe PD remonte vers le nord, loin derrière les unités soviétiques fixées par les Roumains et la 46e DI.

La pluie, durant quelques heures, semble contrarier la manœuvre. Comme toujours en pareil cas, la plaine se transforme en bourbier. La progression se fige. Le 11, au matin, le vent sèche le sol. La XXIIe PD peut relancer ses moteurs. A mi-journée, elle touche la mer d'Azov à Ak-Marai. Dix divisions sont tournées et prises dans la nasse. Sans attendre, une brigade motorisée pousse vers l'est, bousculant les mouvements adverses et interdisant les replis. Le 16, Kertch est atteint.

Désarroi, panique s'emparent des Soviétiques. Leurs unités éclatent. Des colonnes de fuyards essaient de gagner Kertch, dans l'espoir de franchir le détroit, large seulement de 20 km, jusqu'au continent. Un Dunkerque sur la mer d'Azov ? Von Manstein ne le permet pas. Ses chars, ses motorisés, son artillerie, son aviation interdisent les tentatives d'embarquement.

Le 17 mai, tout est terminé. Des hauteurs de Kertch, von Manstein et von Richthofen, dont l'appui a été capital, contemplent la porte du Caucase qui s'ouvre devant eux. S'ils poursuivaient, les champs pétrolifères seraient en leur possession.

A défaut, ils viennent de faire 170 000 prisonniers, de s'emparer de 1 133 canons et de 2 558 chars. 26 grandes unités ont été anéanties. Seuls de petits groupes ont trouvé des barcasses pour rallier le Kouban.

*
* *

Désastres à Kharkov

Au moment où les vainqueurs de Kertch se laissent aller un instant à rêver devant les crêtes du Caucase qu'ils devinent devant eux, une autre gigantesque offensive se déroule à des centaines de kilomètres au nord. Une offensive qui va également coûter très cher à l'armée Rouge.

Les Allemands veulent se débarrasser du saillant de Barvenkovo [1]. Cette verrue les gêne. Elle est susceptible d'entraver l'offensive qu'ils préparent en direction du sud.

Staline et la Stavka entendent, eux, l'exploiter pour reprendre Kharkov et le Donbass. L'opération a été confiée au Front sud-ouest de Timochenko [2], appuyé sur son aile gauche par le Front sud. A la manière allemande, elle se veut une gigantesque tenaille. Au nord de Kharkov, les 28e et 57e armées déboucheront du Donetz, de Volchansk. Au sud, les 6e et 9e armées auront la tâche principale. Jaillissant du saillant de Barvenkovo, elles attaqueront nord-ouest vers Poltava puis se rabattront sur Kharkov. Timochenko leur a attribué près de 600 chars, les deux tiers des moyens du Front sud-ouest.

Les Allemands, de leur côté, ont regroupé des troupes. Les services de renseignements soviétiques, déficients, n'ont pas remarqué les concentrations adverses : VIe armée de Paulus [3] au nord de Balakleia, groupement Kleist, XVIIe armée et Ire armée blindée, vers Slaviansk. Paulus et Kleist se préparent à étrangler la poche de Barvenkovo, par l'opération Frédéric Ier.

Les forces en présence s'équilibrent : 636 000 Allemands contre 640 000 Soviétiques, 1 000 chars contre 1 300, 16 000 bouches à feu contre 13 000, 1 200 avions contre 900. Une fois encore, le métier du commandement et de la troupe, l'intervention de l'aviation emporteront la décision.

Timochenko lance les dés le premier en annonçant avec ostentation : « J'ordonne donc aux troupes de commencer l'offensive décisive ! »

Effectivement, le déclenchement semble répondre à son optimisme. A l'ouest de Volchansk, la 28e armée gagne 25 km, depuis le saillant de Barvenkovo, la 6e armée, une cinquantaine.

---

1. Dit aussi boucle d'Izioum. Réalisé par le Front sud-ouest durant la campagne d'hiver, il constitue une avancée d'une centaine de kilomètres sur la rive occidentale du Donetz, qui marque la ligne de front.

2. Dans son conseil militaire figure un certain Nikita Khrouchtchev.

3. Paulus a pris le commandement de la VIe armée le 5 janvier.

Durant quarante-huit heures, il en est ainsi. La percée semble réalisée au sud. Mais Timochenko n'a pas de réflexes rapides. Il ne couvre pas ses flancs. Il ne renforce pas ses éléments avancés pour exploiter. Au contraire, il les affaiblit. Sur son aile méridionale, une partie marche plein ouest vers Poltava, une autre pique au nord vers Kharkov.

L'OKH et von Bock [1] sont autrement attentifs. Ils savent orchestrer une riposte et une manœuvre. Des divisions envoyées en renfort bloquent la 28e armée. Le 17, von Kleist et ses Panzers qui étaient prêts engagent Frédéric Ier. Leur progression est rapide. Ni la Stavka, ni Timochenko ne prennent conscience du danger que représente von Kleist remontant du sud. Staline, mal informé, ordonne de poursuivre. Les Soviétiques continuent à se tasser vers le nord-ouest en direction de Krasnograd et de Kharkov. Timochenko, enfin, s'inquiète devant l'allongement de son front si mal couvert, relance Moscou pour ralentir son offensive et étoffer ses flancs. Moscou renouvelle ses directives : « L'offensive doit être poursuivie jusqu'au bout ! »

Le 23, Paulus et von Kleist font jonction à Balakleia. Au nord, les 28e et 57e armées ont été ébranlées par les coups de boutoir de Paulus. Au sud, les 6e et 9e armées se trouvent enveloppées. Un gigantesque encerclement, à l'image de ceux de l'été 1941, a été réalisé. Seuls des débris d'unités parviendront à s'échapper. La Wehrmacht annoncera avoir fait 240 000 prisonniers, anéanti 20 DI, 7 DC, 14 brigades blindées et détruit 1 200 chars. Le général Iakovlevtitch, adjoint de Timochenko, le général Polad, commandant la 6e armée, ont été tués en essayant de se dégager.

Le coup sert magistralement les intérêts allemands à la veille de leur campagne dans le sud. Ils ont broyé le Front sud-ouest, anéanti des éléments blindés susceptibles de contre-attaquer. Le champ est libre devant eux jusqu'au Don.

Contrepartie du succès, Paulus connaît la gloire. Son nom, inconnu la veille, passe au premier plan. Les félicitations se bousculent. Hitler lui décerne la croix de chevalier. Qui en douterait ? La valeureuse VIe armée possède un chef digne d'elle.

*
* *

1. Ancien patron du GAC, limogé le 18 décembre 1941 suite à l'échec devant Moscou, il a pris le commandement du GAS le 18 janvier après le décès subit de von Reichenau, lui-même successeur de von Rundstedt.

Kertch. Le Volkhov. Kharkov. L'armée Rouge, en cette fin d'hiver et ce printemps 1942, subit de terribles revers. Bientôt, Sébastopol tombera. Des centaines de milliers de soldats soviétiques sont tués ou faits prisonniers.

A la même époque, une autre bataille aurait pu déboucher sur un succès : elle s'achèvera sur un demi-échec. Son intérêt est ailleurs. Les combats pour Demiansk-Kholm joueront un rôle essentiel dans l'évolution de la guerre à l'est. Mal interprétés par Hitler, ils conduiront la Wehrmacht au désastre de Stalingrad.

Sur les hauteurs du Valdaï, entre lacs Ilmen et Selinger, six armées soviétiques [1] ont, en janvier, dans le cadre de la contre-offensive d'hiver, fait éclater le front entre GAN et GAC. Ces limites de secteurs sont toujours les points les plus sensibles. Où commencent, où finissent exactement les responsabilités de chacun ? L'assistance sur les ailes est plus difficile à assurer. Profitant du décalage entre les deux groupes d'armées, Eremenko, à la tête de la 4e armée de choc, s'est efforcé de marcher sur Vitebsk.

Si Vitebsk, à l'ouest-nord-ouest de Smolensk, est atteint, le GAC se trouve en position délicate. « L'autoroute » Minsk-Smolensk-Moscou, si précieuse pour acheminer les approvisionnements, peut être coupée. La résistance allemande finit par stopper Eremenko. A court d'essence, de munitions, de ravitaillement, le général soviétique s'arrête.

De cette gigantesque offensive ont émergé deux points d'appui. L'un, de la valeur d'un corps d'armée, autour de Demiansk, l'autre, d'environ 5 000 hommes de la 281e, DI à Kholm. Faute d'avoir pu percer, les Soviétiques s'acharnent contre ces deux villes. La poche de Demiansk, avec six divisions, environ 100 000 hommes, constitue une belle proie. Les combats font rage. Le général comte Brockdorff-Ahlefeldt est bien décidé à défendre son « comté ». Il le fera du reste avec distinction jusqu'à la percée salvatrice du groupement Seydlitz le 21 avril. Dans cette défense de garnisons isolées, l'aviation joue un rôle essentiel.

Les assiégés de Demiansk ont dégagé une piste d'atterrissage, large d'une trentaine de mètres, à une douzaine de kilomètres au nord de la ville. Chaque jour, 100 à 150 JU 52, méprisant les Yak et les Rata, se posent pour déverser des troupes fraîches et enlever les blessés. Au total, les « Tante Julie » évacuent 22 000 blessés, amènent 50 000 combattants, 24 000 tonnes de vivres. 265 appareils sont abattus ou détruits, mais le pont aérien sauve

1. 11e, 22e, 34e, 53e armées, 3e et 4e armées d'assaut (ou de choc).

le corps d'armée promis à la mort. A Kholm, l'étroitesse de la zone tenue ne permet plus d'atterrir. JU/52, Heinkel 111 larguent à basse altitude. Finalement, les Stuka remplaceront leurs bombes par des containers qu'ils « déposeront » avec une extrême précision dans les lignes allemandes [1].

De cette résistance et de ce soutien, Hitler, huit mois plus tard, tirera deux conclusions formelles : une troupe bien commandée ne lâche pas ; l'aviation est capable d'approvisionner une armée encerclée. A Stalingrad, le Führer s'entêtera donc, refusant l'évacuation et comptant sur l'assistance de la Luftwaffe. Demiansk, indirectement, aura contribué à perdre Stalingrad.

*
* *

L'effort de guerre germano-soviétique

Hiver et printemps ont donc été très durs. Le premier surtout pour les Allemands, le second pour les Soviétiques. Chaque camp doit panser ses plaies et fourbir ses armes en vue des confrontations à venir. L'été 1942 connaîtra obligatoirement une autre rude campagne.

Partout, l'effort de guerre devient prioritaire. Aux usines de produire chars, avions, canons, camions pour combler les pertes. Cela, quelles que soient les conditions de l'heure. Bombardements en Allemagne. Occupation d'une large partie du territoire national en URSS.

La bataille d'Angleterre a été perdue pour les Allemands. La Luftwaffe a fort à faire à l'Est. La RAF peut se manifester dans le ciel germanique, répondant aux propos de Churchill tenus le 22 juin 1941 :

> « Nous bombarderons l'Allemagne aussi bien le jour que la nuit, jetant sur elle mois après mois une charge plus lourde de bombes, et nous ferons goûter au peuple allemand et saisir chaque mois une dose plus vive des misères qu'il a déversées sur l'humanité. »

Fidèle aux directives reçues, le Bomber Command ne lâche plus la Ruhr et les régions vitales. Les premiers raids (200 à

1. Lors du dégagement de Kholm, 1 200 hommes étaient encore valides ; 1 500 blessés s'abritaient dans les décombres de la ville ; 1 500 combattants avaient été tués.

300 appareils) n'ont donné que des résultats mitigés [1]. Le nouveau patron du Bomber Command, l'air marshal Harris [2], a conçu l'intervention massive. Le « Thousand Plan », le plan des 1 000, a lancé 1 046 avions sur Cologne dans la nuit du 30 au 31 mai 1942. 39 appareils ne sont pas rentrés, mais le principe a prouvé son efficacité. 300 hectares ont été ravagés. Usines, bureaux, hôpitaux, églises, voies ferrées ont été indistinctement touchés. La DCA a été désorganisée. Le raid a fait 5 000 victimes, dont 469 morts.

La population allemande juge à sa propre valeur les fanfaronnades de Goering :

> « La Ruhr ne recevra pas une seule bombe. Si une seule atteint la Ruhr, mon nom n'est pas Hermann Goering. »

Ce n'est pas une, mais des milliers de bombes qui se sont abattues sur Cologne. Halifax, Stirling, Lancaster, Wellington ont vidé leurs soutes [3].

Le cycle est enclenché. Il vise autant à détruire les centres industriels qu'à démoraliser les civils. Sur Cologne, des tracts avaient accompagné les bombes :

> « L'offensive de la RAF dans sa forme nouvelle commence. Cette preuve de la puissance croissante de la force de bombardement britannique est aussi le signe de ce que l'Allemagne recevra, cité par cité, à partir de maintenant ! »

1942 sera encore l'année d'autres expérimentations, dont celle des Pathfinders [4]. En 1943, avec l'intervention massive de l'US Air Force, le tonnage des bombes larguées sur l'Allemagne prendra des proportions considérables. De 40 milliers de

---

1. Essen le 8 mars 1942, Lübeck le 28, Rostock et les usines Heinkel le 24 avril.

2. Nommé le 22 février 1942.

3. Les bombardiers quadrimoteurs Halifax, Stirling et Lancaster emportent respectivement 6,5, 7 et 5 tonnes de bombes. Leur homologue bimoteur Wellington, 3 tonnes.

4. Partis en précurseurs, les Pathfinders larguent leurs bombes éclairantes qui illuminent et désignent l'objectif. Un tel travail implique un parfait repérage et un minutage rigoureux, confié aux équipages les plus expérimentés.

tonnes en 1942, il passera à 200 en 1943 avant d'atteindre 900 en 1944.

Les Allemands travaillent sous les bombes et dans les destructions. Les Soviétiques ont à bâtir – ou à rebâtir – une économie de guerre.

Leningrad n'assure qu'avec peine ses propres besoins. La région de Moscou a été dévastée. L'Ukraine, le Donbass sont en partie occupés. Les transferts vers l'est s'achèvent à peine. 32 000 usines, 98 000 fermes collectives, 65 000 km de voies ferrées ont été détruits. Février 1942 connaît la fabrication la plus basse de la guerre, rançon de la situation présente. Des chiffres sans doute sujets à caution indiquent des baisses, par rapport à 1940, de 57 % pour le charbon, 68 % pour la fonte brute, 58 % pour l'acier. On peut admettre que l'agression allemande a réduit de moitié le potentiel économique de l'URSS.

La machine industrielle se relance au prix d'un terrible labeur. Tous les hommes de 16 à 55 ans, toutes les femmes de 16 à 45 ans [1] sont mobilisés pour l'effort de guerre. Lentement, mais inexorablement, l'outil de production se remet en marche. Les puits de charbon de Moscou, noyés, ne produisaient que 600 tonnes/jour en janvier 1942. Ils en fourniront 22 000 en mai. Les hauts fourneaux du complexe sidérurgique de Magnitogorsk sont construits en huit mois. La progression de la production est de 140 % en Sibérie occidentale, 180 % dans l'Oural, 200 % dans le secteur de la Volga. Parallèlement, les dépenses militaires passent de 29 % du budget national à 57 % en 1942.

Ce formidable labeur, en Allemagne comme en URSS, donne des résultats. En 1942, l'Allemagne fabrique 9 300 chars, 14 700 avions, l'URSS 24 700 chars, 25 000 avions [2]. (A cette époque, l'aide anglo-américaine fournit 10 % des chars et 12 % des avions, mais les dirigeants soviétiques ont tendance à la sous-estimer.) Ces résultats seront par la suite dépassés. Malgré le pilonnage aérien, les usines allemandes parviendront à produire, en 1943, 19 000 chars et 24 000 avions, en 1944, 27 000 chars et 40 000 avions.

Des deux côtés, l'effort de mobilisation n'est pas moindre. Le 1er mai 1942, les forces de l'Axe alignent, sur le front de l'Est, 217 divisions et 20 brigades, soit 6 200 000 hommes [3]. Avec eux,

---

1. A l'exception des femmes enceintes ou ayant des enfants en bas âge.
2. L'URSS, en 1942, fabriquera plus de 100 000 canons et 230 000 mortiers.
3. Dont 39 divisions et 12 brigades étrangères (Italiens, Roumains, Hongrois, Finlandais essentiellement), soit au total 800 000 hommes.

3 200 chars, 43 000 bouches à feu, 3 400 avions. L'armée Rouge, face à cette force redoutable étalée de la mer de Barents à la mer Noire, compte 5 500 000 hommes. Ses moyens équilibrent sensiblement ceux de la Wehrmacht : 4 000 chars, 43 600 bouches à feu, 3 100 avions. Si ses T/34 [1] s'affirment les meilleurs engins du moment, les autres modèles, plus légers, sont nettement dominés. Son commandement a mûri, mais l'ensemble cadres-troupe n'a pas encore le métier et la vitesse de réaction de son adversaire. Sa mobilité laisse à désirer.

Au 31 décembre 1942, l'Allemagne aura perdu son avantage initial de la supériorité en hommes et matériel. Elle restera néanmoins redoutable.

---

1. Le T/34 sera incontestablement le roi du champ de bataille en 1942-1943, avec ses 26 tonnes, son canon de 76/2 sous tourelle, ses 2 mitrailleuses de 7,62 et son équipage de 4 hommes. Ses très larges chenilles, son excellent rapport poids-puissance lui assurent une très grande mobilité tout terrain.

Chapitre IX

LA PRISE D'UNE FORTERESSE

Von Manstein a les mains libres. La presqu'île de Kertch n'est plus un souci. Il peut se consacrer à Sébastopol qui continue de le braver et de contrarier les plans de Hitler. Par Sébastopol où le drapeau rouge flotte toujours, les Soviétiques gardent le contrôle de la mer Noire et, par là-même, sur les accès maritimes au Caucase. Ils entretiennent à la partie méridionale du front de l'Est un abcès susceptible de contaminer la Crimée et de remettre en question les liaisons vers Rostov-sur-le-Don.

*
* *

Sébastopol. Neuf mois de siège en 1854-1855. 80 000 morts parmi les alliés, Français, Anglais, Turcs, Piémontais, et au moins autant chez les Russes [1]. Von Manstein, féru d'histoire militaire, est prévenu. Il risque de connaître les affres de ses prédécesseurs. Prendre Sébastopol, si les Soviétiques sont décidés à défendre la place, sera une rude affaire. *A priori*, ils la défendront. En novembre 1941, Staline leur en a donné l'ordre

1. Chiffres contestés. 96 000 Français, 90 000 Russes, 23 000 Anglais, 36 000 Turcs, 2 000 Piémontais, selon certains auteurs.

formel. Fidèles et disciplinés, ils ont en novembre et décembre vigoureusement repoussé les assauts de la XIe armée. Après la guerre, on relatera avec fierté l'héroïsme d'une escouade de marins, tenant le point d'appui numéro II de Kamichli [1]. Les matelots résistèrent jusqu'à la mort. A la reprise du site, leurs compatriotes découvriront ces lignes :

> « Russie, mon pays, ma terre natale ! Cher camarade Staline ! Je suis un marin de la mer Noire, un fils du Komsomol Lénine, et je me suis battu comme mon père m'avait dit de me battre. Tant que mon cœur a battu dans ma poitrine, j'ai frappé ces bêtes sauvages. Maintenant, je meurs, mais je sais que nous vaincrons. Marins de la mer Noire ! battez-vous plus durement encore, tuez ces chiens enragés de fascistes ! J'ai été fidèle à mon serment de soldat.
>
> Kaluyzhnyi. »

Ce cas n'est pas isolé. Les anciens de la Wehrmacht le savent. La résistance soviétique est capable d'une extrême opiniâtreté.

*
* *

Bien avant la guerre et plus encore depuis le début du siège, les Soviétiques ont transformé Sébastopol, premier port de la mer Noire, en solide forteresse.

La ville proprement dite s'étage au sud de la baie de Savernaya, échancrure naturelle offrant une excellente rade de plusieurs kilomètres de profondeur. Durant l'été 1941, les troupes d'Odessa y sont venues se replier et renforcer la garnison.

Au nord de la baie, jusqu'à la vallée du Belbek, ont été édifiés d'importants ouvrages bétonnés, type ligne Maginot, qui forment deux ceintures de fortifications. Les Allemands les ont baptisés « Molotov », « Staline », « Maxime Gorki », « Guépéou », « Oural », « Volga », etc. Des travaux de campagne en occupent les intervalles.

A l'est, le terrain boisé et accidenté, propice à une défense rapprochée, abrite de nombreux nids de résistance difficilement décelables.

1. Au nord-est de Sébastopol.

Au sud, de la vallée de la Tchornaïa à la mer, le relief se redresse et devient presque montagneux. Des sommets escarpés et bien organisés forment une première ligne que les Allemands ont baptisée « Pain de sucre », « Nez nord », « Mont de la Chapelle », etc. Un peu en retrait, au nord-ouest, s'alignent les hauteurs de Sapoun, escarpement doté de pentes abruptes vers l'est, et dont l'autre versant donne sur le plateau de Chersonèse, véritable porte d'entrée de Sébastopol. C'est là qu'en 1855 bivouaquait l'armée franco-anglaise. Elle avait installé ses Q.G. et ses parcs sur la route de Balaklava à Chersonèse. Sur toute cette face méridionale, les Soviétiques ont réalisé une série d'ouvrages, sur les sommets, sur le Sapoun, aux abords de la ville.

Les services de renseignements allemands sont suffisamment efficaces, grâce aux reconnaissances aériennes et aux interrogatoires de prisonniers, pour connaître l'importance du dispositif adverse : sept divisions de tirailleurs, une division de cavalerie (non montée), trois brigades de marins, soit quelque 106 000 soldats et marins commandés par l'amiral Oktchaberskii et le général Petrov. Ils disposent de 600 canons, 38 chars et d'une cinquantaine d'avions. Et il faut encore compter avec quelques bâtiments de guerre de la flotte de la mer Noire.

En valeur absolue, von Manstein est mieux loti. Avec sa XIe armée et ses Roumains, il aligne 200 000 hommes. Mais ceux-ci ne sont pas tous devant Sébastopol, car leur chef doit veiller sur l'ensemble de la Crimée et se protéger des partisans qui rôdent autour de ses lignes de communications. Il n'a pas de PD, ayant dû rendre la 22e qui lui a été si utile à Kertch. Bref, en première ligne, pour donner l'assaut à Sébastopol, ses forces s'équilibrent sensiblement avec celles des Soviétiques. Si ces derniers bénéficient de la position enterrée, il a, lui, un gros avantage : son aviation et son artillerie.

Von Richthofen est toujours là avec sa VIIIe flotte aérienne, mais le commandant de la XIe armée doit se battre pour la conserver. Richthofen est réclamé plus au nord, sur le Don.

Il y a surtout l'artillerie. Environ 1 300 pièces bien servies et bien approvisionnées. Von Manstein entend ménager le sang de ses soldats. Etant donné la solidité des défenses adverses, il a obtenu des moyens lourds : batteries de 190 mm, mortiers de 305 et 350 mm. De cette panoplie émergent deux spécimens entourés et « dorlotés » : Gamma et Karl, mortiers de 427 et 615 mm, héritiers de la fameuse Grosse Bertha. Il y a surtout Dora, avec ses 800 mm, mieux connu des troupiers sous l'épithète de « Gros Gustave ». Ce monstre se déplace par voie ferrée, servi par 4 000 hommes pour sa protection, ses réglages et son utilisation. Son tube atteint 30 mètres, son affût, la hauteur d'une maison de deux étages. A la cadence de trois obus à l'heure, il tire à 47 km des projectiles de près de cinq tonnes [1]. Eu égard à ses servitudes, « Gros Gustave » décevra un peu, ce qui ne l'empêchera pas d'anéantir un dépôt de munitions enfoui sous 30 mètres de terre. Sans parler de ses effets destructeurs sur les habitations ou les abris… [2]

Curieusement, la palme de l'efficacité reviendra au canon de 88 de DCA [3]. Utilisé comme antichars, il a déjà montré en Libye la rapidité et la précision de son feu. Il prouvera encore ses possibilités devant Sébastopol. Avancée en première ligne, cette arme, identifiable à son claquement métallique, apporte un appui exceptionnel. Un bon tireur place très vite ses coups au but dans les meurtrières et embrasures, détruisant de plein fouet redoutes et blockhaus.

Von Manstein possède encore un autre avantage non négligeable : le choix du point d'attaque. Un périmètre de 50 km s'offre à lui. Il écarte le secteur oriental, avec son terrain couvert et ses retranchements creusés dans le roc. Il lui serait trop difficile de « l'assouplir », faute de localisation précise des résistances. Le corps de montagne roumain est chargé de s'en occuper et d'y fixer l'adversaire.

Son attaque, ses attaques plus exactement, le commandant de la XIe armée les confie au nord et au sud à ses LIVe et XXXe CA. Il compte matraquer les défenses avant de les faire enlever par son infanterie.

Le 2 juin, von Manstein entame sa préparation. Durant cinq jours, aviateurs et artilleurs déversent des tonnes de bombes et d'obus sur les positions fortifiées. Le 7, à 3 h 50, alors que l'aube commence à blanchir l'horizon, fantassins et sapeurs s'élancent. Ceux du LIVe CA sur le Belbek, ceux du XXXe CA contre les sommets situés au nord-ouest de Balaklava [4].

Von Manstein pourra écrire :

---

1. Il peut tirer des obus perforants de 7 tonnes à 38 km.
2. Il avait été conçu spécialement contre la ligne Maginot.
3. Les batteries de DCA relèvent de la Luftwaffe.
4. Le LIVe CA avec 4 DI en première ligne, le XXXe CA avec deux DI et une DL. Le corps de montagne roumain compte deux divisions.

> « C'étaient toute la valeur, la bravoure, l'initiative, l'esprit de sacrifice du soldat allemand qui s'opposaient à la volonté de résistance acharnée d'un adversaire possédant l'opiniâtreté, l'inébranlabilité traditionnelles du soldat russe, portées encore à leur paroxysme par l'armature de fer du régime soviétique. »

L'analyse est exacte. Sébastopol tombera, mais sa chute sera regardée par les deux camps comme une victoire. Les Allemands pour l'avoir emporté, les Soviétiques pour avoir vaillamment résisté.

La première journée apporte aux Allemands des succès. Le LIVe CA franchit la vallée du Belbek ; le XXXe CA gagne du terrain vers les hauteurs de Sapoun. Mais rien n'est vraiment gagné. Suivent dix jours de lutte farouche, par une chaleur torride. Les Soviétiques résistent souvent jusqu'au dernier [1]. Leurs contre-attaques s'efforcent sans cesse de regagner le terrain perdu. Le 13 juin, le 16e RI du colonel von Choltitz [2] enlève le fort Staline. Le 17, à même hauteur, Tcheka, Guépéou, Sibérie, Volga tombent. Une brèche s'ouvre. Le long de la côte, la batterie cuirassée Maxime Gorki qui bloquait la progression, tombe également. Les Allemands ont fait intervenir leurs mortiers de 355 pour neutraliser les pièces. Les fantassins ont réduit à l'explosif, au lance-flammes ou à la grenade les défenseurs retranchés à l'intérieur de l'ouvrage. L'amiral Oktchaberskii avait ordonné de « combattre jusqu'au dernier homme ». Sur une garnison d'un millier d'hommes, il n'y a que 40 prisonniers… Au sud, le XXXe CA réussit à conquérir les pitons interdisant la remontée vers le nord, Nez nord, Mont de la Chapelle, Colline des Ruines.

Ces gains réels, mais modestes en distance parcourue, ont coûté cher. Von Manstein doit marquer un temps d'arrêt. Ses régiments accusent la fatigue. Il est nécessaire d'en relever certains avec des unités de la presqu'île de Kertch.

L'attaque reprend. De Rastenburg, Hitler presse l'attelage. L'offensive du Caucase est sur le point de débuter.

---

1. Ils ne se priveront pas pour comparer la farouche résistance de Sébastopol à l'effondrement, en quelques heures, des Britanniques à Tobrouk. Chute de Singapour, chute de Tobrouk, la position de Churchill devant ses alliés est souvent délicate.

2. Futur commandant du « Gross Paris » en août 1944.

Le 21, le LIVe CA borde la baie de Savernaïa en plusieurs points. Les combats sont toujours aussi acharnés. Retranchés dans des galeries creusées dans les falaises, les Soviétiques refusent de se rendre. La mort ou le suicide des commissaires politiques permettent seuls aux rescapés de lever les bras.

Au matin du 26 juin, le périmètre défensif se situe sur la baie de Savernaïa, les hauteurs d'Inkerman, celles de Sapoun, les crêtes à l'ouest de Balaklava. Les Soviétiques n'ont plus de réserves. Les rares secours n'arrivent plus que par sous-marins ou vedettes rapides [1].

Le pilonnage aérien continue de briser les défenses. En ville, les habitants se terrent dans les caves. Néanmoins, le front de Crimée – ou ce qu'il en reste – résiste.

Von Manstein a hâte d'en finir. Les effectifs de ses régiments s'amenuisent. Il doit forcer la décision.

Contre l'avis de ses adjoints, le stratège allemand tente un coup d'audace. Dans la nuit du 28 au 29 juin, il fait traverser à des canots d'assaut la baie de Savernaïa large de 800 à 1 000 m. A 1 heure, la première vague, appuyée par un intense bombardement aérien, prend pied sur la rive sud et surprend les défenses. Au jour, le XXXe CA donne de son côté l'assaut à la position de Sapoun, tandis qu'à l'aile gauche du LIVe CA, deux divisions marchent vers Gaitany et la vallée de la Tchornaïa.

La tête de pont a réussi et s'amplifie. Elle menace de flanc et de revers les hauteurs de Sapoun, principal obstacle à bousculer. Celles-ci enfoncées, von Manstein peut de tous côtés pousser vers la ville. L'histoire se répète. On se bat parmi les tombes éventrées du cimetière anglais. Des émules de Mac-Mahon enlèvent la tour Malakoff. Le combat fait rage dans Inkerman où plane l'ombre des zouaves de Canrobert.

La chute de Sébastopol devient inéluctable. Le 29, les derniers avions à étoile rouge s'envolent vers le Caucase. La DCA n'a plus de munitions. Von Richthofen a le ciel libre. Les bombardements par l'artillerie et l'aviation s'intensifient. Von Manstein veut limiter ses pertes. Sébastopol, jadis cité prospère, n'est plus que ruines.

Staline avait ordonné de tenir jusqu'au bout mais il ne veut pas tout perdre. L'autorisation d'évacuation est accordée à ceux qui le

---

1. Durant le mois de juin, les Soviétiques parviennent, depuis les ports de la côte orientale de la mer Noire, à envoyer 24 000 hommes, 15 000 tonnes de matériel, et à évacuer 25 000 blessés ou malades.

peuvent. L'amiral Oktchaberski, le général Petrov s'échappent par vedette rapide. La flotte de la mer Noire essaye, de nuit, de réaliser de petits Dunkerque. Sans grand succès. Les défenseurs se sentent pris au piège. Certains se retranchent pour quelque temps dans la pointe de Chersonèse. D'autres s'efforcent de percer vers l'est pour rejoindre les partisans dans la montagne. D'autres encore luttent sans merci. Il est des cas extrêmes. Des commandants d'unités, des commissaires politiques, sans se soucier de leurs compagnons civils ou militaires, font sauter les galeries où ils s'étaient retranchés.

Le 30 juin, la XIe armée pénètre dans les faubourgs. Le 4 juillet, le feu cesse partout. Le svastika flotte sur l'intégralité de la Crimée. Le siège a duré 250 jours. Von Manstein annonce 90 000 prisonniers. Mais combien de morts ? Il est incapable de les dénombrer, mais parle de 467 canons, 758 mortiers saisis.

Sébastopol est incontestablement une grande victoire pour la XIe armée [1]. Son chef est promu maréchal par Hitler pour avoir enlevé une forteresse. Goebbels, à Berlin, donne de la voix [2]. La Wehrmacht a repris l'avantage.

---

1. A quel prix ? Un silence pudique entoure le nombre de tués ou blessés allemands et roumains.

2. De leur côté, les Soviétiques instituent la médaille « pour la défense de Sébastopol ». Elle sera attribuée à 39 000 personnes ; 37 combattants seront déclarés héros de l'Union soviétique.

Chapitre X

BIR-HAKEIM

Depuis le 7 décembre 1941, Rommel bat en retraite. Habilement, appuyé par la Luftwaffe, et en masquant ses mouvements. Des bouchons retardateurs freinent ses poursuivants. Des contre-attaques échelonnées les obligent à se couvrir.

Les Italiens se replient le long de la côte. L'Afrika Korps s'éloigne par Méchili et le djebel Akhdar. Il a mission d'écarter une manœuvre d'encerclement comme celle réalisée dix mois plus tôt [1]. Mais Ritchie n'a pas les audaces de O'Connor. Il progresse à pas mesurés. Loin, à l'est, les garnisons germano-italiennes encerclées de Bardia, Solloum, Halfaya poursuivent mieux qu'un baroud d'honneur.

Rommel a songé, un moment, se rétablir sur la ligne d'El Gazala. Une défaillance du 20e corps italien l'a contraint à y renoncer. La Cyrénaïque doit être abandonnée. La veille de Noël, la VIIIe armée entre dans Benghazi. La cité est vide et en ruine. Sur des murs, des Allemands ont écrit :

« Dans trois mois, nous reviendrons… »

1. Cf. tome II, chap. 14.

Le 10 janvier 1942, le « front » se stabilise à hauteur d'El Agheila, au fond du golfe de la Grande Syrte. Dunes et marais salants forment là un barrage d'environ 80 km entre mer et désert. Chacun campe de part et d'autre. Crusader, en fin de compte, se solde par un succès relatif. Tobrouk dégagée, la Cyrénaïque reconquise, Rommel étrillé. Il a perdu 36 000 prisonniers et n'a plus que quelques dizaines de chars.

Les Anglais se croient vainqueurs. Au Caire, les quotidiens titrent :

« Rommel en pleine déroute. »

« Les Allemands essayent en vain d'échapper aux filets britanniques. »

C'est vendre la peau de l'ours. Rommel n'est pas mort. Le 28 décembre, il a lancé la 21e PD [1] contre la 22e brigade blindée anglaise. Au bilan de la journée, 65 chars britanniques détruits. Le Renard du désert est toujours aussi fin manœuvrier. Ses tankistes dominent toujours leur art.

Cet « incident de parcours » n'est pas remonté jusqu'à Londres. L'optimisme des rapports d'Auchinleck contraste avec les noirs échos de l'Extrême-Orient. La VIIIe armée paie la rançon de ses succès. La 18e division, quatre escadrilles d'Hurricane, cent chars légers Stuart lui sont enlevés au profit de la Malaisie. Les renforts qui lui étaient destinés sont détournés. Des chars sont expédiés à Malte où l'on redoute un débarquement. Les Britanniques, en Libye, s'affaiblissent au moment où Rommel se renforce.

Fin novembre 1941, le maréchal Kesselring est arrivé du front de l'Est pour coiffer le théâtre méditerranéen. Poste délicat où il faut ménager les susceptibilités italiennes et le tempérament d'un Rommel. Le Duce et le Commando supremo du maréchal Cavallero entendent diriger. Rommel agit à sa guise et réclame de l'aide. Kesselring lui donne quelques satisfactions sur ce point. Le 2e corps aérien s'installe en Sicile pour s'occuper de Malte. L'île, au printemps 1942, sera quasiment neutralisée [2]. Rommel en bénéficie. Son tonnage débarqué s'améliore :

---

1. Ce qu'il en reste.

2. Outre la Luftwaffe, la malchance a joué contre les Anglais. Dans la nuit du 18 au 19 décembre1941, la Force K de Malte est tombée sur un champ de mines. Trois destroyers ont été sérieusement endommagés. Le destroyer *Neptune* a sombré, ne laissant qu'un survivant.

de 40 000 tonnes en décembre, il passe à 66 000 en janvier 1942. Il atteindra la pointe de 150 000, dont 50 000 de carburant, en avril. Avec de tels arrivages, le général allemand pourra envisager la « reprise » de l'offensive.

Dès la mi-janvier, il a reçu des chars, des véhicules blindés, de l'essence. Faisant fi des fâcheuses nouvelles [1], il ne pense qu'à repartir de l'avant.

Son offensive débute le 21 janvier, à partir de ses positions de Mersa el Brega. Ni le haut commandement allemand, ni les Italiens n'en ont été informés. Rommel se méfie de ses alliés. Selon lui, tout ce qu'il télégraphie à Rome parvient aux oreilles anglaises. Diabolique, il a fait colporter le bruit qu'il se préparait à se replier vers l'ouest. Le téléphone « arabe » en a répandu la rumeur jusqu'aux lignes avancées de la VIIIe armée…

Les Anglais sont surpris. Ritchie n'a pas vu venir le coup. Progressant par la via Balbia et le désert, l'Afrika Korps enveloppe d'entrée la 1re DB. Celle-ci perd 110 de ses 150 chars et un important matériel d'artillerie. Agedabia est enlevée le 22.

Les forces en présence sont à peu près égales avec une supériorité en chars pour la VIIIe armée. Les Grant américains commencent à équiper les unités britanniques. Armés d'un canon de 75 sous casemate, d'un canon de 37 sous tourelle et d'un bon blindage, ils constituent des adversaires sérieux. Le déséquilibre est au niveau du commandement. Rommel a du coup d'œil, de l'audace et de la décision. Ritchie hésite. Le premier manœuvre, feint et frappe ; le second attend et se révèle incapable de regrouper ses forces.

Le 29 janvier, les Allemands entrent dans Benghazi, évacuée trente-six jours plus tôt. Le butin est d'importance : véhicules, armement et surtout ravitaillement.

Le mouvement pendulaire est devenu un classique de la guerre du désert. Les Britanniques pour la troisième fois refluent vers l'Egypte. Heureusement pour eux, l'adversaire s'essouffle. Il n'a pas encore véritablement reconstitué son corps de bataille. Il doit aussi tenir compte du contexte : Hitler et l'OKW ont d'autres soucis ; le Duce et Cavallero s'insurgent contre ses initiatives. Ils soustraient, plus ou moins, leurs troupes à son auto-

---

1. Les garnisons isolées de la frontière égyptienne, à court de vivres et de munitions, sont contraintes de hisser le drapeau blanc à Bardia le 2 janvier, Solloum le 11, Halfaya le 17. 4 000 Allemands, 10 000 Italiens se retrouvent ainsi prisonniers.

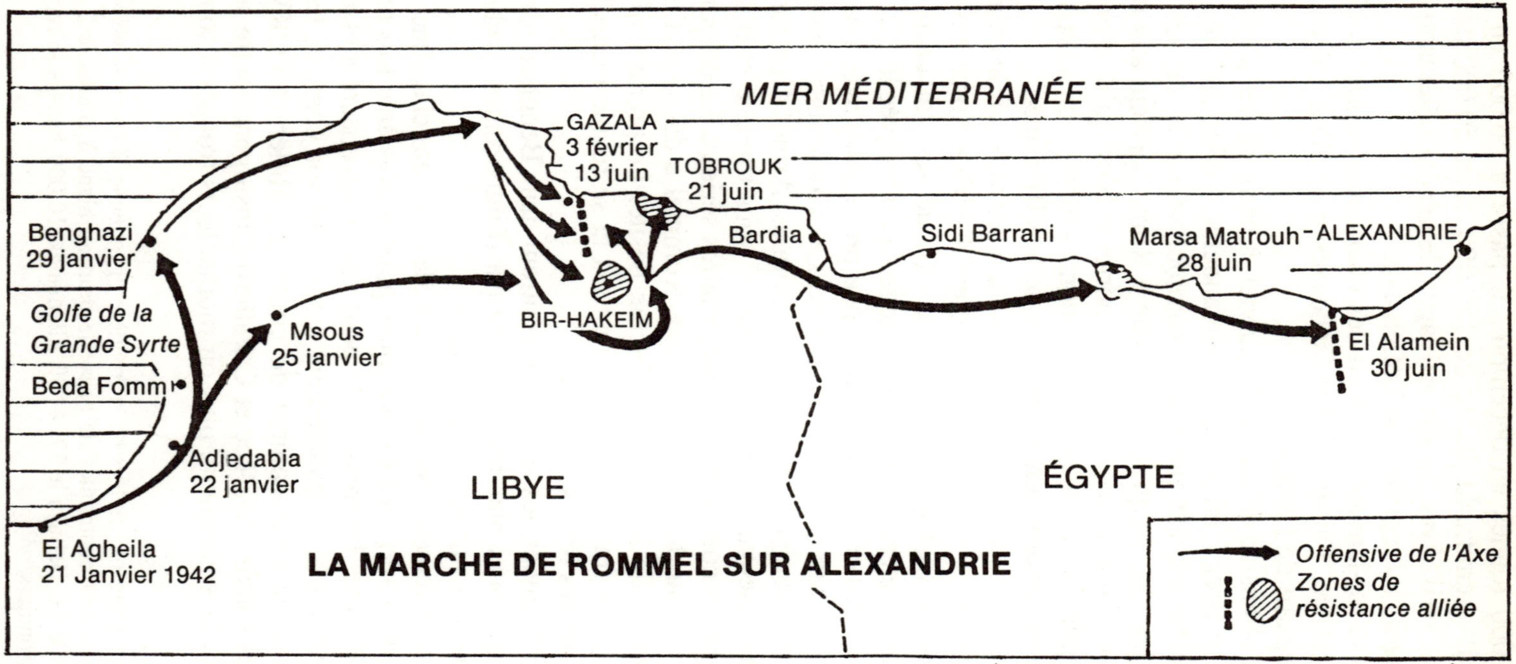
MER MÉDITERRANÉE
GAZALA
3 février
13 juin
TOBROUK
21 juin
Benghazi
29 janvier
Golfe de la
Grande Syrte
Beda Fomm
Adjedabia
22 janvier
Msous
25 janvier
BIR-HAKEIM
Bardia
Sidi Barrani
Marsa Matrouh
28 juin
ALEXANDRIE
El Alamein
30 juin
LIBYE
ÉGYPTE
El Agheila
21 Janvier 1942
LA MARCHE DE ROMMEL SUR ALEXANDRIE
Offensive de l'Axe
Zones de
résistance alliée

rité. Leurs unités se maintiennent vers Mersa el Brega et Adjedabia.

Ritchie, moins pressé, peut organiser un front défensif à hauteur de Gazala. De février à mai, chacun s'immobilise et profite d'un ciel plus clément. En mars, la Cyrénaïque reverdit. En mai, la température s'élève en restant agréable. Au terme des efforts de novembre à février, cette pause est la bienvenue.

*
* *

La pause ! Un terme que Churchill n'apprécie pas. Il a besoin de victoires pour faire oublier Singapour. Il presse Auchinleck. Le 10 mai, il le somme même d'attaquer ou de se démettre.

Etrange situation ! Auchinleck ne veut pas lancer d'offensive sans être certain de sa supériorité. Rommel qui ne demande qu'à s'élancer est freiné par sa hiérarchie. Il se voit à Tobrouk et au Caire. Hitler ne pense qu'à la Russie. Il ne consent qu'à demi-mot aux projets de son général.

*
* *

Ritchie s'est donc installé à hauteur de Gazala.

Il couvre ainsi Tobrouk à une soixantaine de kilomètres à l'ouest. Son dispositif s'étire sur 60 km de large et 50 de profondeur. Contrairement à son adversaire qui joue la mobilité, Ritchie s'est fixé. Il s'appuie sur des positions défensives, des « box », sortes de camps retranchés. 1re division sud-africaine, 50e DI, 150e brigade, 1re BFL (brigade française libre), tiennent ces « box » de Gazala à Bir-Hakeim. Un large écran de mines [1] les flanque à l'ouest, remonte ensuite vers le nord-ouest, en dessinant un « V » fixé sur Bir-Hakeim [2]. Derrière le « V », le XIIIe CA, à base d'infanterie, se masse entre la Méditerranée et le Trigh Capuzzo. Le XXXe corps blindé, pour sa part, est axé sur le sud [3]. L'Anglais pense ainsi pouvoir briser une attaque adverse tout en se tenant prêt à prendre les initiatives que Londres réclame.

---

1. Un million de mines antichars (pression : 200 kg) ont été mises en place.
2. La branche orientale de ce « V » ne remonte pas jusqu'à la mer. Elle s'arrête à mi-parcours, un peu au sud du Trigh Capuzzo.
3. Contrairement à ce qu'avait suggéré Auchinleck le 20 mai de disposer le XXXe CB sur le Trigh Capuzzo, afin qu'il pût intervenir au nord comme au sud.

Comme toujours, le plan de Rommel se distingue par l'audace. Immédiatement au sud de la côte, les Italiens, épaulés par quelques contingents allemands, sont chargés de « faire du volume ». Ils doivent laisser supposer que le point d'application de l'offensive se situe chez eux. Rommel a prévu, durant ce temps, d'effectuer un large crochet par le sud. Contournant Bir-Hakeim, « box » extrême sud, avec l'Afrika Korps et le 20ᵉ corps italien, il remontera frapper la VIIIᵉ armée dans le dos.

Il faut s'appeler Rommel pour oser un tel raid. Certes, si tout se passe bien, il se retrouvera sur les arrières de son adversaire, mais non sans gros risques. Son corps blindé ne risque-t-il pas d'être isolé ? Sa logistique suivra-t-elle ?

Sur le papier, les effectifs s'équilibrent [1]. La Panzerarmee Afrika aligne 90 000 hommes, la VIIIᵉ armée 100 000. Par contre, Ritchie dispose de 850 chars, dont 167 Grant, contre 560 (dont 400 sont italiens).

Le 26 mai, à 14 heures, l'infanterie italienne s'élance contre la ligne de Gazala. Une forte préparation d'artillerie a « adouci » les avant-postes britanniques qui, sans insister, se replient sur les positions principales. L'affaire en restera là.

A la nuit tombée, Rommel donne le signal. Les 10 000 véhicules de l'opération « Venise » s'ébranlent. Un magnifique clair de lune inonde le désert. La progression est rapide. Sur la gauche de l'axe de marche, les bombes éclairantes localisent le « box » de Bir-Hakeim.

Un peu avant l'aube, l'Afrika Korps est à 15 km au sud-est de Bir-Hakeim. Sa remontée vers le nord, direction Tobrouk, peut commencer. Piquant vers Knights Bridge, El Adem, Sidi Razegh, elle est condamnée à traverser les secteurs des 1ʳᵉ et 7ᵉ DB anglaises, mais aura l'avantage de la surprise et de la concentration.

---

1. Le corps expéditionnaire germano-italien s'appelle désormais la Panzerarmee Afrika. Placée sous le commandement du colonel-général Rommel, elle comprend le 20ᵉ corps italien : DB Ariete, DM Trieste ; le groupe Cruewell : 10ᵉ et 21ᵉ corps italiens, soit 4 DI, 15ᵉ brigade portée allemande, 2 régiments d'infanterie légère allemands ; le Deutsches Afrika Korps (général Nehring), composé des 15ᵉ et 21ᵉ PD et de la 90ᵉ division légère.

Quant à la VIIIᵉ armée, elle comprend le 13ᵉ corps (général Gott), composé de 4 DI, de 2 brigades blindées ; le 30ᵉ corps (général Norrie) avec les 1ʳᵉ et 7ᵉ DB, la 29ᵉ brigade d'infanterie indienne, la 1ʳᵉ brigade française libre, et en réserve, la 5ᵉ division et la 10ᵉ brigade indienne.

Comme en janvier, Ritchie est pris au dépourvu. Il ne croyait qu'à demi à une offensive allemande. Des renseignements sur des concentrations de véhicules ne sont pas remontés. Des unités ont envoyé une partie de leurs effectifs se détendre en bord de mer. Il est trop tard pour se concentrer et réagir. Tels les Curiace, certaines brigades blindées sont décimées une à une.

Malgré leur détresse, les Britanniques conservent leur courage et trouvent un premier allié : leurs Grant frappent vite et bien. Rommel perd des chars. Là n'est pas le plus grave pour lui. Ses convois de ravitaillement sont obligés de descendre très au sud. Les mines interdisent de couper d'ouest en est. Bir-Hakeim lance des patrouilles pour harceler les véhicules d'approvisionnement.

En dépit des succès initiaux du 27 mai, la situation de Rommel devient vite sérieuse. Pour se dégager, le général allemand décide de foncer sur Tobrouk où il trouvera des dépôts de carburant. C'est voir trop grand. Une partie de son potentiel s'immobilise, réservoirs vides.

L'enjeu, cette fois, est trop grave. Rommel lui-même part en quête d'essence. Jouant les voltigeurs de pointe, il guide personnellement un convoi à travers mines et détachements anglais. Le voici dépanné pour quelques heures.

Ritchie n'a rien vu, rien su. Ses états-majors divisionnaires ont été disloqués par l'irruption des PD. Pourtant, le gros de l'Afrika Korps était à portée de main, quasiment immobilisé, à court de carburant.

Rommel n'a pas gagné. Avec ou sans ordres de Ritchie, les Anglais courent au canon. L'Afrika Korps et les deux divisions italiennes, Ariete et Trieste, se retrouvent, le 29 au matin, pris entre deux feux. A l'ouest, le « box » de la 150ᵉ brigade, à Got el Oualeb, et les champs de mines ; à l'est, au moins trois brigades blindées. Entre Trigh Capuzzo et Trigh el Abd, Rommel tourne en rond dans un « chaudron » de quelque 100 km^2.

Sa témérité l'a placé dans une situation délicate. Plus question de marcher sur Tobrouk. Priorité au ravitaillement. Celui-ci se trouve à l'ouest. De l'autre côté de la 150ᵉ brigade et des champs de mines. Percer vers son point de départ est la seule issue pour le Renard du désert. Le 1ᵉʳ juin, il lance toutes ses forces dans la bataille.

La lutte pour enlever le « box » de la 150ᵉ brigade est farouche mais inégale. Les trois bataillons d'infanterie, le 72ᵉ régiment d'artillerie ont contre eux plus de quatre divisions.

Les Allemands attaquent du nord et de l'est. Les Italiens poussent du côté opposé. Les Stuka écrasent les défenses. Ses munitions épuisées, la 150e brigade doit cesser le combat. Son chef a été tué. Quelques petits groupes parviendront seuls à s'esquiver à la faveur de la nuit.

Rommel a forcé sa route vers l'ouest. Des passages ouverts dans les champs de mines lui permettent d'acheminer ses convois. Qui ne déplorera, par la suite, qu'une solide contre-attaque de la VIIIe armée n'ait pas soulagé les défenseurs du « box » de Got el Oualeb ?

Son commandant, depuis plusieurs jours, cherche la parade. Ses subordonnés se désolent : « Je pense que Ritchie fera ceci ou cela », murmure l'un de ses divisionnaires, au sortir d'interminables palabres. Enfin, il tranche. L'opération Aberdeen réduira Rommel, pourtant bien regroupé entre les champs de mines. Le 5 juin, l'infanterie lance l'attaque. Les blindés ne suivent pas, ou mal. Les 88 font de lourds ravages. Les fantassins peu soutenus sont décimés. La VIIIe armée perd 6 000 hommes, tués, blessés ou disparus, et 150 chars. Aberdeen est venue trop tard.

Rommel l'a emporté. Pour reprendre définitivement sa marche sur Tobrouk, son objectif de toujours, il lui reste une épine à arracher, Bir-Hakeim. Bir-Hakeim qui entrave ses lignes de communications. Bir-Hakeim qui, sur son flanc, constitue une menace. Bir-Hakeim d'où pourrait contre-attaquer son adversaire.

*
* *

Bir-Hakeim, le « puits du chien » ? Ou Bir-Hakim, le « puits du vieillard » [1] ?

De puits il n'en existe plus en ce site aride à 80 km au sud-ouest de Tobrouk. L'endroit est plat, dénudé. A peine s'élève-t-il légèrement à l'ouest. Une petite ondulation court de la cote 186 au nord-ouest jusqu'à un fortin délabré à l'extrême sud. L'emplacement n'est de fait qu'un carrefour de pistes. L'une remonte vers le nord sur Acroma et Tobrouk. Une autre,

1. (Bir = puits). La ville de Paris – et le général Koenig – ont retenu Bir-Hakeim de préférence à Bir-Hacheim porté sur de nombreuses cartes de l'époque. Les deux orthographes figurent concurremment sur les cartes de l'époque, mais la première – retenue notamment par le général Koenig – a fini par prévaloir. C'est pourquoi cette orthographe de Bir-Hakeim a été adoptée par l'auteur.

d'est en ouest, relie le golfe de la Grande Syrte à la frontière égyptienne par M'Sous et Bir el Gobi. Cette « cuvette » relative commande les derniers kilomètres utilisables avant la mer de sable du désert libyen.

Lorsque les Français, le 12 février 1942, y relèvent la 50e brigade britannique, l'organisation défensive n'en a été qu'ébauchée. La pelle et la pioche deviennent l'arme numéro un de ces soldats qui préféreraient une autre forme de guerre. Qu'ils patientent ! Ils l'auront.

Toute la fine fleur des Français libres est là [1]. Le lieutenant-colonel Broche avec ses Tahitiens et Néo-Calédoniens. Le lieutenant-colonel Amilakvari avec ses légionnaires. Le commandant Savey avec ses marsouins. Le capitaine Gravier avec ses sapeurs. Le commandant Laurent-Champrosay avec ses artilleurs. Le capitaine de corvette Amyot d'Inville, « l'amiral », avec ses fusiliers marins. A leurs côtés, des Nord-Africains, des Indochinois, des Malgaches. Les fils de l'Empire colonial sont au grand rendez-vous que l'histoire leur a ménagé. Mais ils ne savent pas encore que Bir-Hakeim va sceller à jamais leur renommée [2].

A leur tête, un général de 43 ans, Marie Pierre Koenig. Engagé volontaire le 17 avril 1917. Médaillé militaire à moins de 20 ans. Deux ans auparavant, il était capitaine à Narvik à l'état-major de la 13e DBLE. La France Libre, comme la République, sait bousculer les étapes. L'aspirant de 1918 commande en titre le First Free French Group (1ère Brigade Française Libre). Sous un front dégarni, l'homme, de belle carrure, est sympa-

1. Sous réserve, évidemment, des compagnons de Leclerc, des hommes de la 2e BFL du général Cazaud et des isolés. La 2e BFL ne comporte qu'un bataillon de Légion et 2 bataillons de marche coloniaux. Elle constitue le second ensemble de la 1ère DFL, placée sous les ordres du général de Larminat.

2. Ordre de bataille de la 1ère BFL : général de brigade Koenig ; chef d'état-major : commandant Masson ; 13e DBLE : lieutenant-colonel Amilakvari ; 2e BLE : commandant Babonneau ; 3e BLE : commandant Puchois ; 2e DB coloniale : lieutenant-colonel de Roux ; 2e bataillon de l'Oubangui-Chari (BM/2) : commandant Amiel ; 1er bataillon du Pacifique (BP/1) : lieutenant-colonel Broche ; 1er bataillon d'infanterie de marine (1er BIM) : commandant Savey ; 1er bataillon de fusiliers marins : capitaine de corvette Amyot d'Inville ; 1er régiment d'artillerie : commandant Laurent-Champrosay ; 22e compagnie nord-africaine : capitaine Lequesne ; Génie : capitaine Gravier ; Transmissions : capitaine Renard ; 2e compagnie antichars : capitaine Jacquin ; Groupe santé divisionnaire : médecin lieutenant-colonel Vialar-Goudron ; Liaison anglaise : capitaine Tomkins.

thique, chaleureux. Maître de lui dans les moments difficiles, il bénéficie de la sympathie de son entourage. Rallié dès juin 1940, il est gaulliste, fier de l'être et bien décidé à respecter son engagement.

Ils sont, au départ, 3 826 officiers, sous-officiers et hommes de troupe, dont 103 Anglais, pour défendre ce « box » situé à la pointe sud de la ligne Gazala. Le périmètre retranché est modeste : 17 km environ. Il épouse sensiblement la forme d'un triangle équilatéral, sommet au nord-ouest (cote 186). Le BM/2 garde au nord, le 2e BLE à l'est, le BP/1 au sud-ouest. Le 3e BLE fournit la réserve d'intervention. Les canons de 75 sont éclatés en défense antichars ou regroupés pour les tirs d'arrêt. Les 40 Bofors des fusiliers marins surveillent le ciel. Ils feront mouche à maintes reprises.

Ce camp retranché ne possède que trois portes d'accès : aux Mamelles, proches de la cote 186, près du vieux fort et devant le 2e BLE. Tout autour, les sapeurs de Gravier ont disposé des champs de mines pour ceinturer la défense. Plus au large, ils ont éparpillé des marais de mines pour interdire les approches plus lointaines [1]. Peu de barbelés, sauf aux chicanes d'entrée. Le produit est rare car il est encombrant à transporter.

La défense a une faiblesse : son artillerie. Le bon vieux canon de 75 de 1897 a une portée trop faible [2] pour permettre la contrebatterie des obusiers de 105 allemands ou italiens. Heureusement, sa robustesse et sa rapidité de tir font merveille en antichars [3].

Le gros de son armement, la 1ère BFL l'a récupéré dans les stocks de Syrie. Robuste, il a fait ses preuves. Mitrailleuses Hotchkiss, FM 24-29, mortiers de 60 et de 81 d'infanterie autorisent de bons plans de feu en terrain dégagé.

Dans le matériel fourni par les Anglais, les Français libres ont découvert un merveilleux petit véhicule, le Bren Carrier [4]. Cette petite chenillette blindée, basse sur le sol, passe partout.

---

1. Un champ de mines assure un barrage. Un marais de mines, plus lâche, a valeur de dissuasion. Au total, le génie a enterré 142 000 mines antichars autour de Bir-Hakeim.

2. 5,5 km de portée maximum (4 km de portée pratique).

3. Bir-Hakeim possède en tout 54 canons de 75.

4. Bren Carrier : poids : 4,5 tonnes ; vitesse : 48 km/h ; blindage : 7 à 10 mm ; équipage : 4 hommes ; armement : un fusil antichar de 13,3 mm, deux fusils mitrailleurs Bren de 7,7 mm, un mortier de 52 mm ; dimensions : longueur : 3,7 m, largeur : 2,10 m, hauteur : 1,60 m ; autonomie : 260 km.

Elle sert aux reconnaissances, à l'appui-feù, au transport. La brigade en possède 63. Bien servis, ces Bren Carriers seront omniprésents durant la bataille. Ils chargeront lors de la sortie.

Bir-Hakeim n'aurait pas été Bir-Hakeim sans les pelles et les pioches initialement peu prisées. Sur ce glacis, il n'est qu'une protection, s'enterrer. Sans répit, les hommes creusent. Boyaux, tranchées, abris. Ils s'en trouveront bien. Les défenseurs et leur matériel ne seront vulnérables qu'aux coups directs de l'artillerie ou de l'aviation. La sueur, une fois encore, épargnera bien du sang.

Le point crucial reste le ravitaillement. Quatre litres et demi d'eau minimum sont nécessaires par homme et par jour. Il est difficile de posséder en eau et en vivres plus de dix jours d'avance. Quant aux 75, ils disposent de 20 000 coups. L'expérience montrera que ce n'est pas excessif.

Bir-Hakeim, il faut le répéter, gêne Rommel. Ses feux et surtout ses patrouilles motorisées entravent les lignes de communications de l'Afrika Korps. Sa présence interdit une action massive contre Tobrouk et la VIIIe armée. Cet abcès doit donc disparaître.

Le 27 mai, vers 8 h 15, 80 chars, en quatre colonnes, se profilent devant le 2e BLE du commandant Babonneau. Qui sont-ils ? Anglais ou Allemands ? Le nuage de poussière qu'ils soulèvent rend l'observation difficile. Un arrivant saute sur une mine. Ses compagnons aussitôt ouvrent le feu. Le doute n'est plus possible. Les 75 se déchaînent. Coup court ! Coup long ! Au but ! Une fumée noirâtre se dégage des engins touchés. Cinq blindés parviennent jusqu'au point d'appui de la 5e compagnie du capitaine Morel. A courte distance, ils sont atteints et immobilisés. Jaillissant de leurs emplacements de combat, les légionnaires les assaillent à la grenade et en capturent les équipages.

10 h 30, le silence retombe sur la face est où 35 chars se consument. Les autres se sont repliés. La position a bien tenu. La Légion a fait 91 prisonniers, tous blessés, dont un colonel. L'assaillant était italien. Division Ariete. Les défenseurs n'ont que deux blessés. Courage et abris enterrés ont payé.

La 1re BFL peut reprendre ce qu'elle appelle la guerre de course. Les patrouilles motorisées – les Jock Columns, en jargon britannique – partent en chasse libre. Elles traquent les colonnes de ravitaillement, les retardataires, les véhicules égarés. Les compagnies Messmer et Lamaze, de la Légion, sont passées maîtresses dans ce genre de chasse où Bren Carriers et

75 font merveille. Dans un rayon de 10 à 20 km autour de Bir-Hakeim, les Français libres font la loi. Rommel doit allonger ses lignes de communications. Ou les modifier. Ce qui explique, en partie, sa percée vers l'ouest à Got el Oualeb.

28-29 mai. Peut-on parler de jours plus calmes ? Les Jock Columns poursuivent leur travail de jour comme de nuit. Elles doivent aussi surveiller les marais de mines du « V » et devant Bir-Hakeim. Cette tâche implique de déjouer les démineurs ennemis éventuels, de déceler les traces de passages, de renforcer les réseaux de mines, etc. Elle implique des nerfs solides.

La RAF, malheureusement, lance quelques bombes inopportunes. Le bataillon du Pacifique a deux tués.

Le 30 au matin, 600 Indiens faits prisonniers et abandonnés par leurs gardiens italiens se réfugient à Bir-Hakeim. Les malheureux sont assoiffés. Leur arrivée ne va pas sans aggraver les problèmes d'eau de la garnison. En contrepartie, leurs renseignements permettent de récupérer deux canons anglais de 25 livres. Ces pièces portent à 11 km. Grâce aux 3 000 obus stockés, la distance d'intervention de l'artillerie de Bir-Hakeim se trouve pratiquement doublée [1].

*
* *

31 mai. Le vent s'est levé. La Luftwaffe se manifeste. A l'extérieur du « box », les Jock Columns ne manquent pas d'ouvrage. Bir-Hakeim n'a pas le sentiment d'être isolé, en dépit de l'ennemi qui rôde à distance. Des liaisons demeurent possibles avec les Britanniques. En fin de journée, les Indiens seront évacués ; le général de Larminat viendra en visite. Un convoi passera, apportant 6 000 obus de 75 et 1 200 gallons [2] d'eau. Manne bienvenue ! La chaleur augmente. Pour ménager les réserves, la ration journalière est tombée à deux litres. C'est peu sous le soleil d'Afrique. Avec les succès des jours passés, le moral sur Bir-Hakeim est au beau fixe malgré le vent, la soif, la chaleur et les bombardements.

La mission première était de tenir. Elle est remplie. Le commandant de la 1ère BFL est en droit d'en tirer fierté. Il com-

---

1. Bir-Hakeim possédait déjà deux canons de 25 livres confiés au lieutenant Ceccaldi, l'artilleur de Koufra, dépêché là par Leclerc pour s'initier à ce type de matériel. (Les canons de 25 livres sont d'un diamètre de 87,63 mm.)

2. Un gallon anglais vaut à peu près 4,5 litres.

mence aussi à regarder au-delà de son parapet, sitôt reçues les directives de la mi-journée. Le commandement britannique, à cette heure, est optimiste. Il croit au succès. Il envisage déjà la poursuite d'un Rommel étrillé par son séjour dans le « chaudron » devant Got el Oualeb. Il prescrit à Koenig de porter un fort détachement à Rotunda Signali (50 km au nord-ouest de Bir-Hakeim) et de préparer sa brigade à faire mouvement.

Faire mouvement ! Les Français préfèrent l'air libre à la poussière des tranchées. Koenig prend ses dispositions en conséquence. Le 1er juin, à 9 heures, le BP/1 du lieutenant-colonel Broche, renforcé, s'éloigne en direction de Rotunda Signali. Le BIM du commandant Savey occupe ses emplacements et se prépare à garder Bir-Hakeim que l'ensemble de la BFL se dispose à quitter. Plus que jamais on parle de poursuite...

Pourtant, ce 1er juin au matin, les reconnaissances signalent des déplacements importants autour de Bir-Hakeim. Des Stuka se manifestent. Les fusiliers marins essuient des pertes en essayant de les repousser. Des camions en partance sont incendiés. La colonne Broche, repérée, est malmenée par la Luftwaffe.

2 juin. Le vent est tombé. La température est déjà élevée. Le commandant Babonneau, au 2e BLE, rend compte par téléphone : « Un véhicule muni d'un drapeau blanc s'avance vers nous. »

Deux officiers italiens, les yeux bandés, sont menés au PC de Koenig. Les parlementaires sont volubiles : « Rommel... Italiani... Circumdati... Bir-Hakeim... Capitulare... Rommel... exterminare... »

Koenig a bien compris. Que les Français encerclés se rendent aux Italiens. Ils seront bien traités par leur grand général. Sinon, Rommel les exterminera.

La réponse à la proposition est sans équivoque. Les deux Italiens saluent et se retirent. L'un d'eux murmure : « Grandi soldati ! »

Dans moins d'une heure, les salves de 105 des artilleurs du Duce tomberont sur Bir-Hakeim. Le vrai siège commence.

La situation bascule en quelques heures. La garnison qui s'apprêtait à quitter les lieux se retrouve sur une stricte défensive à l'intérieur de l'enceinte. A la hâte, Koenig regroupe les siens. Une partie de son effectif est dehors, en Jock Columns. Broche poursuit vers Rotunda Signali. A 13 h 20, les Britanniques autorisent son repli. La veille, ils avaient prescrit sa marche en avant...

Le vent, après s'être à nouveau levé, se calme. L'ennemi installe des positions d'infanterie à 1 500 m du réduit et tente de se rapprocher. Les 75 le stoppent.

3 juin. Bombardiers et chasseurs précèdent l'artillerie. Des fantassins se montrent à l'est. Bir-Hakeim paraît encerclé sur toutes ses faces. A 9 h 15, cependant, la colonne Broche rejoint. La garnison retrouve son dispositif initial.

Babonneau devient le spécialiste de l'ultimatum. Cette fois, ce sont deux Anglais prisonniers qui se présentent. Chacun d'eux est porteur d'un message signé de Rommel en personne :

> *« An die Truppen von Bir Acheim. Weiterer. Widerstand bedeutet nutzloses Blutvergiessen. Ihr werdet dasselbe Schicksal erleiden, wie die beiden Brigaden englischen in Got Ualeb, die vorgestern vernichtet wurden. Wir stellen den Kampfe ein wenn ihr weisse Flaggen zeigt und ohne Waffen zu uns herüber kommt. »*
>
> *« Rommel,*
> *Generaloberst. »*

> « Aux troupes de Bir-Acheim. Toute prolongation de la résistance signifie une effusion de sang inutile. Vous endureriez le même sort que les deux brigades anglaises de Got el Oualeb, qui ont été détruites avant-hier. Nous cesserons le combat quand vous montrerez des drapeaux blancs et que vous vous dirigerez vers nous sans armes. »
>
> « Rommel,
> Général d'armée. »

La signature de Rommel a claqué comme un ordre. Un ordre que Koenig n'est pas décidé à exécuter. Le commandant Masson, son chef d'état-major, se contente d'inscrire au crayon rouge : « Reçu à 9 h 10. »

Dans Bir-Hakeim, les 3 500 combattants disposent de 20 000 obus de 75, de 4 000 de 25 livres, de 10 jours de vivres, de 8 jours d'eau (ration de 2 litres par homme). Rommel devra donc se battre.

Il le fait. La bataille est véritablement engagée, et il la dirige personnellement. Heinkel et Stuka se succèdent dans le ciel.

Obusiers, mortiers, mitrailleuses balayent la position. Il y a des morts, des blessés. La DCA, la RAF remportent quelques succès. En revanche, il faut réduire la consommation de munitions.

Le 4 juin paraît plus calme. Deux camions parviennent à passer avec 1 300 obus de Bofors. La DCA abat un Stuka et un Marchetti. Un autre Stuka est probable.

Dans la nuit, nouveaux parlementaires. Toujours chez Babonneau. Deux Allemands cette fois qui, à la lueur de leurs phares, lisent leurs papiers. Lecture faite, leur véhicule fait demi-tour et saute sur une mine. Les deux parlementaires sont contraints de s'éloigner à pied.

Les mouvements au nord de Bir-Hakeim le montrent bien, la position de Gazala est maintenant ouverte sur une vingtaine de kilomètres. Allemands et Italiens y circulent à peu près librement. Au sud de la ligne, Bir-Hakeim demeure le seul môle inviolé.

Au matin du 5, l'artillerie lourde entre en action. 105, 210 tirent sans discontinuer. Le 75 est bien incapable de leur donner la réplique. Et Laurent-Champrosay a mieux à faire. Il conserve ses munitions pour la défense rapprochée. Heureusement, un courageux citoyen de Sa Majesté rejoint avec 6 000 coups de 75 et 5 500 de Bofors. Manifestement, les Britanniques s'efforcent de soulager le camp retranché. Leurs blindés harcèlent les assiégeants. Leur aviation ne ménage pas sa peine. Quant à leurs éloges, ils font le tour des boyaux.

> « La défense de Bir-Hakeim par les Français libres est un exemple pour tous »,

a déclaré Ritchie à la BBC.

De plus en plus, également, surtout la nuit, s'entendent les bruits de la bataille dans le nord vers Knightsbridge.

Le 6, vers 11 h 30, la 90e division légère allemande attaque à l'est comme au sud. Rommel écrira dans son journal de marche :

> « La pointe de l'attaque poussa jusqu'à 800 mètres du fortin. Mais, une fois de plus, elle se trouva stoppée. Sur ce bout de terrain caillouteux, les Français combattaient furieusement. Au soir, il fallut interrompre l'assaut, mais l'investissement continua en se resserrant. »

Les Italiens, de leur côté, ont également été repoussés. Leurs pertes ont dû être sévères. Les ambulances, au loin, effectuent de nombreux va-et-vient.

Ces succès n'empêchent pas Koenig d'être inquiet. Les munitions baissent. Son dispositif est très étendu. Ses bataillons ont des fronts de plusieurs centaines de mètres, mal couverts par des mines anti-personnel et des barbelés. Il est, à la rigueur, possible de briser une attaque de chars avec les 75. Contre un déferlement de fantassins, ce serait douteux, d'autant que les réserves sont modestes. Trois compagnies au 3e BLE du commandant Puchois, plus la 22e compagnie nord-africaine du capitaine Lequesne. Et quelles sont, au fond, les intentions du commandement britannique ? Résister ? Contre-attaquer ?

7 juin. Harcèlement de chars. Bombardements de la Luftwaffe. La face ouest semble la plus visée. L'ennemi a-t-il l'intention de s'en prendre aux « points hauts », les Mamelles et la cote 186 ? Il dominerait alors légèrement le camp. Au PC de Koenig, grâce aux renseignements de prisonniers, l'adversaire est désormais bien localisé. La division Trieste investit l'est et le sud. La 90e légère campe au nord. A l'ouest, un groupement de 4 à 500 véhicules, appuyés de chars allemands, se tient à moyenne distance.

Dans la nuit, un nouveau petit convoi parvient à passer. Il apporte de l'eau, un peu, et deux canons de 25 livres. De quoi doubler le potentiel du lieutenant Ceccaldi.

8 juin, treizième jour de la bataille. La chaleur devient plus lourde. Le soleil a tôt fait d'effilocher les brumes matinales. La fatigue, la tension nerveuse se font sentir. La ration d'eau s'avère insuffisante. Les citernes n'en contiennent plus que pour trois jours. Et la situation, côté munitions, n'est pas meilleure.

Sitôt l'horizon éclairci, soixante avions, en trois vagues, fondent sur Bir-Hakeim, tandis que l'artillerie se déchaîne. Son feu se concentre sur les emplacements du BM/2, appuyant une attaque chars-infanterie. Les tirs d'arrêt parviennent à repousser les assaillants. Les fumées situent les chars et les véhicules touchés.

Vers 10 heures, l'attaque reprend depuis l'intérieur du « V », toujours contre le BM/2. Les fantassins s'avancent dangereusement. Malgré une intervention bienvenue de la RAF, la situation s'aggrave. La 6e compagnie du BM/2 donne l'impression d'être submergée. Les légionnaires de la compagnie Simon s'élancent à sa rescousse. Presque à bout portant, les deux chars ennemis de tête sont mis hors de combat par un 75. Les autres se replient. Toute l'artillerie française donne en tir de barrage. Les canons 40 Bofors essayent de dégager le ciel d'où des Stuka ne cessent de surgir.

En fin d'après-midi, l'assaut se généralise. Devant la Légion au nord-est. Devant les tirailleurs africains sur la cote 186. Il est des instants critiques. L'ennemi parviendra-t-il à percer ? Les Bren Carriers se tiennent prêts à contre-attaquer.

Sur la ligne de contact, le tac-tac souffreteux des Hotchkiss, le crépitement rageur des FM 24-29 se mêlent aux coups secs des 75. Les coloniaux du lieutenant-colonel de Roux ne veulent pas lâcher. Une nouvelle fois, des chars ne sont stoppés qu'à quelques mètres des avant-postes. Devant le 2e BLE, une manœuvre hardie, avec des Bren Carriers, prend les attaquants à revers. Les légionnaires rentrent avec 25 prisonniers allemands ou italiens.

La nuit amène la fin des attaques. Le BM/2 a souffert. Sa 6e compagnie a perdu deux officiers. Son capitaine a été blessé. La compagnie Messmer du 3e BLE doit la relever. La journée au total a coûté 34 tués et 64 blessés. Le groupe sanitaire est encombré.

Quel qu'en soit le prix, la position est intacte. Bir-Hakeim a résisté. Seul un poste d'observation a été abandonné. Ce n'est grave qu'à moitié. Il était en dehors de l'enceinte. Mais munitions et eau se raréfient.

Les Stuka reviennent avec le jour et la dissipation des brouillards. A nouveau, trois vagues de soixante appareils. Rommel veut écraser le « box ». Vers midi, une attaque se précise au nord. Un bombardement frappe l'infirmerie : quinze blessés et trois infirmiers sont tués. Les croix rouges n'ont rien protégé.

Contrairement à l'attente, la menace surgit du sud et du sud-est. Deux bataillons s'en prennent au bataillon du Pacifique, sans que le BM/2 soit épargné pour autant. Les artilleurs doivent se disperser au profit des uns et des autres. Les Allemands, maintenant, s'activent devant le 2e BLE. Sauf sur la face ouest, l'attaque de Bir-Hakeim est générale. Le PC de Koenig, au centre du camp, est lui-même sous le feu. Hélas, Laurent-Champrosay doit économiser son tir. Un coup par pièce et par minute seulement.

A 16 h 55, les Bren Carriers du BM/2, soutenus par ceux du 2e BLE, passent à la contre-attaque sur la face nord. Antichars et canons de 40 Bofors les flanquent au plus près. Les fantassins ennemis et leurs véhicules sont rejetés.

Les assaillants, à défaut d'y pouvoir pénétrer, écrasent et arrosent Bir-Hakeim de toutes leurs armes. Canons de 50 et de 77 s'acharnent en tir direct. A 20 heures, le lieutenant-colonel Broche est tué avec son adjoint, dans son observatoire avancé, par un obus de 50. Le bataillon du Pacifique perd plus que son chef. Broche, son fondateur, était son âme [1]. Il était le « Metua », le père. A la hâte, Koenig regroupe le BIM et le BP/1. Le commandant Savey prend le commandement d'un BIMP créé en pleine bataille.

La nuit, enfin, ramène le calme. Cette journée a encore été rude. Moins que celle de la veille, estiment les combattants. L'habitude, peut-être ! et l'action, non négligeable, de la RAF.

En milieu d'après-midi, Koenig a reçu un message confidentiel de son patron direct, le commandant de la 7e DB :

> « La position de Bir-Hakeim n'est plus considérée comme essentielle. Dans ces conditions, une évacuation peut-elle être envisagée ? Si cette évacuation n'est pas souhaitée, la brigade pourrait rester sur place en recevant les ravitaillements indispensables par air. »

Evacuer ? Koenig y songe depuis quatre jours, devant la diminution de ses moyens de défense. Le ravitaillement par air ? Les quelques expériences tentées n'ont pas été concluantes, loin de là ! Sa décision est vite prise : mieux vaut tenter une sortie que mourir par asphyxie.

L'opération se déroulera dans la nuit du 10 au 11 juin. La sortie s'effectuera par la porte sud-ouest devant le BP/1. La brigade se dirigera vers le sud-ouest, secteur bien connu et apparemment moins gardé.

Encore une journée à tenir ! Et un départ à préparer ! Discrètement.

La brume du matin accorde trois heures de répit. A 13 h 30, JU 87 et 88, ME 110 et HE 111 reprennent leurs bombardements en accompagnement de l'artillerie. Chars et infanterie attaquent au nord devant le BM/2 et la compagnie Messmer. Cette dernière risque un moment d'être débordée sur sa gauche, mais les légionnaires tiennent bon.

---

1. Il sera fait compagnon de la Libération, à titre posthume, le 24 juin 1943.

19 heures. Deux heures encore avant la nuit. Les défenseurs, en milieu de l'après-midi, ont été avertis que la sortie interviendrait le soir même.

La Luftwaffe revient en force. 120 à 130 avions. Les marins épuisent leurs stocks. Laurent-Champrosay de même, au profit du BM/2, toujours vivement sollicité.

La résistance a tenu jusqu'au bout. Mais partout gisent des morts et des blessés.

*
* *

La sortie

Le commandant Masson, chef d'état-major de Koenig, a rédigé l'ordre d'opération pour la sortie [1].

Le mouvement débutera à 23 h 30. Direction générale de marche : un point de recueil B/837 tenu par les Britanniques (azimut magnétique : 210° 30). Les fantassins sortiront les premiers et couvriront le passage pour permettre l'évacuation des véhicules de combat, de commandement et de transport des blessés. De petits détachements retardateurs resteront sur les emplacements de combat jusqu'à 2 heures pour simuler l'occupation du camp.

Comment les choses se sont-elles exactement déroulées en cette nuit du 10 au 11 juin 1942 ? Il est difficile d'avoir une vue d'ensemble. Une sortie nocturne, hâtivement organisée, de Bir-Hakeim ne saurait connaître le bel agencement d'une bataille bien menée. Dans l'obscurité et sous le feu de l'ennemi, les actions individuelles priment. Leur somme fournit la décision.

Le capitaine Gravier, patron du génie de la 1re BFL, a reçu l'ordre d'effectuer une trouée de quelque 200 m de large dans le champ de mines devant la porte de sortie. A la tombée du jour, il se met au travail avec ses sapeurs, maniant lui-même la « poêle à frire » [2]. La tâche n'est pas aisée. Les hommes œuvrent en silence, à tâtons. Des réseaux de barbelés entravent le passage. A 22 heures, Gravier mesure la largeur obtenue : 57 mètres très exactement. 120 mines ont été désamorcées. Impossible de faire mieux, faute de temps, et sous risque de donner l'alarme. Du moins un couloir est-il ouvert. L'obscure mission des sapeurs permet de sortir. Par contre, sur la droite du

1. Voir le texte en fin d'ouvrage (annexe).
2. Détecteur de mines dans le jargon sapeur.

cheminement dégagé, s'étale le marais de mines impossible à nettoyer. Nombreux, dans la nuit, s'y fourvoieront.

A partir de 23 h 30, comme fixé, légionnaires et coloniaux du bataillon du Pacifique se glissent hors des défenses pour couvrir la sortie des colonnes de véhicules. Les Allemands ont perçu de l'agitation. Des fusées éclairantes s'élèvent. La surprise ne jouera pas. Les traceuses balaient le sol. Les explosions éclatent de toutes parts. Les incendies éclairent dangereusement le désert. Cependant, il faut passer.

Les Bren Carriers de l'aspirant Bellec, officier orienteur, foncent de l'avant. Son engin saute sur une mine. Remis de son émotion, Bellec se précipite dans un autre Bren et saute à nouveau avant de prendre un troisième véhicule. Le lieutenant-colonel Amilakvari connaît un sort identique. Il se retrouve dans la Mercury de Koenig qui s'élance, entraînant ses hommes derrière lui. Koenig réussira à franchir la mitraille. D'autres aussi. Chacun pique au mieux sur l'espace qu'il voit libre. Isolément ou en groupes, les défenseurs de Bir-Hakeim se fraient un chemin vers la liberté. Entre mille cas de courage et d'abnégation, le mémorial a retenu celui du lieutenant Dewey.

Celui-ci, commandant une section de légionnaires, progresse avec ses Bren Carriers. Gravier est monté près de lui. Un canon allemand interdit la progression. Dewey se précipite à l'abordage, se lève pour lancer des grenades, tandis que Gravier rafale avec un 24-29. Un obus frappe le blindage. Dewey s'écroule, tué net. Gravier s'affaisse, grièvement blessé au visage [1]. Les canonniers allemands ont été tués ou blessés par la charge de la chenillette que son conducteur parvient à dégager. Douze heures plus tard, à la faveur de la nuit, du brouillard et de la solitude du désert, il retrouvera une patrouille anglaise [2].

A la borne B 837, les Anglais fidèles au rendez-vous attendent avec 60 camions et des ambulances. L'héroïque Bellec rejoint parmi les premiers, amenant fort heureusement avec lui trois camions de blessés. Mais, derrière, les arrivées se font attendre.

Pendant quelques heures, on craint le pire. Koenig se retrouve seul avec Amilakvari, fort à l'est de Bir-Hakeim. Il s'imagine

1. Cette version de la mort du lieutenant Dewey ne correspond pas intégralement aux versions officielles. Elle reprend le témoignage du colonel Gravier, compagnon du lieutenant Dewey lors de sa mort.

2. Le 12 août, à Beyrouth, le général de Gaulle remettra à Gravier la croix de la Libération.

l'un des rares rescapés, grâce à la maîtrise de son chauffeur, Mrs. Travers, une Anglaise, qui a déjoué les embûches.

Cependant, peu à peu, l'espoir renaît. Des isolés, de petits détachements arrivent, épuisés. Masson débarque d'un Bren Carrier, le visage en sang. Puis Laurent-Champrosay, d'autres enfin…

Au crépuscule, quelque 2 500 hommes auront été récupérés. Le commandant Savey, le capitaine de Lamaze, le capitaine Gufflet, adjoint de Laurent-Champrosay, ont été tués. Tués aussi le capitaine Bricogne, le lieutenant Bourget, tous deux polytechniciens et artilleurs. Et combien d'autres…

Les commandants Babonneau et Puchois, malchanceux, sont prisonniers.

Le bilan de la sortie est lourd : 72 morts, 763 disparus, 21 blessés. Beaucoup plus lourd que celui du siège : 99 morts et 109 blessés, au soir du 10 juin [1].

Regroupés et ramenés vers l'arrière, les rescapés prennent connaissance d'un message câblé de Londres le 10 juin :

> « Général Koenig, sachez que toute la France vous regarde et que vous êtes son orgueil.
>
> Signé : De Gaulle. »

Dans l'immédiat, la 1re BFL doit panser les plaies et reconstituer ses unités. Au terme de son épreuve, elle n'est plus en état de reprendre immédiatement le combat.

* * *

Bir-Hakeim, toponyme inconnu du désert libyen, fait soudain son entrée au premier plan de l'actualité internationale. Il révèle un fait inattendu. Des Français se battent, se battent bien. Les Allemands le reconnaissent. Les Anglais félicitent. Les Français, par la radio, apprennent l'événement à valeur d'épopée. De Gaulle et la France Libre en tirent fierté et légitimité.

Et sur le plan militaire ? A quoi a servi Bir-Hakeim ?

---

1. Pertes atténuées, rappelons-le, grâce à la qualité des travaux d'organisation du terrain. Le cimetière français de Bir-Hakeim comporte aujourd'hui près de 200 tombes.

Le camp retranché a fait du mal à l'ennemi. Ses défenseurs annoncent 52 chars, 11 automitrailleuses, 5 canons automoteurs, 7 avions détruits. Ces pertes, auxquelles il faut joindre les morts et les blessés non dénombrés, s'intègrent dans l'érosion globale du potentiel germano-italien.

Mais la valeur essentielle de la résistance de Bir Hakeim se lit sur une carte. En deux temps :

Rommel contourne la ligne Gazala par le sud. Bir-Hakeim, qui repousse une attaque dès le 27 mai, allonge ses distances. Un moment, le Renard du désert se trouve en rupture d'essence. D'où son action sur Got el Oualeb pour se dégager. Il a perdu temps et moyens.

Ensuite, Bir-Hakeim tient bon et accapare une partie de ses forces. Il ne peut se rabattre sur Tobrouk et la mer pour encercler la VIIIe armée. Grâce à la défense française, Ritchie parvient à se réorganiser et à se fortifier sommairement sur une ligne Acroma-El Adem-Bir el Gobi. Les éléments trop avancés à l'ouest ont le répit nécessaire pour se replier.

En s'acharnant sur Bir-Hakeim, Rommel a perdu une bonne semaine. La semaine qui lui manquera, peut-être, pour entrer en Egypte. Au minimum, celle où il aurait pu déborder les Britanniques. Bir-Hakeim a sauvé ceux-ci d'un désastre.

Chapitre XI

« TOBRUK FALLS »
« La chute de Tobrouk »

Le 11 juin, le « box » de Bir-Hakeim n'existe plus. Toute la frange méridionale de la ligne Gazala a sauté. Rommel a les mains libres au sud du Trigh Capuzzo et des positions de la VIIIe armée. Il ne s'en prive pas et repart de l'avant.

A cette date, rien n'est réglé définitivement. Les Britanniques disposent de 250 chars, les Allemands de 180 dont 60 italiens de second ordre ; ils alignent cependant aussi quelques Mark III Special [1], engins redoutables qualifiés de « reines du champ de bataille ».

Au nord, près de la côte, l'offensive italienne piétine. Ses petits pas sont aussi intentionnels que conformes à la combativité des soldats du Duce. Ils visent à fixer la 1re division sud-africaine et la 50e division du XIIIe corps de Gott. Si Rommel, débouchant du sud, parvient à la mer, il coupe celles-ci de leurs arrières.

---

1. Poids 22 tonnes, rayon d'action 160 km, armement : 1 canon long de 50 mm sous tourelle, 2 mitrailleuses de 7,92 mm, équipage 5 hommes. Les Grant américains, avec leurs canons de 75, ne leur sont toutefois pas inférieurs.

Toute la journée du 11 et les jours suivants, les Allemands font effort entre El Adem et Knightsbridge. Comme toujours, ils manœuvrent en regroupant leurs forces. Eclatées, dispersées, les brigades blindées anglaises connaissent, dans la poussière et la fumée, une sévère humiliation. Leurs généraux sont incapables de s'entendre, et Ritchie de coordonner l'action. Le 14 au soir, les PD, épuisées mais victorieuses, campent à portée de canon de la via Balbia et de Tobrouk.

Les divisionnaires du XIIIe corps prennent leurs responsabilités. A marches forcées, la 1re division sud-africaine se replie par la via Balbia encore libre. Le 15 au matin, elle arrivera à hauteur de Tobrouk. Le général Ramsden, commandant la 50e division, choisit une formule « à la Rommel ». La route directe vers l'est est trop incertaine et pour le moins trop encombrée. Résolument il force les lignes italiennes vers l'ouest. Puis, regroupant ses deux brigades [1], il pique plein sud, déborde Bir-Hakeim et se rabat vers l'est. L'opération était audacieuse. Elle réussit ; 96 % des effectifs se retrouvent hors d'atteinte. Mais l'équipement lourd a été perdu.

Il n'y a plus de ligne Gazala. Il n'est plus qu'une armée qui partout bat en retraite. Knightsbridge a été évacué le 12 au soir. Ritchie prévoit de se replier intégralement sur la frontière.

Et Tobrouk, dans cette hypothèse ?

La forteresse, six mois après la levée du siège, n'est plus ce qu'elle était. Une partie de ses champs de mines a été transplantée sur la ligne Gazala. Ses fossés antichars se sont ensablés. Ses abris et tranchées ont été laissés à l'abandon. Rien ne semblait justifier de tout maintenir en état. Le 19 janvier 1942, l'instruction 110 d'Auchinleck, après entente des responsables militaires, avait conclu à l'abandon de Tobrouk comme place forte. Londres, informé, n'avait pas réagi. Qui ne dit mot consent.

Ritchie s'apprête donc à délaisser Tobrouk. Auchinleck, au Caire, semble d'accord. Brusquement, le 14 juin, un message de Churchill remet tout en question :

> « Je suppose qu'il n'est envisagé en aucun cas d'abandonner Tobrouk. Tant que nous tenons ce point, l'ennemi ne peut effectuer aucune pénétration sérieuse en Egypte. »

---

1. La troisième, la 150e, a disparu à Got el Oualeb.

L'expérience a prouvé que le Premier ministre, sur le plan stratégique, raisonnait correctement. Mais il s'immisce sur un terrain militaire où il est mal averti. Il ignore la déconfiture de la VIIIe armée lors des combats des 11 et 12 juin. Il croit Tobrouk muni des mêmes défenses que quelques mois plus tôt.

Il est toujours difficile de contrer Winston Churchill. Auchinleck acquiesce au vœu de son supérieur et donne ordre à Ritchie de tenir une ligne Acroma-El Adem et plus au sud. Par voie de fait, Tobrouk sera préservé. Pour acquit, le commandant en chef rend compte à Londres des directives données.

Churchill, sur-le-champ, enfonce le clou :

> « Nous sommes heureux d'apprendre que vous n'avez nulle intention d'abandonner Tobrouk. D'après l'interprétation donnée à votre message par le cabinet de guerre, le général Ritchie devra, en cas de nécessité, laisser dans la place suffisamment de troupes pour la tenir à coup sûr. »

Un homme politique interférant dans la conduite des opérations militaires. Des généraux disciplinés [1]. Une forteresse peu défendable. Une troupe affaiblie par ses revers et trop encline à douter de la valeur de son commandement. Tout converge pour provoquer un désastre qui sera regardé par les Anglais comme le plus grave de la guerre. Après celui de Singapour.

Tobrouk, à défaut de solides retranchements, compte du monde. 35 000 hommes, parfois repliés ou expédiés à la hâte. Mais 10 000 d'entre eux sont là au titre des services, la place étant devenue la grande base arrière de la VIIIe armée. Dépôts de munitions, d'essence, de vivres sont sa première richesse [2]. A la tête de la garnison, un jeune général d'un mois de grade, Klopper. L'homme n'est pas en cause mais sa désignation éclaire bien des erreurs. Il arrive d'Afrique du Sud. Il connaît mal ce type de guerre. Il manque d'ancienneté pour commander des forces disparates [3]. Tout ceci alors qu'il est mal servi. Peu

1. Ritchie s'insurgera mais, en soldat, s'exécutera.

2. 130 000 obus de 25 livres, 1,5 million de gallons d'essence, plusieurs millions de rations (trois mois de vivres), etc.

3. 2e division sud-africaine, 201e brigade de la Garde, 32e brigade de chars d'accompagnement (60 chars), 268e régiment d'artillerie, 11e brigade d'infanterie indienne, et plus de 2 000 véhicules.

de mines. Peu d'antichars. Une RAF peu en mesure d'intervenir, les diverses évacuations ayant repoussé ses terrains loin à l'est.

El Adem a dû être abandonné dans la nuit du 16 au 17 juin. Le 18, le cercle se resserre autour de Tobrouk.

Le lendemain, Rommel est à même de rassembler ses blindés. Sa décision est prise. Il attaquera par le sud-est avec ses XVe et XXIe PD et les deux divisions italiennes Ariete et Trieste. La 90e légère repoussera les éventuelles tentatives d'intervention extérieure.

Le 20 juin, les Stuka se présentent avec le soleil levant. L'artillerie prend le relais. Les bombardements ouvrent des brèches dans les champs de mines et les barbelés. A 8 heures, XVe et XXIe PD, Ariete et Trieste partent à l'assaut de la 11e brigade indienne retranchée à la corne sud-est du périmètre défensif. En deux heures, une brèche est ouverte. Une contre-attaque de chars échoue. La RAF n'intervient pas.

A midi, la poussée des PD s'accentue sur King's Cross, carrefour central du dispositif, que Rommel atteint à 14 heures. A 16 heures, il occupe les deux terrains d'aviation situés à 5 km au sud de Tobrouk. A 18 heures, il aborde les faubourgs de la ville. Une heure plus tard, ses éléments de tête pénètrent dans Tobrouk et gagnent le port. Partout s'élèvent les fumées des destructions que les Britanniques s'efforcent d'effectuer.

Le périmètre ouest, défendu par les Sud-Africains, résiste, mais la situation s'annonce sans issue. Klopper alerte la VIIIe armée :

« Mon PC est encerclé. L'infanterie se bat toujours avec acharnement sur le périmètre. Je tiens encore, mais je ne sais pas pour combien de temps. »

Ritchie ne peut que lui faire répondre :

« Sortez, dans la nuit de demain de préférence, sinon cette nuit même. »

Une sortie type Bir-Hakeim ? La majorité des véhicules a été prise ou détruite. Les munitions se raréfient. Les champs de mines sous un ciel sans lune barrent la route. Aucune aide extérieure n'est à espérer.

Le 21 à l'aube, Klopper présentera sa reddition pour éviter des pertes terribles. Refusant les ordres de cessez-le-feu, des groupes essaieront de s'échapper. 199 officiers et soldats des Coldstream Guards, 188 Sud-Africains y parviendront. Le reste de la garnison devra lever les bras.

En moins d'une journée est tombée une forteresse qui avait tenu huit mois. Rommel a saisi 2 000 tonnes d'essence et un important parc automobile. Avec Tobrouk, il s'approprie une usine de distillation d'eau de mer. Un bien précieux dans le désert.

Il tient surtout une place éminemment symbolique : Tobrouk, haut lieu de la résistance britannique en 1941, a capitulé.

Depuis le 26 mai, les Allemands n'ont eut que 3 360 morts et blessés. En quatre semaines, ils ont fait basculer le sort des armes en Cyrénaïque. Leur chef leur adresse un ordre du jour de victoire :

> « Soldats !
>
> « La grande bataille de Marmarique a eu pour couronnement votre rapide conquête de Tobrouk. Nous avons fait au total 45 000 prisonniers, détruit ou capturé plus de 1 000 véhicules blindés et environ 400 pièces d'artillerie. »

Le lendemain, il apprend son élévation à la dignité de maréchal. Maréchal à 49 ans ! Pragmatique, le nouveau promu se contente d'écrire à sa femme : « Hitler m'a nommé maréchal ; j'aurais mieux aimé recevoir une nouvelle division. »

*
* *

Churchill est à Washington. En vingt-sept heures, un hydravion l'a mené, non sans risques, outre-Atlantique. Il converse avec Roosevelt lorsqu'on leur tend un télégramme :

> « Tobrouk a capitulé. 25 000 hommes [1] ont été faits prisonniers. »

Le Premier ministre accuse le coup. Quel soufflet ! Quatre mois plus tôt, à Singapour, 85 000 de ses compatriotes se sont rendus à des Japonais inférieurs en nombre. Cette fois encore, une garnison de soldats présumés aguerris dépose les armes devant des effectifs inférieurs de moitié. N'est-il pas permis de douter de la vaillance des sujets de Sa Majesté ?

1. 33 000 en fait.

Churchill écrira dans ses *Mémoires* :

> « Ce fut un moment affreusement pénible. La défaite est une chose. La honte en est une autre. »

Roosevelt réagit en ami : « Comment pouvons-nous vous aider ? »

Dans les jours suivants, 300 chars Sherman [1] et 100 obusiers automoteurs de 105 partiront pour le Moyen-Orient. Ils permettront à Montgomery de l'emporter à El Alamein en octobre.

De retour à Londres, Churchill doit affronter le Parlement. Malaisie. Singapour. Birmanie. Cyrénaïque. Tobrouk. Que de terrain perdu en quelques mois ! Parlementaires et opinion publique s'interrogent sur la valeur du commandement, de l'armement, de l'aviation. Quelle est vraiment la stratégie retenue pour battre Rommel ? Quelle est la part de responsabilité du Premier ministre ? La charge contre lui est lourde, mais il sait répliquer. Par qui le remplacer ? Union avant tout, travaillistes et conservateurs réunis !

La motion de censure sera repoussée par 475 voix contre 25. La Grande-Bretagne continuera d'être dirigée d'une main ferme, même si celle-ci n'est pas toujours équitable. Auchinleck le constatera bientôt, après et avant d'autres. Les Américains seront les premiers à se féliciter du soutien à l'« ex-personnalité navale » [2].

*
* *

Général, Rommel ne se souciait guère de ses supérieurs directs, surtout italiens. Maréchal, que ne s'autoriserait-il ? Kesselring et le Commando supremo souhaitaient s'emparer de Malte, et Hitler avait consenti, à mots couverts. Rommel, pour

---

1. Le char Sherman M 4 A1 est le successeur des chars Grant et Lee. Il sera l'un des grands artisans des victoires terrestres des Anglo-Américains. Il équipera les divisions blindées françaises (1re, 2e et 5e DB).

Poids : 36 tonnes, vitesse : 40 km/h, autonomie : environ 160 km, armement : un canon de 75 sous tourelle, une mitrailleuse de capot de 12,7 mm, une mitrailleuse à l'avant de 7,62 mm, équipage : 5 hommes.

Le M 4 A1 sera, par la suite, relayé par un super-Sherman au moteur plus puissant, et équipé d'un canon de 76,2 mm avec frein de bouche.

2. Pour mémoire, Churchill se présente ainsi dans ses correspondances avec Roosevelt.

(d.r.)

Début décembre 1941, les Soviétiques lancent une puissante contre-offensive avec les nouveaux chars qu'ils viennent de recevoir.

Dans le ciel de Moscou, apparaissent également des appareils d'un type tout récent. Ici un bombardier, monté sur patins, va décoller pour une mission de nuit.

(d.r.)

(d.r.)

10 décembre 1941, les Japonais débarquent à Luçon aux Philippines contraignant les Américains à se replier dans la presqu'île de Bataan.

Début janvier, les forces du général Yamashita progressent en Malaisie et entreprennent des opérations décisives pour la prise de Singapour.

(d.r.)

Le lieutenant-général Taikaishi Sakai, paradant dans une rue de Hong Kong, pour célébrer la victoire de ses troupes fin décembre 1941.

(d.r.)

Le général Yamashita, conquérant de la Malaisie.

(d.r.)

Le général MacArthur, commandant en chef U.S. dans le Pacifique Sud-Ouest.

(d.r.)

Le général Percival, commandant en chef des Forces britanniques en Malaisie.

Refoulant leur adversaire dans toutes les directions, les Japonais approchent inexorablement de Singapour qui capitulera le 15 février. (d.r.)

Des soldats britanniques capturés dans la ville. Quelque 70 000 prisonniers alliés tomberont aux mains des Japonais au cours de cette campagne désastreuse. (d.r.

(d.r.)

Éloignés de leurs bases dans des conditions topographiques et climatiques particulièrement éprouvantes, les Américains connaissent les mêmes revers que leurs alliés britanniques. Ci-dessus, à Bataan, l'un de leurs points fortifiés subit l'assaut du génie japonais.

Ci-dessous, un terrain d'aviation sous le feu de l'ennemi. Jurant qu'il reviendra victorieux, MacArthur sera contraint de quitter Corregidor en mars 1942.

(d.r.)

18 avril 1942, sur le porte-avions *Hornet*, 16 bombardiers B/25 se tiennent prêts à s'envoler pour le Japon en représailles de l'attaque sur Pearl Harbor. Ces « trente secondes » sur Tokyo, le jour même, eurent un impact considérable sur les opinions publiques américaine et japonaise. (q

Les pilotes rescapés du raid tombés en zone chinoise sont entourés par des habitants coopératifs. Doolittle est, au premier plan, le quatrième en partant de la gauche.

(d.r.)

d.r.)

Bataille de Midway, 4-5 juin 1942.

Touché par un avion ennemi le premier jour de la bataille, le porte-avions américain *Yorktown* sera la seule unité importante perdue par les États-Unis.

Achevé par un sous-marin nippon, le *Yorktown* sombrera définitivement le 7 juin.

d.r.)

(d.r.

Les fameux bombardiers en piqué américains SBD Dauntless (environ 130), véritables artisans de la victoire de Midway, vont en quelques minutes envoyer par le fond trois porte-avions nippons avant de couler un croiseur, puis un quatrième porte-avions.

Ci-dessous, le croiseur *Mikuma*, très sérieusement endommagé à plusieurs reprises, coulera définitivement dans la nuit du 6 au 7 juin à la suite d'ultimes attaques de l'aviation U.S.

(d.r.

(d.r.)

(d.r.)

(d.r.)

(d.r.)

Chars lourds allemands PzKw4 (en haut) et canons de 75 français autoportés (photo du milieu) s'affrontent dans le duel inégal de Bir-Hakeim. Cramponnées au sol ou attaquant farouchement, les Forces françaises libres (ci-dessus) contribueront largement à déjouer les plans de Rommel qui ne pourra atteindre ses objectifs : la prise du Caire et celle du Canal de Suez.

(d.r.)

Les tragiques journées des 16 et 17 juillet 1942 à Paris. Arrêtés à l'aube du 16 et emmenés par la police dans des autobus, environ 13 000 hommes, femmes et enfants juifs, furent enfermés au Vel' d'Hiv' (ci-dessous), puis à Drancy, avant d'être déportés vers les camps de la mort.

(d.r.)

l.r.)

Derniers combats de rue à Rostov-sur-le-Don investi par les forces de l'Axe. Les Russes perdront la ville le 25 juillet 1942.

Août 1942. Revenant de Washington, puis de Moscou où il a fait patienter Staline qui réclamait l'ouverture d'un second front en Europe, Churchill, infatigable chef de guerre à 68 ans, inspecte le front du désert en compagnie de Montgomery.

19 août 1942. Opération « Jubilee » à Dieppe. Le débarquement canadien échoue. (d.r

d.r.)

23 août 1942, début de la bataille de Stalingrad. Ville symbole pour les deux camps, elle deviendra un véritable champ de ruines (photo ci-dessus) dans lesquelles périront des milliers de victimes.

Ci-dessous, des soldats soviétiques embusqués dans les décombres qui demeureront le théâtre de combats acharnés pendant tout le temps de la défense de la ville qui durera plus de cinq mois. On reconnaît les pistolets mitrailleurs PPSh-41 à chargeur à tambour et une mitrailleuse légère DP 28.

d.r.)

(d.r.)

Mi-octobre 1942. Les préparatifs de la seconde et décisive bataille d'El Alamein s'intensifient. Ci-dessus, côté allemand, les Ju-52 de transport du maréchal Kesselring s'efforcent désespérément de subvenir aux énormes besoins en matériel et en carburant de l'Afrika Korps.

Ci-dessous, chez les Britanniques, 1 100 chars modernes se tiennent prêts à monter en ligne pour anéantir le potentiel blindé de Rommel.

(d.r.)

d.r.)

À partir du 23 octobre, appuyées par les chars, treize divisions, sous commandement britannique, pèsent de tout leur poids dans la bataille, combattant à deux contre un avec un équipement deux fois supérieur à celui de l'adversaire.

Ci-dessous : à gauche, le pilonnage de 1 000 canons a précédé l'assaut des forces britanniques ; à droite, un char allemand en pleine action. Assuré de la supériorité de son armée en Afrique, Hitler la croyait invincible.

d.r.)

(d.r.)

.r.)

(d.r.)

Ci-dessus : à gauche, une mitrailleuse MG 34 sur affût lourd faisant partie du système de défense allemand ; à droite, l'équipage d'un blindé des forces de l'Axe immobilisé capitule.

(d.r.)

Les champs de mines et les tirs de mortiers allemands, ainsi qu'une poursuite trop prudente, priveront les Britanniques d'une victoire totale.

Ci-dessous, Rommel, qui a dû prescrire une retraite générale le 4 novembre 1942, contemple l'étendue du désastre. Néanmoins, grâce à son habileté et à sa mobilité légendaires, lui-même et la majorité de ses troupes réussiront à échapper à Montgomery.

(d.r.)

sa part, préfère l'Egypte. Il vise Alexandrie et Le Caire. Rêve-t-il du Moyen-Orient, du Caucase ? Rien ne le prouve véritablement, mais la chute de Tobrouk a conforté ses visées sur le delta du Nil. Il est bien décidé à poursuivre dans ce sens.

Le 22 juin, le Commandement suprême lui donne l'ordre de s'arrêter. Le nouveau maréchal réplique en annonçant ne pas devoir suivre ce « conseil ». Il se permet même d'inviter le général Bastico à dîner avec lui au Caire... Prudent malgré tout, il saute par-dessus sa hiérarchie et fait appel à Hitler et Mussolini pour obtenir l'autorisation de continuer. Hitler acquiesce. Traumatisé par ses pertes en Crète, l'opération sur Malte l'inquiétait. Mussolini, inquiet du projet maltais, se rallie à une perspective plus glorieuse. Le 24, il mande à Rommel : « Le Duce approuve l'intention de la Panzerarmee de poursuivre l'ennemi en Egypte. »

Egal à lui-même, Benito Mussolini ! Il s'imagine déjà entrant en vainqueur au Caire. A cet effet, il fait envoyer en Libye un cheval blanc pour caracoler dans les rues de la capitale égyptienne.

Rommel, du moins, est parvenu à ses fins. Il peut poursuivre vers l'est. Vers Alexandrie, Le Caire et le canal de Suez...

*
* *

Tobrouk-la frontière : 100 km, Tobrouk-Alexandrie : 440 km.

Les distances s'effacent vite dans le désert. A condition qu'il n'y ait pas de résistances à surmonter. Tel est le cas. La VIIIe armée file vers l'est. Bardia. Halfaya. Solloum. Allemands et Italiens retrouvent des noms connus.

Ritchie, malgré l'adversité, se veut calme. Résolument, il fixe une ligne d'arrêt : Marsa Matrouh, 250 km de Tobrouk-Marsa. Il espère, sur ce parcours, distancer ses poursuivants et gagner le temps de se retrancher. Il jouera là la bataille de l'Egypte. N'est-ce point risqué ? Marsa Matrouh n'a rien d'un point fort. Ses défenses ont été abandonnées depuis novembre 1940. 30 km au sud, le « box » de Minguar Sidi Hamza, sur un escarpement, est inachevé. Entre lui et le périmètre de Marsa Matrouh existe un vide dangereux. Plus au sud enfin, le désert est libre, le débordement possible.

Au Caire, Auchinleck s'interroge. Il a conscience des échecs subis. Il mesure les risques, au cas où Rommel ne pourrait être contenu : la flotte d'Alexandrie serait obligée de passer en mer

Rouge[1] ; Syrie et Palestine seraient envahies, les puits de pétrole d'Irak occupés ou sabotés, la Turquie incitée à se ranger aux côtés du vainqueur, les flancs russes menacés du côté Iran, l'Inde à portée d'invasion. Tout cela au moment où Sébastopol tombe, où les Allemands s'avancent sur Stalingrad et le Caucase.

Le commandant en chef au Moyen-Orient sait que la bataille pour l'Egypte ne doit pas être perdue. Ce serait trop grave. Foncièrement honnête, il ne se dérobe pas devant ses responsabilités. Il écrit au général Alan Brooke, chef d'état-major impérial :

> « Le déroulement défavorable de la récente bataille de Cyrénaïque, dont la désastreuse chute de Tobrouk a été le point culminant, m'oblige à vous demander si je dois continuer à occuper mon poste. »

Il tient le même langage à Churchill.

Ce général est un gentleman. Ses chefs lui maintiennent leur confiance, ce qui n'exclut pas quelques arrière-pensées chez Churchill.

Le plus pénible reste à faire. Ritchie, son ancien adjoint, son ami qu'il a intronisé, n'est pas l'homme de la situation. Il ne réagit pas assez vite. Il n'a pas ses troupes en main. Le 25 juin au soir, Auchinleck débarque au PC de la VIIIe armée et en prend personnellement le commandement avec le général Dorman-Smith comme chef d'état-major. Il assumera ainsi seul et pleinement les responsabilités des heures à venir.

Ritchie s'éloigne. Gentleman lui aussi, il s'efface avec dignité[2].

Auchinleck, par cette première décision, vient de sauver l'Egypte. Et, par là même, bien davantage.

*
* *

1. Se poserait également la question de la flotte française de l'amiral Godfroy, toujours paresseusement ancrée à Alexandrie. Tomberait-elle entre les mains des Allemands ? Serait-elle détruite par les Anglais avant leur départ ? Devrait-elle se saborder ? (Ces équipages inactifs ont été la source de rixes avec les Français libres rescapés de Bir-Hakeim de passage à Alexandrie, les derniers taxant les premiers de lâcheté.)

2. A son retour en Angleterre, il sera reçu par le roi et, par la suite, recevra en Europe un commandement qu'il assumera avec distinction.

Partant pour prendre la direction effective de la VIIIe armée, Auchinleck a élaboré avec Dorman-Smith, esprit agile, les grands principes de son action :

- se battre à hauteur d'El Alamein, site plus favorable que Marsa Matrouh ;
- être mobile : ne pas se satisfaire d'une défense statique, penser interarmes ;
- porter l'effort contre les Italiens, pour obliger Rommel à leur venir en aide et, par là même, affaiblir sa force de frappe ;
- si la nécessité l'impose, continuer à menacer Rommel de flanc à partir du Soudan.

En reportant sa ligne de résistance sur El Alamein, Auchinleck prend un gros risque. Alexandrie n'est plus qu'à 70 km. Trois heures de route si les Panzers parviennent à percer. Mais le site présente bien des avantages. A hauteur d'El Alamein, modeste station du chemin de fer Alexandrie-Sidi Barrani, l'espace côtier se rétrécit. A peine s'ouvre-t-il sur une largeur de 60 km. Au sud, la dépression d'El Qattara, toute en marais et sables mouvants, est infranchissable. De la mer à El Qattara s'échelonnent quelques lignes de crêtes, dont celle de Ruweisat, qui procurent, avec des points d'observation, la possibilité d'ancrer une défense. De surcroît, la proximité d'Alexandrie, si dangereuse soit-elle, permet approvisionnements rapides et soutien de la RAF. Rommel, de son côté, se trouve à l'extrémité d'un fil trop tendu.

*
* *

La première bataille d'El Alamein

Rommel va vite. En bon disciple de Guderian, il est persuadé que la meilleure sécurité d'un corps blindé est dans le mouvement. De plus, l'ennemi s'enfuit. A lui d'en profiter.

Le 23 juin, il a passé la frontière et pénétré en Egypte.

Le 26, il arrive devant Marsa Matrouh. Auchinleck, la veille au soir, a annulé les ordres de Ritchie de s'y retrancher mais une bonne partie de la VIIIe armée se trouve toujours là.

Immédiatement, Rommel frappe au centre du dispositif anglais encore en place. Il compte enfoncer un coin entre Marsa Matrouh et les escarpements de Sidi Hamza-Mingar Quam, puis éclater sur les ailes. Au nord, il encerclerait le Xe corps de Holmes, au sud, le XIIIe de Gott.

Les mêmes – Rommel n'a qu'elles – XVe et XXIe PD forcent le passage. Plus fortes, elles pourraient pleinement réussir contre un adversaire déjà malmené. Mais elles aussi sont presque à bout de souffle. L'Afrika Korps ne compte plus que 60 chars, le XXe corps italien 44. Il reste 10 000 fantassins ; le tiers seulement est allemand.

Rommel, avec de tels moyens, ne peut être partout et tout encercler. Gott, le premier, décroche vers l'est. Holmes a plus de mal à s'esquiver. La 90e légère, lancée en pointe, barre la route côtière. Isolés sur la crête de Mingar Quam, les Néo-Zélandais percent à pied. Baïonnette au canon, ils chargent au clair de lune. Le gros de la division les suit en camions. Leur chef, le général Freyberg, a dû, pour une fois, passer son commandement. Il a été grièvement blessé dans la journée. Solide carcasse, ce vétéran de bien des campagnes, ami de Winston Churchill, reprendra vite sa place au combat.

La VIIIe armée perd dans la bataille de Marsa Matrouh 6 000 hommes et 40 chars. Néanmoins, elle gagne El Alamein. En regardant ses troupes défiler vers l'est, Auchinleck se rend compte du travail à réaliser. Les unités ont été disloquées. Le moral a été atteint. Comment en serait-il autrement ? Revers, retraite n'exaltent pas les combattants et ne les incitent pas à faire confiance à leur commandement. La chaleur de plomb de cette fin juin aggrave la fatigue et le manque de sommeil. La sueur ruisselle sur les visages et sur les bras. Les gorges asséchées aspirent à un peu de liquide. La poussière, la crasse se mêlent aux tourbillons de sable.

Le 28 juin, Rommel atteint Fouka. Dans quelques heures, il écrira à son épouse : « Nous sommes à moins de 160 km d'Alexandrie. »

Heureusement pour les Anglais, la RAF, maintenant, intervient. Elle s'acharne sur les convois allemands. Le Renard du désert est ralenti par le manque de carburant.

Il est aussi sensible aux communiqués de la BBC qui, célébrant la valeur de la position d'El Alamein, l'incitent à l'estimer plus solide qu'elle n'est. Il perd une journée à regrouper ses blindés. Une journée gagnée pour Auchinleck.

Pourtant, Rommel sait qu'il doit aller vite s'il veut finir de bousculer l'adversaire. Il presse ses gens, pestant contre les Italiens trop souvent en retard. Il tempête d'être oublié par Rome et Berlin. Pas de renforts. Peu d'approvisionnements. Seulement 3 000 tonnes en juin [1]. Seules les prises de guerre le sauvent. Il brûle l'essence des Britanniques, mange leurs rations, se déplace avec leurs véhicules. Mais cette dernière solution est à double tranchant. Des Anglais sont faits prisonniers par des amis supposés. Des Allemands ou des Italiens tirent sur des compatriotes. Ce « système D » permet de continuer à avancer, mais il ne procure pas de combattants.

Parfois, devant sa faiblesse intrinsèque, le commandant de la Panzerarmee s'insurge. Tant de PD sont employées sur le front russe ! Avec l'une d'elles, que ne ferait-il pas ! Le général Alan Brooke, chef de l'état-major impérial britannique, n'écrira pas autre chose :

> « Nous pouvons remercier le Ciel que Hitler ait si mal apprécié et jeté toutes ses forces contre Stalingrad. Elles auraient joué un rôle beaucoup plus décisif contre la Perse et l'Irak. »

Mercredi 1er juillet

Les Britanniques baptiseront cette journée le « Mercredi des Cendres ». Le Caire vit son jour de panique. Notables et fortunés prennent la direction de la Palestine. Les administrations brûlent archives et documents. Des volutes chargées de papiers embrasés s'échappent des cheminées. A Alexandrie, l'amiral Harwood [2], qui a succédé à Cunningham, éloigne ses navires.

Rommel est devant El Alamein. Il a prévu d'y renouveler sa manœuvre de Marsa Matrouh : enfoncer au centre puis déborder vers le nord et le sud pour enfermer les Britanniques. Après quoi, la porte d'Alexandrie lui serait ouverte.

Auchinleck a organisé quatre « box », El Alamein, Deir el Shein, Bal el Qattara, Abou Doueiss, mais il s'est bien gardé d'y concentrer l'intégralité de ses moyens. Ses « box » ne sont que des points d'amarre pour canaliser l'ennemi. A l'arrière, à l'instar des Allemands, il a fait éclater les structures divisionnaires. Des groupes tactiques, infanterie motorisée et artillerie, sont destinés à riper d'un point à un autre. La majeure partie de

---

1. Rommel, comme Kesselring, n'hésite pas, dans son journal, à accuser la marine italienne de sabotage, par haine de Mussolini et des Allemands.

2. L'amiral Harwood est le vainqueur du *Graf von Spee ;* cf. tome I, *De Munich à Dunkerque*, chap. 9.

l'artillerie a été regroupée pour permettre des concentrations de feu. Auchinleck a innové. Plus d'un de ses subordonnés s'en inquiète. L'expérience prouvera la rectitude de ses vues.

Ce 1er juillet donc, à 1 heure, XVe et XXIe PD essayent de pénétrer entre El Alamein et Deir el Shein. La 18e brigade indienne à Deir el Shein accuse le choc mais contient l'adversaire. Plus au nord, la 90e division légère est stoppée au sud-est d'El Alamein. A la tombée de la nuit, Rommel n'a pas pu passer. La farouche défense de la Brigade indienne, les barrages d'artillerie l'ont bloqué.

Auchinleck a marqué un point. Il a aussi redonné confiance à ses troupes. Conscient de son avantage, il monte une contre-attaque. Débouchant d'une base de départ Deir el Shein-Bab el Qattara, le XIIIe corps marchera nord-ouest. Avec ses blindés, il coupera la route littorale à Sidi el Rahman.

Auchinleck a trop présumé des siens. Ils n'ont plus l'énergie nécessaire après les épreuves des jours passés. La contre-attaque ne démarre pas ou à peine.

Auchinleck n'avance pas. Rommel marque le pas. Ses assauts répétés l'ont usé. La RAF bouleverse ses communications étirées à l'extrême. Les Allemands autant que les Britanniques sont épuisés.

Pourtant, le Renard du désert refuse de renoncer. Le 3, il s'efforce de galvaniser les cœurs pour un ultime effort, celui de la victoire : « Je réclame une attaque énergique par tout l'Afrika Korps ! »

Las ! Ses compatriotes sont à bout. Les Italiens de la division Ariete se font étriller par la 1re DB et les Néo-Zélandais. Le 3 au soir, Rommel admet son échec et ordonne de se retrancher.

Le 4 juillet, les deux armées en présence, tels deux boxeurs groggys, se tiennent dans leurs cordes. Leurs chefs mûrissent leurs plans. Rommel pense offensive, Auchinleck contre-attaque. Le premier attend quelques renforts. La 146e DI venant de Crète et 260 chars sont annoncés. Le second conforte ses troupes et table aussi sur ses renforts. La 9e division australienne l'a rejoint.

Le 10 juillet, ces nouveaux venus s'ébranlent le long de la voie ferrée. La hauteur de Tel el Eisa est enlevée. Les Italiens de la division Sabratha se débandent. Sur leur lancée, Australiens et chars légers se précipitent vers Bada et Sidi el Rahman.

La manœuvre contre les Italiens a réussi. Rommel risque de voir ses lignes de communications coupées. Il détourne la XVe PD pour écarter le danger. Deux jours plus tard, Auchinleck porte à nouveau son effort sur la division Trieste. Nouvelle déroute italienne.

Rommel commence à perdre espoir. Il n'a plus les moyens de tenter une offensive. Il est réduit à contrer un adversaire qui, sous l'impulsion d'Auchinleck, ne cesse de le harceler, et qui continue de s'en prendre aux Italiens. Les deux divisions Brescia et Pavia, attaquées à la baïonnette par Indiens et Néo-Zélandais, lèvent les bras. La crête de Ruweisat, si convoitée, reste définitivement aux mains de la VIIIe armée.

Partout, Rommel doit envoyer ses compatriotes pour éviter le pire. Le 17 juillet, il écrit à son épouse :

> « Les choses vont vraiment très mal pour moi en ce moment, tout au moins dans le domaine militaire. L'ennemi profite de sa supériorité, notamment en infanterie, pour détruire les formations italiennes une par une, et les unités allemandes sont bien trop faibles pour rester seules. Il y a de quoi pleurer ! »

Un chef a besoin d'avoir l'esprit libre pour se consacrer à sa bataille. Tel ne peut être le cas d'Auchinleck. Son patron s'appelle Churchill. Un Churchill irrité par la perte de Tobrouk, et que rendent fébrile les menaces qui pèsent sur l'Irak et l'Iran. Un Churchill qui ne cesse de harceler le commandant de la VIIIe armée. Le 12 juillet, il a prescrit d'écraser Rommel et de le refouler à bonne distance par une attaque massive.

Que faire, sinon obtempérer ? Affaibli par les revers de ses armées, Auchinleck n'est pas en mesure de s'opposer aux exigences du Premier ministre et d'obtenir des délais. Il attaquera le 21 juillet.

Il a oublié qu'il commandait une armée du Commonwealth. Les généraux australiens, néo-zélandais, sud-africains ou autres ne sont pas au garde-à-vous absolu. Ils renâclent parfois, devant certains sacrifices imposés à leurs troupes, et n'hésitent pas à en référer à leurs propres gouvernements. Auchinleck perd du temps à convaincre. Sa véritable offensive ne débutera que le 26 juillet [1].

Entre-temps, Rommel s'est légèrement renforcé. Les premiers éléments de la division parachutiste italienne Folgore arrivent.

---

1. Une première action, courageuse, le 21, s'était soldée par un échec coûteux.

Unité d'élite, la division Folgore s'entraînait pour l'opération Hercule (conquête de Malte). Son transfert en Afrique en signifie le report voire l'annulation définitive. Ces paras italiens, sévèrement sélectionnés et entraînés, feront bientôt plus qu'honneur à la réputation des combattants descendus du ciel.

Dans la nuit du 26 au 27, l'offensive Auchinleck débute. Les Australiens, au nord du front, parviennent à percer, avant d'être repoussés par une contre-attaque. Au centre, l'infanterie de la 50e division connaît un premier succès. Un bataillon italien est submergé. Les blindés ne suivent pas. Rommel peut réagir. Les fantassins se replient avec de fortes pertes. Le 27, vers 10 heures, Auchinleck doit stopper l'action. La canonnade faiblit et s'éteint.

Pat ? Non. Rommel n'a pu aller jusqu'au bout. Auchinleck l'a stoppé. Cette série de coups d'arrêt de la première bataille d'El Alamein durant le mois de juillet 1942 se termine par une victoire défensive qui appartient à Auchinleck.

> « Si Auchinleck n'avait pas été ce qu'il était – c'est-à-dire le meilleur des généraux alliés pendant la guerre –, Rommel eût réglé définitivement le sort de la VIIIe armée. » [1]

Rommel ne dira pas autre chose.

Pour l'heure, d'un côté comme de l'autre, il faut attendre des renforts [2] et la fin des grosses chaleurs.

---

1. Gérard Bayerlein, ancien chef d'état-major de l'Afrika Korps et de Rommel.

2. Du 20 juin au 30 juillet, les Britanniques ont perdu 60 000 prisonniers et 2 000 chars. Les Allemands ont eu 2 300 tués, 7 500 blessés, 2 700 prisonniers, auxquels il faut adjoindre les pertes italiennes.

Le nombre des prisonniers côté britannique (Anglais, Australiens, Néo-Zélandais, Français, etc.) ne signifie pas défaillance. La guerre du désert permet les larges débordements où Rommel excelle. Une unité encerclée se trouve très vite à court de munitions et d'eau, donc contrainte à capituler. Il y a aussi les mauvaises rencontres, les véhicules égarés, les avions abattus. Ainsi de nombreux généraux de chaque camp sont-ils faits prisonniers : O'Connor (GB), Neame (GB), Cruewell (All.), von Thoma (All.), von Ravenstein (All.), etc. Certains, tel Messevy (GB), parviendront à s'échapper dans la confusion générale. Pour les 60 000 prisonniers britanniques, est-il à rappeler les pertes de Tobrouk (33 000) et Marsa Matrouth (6 000).

Chapitre XII

COMMANDOS ET OPÉRATIONS COMBINÉES

Au lendemain de l'effondrement français, la Grande-Bretagne s'est retrouvée sur une stricte défensive. Elle devait sauvegarder son sol, son ciel, son empire, préserver ses lignes de communications. Il était hors de question qu'elle envisage de passer résolument à l'offensive.

Pourtant, le contraire eût été bénéfique ; il eût démontré à Hitler que le Royaume-Uni était toujours debout ; il eût contribué à relever et à soutenir le moral des Britanniques ; il eût rendu espoir aux vaincus et influencé l'opinion internationale. Churchill en était conscient : il fallait répliquer. Après Dunkerque, il avait déclaré :

> « Il faudrait organiser des unités de raid, autonomes, bien équipées [...], avec des soldats spécialement entraînés pour faire régner la terreur le long des côtes ennemies. »

L'idée était lancée. La notion de commando allait surgir. Encore que ? N'est-elle pas ancienne ? Ulysse, ses compagnons et leur fameux cheval n'ont-ils pas, dans les murs de Troie, effectué le premier coup de commando de l'Histoire ? Commando, un terme que Churchill connaît bien. En Afrique du Sud, au début du siècle, il s'est battu contre les commandos [1] des Boers, ces unités de partisans harcelant l'armée britannique. Il fut même leur prisonnier.

Conformément au vœu de son Premier ministre, la Grande-Bretagne crée ses commandos. Le colonel Dudley Clarke sera le grand inspirateur de leur formation. Il y en aura une douzaine [2]. Trois d'entre eux (les 7e, 8e et 11e) partiront très vite s'illustrer en Crète, Libye et Moyen-Orient sous le commandement du colonel Laycock. Après une période de tâtonnements, les structures seront définitivement fixées. Chaque commando comptera 5 groupes de 3 officiers et 62 hommes, plus un groupe d'armes lourdes à 40, soit habituellement plus de 250 à 300 combattants susceptibles d'éclater suivant les missions.

Les recrues de ces nouvelles unités sont toutes volontaires et sévèrement sélectionnées. Courage, résistance physique, habileté, confiance en soi mais aussi esprit d'initiative et agressivité figurent parmi les vertus exigées pour obtenir l'honneur de servir dans les commandos. Il n'est de plus grande sanction que de se voir infliger la mention RTU, « returned to unit », retour à l'unité d'origine. Les chefs de ces combattants s'appelleront : Laycock, Durnford-Slater, Lovat, Newman...

Les grands principes d'action des commandos ne sont pas encore formellement définis, mais les initiateurs de la formule les pressentent. Frapper vite et par surprise. Viser les points sensibles. Faire irruption au plus près de l'adversaire. Ne pas prolonger un combat engagé avec de faibles effectifs. Se replier sitôt le coup porté. Et, par-dessus tout, jouer l'audace, tenter l'improbable (compte tenu des risques encourus). « Qui ose gagne. » L'expression sera à l'honneur.

---

1. Ce mot d'origine portugaise s'est révélé en Afrique du Sud durant la guerre des Boers (1899-1902). Curieusement, il devait également réapparaître en Allemagne, en 1940, mais dans un sens totalement différent. Il désignait une équipe de prisonniers de guerre, relevant d'un stalag et affectée à des travaux divers à l'extérieur du camp. L'effectif d'un commando put, dans certains cas, atteindre jusqu'à 500 prisonniers. A l'usage, chez les Alliés, commando désignera aussi bien l'unité, ses membres, que l'action elle-même.

2. Le commando numéro 10 sera formé d'étrangers : Belges, Hollandais, Polonais, Français, Norvégiens. La 1re compagnie des fusiliers marins commandos français – futur 1er bataillon F.M. commandos – appartenait initialement à celui-ci.

L'application, le succès exigent des renseignements précis, des hommes résolus, des moyens appropriés, des conditions propices et aussi, bien sûr, une chance qu'il importe d'aider. Le tout servi, dès la conception, par une imagination riche de solutions.

Le travail de ces commandos encore embryonnaires doit s'inscrire dans une logique stratégique et être coordonné. En juillet 1940, l'amiral de la Flotte Sir Roger Keyes est nommé commandant des opérations combinées. C'est reconnaître l'existence des commandos et affirmer sa volonté de les utiliser dans des opérations qui mettent en œuvre d'autres éléments des forces armées.

L'amiral Keyes, en dépit de ses 68 ans, a la carrure de l'emploi. Actif, agressif, il veut se battre. En outre, il porte un nom. N'est-il pas le héros du raid fameux sur Zeebrugge en 1918, une belle action de commandos à l'époque [1] ? Il voit grand. Il veut rassembler 4 000 volontaires et planifier des raids payants. Mais Keyes n'est pas toujours très souple et n'est surtout pas suivi en haut lieu. Il réclame des combattants expérimentés, des armes, des moyens. Les uns et les autres sont aussi rares que précieux en Grande-Bretagne en 1940. D'autant que les méthodes préconisées sortent des sentiers habituels des états-majors. Se barbouiller le visage pour passer inaperçu. Se battre en « close-combat » (combat rapproché). Tuer au poignard... Heureusement, Churchill, lui, croit en l'avenir des commandos.

Leurs débuts, pourtant, ne sont pas heureux. Dans la nuit du 14 au 15 juillet 1940, un raid contre le terrain d'aviation de Guernesey [2] se solde par un fiasco retentissant. La majorité des bateaux de débarquement ne trouvent pas leurs objectifs. Churchill, mécontent, le dit vertement, mais persiste, en dépit du dénigrement manifeste du War Office. Le 25 août, il écrit à Eden, secrétaire d'Etat à la Guerre :

> « Si nous devons avoir une campagne en 1941, elle aura surtout un caractère amphibie et offrira certainement un grand nombre d'occasions pour exécuter des

1. Son fils, le lieutenant-colonel Keyes, dirigeait le commando monté en Libye contre le PC supposé de Rommel. Cf. tome III, chap. 12.

2. Les Allemands s'étaient empressés d'occuper les îles anglo-normandes après l'invasion du Cotentin.

opérations mineures ; celles-ci dépendront toutes de la possibilité de débarquer par surprise des éléments légèrement armés, des unités agiles habituées à travailler comme des meutes et ne se déplaçant pas avec la lourdeur qui caractérise les formations régulières [...] Toutes sortes de raisons nous conduisent donc à constituer des troupes de choc, c'est-à-dire à développer la conception des commandos. J'avais demandé 5 000 parachutistes, et il nous faut également au moins 10 000 de ces petits "groupes de frères" capables d'agir avec la rapidité de l'éclair. »[1]

Une fois encore, Churchill, par son obstination l'emportera. Quelles que soient ses erreurs – qui n'en commet pas ? –, son énergie, sa vision lointaine seront parmi les éléments déterminants de la résistance victorieuse de la Grande-Bretagne.

*
* *

Entraînement, entraînement de jour comme de nuit. Les Anglais – comme les Allemands – sont des maîtres en la matière. Marches forcées. Exercices à balles réelles. La sueur épargne le sang. Les hommes des commandos deviennent experts en l'art de s'infiltrer, d'éliminer une sentinelle, de détruire en silence et à l'improviste. Seule manque l'application réelle aux énergies qui chaque jour s'impatientent un peu plus. Quand passera-t-on à l'action ?

Les îles Lofoten leur offrent, enfin, une première occasion d'intervention. Les Allemands, dans ces îles norvégiennes, au large de Narvik, exploitent les huileries locales qui transforment les produits de la pêche. Ils en tirent de la glycérine pour les explosifs et des vitamines A et D pour leurs armées. Des quantités importantes de poisson frais ou congelé sont également expédiées vers l'Allemagne.

Au matin du 4 mars 1941, deux commandos de 250 hommes, sous les ordres du brigadier Haydon, surgissent de deux ferries hollandais transformés en navires de débarquement. Des guides norvégiens les conduisent d'un pas sûr. La surprise annihile la résistance. 200 Allemands en train de construire un terrain d'aviation se retrouvent les bras en l'air. Un petit remorqueur, le

1. *Mémoires, op. cit.*, « L'Heure tragique », tome II, p. 160.

Krebs, est coulé par le destroyer *Somali* chargé de la couverture. 18 usines sont détruites, 800 000 gallons d'huile et de carburant incendiés. Au prix d'un seul blessé, les commandos rentrent avec 216 prisonniers. 314 volontaires norvégiens se joignent à eux pour participer à la lutte. Le coup de main des Lofoten a donné un premier aperçu des possibilités des commandos.

L'objectif suivant est encore économique. A plus de 500 km de la pointe septentrionale de la Norvège, dans l'archipel du Spitzberg, possession norvégienne, une compagnie soviétique exploite un riche gisement charbonnier. Près de 2 000 compatriotes de Staline y travaillent. L'invasion de l'URSS pose le problème de l'avenir de cette exploitation. Ne risque-t-on pas que les Allemands soient tentés de se l'approprier ?

En accord avec Moscou, des commandos escortés par la Navy prennent pied sur l'archipel le 25 août 1941. Les sapeurs détruisent les installations et incendient les dépôts de charbon (540 000 tonnes). Les Soviétiques sont ensuite évacués vers l'URSS et les Norvégiens ramenés en Grande-Bretagne [1]. L'opération s'est effectuée sans pertes ni incidents.

*
* *

Keyes, non sans mérites, se bat pour qu'il lui soit permis de réaliser de vraies missions de guerre, mais il a trop de choses

---

1. A leur retour d'URSS, les navires anglais ramènent en Grande-Bretagne 150 officiers et soldats français désireux de rallier les FFL et regroupés derrière le capitaine Billotte. Evadés des camps de prisonniers allemands l'hiver précédent, ils avaient réussi à rejoindre et franchir la frontière soviétique. « Ils avaient bien cru être arrivés au bout de leurs peines. Hélas ! il leur avait fallu déchanter, car à peine s'étaient-ils présentés aux gardes frontières qu'ils avaient été de nouveau emprisonnés, puis transférés dans un camp de concentration où ils s'étaient retrouvés parqués dans des conditions matérielles telles que tous, sans aucune exception, n'hésitèrent pas à dire et à écrire, à leur arrivée à Londres, que leur situation de prisonniers en Allemagne leur avait semblé être un beau rêve, à côté de ce qu'ils avaient connu et souffert en URSS. » Colonel Passy, *Souvenirs, op. cit.*, p. 25.

Après le 22 juin 1941, deux mois de discussions et réclamations furent nécessaires pour que les Soviétiques les laissent partir pour l'Angleterre afin d'y reprendre la lutte contre l'ennemi commun. Le capitaine Billotte y sera désigné comme sous-chef de l'état-major particulier du général de Gaulle (avant d'aller prendre le commandement d'un groupement blindé de la division Leclerc en 1944).

contre lui. Son âge, son mauvais caractère. Churchill, par souci d'harmonie, lâche celui qui est pourtant un vieil ami et, le 10 octobre 1941, le remplace par le capitaine de vaisseau Louis Mountbatten.

Les Battenberg, devenus Mountbatten en 1917, servent la Grande-Bretagne avec distinction. Seules ses origines germaniques ont privé l'amiral Mountbatten, père de Louis, d'accéder au rang de Premier Lord de la Mer. Son fils, cousin par alliance du roi et qui vient de commander avec éclat le destroyer *Kelly* en Méditerranée, est lui aussi un brillant sujet. 41 ans, physique de jeune premier, énergique, déterminé, imaginatif, il se présente bien comme le chef apte à commander des hommes jeunes et pleins d'enthousiasme. Promu amiral, il est officiellement désigné comme « conseiller pour les opérations combinées auprès de la Commission de Défense nationale et des Chefs d'état-major », et reçoit pour principale mission de « préparer les plans de l'organisation d'une invasion du continent ». Par son intelligence et son rayonnement, Mountbatten s'imposera très vite à ce poste comme l'un des personnages clés de l'organisation militaire de la Grande-Bretagne.

Son premier coup sera payant. Conformément à ses instructions, il s'en prend à la « forteresse Europe » de Hitler.

Le 27 décembre 1941, 5 officiers et 525 hommes des commandos 2 et 3 lancent un raid contre l'île de Vaagsö en Norvège méridionale. Vaagsö et la petite île proche de Maloy contrôlent le trafic maritime côtier intense, non loin du débouché du Kattegat. Les garnisons allemandes s'appuient sur de solides défenses bien pourvues d'artillerie.

A 8 h 48, le croiseur *Kenya* ouvre le feu sur la batterie de Maloy couvrant les zones de débarquement prévues. Son tir bien ajusté a tôt fait de la réduire au silence et de permettre la mise à terre de quatre groupes de commandos qui passent immédiatement à l'action. Quelques durs combats sont nécessaires pour annihiler un adversaire qui se défend courageusement. A 14 h 45, tout est terminé. Les derniers commandos ont rembarqué. L'opération leur a coûté 20 morts et 57 blessés, mais ils ramènent 98 prisonniers. La garnison a été anéantie [1], les pièces d'artillerie, les dépôts de munitions ou de matériel, les huileries détruits. Vaagsö, plein succès, est une véritable opération combinée. Les commandos ont exécuté leur travail, la Navy a fourni

1. 120 Allemands ont été tués.

l'appui-feu indispensable, la RAF est intervenue sur Herdla, Stavanger et Trondheim pour interdire les réactions de la Luftwaffe.

Le résultat exact complet se juge à long terme. Hitler est impressionné par ce raid. Il exige d'urgence un rapport sur son déroulement. Depuis longtemps, il redoute une attaque par la Norvège :

> « Si les Anglais agissent correctement, assure-t-il, ils attaqueront la Norvège septentrionale en plusieurs points. Ils essaieront de prendre Narvik et, ainsi, de faire pression sur la Suède et la Finlande. Cela peut devenir d'une importance décisive pour l'issue de la guerre. »

A la mi-janvier 1942, il affirmera encore : « Le sort de cette guerre se jouera en Norvège. »

Respectant la pensée du Führer, l'OKW envoie des renforts, 12 000 puis 18 000 hommes. En février 1942, le maréchal List effectue une tournée d'inspection exceptionnelle. Trois divisions supplémentaires gagnent la Norvège pour renforcer les défenses côtières. Le 6 juin 1944, la Wehrmacht y comptera 372 000 hommes immobilisés inutilement.

Le raid sur Vaagsö avait parfaitement rempli son rôle pour induire l'ennemi en erreur [1].

*
* *

Bruneval, 28 février 1942

Le raid sur Vaagsö était une opération combinée mettant en œuvre les trois armes : Air, Terre, Marine. Celui sur Bruneval

---

1. Les Français libres, avec leurs faibles moyens, tentent également des coups de commandos.

– Dans la nuit du 15 mars 1941, le capitaine Bergé et 4 officiers sont parachutés près de Vannes, en Bretagne, pour attaquer le car qui conduit au terrain d'aviation les pilotes partant pilonner l'Angleterre. Un éclatement fortuit du cantonnement des aviateurs fera avorter l'entreprise.

– Trois autres officiers, parachutés dans la nuit du 11 au 12 mai près de Bordeaux, parviendront à faire sauter six sur huit des gros transformateurs de Pessac.

Le capitaine Bergé s'illustrera par la suite en Crète dans un autre coup de commando fameux contre le terrain d'aviation d'Héraklion (juin 1942).

est un vrai « coup de commando ». Seuls les hommes de l'art agissent. Aviation et Marine n'interviennent que pour les mouvements aller et retour. Bruneval est aussi la première manifestation des troupes aéroportées britanniques [1].

A la fin de 1941, les Allemands ont réalisé d'incontestables progrès dans la radio-détection. Leurs radars commencent à signaler avec efficacité les vols du Bomber Command qui, nuit après nuit, partent frapper l'adversaire chez lui. L'un des plus gênants a été localisé par la Résistance française, près du petit hameau de Bruneval, à une vingtaine de kilomètres au nord du Havre. Au début de janvier 1942, la décision est prise non seulement de le détruire mais encore d'essayer de s'emparer de ses constituants pour les étudier à loisir. Il sera ainsi possible de déterminer où en sont exactement les Allemands en matière de radio-détection. Une telle connaissance serait précieuse pour la RAF.

Des photographies aériennes du site viennent compléter les renseignements procurés par la Résistance [2]. Le radar est juché au sommet d'une falaise surplombant de 90 mètres les galets du littoral. Celui-ci n'est accessible que par un étroit vallon où descend une petite route le long de laquelle s'alignent les maisons de Bruneval. De la plage, l'accès à ce vallon est barré par des réseaux de barbelés battus par quatre postes de mitrailleuses. Le radar lui-même serait gardé par une trentaine d'hommes. A une centaine de mètres, une maison, isolée dans la prairie qui couvre les hauteurs, serait occupée. Plus loin, derrière un rideau d'arbres, un groupe de fermes, le Presbytère, hébergerait un petit détachement. Au total, l'endroit compterait une centaine de défenseurs ainsi que, pendant la nuit, du personnel travaillant aux batteries proches du cap Antifer. Des escadrons d'automitrailleuses et de motocyclistes cantonnent dans les villages voisins.

Les falaises, la défense du goulet de Bruneval interdisent un assaut par mer. L'attaque ne peut s'effectuer que par le ciel. Cette mission est confiée à la compagnie C, du 2e bataillon de la

1. Ce n'est pas tout à fait exact. Un autre raid aéroporté a précédé Bruneval. Le 10 février 1941, plusieurs sticks de parachutistes (une cinquantaine d'hommes) sautent en Campanie, dans le sud de l'Italie, pour détruire un aqueduc. Mission remplie, les parachutistes ne purent rejoindre les sous-marins prévus pour le retour et furent capturés par les Italiens.

2. Renseignements fournis par le réseau Confrérie Notre-Dame du colonel Remy, dont deux agents se sont rendus spécialement sur les lieux.

1re brigade de la Division aéroportée britannique [1], commandée par le major Frost [2].

Marée, lune, bonne météo doivent être de la partie, ce qui imposera plusieurs reports. Enfin, la nuit du 27 au 28 février promet d'offrir les conditions requises : « Pas de vent, un clair de lune splendide, des petits nuages et une légère brume. »

La marée sera exactement au rendez-vous pour le rembarquement.

Le 27 février, un peu avant minuit, 118 parachutistes, dont 5 officiers, embarquent à Thruxton dans les Whitley [3] du squadron 51. Parmi eux, une recrue de dernière heure. Le sergent-chef Cox, ingénieur spécialiste radio, s'est porté volontaire pour effectuer les démontages et récupérer les pièces essentielles du radar. A la hâte, il est passé par Ringway [4] pour être déclaré apte au saut. Le wing commander Pickard [5], un as de la navigation, a charge de larguer les sticks sur la DZ, à 1 200 mètres de l'objectif.

Il ne fait pas chaud, à 5 000 pieds, en février au-dessus de la Manche. Les paras chantent pour se réchauffer et se donner du cœur. Il en faudra pour disparaître par la trappe lorsque la lampe verte s'allumera.

La Flak se manifeste à l'arrivée sur les côtes de France à hauteur du Havre. Quelques appareils sont légèrement touchés. Deux d'entre eux doivent se dérouter.

Le premier, Frost se laisse choir dans le trou béant d'où monte un air glacé. A sa suite, ses compagnons disparaissent un à un dans le vide. Les coupoles des parachutes claquent en s'ouvrant. Au vacarme des moteurs, à la tension précédant le saut, succèdent de trop rapides secondes de paix et de silence.

---

1. Les effectifs de celle-ci sont alors squelettiques. Seul le 1er bataillon de la 1re brigade est à peu près complet. La compagnie C du 2e bataillon, encore à l'entraînement, a été choisie pour ne pas le démanteler.

2. Le major Frost sera l'un des piliers des parachutistes britanniques de la Seconde Guerre mondiale. Il sautera à Bruneval, en Tunisie, en Sicile, à Arnhem, et terminera la campagne DSO et lieutenant-colonel.

3. Bombardiers bimoteurs, utilisés pour le parachutage par utilisation d'une trappe dans le plancher de la carlingue. L'arrivée des Dakota américains munis d'une porte latérale permettra progressivement d'éliminer ce type de matériel peu propice à un largage rapide.

4. Centre d'entraînement des parachutistes britanniques (les parachutistes français formés en Angleterre y passeront).

5. Tué deux ans plus tard en dirigeant l'opération Jéricho contre la prison d'Amiens.

La terre, recouverte d'une couche de neige, monte vite. Les genoux encaissent le sol. Les parachutes s'affaissent en douceur. Le dégrafage ne prend qu'un instant [1].

La neige et la lune éclairent le paysage. Il est bien celui étudié sur les photographies aériennes et les maquettes. Le regroupement s'effectue rapidement à l'endroit fixé. Le radar est à 500 m. Nul bruit, hormis celui des Whitley qui s'éloignent, n'altère le calme de la nuit.

Le détachement, comme prévu, se scinde en trois. Frost et une douzaine d'hommes se précipitent pour nettoyer la villa. Le lieutenant Young s'occupe du radar. La 3e équipe s'installe en protection face au Presbytère d'où peut surgir une première réaction ennemie.

Partout, les grenades ont raison des quelques occupants des lieux. Les six gardiens de la station radar sont tués ou capturés. La villa ne renfermait qu'un Allemand, vite mis hors de combat.

Sans perdre un instant, Cox et ses aides se mettent à l'ouvrage. Les minutes sont comptées. Les Allemands ne tarderont pas à se manifester. Effectivement. Deux MG se dévoilent depuis le Presbytère. Un para est tué. Du matériel démonté est brisé entre les mains de Cox. Déjà, des phares en mouvement se dessinent dans les lointains.

Il appartient au lieutenant Charteris de nettoyer les abords de la plage pour assurer l'évacuation. Mais les Whitley qui le transportent avec ses hommes sont ceux que la Flak a contraints à s'écarter quelque peu, et ils ont largué leurs sticks trop au sud. Après s'être repérés, ils se hâtent en file indienne. La nuit réserve parfois des surprises. Charteris racontera :

> « Notre groupe tomba sur des Allemands. L'un d'eux, croyant qu'il s'agissait d'une patrouille allemande, suivit les parachutistes. Ceux-ci, sur une certaine distance, le prirent pour un des leurs. L'explication qui s'ensuivit se termina par la mort du Teuton. »

Charteris a su rattraper son retard. Il est assez heureux pour rejoindre Frost au bon moment et pour enlever les blockhaus qui interdisent l'accès à la grève.

---

1. La petite histoire rapporte que le premier souci de chacun fut de répondre à un besoin pressant, eu égard à la quantité de thé chaud absorbée avant le décollage.

Il est 2 h 15 du matin. Les paras se regroupent avec leur radar, leurs blessés, leurs prisonniers. Mais où est la Navy ? Rien ne répond aux signaux. Des minutes d'angoisse. Frost commence à organiser un dispositif de défense, mais tout se termine bien. Une voix s'élève, tandis qu'une fusillade retentit.

« Les bateaux arrivent ! Ils sont là ! Dieu bénisse la Navy ! »

Les bâtiments se profilent dans la brume [1]. Une mauvaise rencontre les avait quelque peu retardés. Fidèles à leurs consignes, leurs mitrailleurs arrosent le haut des falaises pour en interdire l'approche.

L'embarquement se déroule au plus vite, tandis que grenades et obus de mortier commencent à exploser sur les galets. Le retour sur Portsmouth sera sans problèmes, hormis le survol inquiétant de Spitfire qui paraissent s'interroger sur l'identité des bâtiments.

Il manque 8 hommes, 2 morts et 6 disparus qui n'ont pas eu le temps de rejoindre. Outre 6 blessés, ce sera le prix du commando de Bruneval, appelé à demeurer exemplaire dans les annales des troupes aéroportées britanniques.

*
* *

Saint-Nazaire (opération Charlot), 28 mai 1942

Opération combinée ou commando ? Les deux très certainement. L'action sur Saint-Nazaire, dans la nuit du 28 mars 1942, réunit les trois armes.

La bataille de l'Atlantique bat son plein. Les Alliés accusent des pertes sévères. Les Britanniques redoutent de voir intervenir le *Tirpitz*, qui vient d'achever ses essais et se trouve alors dans les eaux norvégiennes. Si ce redoutable corsaire [2], frère jumeau du *Bismarck*, coulé le 27 mai 1941 [3], se joint aux 250 U-Boote [4] qui écument l'océan, les Allemands peuvent l'emporter. Le sort

1. La flottille de rembarquement, placée sous les ordres du commander F.N. Cool de la Royal Australian Navy, et composée d'unités légères, comprenait 5 chasseurs de sous-marins des Forces navales françaises libres. (Les chasseurs FNFL – 10 Bayonne, 11 Boulogne, 12 Bénodet, 42 Larmor, 43 Lavandou.)

2. 51 000 tonnes, vitesse 30 nœuds, 4 tourelles doubles de 381, 12 pièces de 150.

3. Cf. tome II, *De l'Armistice à la guerre du Désert*, chapitre 17.

4. 271, très exactement, au 1er mars 1942.

de la Grande-Bretagne risque d'être scellé faute d'approvisionnements.

Le *Tirpitz* ne peut se manifester dans l'Atlantique qu'à condition de disposer d'un havre lui permettant de panser ses avaries. Pour un navire de son tonnage, il n'en existe qu'un de Biarritz à Dunkerque : Saint-Nazaire. Saint-Nazaire, sur la rive droite de la Loire, à une dizaine de kilomètres de l'embouchure du fleuve, possède les bassins susceptibles de le recevoir. Là, fut fabriqué et lancé le célèbre *Normandie* [1]. La cale [2] qui porte son nom et qui donne directement sur la Loire peut accueillir des bâtiments de 85 000 tonnes. Si elle est détruite, le *Tirpitz* n'aura plus de port où trouver assistance. L'Atlantique lui sera interdit.

La destruction de cette cale ou tout au moins de ses caissons n'est pas une opération aisée. Saint-Nazaire et ses approches sont très bien défendus, car le port sert aussi de base aux U-Boote. Le long du bassin dit de Saint-Nazaire, des alvéoles bétonnés ont été construits à leur intention ; d'autres sont en cours. Pour protéger cet ensemble, il y aurait 5 000 hommes sur Saint-Nazaire, 1 000 sur les deux rives de la Loire, large en cet endroit de 1 500 m. De nombreuses pièces d'artillerie et de DCA ont été installées.

Une opération aérienne paraît exclue. Caissons d'acier, abris de béton ne souffriraient pas. Reste une attaque venue par mer. Elle aussi semble hasardeuse. La navigation est délicate. Outre la présence de l'ennemi, des hauts-fonds obstruent le cours de la Loire.

Pourtant, le 24 février 1942, le haut commandement britannique approuve les plans que lui présente Mountbatten. Devant la menace de l'apparition du *Tirpitz* dans l'Atlantique, la cale de Saint-Nazaire sera détruite par une opération combinée Terre-Marine.

*
* *

1. Le *France* y sera, par la suite, construit.

2. Ouvrage le plus vaste du monde à l'époque, cette forme-écluse (ou cale de Normandie) mesure 350 m de long sur 46 m de large. Elle est fermée à chaque extrémité par des portes roulantes en acier, longues de 52,1 m, hautes de 15,10 m, et larges de 10,6 m. Techniquement, ces portes qui s'effacent latéralement sont désignées sous le nom de « caissons ».

Le 25 mai 1942, le *HMS Campbeltown,* ancien destroyer américain *Buchanan* [1], quitte Falmouth, à la pointe de la Cornouaille. Sa silhouette a été modifiée pour lui donner l'apparence d'un destroyer allemand à deux cheminées (au lieu de quatre) de hauteur inégale. Ses blindages ont été renforcés. Dans ses soutes ont été dissimulées 4 350 tonnes d'explosif à allumage à retardement de 8 heures. Sont destinées à l'accompagner jusqu'au bout une vedette canonnière promue « navire amiral » [2], une vedette lance-torpilles et 18 vedettes. Ces dernières, longues de 33 m, sont faiblement armées, mitrailleuses Lewis ou canons Oerlikon, mais capables de filer à 18 nœuds. L'expédition, au total, compte 611 hommes, soit 345 marins, 166 combattants du 2e commando, 91 sapeurs, un groupe médical, 3 officiers de liaison et 2 correspondants de presse. Les commandos se sont répartis moitié sur le *Campbeltown,* moitié sur les vedettes. Le commander Ryder dirige la force navale ; le lieutenant-colonel Newman, commandant du commando n° 2, coiffe les troupes appelées à débarquer. Tous deux y gagneront leur Victoria Cross [3].

Enfin, deux destroyers doivent assurer l'escorte jusqu'à l'estuaire de la Loire.

De Falmouth, les navires ont mis le cap plein sud. A hauteur de La Rochelle, ils obliquent est-sud-est avant de remonter nord-est vers Saint-Nazaire. Hormis de brèves rencontres avec un sous-marin allemand et deux chalutiers français, le parcours s'effectue sans incidents. Le 27 mai, en fin de journée, l'armada prend son ordre de marche. En tête, à bord de la vedette canonnière, Ryder montre la route. Derrière lui, le *Campbeltown.* En colonne double, de chaque côté, les vedettes. En serre-file, la vedette lance-torpilles.

A 22 heures, un signal en morse scintille sur l'avant. Le sous-marin *Surgeon* a fait surface pour baliser la voie à suivre. Cette apparition nocturne, en plein océan, soulève l'enthousiasme. Chacun y voit un heureux présage, alors que s'ouvre l'estuaire de la Loire avec tous ses dangers.

---

1. L'un des 50 fournis à la Grande-Bretagne en septembre 1940 par les États-Unis.

2. Armée d'un Pom-Pom Vickers à 120 coups minute de 40 mm, de 2 mitrailleuses doubles de 13 mm.

3. La Victoria Cross, créée en 1856, est la plus haute distinction britannique pour faits de guerre et n'est accordée qu'à titre très exceptionnel (1 356 de 1856 à 1945). Tout aussi exceptionnel sera le nombre de Victoria Cross accordées pour l'opération sur Saint-Nazaire : 5.

Les deux destroyers d'escorte se sont écartés. Leur mission est provisoirement terminée, mais ils restent sur zone en recueil et en soutien pour le retour.

A la même heure, 35 Whitley et 25 Wellington ont décollé d'Angleterre. Entre 23 h 30 et 0 h 30, ils bombarderont les bassins de Saint-Nazaire pour détourner l'attention des Allemands. La flottille, elle, a encore à parcourir 60 km.

23 h 30. Le ciel, au-dessus de Saint-Nazaire, s'éclaircit. Les projecteurs allemands recherchent les bombardiers. Les explosions lointaines parviennent assourdies.

0 h 30. La flottille entre dans l'estuaire. Dans moins de 60 minutes, on touchera terre. Les rives du fleuve se distinguent faiblement. La navigation est difficile à cause des bancs de sable. A deux reprises, le *Campbeltown* racle les fonds.

1 heure. Le bombardement a cessé. Les nuages l'ont gêné, et Churchill avait, pour épargner la population civile, interdit de frapper fort. Mais son côté inhabituel à haute altitude et au coup par coup a paru insolite aux Allemands. Contrairement aux prévisions, il a eu plutôt tendance à les mettre sur leurs gardes.

Pourtant, tout est encore très calme. Chaque minute gagnée rapproche du but. Sera-t-il atteint sans que l'alerte ait été donnée ?

A 1 h 15, un guetteur signale l'approche « d'environ 17 bateaux ». Curieusement, les projecteurs ne s'allument qu'à 1 h 22. Quelques précieuses minutes ont été perdues pour les uns, gagnées pour les autres.

La lumière inonde un bâtiment de silhouette et de pavillon allemand. Ryder, sur la canonnière, essaye de grappiller quelques instants supplémentaires. Par signaux optiques, il tente d'engager le dialogue et fait envoyer des fusées de reconnaissance. Quatre minutes sont encore sauvées. Restent 1 500 m, soit 6 minutes de navigation, pour le *Campbeltown* dont les machines donnent toute leur puissance.

1 h 27. L'équivoque prend fin. Le feu se déclenche de partout, tandis que l'Union Jack monte fièrement sur le *Campbeltown*. Les batteries allemandes donnent avec leurs mortiers de 150 ou leurs canons de 75, tandis qu'à bord des navires les Oerlikon, les Lewis et les Bren se déchaînent.

Imperturbable au milieu des morts et des blessés qui s'affaissent autour de lui, le commandant Beattie dirige sa manœuvre. Son *Campbeltown*, le plus gros et le plus visible des bâtiments, est la cible privilégiée. Les impacts déchirent sa coque et ses ponts. A 20 nœuds, il double le phare du vieux môle, son point de repère. Un dernier ordre de Beattie :

« A gauche 20 ! »

A 1 h 34, la proue du *Campbeltown* s'écrase contre les caissons de la cale de Normandie et s'y encastre sur une dizaine de mètres.

« Quatre minutes de retard », relève son commandant.

L'objectif principal est atteint. Le plus sanglant est devant.

Du *Campbeltown* immobilisé, commandos et sapeurs valides se précipitent à terre. Les quais, les entrepôts connaissent des luttes farouches. A tout moment des combattants tombent. La grenade est l'arme première de ces combats rapprochés pour réduire au silence une mitrailleuse ou une pièce d'artillerie. Aux machineries, aux pompes de puisage, au caisson nord de la forme-écluse, les équipes de sabotage, dédaigneuses du tintamarre environnant, avec des gestes sûrs, disposent leurs charges. Dans quelques minutes, les explosifs feront leur œuvre.

Sur le fleuve, les vedettes manœuvrent pour accoster et déposer leurs commandos. Des tirs les prennent à partie à courte distance. Trop légères, plusieurs s'embrasent. Partout, l'héroïsme ignore la peur et le sang. Chez les mitrailleurs des vedettes rivés à leurs pièces pour riposter quel qu'en soit le prix, chez les marins bravant la mitraille pour débarquer leurs camarades ou tenter de les reprendre mission accomplie, chez les combattants à terre, acharnés à poursuivre les destructions imparties.

Les Allemands réagissent avec force. Leurs projecteurs éclairent la surface de l'eau. Leurs canons et leurs mitrailleuses entrecroisent leurs feux. Des groupes de renfort accourent de partout. Au milieu des explosions, des nappes de mazout en feu, de la fusillade générale, le rembarquement devient presque partout illusoire.

Bien peu sortiront indemnes de l'enfer de Saint-Nazaire. Des 19 bâtiments [1] entrés dans l'estuaire de la Loire, 7 seulement en ressortiront. Et dans quel état ! Trois rentreront directement en Angleterre. Les autres, ayant réussi à rallier les destroyers de recueil, devront être coulés pour ne pas ralentir le retour. 169 marins et commandos auront été tués [2]. Des hommes débarqués, cinq seulement parviendront à s'éclipser et à franchir les

---

1. Victime d'une avarie de moteur, une vedette avait été contrainte de faire demi-tour avant d'entrer dans l'estuaire.

2. 64 commandos, 105 marins.

Pyrénées avec l'aide de la Résistance française. Newman et ses derniers compagnons, à court de munitions, seront faits prisonniers [1]. Beattie sera repêché en mer par un remorqueur allemand. Ryder, plus heureux, rejoindra les destroyers. Il sera à Dieppe, trois mois plus tard. [2]

Dans la matinée, à 10 h 35, les charges du *Campbeltown* explosent. 300 à 400 Allemands – le chiffre exact est incertain [3] – qui se trouvent à bord ou à proximité sont les premières victimes de la déflagration. Les portes d'accès à la cale de Normandie, comme les machineries et les pompes, sont définitivement hors d'usage [4].

Le *Tirpitz* ne paraîtra pas dans l'Atlantique.

*
* *

Dieppe, opération « Jubilee », 19 août 1942

Bruneval est un raid aussi sportif que militaire, réussi avec célérité. A Saint-Nazaire, un héroïsme chèrement payé, doublé d'une parfaite maîtrise, apporte encore le succès. Ces deux actions sont typiquement des raids de commandos.

Le débarquement de Dieppe, le 19 août 1942, n'est pas de la même facture. Opération combinée certes, il est surtout une tentative pour prendre pied quelques heures durant sur le continent. Son échec, l'holocauste des Canadiens français, ce jour-là, continuent de susciter des interrogations non dépourvues parfois de colère par-delà la tristesse devant les sacrifices supportés.

Pourquoi Dieppe ? La réponse est double, politique et militaire. L'URSS, en 1942, vit des heures difficiles. Staline réclame à cor et à cri un second front. Ses alliés occidentaux se doivent de montrer qu'ils tentent d'agir à son profit. L'invasion en force sur le continent est prématurée. L'opération Sledgehammer, débarquement de sacrifice dans le Cotentin, rencontre un accueil mitigé. Le débarquement en Afrique du Nord est envisagé, mais

1. Environ 200 prisonniers, blessés pour beaucoup.

2. 16 civils français seront fusillés par les Allemands, en représailles, après les explosions à retardement.

3. Outre les victimes du *Campbeltown,* les pertes allemandes se seraient élevées à 42 morts et 127 blessés.

4. La cale sera inutilisable pendant 10 ans (deux torpilles lancées par une vedette y exploseront encore 36 heures plus tard).

ne sera définitivement décidé qu'en juillet. Les opérations combinées reçoivent donc mission de « faire un geste ».

Militairement, l'opération Rutter qui deviendra Jubilee s'inscrit dans la ligne des directives qui leur ont été imparties.

> « Des raids en force, destinés à reconnaître la puissance des défenses ennemies, devront être effectués chaque fois que l'occasion s'en présentera. »

Le succès sur Saint-Nazaire, quel qu'en soit le coût, conforte l'esprit de cette directive. Le 4 avril, Mountbatten souscrit à la préparation d'une attaque contre Dieppe. Celle-ci doit apporter une petite satisfaction à Staline, contribuer à fixer des réserves allemandes à l'ouest et enfin permettre de dégager les enseignements indispensables à la conduite du futur grand débarquement en Europe.

Mais pourquoi Dieppe ? Ce port normand, niché dans une échancrure des falaises à l'estuaire de l'Arques, à mi-chemin du Havre et de Boulogne, n'a qu'un intérêt secondaire. Son choix répond à des critères de distance et de défense. Calais, Boulogne, Le Havre, sont trop près, trop loin ou trop bien défendus. Dieppe, à 110 km de Newhaven, ne paraît pas, eu égard à son importance, disposer de défenses très solides.

Il y a aussi, dans ce dossier, les Canadiens. Les Canadiens, en masse, ont répondu présents pour défendre la Grande-Bretagne. Depuis leur arrivée sur le sol britannique, ils demeurent l'arme au pied. Churchill n'a pas voulu les engager outre-mer, de peur de donner l'impression qu'il utilise les soldats du Commonwealth pour préserver l'empire. Venus protéger le Royaume-Uni, ceux-ci attendent. Leur Premier ministre, Mackenzie King, s'en irrite et s'en inquiète. Cette inactivité le dessert dans son pays. Il aurait même déclaré à ce propos : « J'ignore pendant combien de temps je pourrai encore diriger mon pays si nos troupes demeurent inactives. »

Les règles politiciennes imposent d'utiliser les Canadiens. Leur désignation pour Dieppe, de préférence à une autre troupe, s'inscrit dans cette effroyable logique.

A la mi-avril, Roosevelt et Churchill approuvent l'ajournement de Sledgehammer et l'exécution de Rutter. Le 27 avril, Montgomery, qui commande la région sud-est de la Grande-Bretagne, reçoit ordre d'en exercer le commandement militaire. Cette nomination et son rang dans la hiérarchie britannique lui confèrent tous les pouvoirs requis pour préparer l'opération.

Ayant dans sa région les Canadiens sous ses ordres, il connaît l'urgence de leur utilisation. Il est ainsi le premier à les désigner. La 2e division canadienne du général Roberts débarquera à Dieppe.

Tablant sur les défenses de la ville, la direction des Opérations combinées présente un plan où de larges débordements à l'est et à l'ouest permettront un vaste enveloppement [1]. D'entrée Montgomery le récuse. Il estime qu'il exigera trop de temps et laissera aux réserves allemandes le loisir d'intervenir. Jouant ce qu'il appelle la surprise tactique, il impose l'assaut frontal directement contre la ville. Cette conception débouchera sur un échec sanglant ; mais Montgomery, envoyé en Egypte, ne sera plus là pour en endosser la responsabilité [2].

Rutter a été décidé en avril et les semaines passent. Délais obligatoires d'organisation mais aussi indécisions. Procédera-t-on à un bombardement aérien ou naval au préalable à la mise des troupes à terre ? Y aura-t-il même un débarquement ? Les hésitations devant les risques se multiplient. On se chamaille aussi pour savoir qui dirigera l'expédition.

La visite de Molotov, au printemps, presse Londres et Washington d'agir. Churchill et Roosevelt, du reste, en sont partisans. Rutter aura bien lieu. En contrepartie, les Allemands, inquiets des rumeurs qui courent, ont transféré 33 divisions dans le nord de la France.

Le 3 juillet, la force de débarquement embarque ; le secret de l'opération est révélé aux troupes. Mais la météo s'en mêle. Le vent prend de la force. Les parachutages s'avèrent impossibles. On attend. Des reconnaissances aériennes allemandes donnent l'impression que les rassemblements de bateaux ont été repérés. Le 8 juillet, les troupes débarquent et rejoignent leurs cantonnements du Sussex. Rutter est enterrée.

Très provisoirement. Pour huit jours seulement.

Tobrouk a capitulé. Rommel est au seuil de l'Egypte, les Japonais aux portes de l'Inde. Dans l'Atlantique, les pertes mensuelles dépassent 400 000 tonnes. Staline se fait virulent.

« Je touchai à mon nadir politique, sans la moindre lueur de succès militaire », écrira Churchill.

---

1. La côte normande, à hauteur de Dieppe, sensiblement orientée ouest-nord-est, regarde vers le nord.

2. Cf. chap. 17.

La Grande-Bretagne a un besoin urgent de contrer l'adversité. Dans le plus grand secret, la direction des Opérations combinées reprend Rutter qui devient Jubilee. Le 25 juillet, Mountbatten fait savoir à ses adjoints que le Premier ministre et le Cabinet de guerre ont approuvé le raid.

*
* *

Le 17 août, en fin de journée, après un report pour cause de vent, 6 068 officiers et soldats embarquent sous couvert d'exercices à Southampton, Portsmouth, Shoreham et Newhaven. La grosse majorité sont des Canadiens français. Les commandos 3 et 4, celui des Royal Marines ont fourni un millier d'hommes ; les Américains, qui tiennent à participer, 50 rangers [1]. 237 bâtiments de tous tonnages participent à l'expédition [2]. 60 squadrons de chasse sont prévus pour appuyer le débarquement [3].

Le plan, qui a repris les prescriptions de Montgomery, prévoit :

– sur le flanc gauche, à l'est de Dieppe, le commando n° 3, débarqué à Berneval et Belleville-sur-Mer, plage jaune, doit détruire la batterie Goebbels ; le régiment royal du Canada, débarqué à Puys, plage bleue, doit annihiler la batterie Rommel qui domine directement le port et ses approches ;

– au centre, le régiment écossais d'Essex et le régiment d'infanterie légère Royal Hamilton, débarqués plages rouge et blanche, ont à s'emparer du port, du casino et du centre ville ;

– sur le flanc droit, à l'ouest de Dieppe, le régiment du Sud Saskatchewan et les Highlanders du Own Cameron de la Reine, débarqués à Pourville, plage verte, doivent s'emparer de la ferme des Quatre-Vents, annihiler la batterie Hindenburg, puis s'enfoncer vers l'intérieur pour occuper le terrain d'aviation de Saint-Aubin et le PC de la division allemande à Arques-la-Bataille ;

---

1. Soit 298 officiers et 4 663 soldats de l'armée canadienne, 65 officiers et 992 hommes des commandos, 50 rangers américains, 18 membres des commandos interalliés (dont quelques Français).

2. Dont, outre les transports de troupes, 8 destroyers de 900 tonnes, une canonnière de rivière de 500 tonnes commandée par le capitaine de frégate Ryder, rescapé de Saint-Nazaire, 7 chasseurs de sous-marins français. Certains ont participé au raid sur Bruneval.

3. Dont le 340e groupe de Français libres du commandant Dupérier.

– enfin, à l'extrême droite, débarqué à Varengeville-sur- Mer et Quiberville, plage orange, le commando n° 4 doit détruire la batterie Hess et les défenses côtières de Varengeville.

Le 14ᵉ bataillon de chars canadiens débarquera à Dieppe même en appui, les fusiliers du Mont-Royal assurant la réserve du commandement confié au général Roberts, patron de la 2ᵉ division canadienne.

Ce plan conduit à un certain nombre de réflexions qui permettent d'expliquer la suite :

– L'intervention des troupes aéroportées a été abandonnée eu égard aux incertitudes du temps. Il faut débarquer. Mais les commandos qui remplaceront les parachutistes pourront-ils effectuer le même travail sur les arrières ?

– Les batteries allemandes qui dominent les plages et la mer, et la ville seront-elles détruites ? A défaut, ce sera un désastre.

– L'effort principal, conformément à la pensée de Montgomery, est toujours fixé au centre, contre Dieppe. Les débarquements latéraux permettront-ils de l'effectuer en relative sécurité ?

– Aucun bombardement massif précédant la mise à terre n'a été retenu. Toujours la notion de surprise tactique chère à Montgomery ! Cette absence, fortement débattue par les états-majors mais finalement acceptée, est très mal perçue par les exécutants.

Et pourtant, Montgomery à El Alamein et ailleurs montrera son souci d'une intense préparation d'artillerie avant le déclenchement des attaques...

*
* *

Les Allemands, de leur côté, n'ont aucun renseignement précis mais sont vigilants et en force. Il y a eu les reconnaissances aériennes, les rumeurs... Il y a eu l'intuition de Hitler, suivie d'une directive le 9 juillet.

> « La côte de la Manche est spécialement menacée, particulièrement entre Dieppe et Le Havre, et en Normandie, ces secteurs pouvant être atteints par la chasse ennemie et se trouvant à portée de la plus grande partie des navires de transport. »

Aussi l'Organisation Todt [1], en place depuis septembre 1941, a-t-elle multiplié ses travaux. Les batteries, déjà évoquées dans

1. Dirigé initialement par Fritz Todt, disparu dans un accident d'avion le 8 novembre 1942, puis par Albert Speer, ce service annexe du génie de la

le plan britannique, ont été renforcées. Les grottes des falaises ont reçu des mitrailleuses, des antichars, et sont pourvues de vivres et de munitions pour tenir au moins 48 heures. A Dieppe même, une série de blockhaus bordent l'esplanade et couvrent les carrefours. Dans les maisons du front de mer se sont installés des tireurs d'élite et des lanceurs de grenades. Des barbelés barrent les plages. Des mines et des pièges ont été disposés dans les petites anses.

Un ordre de von Rundstedt, commandant en chef en Europe occidentale [1], a notifié à la 302e DI, tenant le secteur de Dieppe, de prendre l'état d'alerte de « danger menaçant » du 10 au 20 août, les conditions de lune et de marée étant, durant cette période, très favorables à un débarquement allié.

Les assaillants se heurteront à un adversaire beaucoup plus nombreux et beaucoup mieux organisé qu'ils ne l'escomptaient.

*
* *

19 août, 3 heures. La flotte sort du champ de mines protégeant les côtes françaises, les bateaux éclatent en éventail. La zone de débarquement s'étale sur quelque 18 km.

3 h 30, les 6 000 hommes des navires de débarquement foncent vers le rivage. Tout, jusqu'à présent, se déroule bien. Le temps est beau, mais la météo prévoit un après-midi couvert et maussade.

3 h 45, la canonnière SGB/5, ouvrant la route aux 23 LCP du commando n° 3, tombe sous le feu de cinq chasseurs de sous-marins. Les LCP se dispersent, mais beaucoup sont endommagés et s'égarent. Six seulement atteindront le rivage, notamment le LCP/15 qui a poursuivi en solitaire.

4 h 45. Cinq minutes avant l'heure H, ce dernier s'échoue un peu à l'est de Berneval. Ils sont 20 commandos à bord, 3 officiers et 17 hommes. Leur chef, le major Young, n'est pas de ceux qui hésitent. Se glissant à travers le village, guidé par un habitant, le petit groupe se dirige vers la batterie Goebbels et ses redoutables pièces de 152. Scindant sa troupe en trois pour

---

Wehrmacht construit, de la Norvège au golfe de Biscaye, l'ensemble de fortifications qui sera appelé « mur de l'Atlantique » par la propagande allemande.

1. Démissionnaire en décembre 1941, après le repli devant Rostov-sur-le-Don, il a été rappelé le 1er mars 1942 pour occuper ce poste à titre intérimaire d'abord, puis définitif à compter du 1er mai.

abuser l'ennemi sur ses effectifs, Young lance l'attaque à un contre dix. La batterie ne saurait être enlevée, du moins est-elle neutralisée. Contrainte de se défendre, elle ne tire pas à longue portée sur les navires en mer. Au bout d'une heure et demie de combat, Young et les siens, à court de munitions, décrochent vers leur LCP qui les attendait au large. Les 20 hommes, certains blessés, regagneront tous l'Angleterre.

Les autres LCP du commando n° 3, rescapés de la rencontre avec les chasseurs de sous-marins, sont moins heureux. Une patrouille sur les falaises les repère. Mitrailleuses et mortiers se déchaînent. Avec le jour naissant, les 98 commandos et les 6 rangers sont cloués au pied des falaises. A 10 heures, les 82 survivants seront faits prisonniers. Un seul homme parviendra à rejoindre à la nage un navire mouillé à 5 km des côtes.

4 h 50. Le premier élément du commando n° 4 de lord Lovat touche la plage orange de Varengeville sans essuyer la moindre opposition. Une heure après, une salve de mortier frappe un dépôt de gargousses de la batterie Hesse, préparant l'intervention de Lovat, débarqué entre-temps. En grand seigneur, celui-ci donne au son de la cornemuse, qu'il ne quitte pas, le signal de l'assaut définitif. A la baïonnette autant qu'à la grenade, l'affaire est enlevée en dix minutes. Les Allemands laissent 98 morts sur le terrain et 4 prisonniers. Le commando a eu 45 morts et blessés, mais les canons sont définitivement silencieux. A 7 h 30, il rembarque sans encombre, mission accomplie.

Young a réalisé le plus bel exploit et Lovat remporté le seul vrai succès de la journée. Partout ailleurs, en effet, tout va de mal en pis. La bataille de Dieppe se transforme en tragédie.

*
* *

Le premier drame se déroule sur la plage bleue au bas des falaises de Puys que le régiment royal du Canada doit enlever. La défense allemande ne compte que 94 hommes mais ils sont bien armés et dominent la scène. Ayant vu défiler les bateaux, ils sont sur leurs gardes.

Les LCP ont pris du retard. Ils touchent terre à 5 h 07, 8 minutes avant l'aube. La plage de Puys est étroite, à peine 200 m. Les MG la balaient d'un feu incessant. Pour les Canadiens, il n'est pas d'issue. Plage trop petite, falaise trop haute, ravinements tenus. Seuls quelques hommes parviendront à se hisser sur la crête. Les marins tentent l'impossible. Destroyers ou navires de débarquement s'approchent au plus près pour soulager leurs camarades à terre ou évacuer les survivants. Sur les 554 hommes du régiment royal, 65 seulement reviendront, dont 32 blessés. A 8 heures, leurs autres compagnons seront contraints de se rendre.

Faute de liaisons radio, Roberts ignorera tout. Il ne pourra déclencher le moindre appui d'aviation...

A Pourville, plage verte, la mise à terre s'effectue, heure prévue, 4 h 52. Il fait encore nuit. La surprise joue. En outre, l'endroit est moins fortifié. Les 523 officiers et soldats du régiment du Sud Saskatchewan, remarquablement entraînés par leur chef, le colonel Merritt, bénéficient d'une large supériorité numérique.

La plage est large et dégagée. Les assaillants franchissent rapidement les barbelés, s'engouffrent dans Pourville et progressent le long de la Scie pour coiffer le pont de la départementale qui mène à Dieppe. Ils comptent de là se rabattre sur la ferme des Quatre-Vents qui domine la ville. Des blockhaus, des batteries de DCA, aux abords de la ferme, leur opposent une solide résistance. Manœuvre et réduction de ces points forts prennent du temps. En dépit de l'héroïsme personnel du colonel Merritt, qui paie largement de sa personne [1], la ferme des Quatre-Vents n'est pas occupée. Les Cameron, débarqués à 5 h 30, n'ont pas la voie libre vers l'aérodrome de Saint-Aubin. Ils tentent cependant de s'infiltrer de part et d'autre de la Scie, petite rivière marécageuse qui s'enfonce dans l'intérieur. Là encore, les minutes passent vite à annihiler les obstacles rencontrés. A 9 heures, devant l'arrivée des renforts ennemis, Cameron et Saskatchewan reçoivent l'ordre de se replier. La mer commence à se retirer. L'espace à franchir à découvert jusqu'aux bâtiments s'allonge.

800 hommes sont à embarquer, proie facile pour les Allemands qui tiennent les hauts. Les Canadiens couvrent de leur mieux leur rembarquement. Les destroyers, comme devant Puys, frôlent la côte. Leurs obus, leurs fumigènes s'abattent sur les falaises et les hauteurs mais n'interrompent pas les mortiers allemands. La ruée vers les LCP échoués pour certains à 150 m du rivage ne peut s'achever qu'en carnage. Des hommes se jettent à l'eau pour échapper aux tirs des mitrailleuses. Nombreux sont ceux qui nageront plusieurs centaines de mètres avant qu'on puisse les repêcher.

1. Il y gagnera la Victoria Cross.

A 13 heures, l'arrière-garde, toujours commandée par Merritt blessé, doit se résigner à hisser le drapeau blanc.

*
* *

L'échec sur les hauteurs de Dieppe, Puys à l'est, ferme des Quatre-Vents à l'ouest, condamnait l'assaut frontal, avant même son déclenchement.

Le drame se jouera dans l'espace réduit entre la plage, les falaises de chaque côté de la ville, et l'esplanade du bord de mer que limitent les premiers immeubles. Sur un front d'environ 800 m sur 300 m de profondeur vont venir s'agglutiner quelque 2 000 fantassins du régiment d'Essex, du Royal Hamilton, ainsi que les tankistes du 14e bataillon. Les uns et les autres sont décimés dès la plage ou le long du mur bordant la grève. Les 18 chars Churchill sont tous très vite immobilisés, soit sur les galets, soit devant le mur de grève, soit, le plus souvent, par avarie des chenilles. Les LST qui les ont amenés au rivage sont presque tous détruits. La mort à chaque pas n'interdit pas le courage. Quelques détachements isolés s'infiltrent dans les rues de Dieppe, et parviennent à tendre des embuscades meurtrières aux Allemands qui accourent en renfort. Le Casino, situé sur la partie occidentale du front de mer, et partiellement transformé en blockhaus, connaît des mêlées sans merci et est pratiquement occupé.

A bord du destroyer *Calpe,* le général Roberts ne peut toujours rien. Les informations qui lui parviennent sont imprécises ou erronées. La fumée empêche de distinguer ce qui se passe à terre. La RAF est tout aussi incapable d'intervenir. Où sont les amis, où sont les ennemis ? Ce n'est que progressivement qu'apparaîtra la réalité d'un désastre que le rembarquement aggrave.

*
* *

Pensant étoffer son assaut, Roberts, vers 6 heures, lance les fusiliers du Mont-Royal à la rescousse. A leur tour de courir au massacre. Bien abrités derrière leurs blockhaus ou leurs postes de tir, les Allemands visent à coup sûr.

A 9 heures, l'échec est flagrant. L'ordre de repli général est lancé. Des arrière-gardes se dévouent. La Navy tente l'impossible. Le destroyer *Berkeley*, atteint, doit se saborder. A 14 heures, tout est terminé. Les rescapés du raid voguent vers l'Angleterre. Sur des kilomètres, la marée ballotte les cadavres et les repousse sur la grève.

Les Canadiens ont perdu 215 officiers et 3 164 hommes, les commandos 24 officiers et 223 hommes, la Navy 81 officiers et 469 marins. Au total, 320 officiers, 3 856 combattants du rang ont été tués, blessés ou sont portés disparus. Plus de la moitié de l'effectif engagé est hors de combat. (1 000 morts, 2 000 prisonniers dont 500 blessés.) Tout le matériel débarqué a été perdu lui aussi [1].

*
* *

Les Allemands [2] ont beau jeu de clamer victoire. La presse, la radio vantent leurs prouesses et leur succès.

« Plus un seul Anglais en armes sur le continent », annoncent les communiqués. Ce n'est pas faux.

Dieppe, holocauste inutile ?

« Pour un soldat mort à Dieppe, affirmera Mountbatten, dix furent sauvés sur les plages normandes. »

Le responsable des Opérations combinées pouvait difficilement énoncer une autre assertion. Toutefois, Churchill et les grands responsables militaires alliés seront du même avis. Au lendemain du 6 juin 1944, après avoir visité les plages du débarquement, ils écriront à Mountbatten, devenu commandant en chef du Sud-Est asiatique :

> « Nous désirons vous le dire, nous comprenons que la plus grande partie de cette remarquable technique et par conséquent le succès de l'entreprise ont leur origine dans les réalisations effectuées par vous et votre état-major des Opérations combinées. » [3]

Car il est vrai que Mountbatten et les autres généraux ou amiraux ont analysé les raisons de l'échec sanglant de Dieppe :

– défaut de renseignements précis sur les défenses adverses ;
– précarité de l'appui-feu ;
– absence de liaisons radio sûres ;

1. Plus 98 avions. On n'a pu sauver que 30 pilotes.
2. Leurs pertes, mal connues, sont estimées à 600 morts et blessés.
3. Signé Churchill, Alan Brooke, Smuts, Marshall, King et Arnold.

– erreurs et retards dans les débarquements ;
– manque de souplesse, suite à un plan trop rigide, etc.

Ils sauront en tirer les enseignements, tant pour concevoir la bataille (débarquement sur les plages, parachutage sur les arrières...) que pour la doter de moyens techniques (port artificiel, chalands de débarquement, etc.). Bien évidemment, la Résistance française fournira sur le « mur de l'Atlantique » les renseignements que la bataille de Dieppe [1] avait par trop négligés.

*
* *

Commando dans la Gironde (décembre 1942)

L'entreprise est d'une folle audace, presque suicidaire...

Les Anglais connaissent bien Bordeaux. Une princesse d'Aquitaine, en rupture de ban avec son royal époux français, leur avait, jadis, offert en dot le port et sa province. Un commerce fructueux s'était instauré entre les docks des bords de la Garonne et de la Tamise. Les Britanniques apprécient le « claret ».

Les barils bordelais ne roulent plus sur les quais à l'intention des négociants londoniens. Bordeaux occupée connaît une autre activité. Les Allemands l'utilisent pour réceptionner des produits, essentiels à leur effort de guerre, qu'apportent des cargos rapides. Ceux-ci, par leur vitesse, échappent aux sous-marins. L'aviation n'a pas les moyens de les surveiller.

Des bombardements ont été effectués, sans résultats. Les cargos ont échappé aux coups. Des hommes doivent donc aller sur place les détruire. Tel est du moins le projet du commandement britannique.

Le 1er décembre 1942, dix fusiliers marins embarquent à bord du sous-marin *Tuna*. Depuis des semaines, ils se sont entraînés à naviguer par tous les temps dans des kayaks biplaces.

Le 7 décembre, le *Tuna* fait surface à 12 milles de l'estuaire de la Gironde. Les dix fusiliers se glissent dans leurs esquifs

1. Les pertes, dans la population civile, furent de 40 morts et 40 blessés. Par tracts et émissions radio, les Britanniques avaient averti les habitants qu'il s'agissait d'un raid et non d'une invasion et les avaient, par conséquent, priés de ne pas se manifester.

bourrés d'armes et de bombes « collantes ». Le capitaine Hasler commande ce petit groupe d'intrépides qui vient juste de prendre connaissance de sa mission : remonter la Gironde, aller fixer les fameuses bombes « collantes » sur les cargos à quai à Bordeaux.

Les petits kayaks sont bien frêles sur l'océan de décembre. Le *Poisson-chat,* le *Colin,* la *Langouste,* la *Seiche,* le *Congre* tanguent dangereusement. Le *Colin*, le premier, sombre dans les remous à l'entrée de l'estuaire. Ils ne sont bientôt plus que deux à pagayer de nuit vers Bordeaux, se cachant de jour dans les îles ou sur les rives.

Le 11 décembre au soir, les deux kayaks sont en vue de Bordeaux. Dans le port, les navires sont en déchargement à la lueur de lampes fixées en tête de mâts. Les quatre fusiliers se répartissent leurs bombes, à retardement de 9 heures. Quatre chacun.

Le capitaine Hasler et son coéquipier Sparks parviennent à plaquer leurs engins sur trois cargos et un pétrolier, leurs deux camarades, sur deux seulement.

Il faut rentrer. Le retour est prévu par couples, via l'Espagne. Les quatre hommes se séparent. Cinq mois plus tard, Hasler et Sparks seront à Londres. Aidés par la Résistance française, ils ont pu gagner l'Espagne. Après la guerre, on apprendra que leurs camarades, faits prisonniers, avaient été fusillés. Un seul s'était noyé.

Mais six bâtiments ennemis avaient été coulés. Au prix de quel héroïsme ! A l'image de celui de tous ces commandos lancés en enfants perdus sur une terre occupée.

Chapitre XIII

LE GLOBE-TROTTER DE LA VICTOIRE

Winston Churchill peut remercier sa mère [1]. Elle l'a nanti d'une belle santé. A 68 ans – il est né le 30 novembre 1874 – il virevolte de Londres à Washington, de Londres à Moscou via Le Caire et Téhéran. Il brave sans défaillances le ciel de l'Atlantique, les hauteurs du Caucase, la chaleur du désert et les longues rasades de la vodka de Staline. Oui, une belle santé !

*
* *

Churchill, certes, aime bouger. Par tempérament, il n'est pas homme à rester enfermé dans son cabinet avec ses dossiers. Il a surtout perçu que cette coalition hétéroclite qu'il appelle la « grande Alliance » avait besoin d'une clé de voûte. Il est indis-

1. Lady Randolph Churchill, née Jenny Jerome, était américaine, d'une famille issue de l'île de Wight et installée de l'autre côté de l'Atlantique au début du XVIIIe siècle. Par l'une de ses ancêtres, elle possédait un peu de sang iroquois. Le futur vigoureux Premier ministre ne devait pas se ressentir de sa naissance prématurée, sa mère étant enceinte de sept mois lorsqu'il naquit.

pensable d'unir et d'harmoniser les vues de dirigeants dont les idéaux et les intérêts divergent. A lui, premier intéressé, d'être ce « sergent de bataille allant en chaque endroit faire avancer ses gens et hâter la victoire ».

Le Nouvel An 1942 l'avait vu à Washington où il s'était empressé d'accourir après Pearl Harbor et l'entrée des États-Unis dans la guerre. Au début du mois de juin, il se rend compte que la situation lui impose de revoir Roosevelt. Les Soviétiques s'énervent et exigent un second front. Le principe « Europe d'abord » est plus ou moins remis en cause par certains hauts responsables militaires américains. La destruction des navires de transport dans l'Atlantique nord devient un danger de plus en plus alarmant. Le dossier ultra-secret sur l'arme atomique impose que l'on prenne des décisions.

L'expérience du retour d'Amérique, en janvier, a appris au Premier ministre que l'avion, si risqué fût-il, économisait bien du temps par rapport à un navire de guerre. Dans la nuit du 16 au 17 juin, accompagné d'Alan Brooke, il s'envole à bord de l'hydravion qui l'avait ramené cinq mois plus tôt. Peu avant son départ, il a écrit au roi pour lui conseiller d'appeler Anthony Eden, secrétaire d'Etat aux Affaires étrangères, dans le cas où il viendrait à disparaître durant son voyage. La navigation aérienne n'est pas encore d'une fiabilité absolue. Une rencontre avec un maraudeur nazi aux approches des côtes britanniques n'a rien d'impossible.

Il fait chaud, très chaud à Washington lorsque le capitaine Kelly Rogers pose son appareil sur le Potomac après 27 heures de vol. Le visiteur apprécie l'air frais de l'ambassade anglaise avant de décoller le 19 de bonne heure pour Hyde Park [1], où Roosevelt l'attend dans sa résidence familiale. Il avouera y avoir fait l'atterrissage le plus brutal de sa carrière.

Comme de coutume, l'accueil du Président est cordial. Les discussions s'engagent instantanément, souvent de manière informelle. Roosevelt regarde Churchill comme un vieil ami. Hyde Park avait son charme, sa vue sur l'Hudson, sa fraîcheur. Une nuit de train ramène à Washington les deux hommes écrasés par la canicule. Churchill y apprend surtout une mauvaise nouvelle. Tobrouk est tombé. Si le coup est rude pour l'orgueil britannique, il démontre amplement la nécessité de coordonner les efforts. Roosevelt, Churchill et les chefs militaires veilleront

1. 150 km au nord de New York, au bord de l'Hudson.

fort avant dans la nuit pour étudier les renforts à envoyer au Moyen-Orient et la sécurité à rétablir dans l'Atlantique.

Pas de répit dans le programme prévu. Départ en train pour la Caroline du Sud afin d'assister à des exercices d'entraînement de la jeune armée américaine. Une journée torride et un champ de manœuvres qui rappelle à l'ancien lieutenant de Sandhurst les plaines de l'Inde à la saison chaude. Il est particulièrement impressionné par le largage d'un millier de parachutistes. Il s'en souviendra. Les forces aéroportées joueront un grand rôle dans les batailles futures.

Retour à Washington pour rencontrer les représentants des dominions et de l'Inde, puis dernière poignée de main avec Roosevelt. Le voyageur n'a pas chômé lorsque son hydravion, le 25 juin au soir, met le cap sur l'Angleterre. Le principe « Europe d'abord » a été confirmé. Un débarquement en Europe est prévu pour 1943. Un autre en AFN a été mis à l'étude et on envisage de le réaliser avant la fin de l'année. Les Américains ont promis de mieux protéger les convois de l'Atlantique. Une décision historique, enfin, a été prise concernant l'arme atomique.

> « Les Alliés ne pouvaient se laisser dépasser, sous peine de mort, dans ce domaine terrifiant »,

dira Churchill. Américains et Anglais uniront leurs efforts. Les premiers, de par leur potentiel industriel, prendront en charge l'essentiel du dossier. Hiroshima et Nagasaki, trois ans plus tard, seront au terme de ces accords.

*
* *

Se rendre aux États-Unis en 1942 garde un côté périlleux, mais du moins la réception chaleureuse y est-elle toujours assurée. Se déplacer jusqu'à Moscou est une aventure aussi hasardeuse, voire plus. Quant à l'accueil, rien ne prouve qu'il ne soit pas d'un froid sibérien. Staline attend son second front et les convois à destination de Mourmansk interrompus devant les ravages des U-Boote dans la mer du Nord. Son humeur est certainement à l'orage. Pourtant, il est un partenaire indispensable. L'armée Rouge, malgré ses échecs, lamine la Wehrmacht et retient le gros de ses forces. La victoire en Europe passe par un front de l'Est sans défaillance. Le souvenir du traité de Brest-

Litovsk signé en 1918 par Lénine pour sauver la Révolution bolchevique obsède Londres. Staline ne serait-il pas capable pour préserver son régime de refaire cavalier seul ? En juillet 1942, son pays est en fâcheuse posture : Leningrad encerclée, Moscou encore menacée, Sébastopol tombée, le Caucase atteint. Rien ne paraît devoir arrêter la marche des Allemands vers Stalingrad et la Volga.

Churchill n'hésite pas. Il ira à Moscou affronter et amadouer l'ours soviétique. Il lui annoncera que si le second front, promis à Molotov en mai, ne peut être ouvert en Europe en 1942, Torch – le débarquement en Afrique du Nord – est en revanche définitivement acquis pour l'automne.

Le trajet, cette fois, essentiellement au-dessus des terres, s'effectuera en Liberator [1]. Après escale à Gibraltar, l'appareil survolera discrètement le Maroc espagnol, l'Afrique vichyste, le sud du désert libyen et retrouvera le Nil à Assiout pour remonter vers Le Caire.

Le 2 août le Liberator AL 504 *Commando* décolle d'Angleterre [2]. Le quadrimoteur n'est pas chauffé. Churchill parle de « courants d'air, coupants comme des lames de rasoir ».

Il faisait froid au-dessus de l'Atlantique. Il fait 40° à l'ombre au Caire, chaleur qui n'empêche pas Churchill de visiter les positions d'El Alamein et le front. Des photos le montrent en combinaison bouffante, casque colonial sur la tête, accompagné d'un solide garde du corps portant un majestueux parasol. Le séjour près des premières lignes, par-delà la poussière, les mouches, le soleil et l'intervention possible d'un chasseur allemand, est la partie agréable du voyage. Le Premier ministre veut régler le cas Auchinleck qui pourtant n'a pas démérité [3].

---

1. Sorti à partir de 1942, le Consolidated B-24 Liberator sera produit à 18 888 exemplaires. Utilisé également pour la reconnaissance maritime, la chasse anti-sous-marine et le transport, ce quadrimoteur sera le bombardier lourd le plus engagé durant la Seconde Guerre mondiale. Vitesse : 488 km/h ; autonomie : 4 585 km ; équipage : 8 à 10 hommes ; armement : 10 mitrailleuses ; 4 tonnes de bombes. Sa version destinée à l'aéronavale sera connue sous le nom de Privateer. Les équipages reprocheront à cet appareil son manque de robustesse, comparée à celle du B/17 capable de rentrer de mission sérieusement endommagé.

2. Le général Sikorski, chef du gouvernement polonais en exil à Londres, disparaîtra le 4 juillet 1943, lors du décollage à Gibraltar d'un appareil de ce type. Attentat ou incidents mécaniques ? L'enquête n'a pas tranché. Mais l'aviation de 1942 n'est pas sans risques.

3. Cf. chap. 11 et, ci-dessous, chap. 17.

Ses déplacements, ses entretiens le retiennent près d'une semaine en Egypte.

Enfin, le 10 août, au terme d'une journée de conférence, a lieu le grand départ pour Moscou, avec Téhéran comme première étape. Le passage des monts du Kurdistan, à 3 600 m, impose le recours aux masques à oxygène et aux couvertures... Dans la capitale iranienne, Mohammed Reza se fait aimable pour recevoir celui qui a détrôné son père, un an plus tôt [1]. Le jeune souverain se tire bien de son examen de passage devant un politicien aussi averti. Il défend avec fougue les intérêts de son pays. Il parle même haute stratégie. Il suggère d'attaquer l'Italie en premier, puis de pousser à travers les Balkans. Churchill aurait-il eu ce jour-là un éclair ? Il prônera par la suite l'attaque du « bas-ventre mou du continent ».

Mercredi 12 août, 6 h 30, envol vers l'inconnu soviétique. Deux officiers soviétiques sont à bord. L'Elbrouz, ses cimes enneigées, la nécessité des masques à oxygène. La Caspienne. Les Allemands ne sont pas très loin. L'avion vire vers le delta de la Volga avant de piquer sur Kouibychev et Moscou. Stalingrad se niche quelque part sur la gauche.

Moscou. Molotov, et un grand concours de généraux, de diplomates, de journalistes et de photographes, attendent au bas du Liberator. Hymnes nationaux, parades, allocutions de bienvenue. Arrivée au Kremlin. Premier face à face, de près de quatre heures, avec le « petit père des peuples ». L'homme n'est pas facile à dérider. Il prend très mal le report à 1943 d'une intervention anglo-américaine en Europe, quels qu'en soient les motifs. Il en arrive presque à reprocher au Britannique d'avoir peur des Allemands. Il ne se radoucit qu'à l'annonce du débarquement en Afrique du Nord. Indiscutablement, cette perspective, jointe à celle des bombardements intensifiés sur l'Allemagne, lui plaît. Il pousse à sa réalisation dans de brefs délais.

13 août. L'hôte du Kremlin a quelque loisir pour visiter la datcha qui l'héberge et admirer l'aquarium de poissons rouges.

A 23 heures, retrouvailles avec Staline. Discussions tendues. Le Soviétique revient à la charge d'un ton désagréable. Il reproche avec véhémence à ses alliés de ne pas mieux l'aider et de ne pas débarquer sur le continent. On se sépare tout de même sur une poignée de main, une invitation à déjeuner et une demande de prolonger le séjour.

1. Cf. tome III, *De l'invasion de l'URSS à Pearl Harbor*, chap. 10.

Joe, comme l'appelle Churchill, est-il sensible à la sincérité de son interlocuteur lui exposant sans fard ses difficultés et ses projets ? Il est trop roué pour se laisser prendre à la corde sentimentale mais juge peut-être bon de ne pas trop « tirer sur la ficelle ».

14 août. Dîner officiel au Kremlin. Le menu [1] est chargé, avec vodka et champagne de Crimée, les toasts nombreux (25 !).

« Après chaque toast, relatera Churchill, le Maréchal et ses collègues ne buvaient qu'une seule gorgée d'un très petit verre. Quant à moi, j'ai été bien élevé. » Séparation à 1 h 30 apparemment bons amis. Les Soviétiques donnent l'impression qu'ils ont avalé « la pilule amère » du report du débarquement en Europe.

Le départ a été fixé le 16 août à l'aube. Le 15 août, à 19 heures, Churchill vient prendre congé. On parle de la défense du Caucase. Staline se fait fort d'arrêter la Wehrmacht. On parle de la Turquie. Elle ne bougera pas, assure Churchill qui se lève. Le bolchevique, tout d'un coup, se montre plus cordial :

« Vous partez demain à l'aube ? Si nous allions chez moi boire quelque chose ? »

Le Britannique n'en partira qu'à 2 h 30. Staline lui a fait les honneurs de sa maison, lui a présenté sa fille, l'a invité à dîner avec Molotov.

Avant de se séparer, les deux parties signent un communiqué commun :

> « Des négociations ont eu lieu à Moscou entre J.V. Staline, Président du conseil des commissaires du peuple de l'URSS, et M. Churchill, Premier ministre de Grande-Bretagne. M. Harriman, représentant le président des États-Unis, y a participé. Ont également pris part aux discussions, pour les Soviets, V.M. Molotov, commissaire du peuple aux Affaires étrangères, le maréchal K.E. Vorochilov, pour les Britanniques, Sir A. Clark Kerr, ambassadeur britan-

---

1. Pour la petite histoire : hors-d'œuvre froids, caviar, saumon, esturgeon, poulet ; hors-d'œuvre chauds, champignons à la crème, tendron de cerf, œufs à la bergère ; potages, crème de poularde, bortsch ; poisson, esturgeon au champagne ; rôts, dinde, poulet, perdrix, agneau de lait ; légumes, chou-fleur, asperges, salades ; entremets, crème glacée, fruits rafraîchis ; café, liqueurs.

> nique, Sir A. Brooke, chef de l'état-major impérial, des représentants des forces armées britanniques, et Sir A. Cadogan, sous-secrétaire d'Etat aux Affaires étrangères.
>
> « Un certain nombre de décisions concernant la guerre contre l'Allemagne hitlérienne et ses satellites européens ont été prises. Les deux gouvernements sont résolus à poursuivre cette juste guerre de libération avec toutes leurs forces et toute leur énergie jusqu'à la complète destruction de l'hitlérisme et des autres tyrannies similaires. Les conversations, qui se sont déroulées dans une atmosphère de cordialité et de totale franchise, ont permis de réaffirmer l'étroite amitié et l'entente complète qui existent entre l'Union soviétique, la Grande-Bretagne et les États-Unis d'Amérique, en parfait accord avec leurs liens d'alliance. »

Le voyage n'a pas été inutile. L'ours Joe fait patte de velours. Churchill a conforté la grande Alliance. L'URSS ne fera pas bande à part.

Le Premier ministre a bien le droit de s'assoupir, avec le sentiment du devoir accompli, dans l'avion qui à 5 h 30 repart pour Le Caire [1]. Au passage en Egypte, où le soleil tape toujours aussi fort, il ne manquera pas de se rendre encore sur le front, de prendre un bain en Méditerranée et de coucher au PC de Montgomery, nouveau patron de la VIIIe armée.

Il peut rentrer. L'atterrissage à Gibraltar donne quelques sueurs froides. Vol à 10 m au-dessus de la mer, visibilité limitée à 100. Heureusement, l'horizon se dégage aux abords du rocher. Le 24 août, c'est un Churchill hâlé qui réintègre le 10, Downing Street.

Un beau périple, dans des conditions souvent périlleuses, pour ce gentleman de 68 ans, d'esprit vif et, semble-t-il, infatigable ! Le globe-trotter Churchill est bien le premier fourrier de la victoire. Et il n'a pas fini de se déplacer.

1. Quittant Staline, et avant d'embarquer, il a pu rencontrer le général Anders qui remet sur pied une armée polonaise en URSS.

Chapitre XIV

LA SOLUTION FINALE

L'historien se trouve confronté à une double exigence. Le respect de la vérité lui impose de tout rapporter même les pages les plus noires, l'objectivité de maîtriser son indignation et sa condamnation. Ce ne sont pas tâches aisées lorsque la barbarie surgit.

> « Il {le Juif} est et demeure le parasite type, l'écornifleur qui, tel un bacille nuisible, s'étend toujours plus loin, sitôt qu'un sol nourricier favorable l'y invite. L'effet produit par sa présence est celui des plantes parasites : là où il se fixe, le peuple qui l'accueille s'éteint au bout de plus ou moins longtemps ! »
>
> *Mein Kampf,* 1925.

Hitler définit et présente le Juif comme le « parasite type », le « bacille nuisible ». Les enfants d'Abraham correspondent pour lui au mal absolu. Les éliminer s'inscrit dans la droite logique de sa présentation. Devenu puissant, l'auteur de *Mein Kampf* pourra passer aux actes.

Au sein du IIIe Reich, les lois de Nuremberg (septembre 1935) apportent la première réponse à ses théories. Les Juifs allemands perdent leur citoyenneté. Mariage, relations extra-conjugales avec les autres Allemands leur sont interdits. Progressivement, d'autres mesures les frappent : port imposé de l'étoile jaune [1], exclusion des professions libérales, amendes, interdiction de quitter le pays. En novembre 1938, si 150 000 Juifs allemands sur 500 000 ont pu s'exiler, les autres vivent comme des otages.

La guerre, l'invasion de l'Europe orientale modifient les données du problème. La lutte contre l'URSS renforce les arguments hitlériens de l'antisémitisme. Le bolchevisme marxiste est présenté comme le fruit de la pensée juive. D'importantes zones historiques de peuplement juif passent aux mains des nazis : Pologne orientale, Ukraine, Biélorussie, ainsi que de grandes villes, Varsovie, Salonique, Vilna.

Immédiatement, les Juifs polonais sont contraints de se regrouper dans des ghettos. Ce n'est qu'une étape.

Hitler veut se débarrasser du « bacille nuisible », mais comment ? L'exil ? Après la défaite française, le haut-commissariat SS a élaboré un plan de regroupement de 15 millions de Juifs à Madagascar. La Grande Ile est vaste, peu peuplée. L'impossibilité pratique d'expédier, en temps de guerre, des millions d'individus en limite de l'océan Indien fait écarter le projet [2].

Il est difficile de préciser à quelle date Hitler se décide à recourir à la formule extrême : l'extermination pure et simple. On ne peut se repérer qu'à partir de mesures indiquant des intentions.

Le 31 juillet 1941, Heydrich, chef tout-puissant du SD, reçoit un ordre secret, signé de Goering, lui enjoignant :

> « de faire tous les préparatifs nécessaires au sujet de l'organisation et du financement d'une solution radicale de la question juive, dans les régions d'Europe sous influence allemande ».

Le Reichsmarshall suit évidemment des instructions de Hitler. Une décision a été prise qui doit rester secrète. Hitler n'entend la divulguer ni à ses compatriotes ni à l'opinion internationale. Il ne commencera à en parler, par allusions, qu'à la fin de 1941. Est-ce pour se donner bonne conscience ? Il procède par analo-

1. Assez tard toutefois, septembre 1941, en Allemagne.

2. Hitler a écarté également un retour en Palestine, afin de ne pas heurter ses amis arabes.

gies. Il évoque les Anglais et les camps d'internement des Boers en Afrique du Sud. Il parle des Américains et de l'extermination des Indiens, selon le principe : « Il n'est de bon Indien qu'un Indien mort. » Paradoxalement, il affirme vouloir se montrer humain et éliminer sans cruauté.

Humains, les séides hitlériens ? Sous la férule de Himmler, quatre Einsatzgruppen, constitués de SS et de miliciens locaux, sont passés aux actes en Europe de l'Est. Ohlendorf, l'un de ces SS, commandant de l'Einsatzgruppe D en Ukraine, témoignera à Nuremberg :

> « Nous avions pour mission de liquider – c'est-à-dire de tuer – les Juifs et les commissaires politiques des Soviets. Himmler vint nous dire un jour, vers la fin de l'été 1941, que le Führer et lui-même prenaient toute la responsabilité de cette liquidation. Aucun des exécutants n'engageait ainsi sa responsabilité personnelle.
>
> « En un an, de juin 1941 à juin 1942, les différents commandos qui relevaient de mon groupe spécial ont liquidé environ 90 000 personnes, hommes, femmes et enfants. Les chiffres relatifs aux groupes A, B et C sont, à ma connaissance, sensiblement supérieurs [...]
>
> « Himmler fit passer un ordre, au début de l'été 1942, prévoyant que les femmes et les enfants devaient désormais être tués dans les camions asphyxiants. Il y avait à cette décision un double motif. D'abord, cela épargnait aux victimes un choc moral, inévitable lors des exécutions en masse. Et puis, cela évitait aux soldats, dont la plupart étaient mariés, d'avoir à tirer sur des femmes et des enfants. »

Hermann Gräbe, ingénieur et témoin accidentel, rapportera aussi à Nuremberg ce qu'il a vu en Ukraine :

> « J'étais à Dubno, le 5 octobre 1942. Mon contremaître me dit que 1 500 Juifs venaient d'être tués, dans trois grandes fosses communes aux environs de la ville. Il était encore tout bouleversé d'avoir assisté à l'exécution. J'allai avec lui jusque-là [...]

« Plusieurs camions étaient arrêtés près d'un volumineux monticule de terre ; les gardes étaient des miliciens ukrainiens en armes. Ils faisaient descendre des gens, hommes, femmes et enfants, qui tous portaient l'étoile jaune sur leurs vêtements : c'étaient des Juifs.

« Un SS, armé d'un fouet, donnait à ces malheureux l'ordre de se déshabiller. Ils devaient déposer leurs vêtements en tas, par catégories : j'ai vu une pile de 800 à 1 000 paires de chaussures, un monceau de costumes et de sous-vêtements. Ni cris, ni pleurs. Les gens se tenaient, nus, en famille, s'embrassaient, se disaient adieu, et attendaient le signal d'un autre SS, également armé d'un fouet, qui était au bord de la fosse [...] Je remarquai une famille de sept personnes : le mari et la femme, dans la cinquantaine, deux grandes jeunes filles de 20 à 24 ans et trois enfants de 10, 8 et 1 an. Ailleurs, une vieille grand-mère tenait dans ses bras un bébé qu'elle berçait [...]

« Le SS, qui était près de la fosse, cria un ordre ; son camarade compta vingt personnes, qu'il envoya vers lui, de l'autre côté du monticule. Je fis le tour également et je vis une immense tombe. Les cadavres étaient emmêlés les uns dans les autres, et entassés de telle sorte qu'on ne voyait que les têtes. Certains remuaient encore, levaient un bras et tournaient la tête, pour montrer qu'ils étaient toujours en vie.

« La fosse était aux deux tiers pleine. Il devait y avoir un millier de corps. C'est un SS qui avait procédé aux exécutions. Il était assis sur le petit côté de la fosse, les jambes pendantes. Il avait une mitraillette sur les genoux et fumait une cigarette.

« Les gens, complètement nus, descendirent quelques marches creusées dans la terre, et, marchant sur la tête des morts, se dirigèrent vers l'endroit que leur indiquait le SS. Ils se couchèrent sur les cadavres ; certains caressaient ceux qui vivaient encore ou leur parlaient à mi-voix.

« Puis j'entendis une détonation [...] Le groupe suivant approchait déjà [...] Quand j'allais repartir, je vis un camion qui venait d'arriver avec des malades et des infirmes. Deux personnes déjà nues déshabillaient une vieille femme paralysée qu'il fallut porter jusqu'à la tombe [...]

« Je revins le lendemain. Une trentaine de personnes, nues, étaient couchées près de la fosse. Certaines vivaient. Elles ne semblaient pas sentir le froid, ni remarquer mes ouvriers qui se trouvaient alentour [...] Une voiture légère de SS arriva. Je m'éloignai. J'entendis les détonations quelques minutes plus tard. Les survivants avaient été obligés de jeter les cadavres dans la fosse, puis de se coucher sur le dessus pour recevoir une balle dans la nuque. »

Pearl Harbor supprime le dernier obstacle, s'il existait vraiment, susceptible de retenir Hitler. Il pouvait supposer que la crainte de représailles contre les Juifs retiendrait Roosevelt d'intervenir contre l'Allemagne [1]. Ce n'est plus le cas. Depuis le 11 décembre 1941, les États-Unis sont en guerre contre l'Axe. Hitler s'est associé au Japon.

A Belzec, à Sobibor, à Auschwitz... déjà, des camps d'extermination existent en Pologne. Himmler a chargé Hoess, le commandant du centre d'Auschwitz, de procéder à certaines expérimentations. Les exécutions pratiquées par les Einsatzgruppen sont longues. Elles traumatisent certains des exécutants et risquent d'être rendues publiques. Hoess doit rechercher les meilleurs procédés pour exterminer vite et *discrètement*.

Le 20 janvier 1942 [2], Heydrich réunit 15 secrétaires d'État et dignitaires SS au siège des services de sécurité, 56-58 Grossen-Wannsee dans la banlieue de Berlin. Motif de la convocation : la « solution finale ». Certains participants à la conférence sortent en s'interrogeant : déportation ou extermination ? Les plus lucides, les plus exaltés n'ont aucun doute, Heydrich, Muller, chef de la Gestapo, Eichmann, chef du bureau des affaires juives à la Gestapo, savent bien où ils vont. Comme Hitler, qui

1. Roosevelt avait été très marqué par la « nuit de Cristal » du 9 novembre 1938. Une centaine de Juifs avaient été massacrés, des milliers de magasins détruits, après l'assassinat, par un jeune Juif allemand voulant venger ses parents, du conseiller diplomatique von Rath à Paris.

2. Réunion initialement prévue pour le 10 décembre 1941.

peu à peu commence à éclairer ses collaborateurs. A la fin du mois de février, il déclarera dans son discours devant les membres du parti nazi :

> « Ce que j'ai prédit se vérifiera : cette guerre ne détruira pas les Aryens mais exterminera les Juifs. Quel que soit le sort des armes ou la durée de la guerre, nous atteindrons au moins ce résultat. »

*
* *

Cette « solution finale », Heydrich ne sera bientôt plus là pour la mettre en œuvre. En septembre 1941, il a été nommé Protecteur de Bohême et de Moravie, pays où il mène une politique habile. Après avoir réprimé par la terreur la résistance embryonnaire, il s'efforce, par des mesures sociales, de se concilier ouvriers et paysans. Le gouvernement tchèque en exil réagit. Pour supprimer ce despote apparemment si bienveillant, deux sous-officiers, Jan Kubis et Joseph Gabchik, sont parachutés par la RAF. Le 27 mai 1942, à l'entrée de Prague, les deux hommes tendent une embuscade au Protecteur. Heydrich est mortellement blessé par des éclats de grenade. Sa mort déclenche, sur ordre exprès d'Hitler qui crie vengeance, une horrible répression. Plus de 3 000 Tchèques sont arrêtés. 1 357 sont exécutés, 657 meurent sous la torture. Le village de Lidice, à une quinzaine de kilomètres de Prague, s'inscrit au martyrologe des crimes nazis. Toute la population mâle est massacrée. Les femmes et les enfants sont déportés à Ravensbrück et Auschwitz. Rares seront les survivants. Kubis et Gabchik, cernés dans la crypte d'une église de Prague avec cinq autres patriotes, luttent jusqu'à épuisement de leurs munitions et se suicident pour ne pas tomber vivants aux mains de l'ennemi. Dans la Tchécoslovaquie, révoltée par l'horreur des crimes, la résistance se ranime contre l'envahisseur.

*
* *

Ce que Heydrich ne peut plus faire, Himmler le réalise. Les camps implantés en Pologne deviennent les centres de ce que le langage bureaucratique SS dénomme le « traitement spécial », la « purge », le « changement de résidence », la « réduction naturelle ». La méthode, à quelques variantes près, s'avère partout plus ou moins la même : réception, sélection, asphyxie, élimination, récupération.

Cette horrible réalité, Hoess, le bourreau d'Auschwitz [1], la rapportera, le 16 avril 1946, à Nuremberg :

> « J'estime qu'au moins 2 500 000 victimes ont été passées à la chambre à gaz et au four crématoire ; plus d'un demi-million d'autres personnes ont succombé à la faim et à la maladie : ce qui fait un total d'environ 3 millions de morts. Ce chiffre représente entre 70 à 80 % de tous les prisonniers envoyés à Auschwitz, le reste ayant été utilisé au travail forcé [...]
>
> « J'avais reçu l'ordre d'installer à Auschwitz tous les appareils d'extermination en juin 1941. A ce moment, trois autres camps d'extermination fonctionnaient déjà : Belzec, Treblinka et Wolzek. Je visitai Treblinka pour voir comment on y procédait. Le commandant du camp m'expliqua qu'il avait liquidé 80 000 prisonniers en moins de six mois. Il se servait de gaz monoxyde. Il me sembla que ses méthodes n'étaient pas aussi efficaces qu'elles auraient pu l'être.
>
> « Aussi, lorsque j'installai le bâtiment d'extermination à Auschwitz, je décidai d'utiliser de l'acide prussique cristallisé, que nous versions dans la chambre à gaz par un orifice étroit. Cela prenait de trois à quinze minutes, pour tuer toutes les personnes qui étaient enfermées. Nous savions que les victimes étaient mortes quand les cris cessaient. Nous attendions d'habitude une demi-heure avant d'ouvrir les portes et d'enlever les corps. Ensuite, nos commandos spéciaux ôtaient aux cadavres leurs alliances et leurs dents en or.
>
> « Une autre amélioration, par rapport à Treblinka, fut de construire une chambre à gaz pour 2 000 personnes, alors qu'à Treblinka les dix chambres ne contenaient chacune que 200 personnes.
>
> « Nous choisissions nos victimes de la façon suivante : deux médecins SS observaient au passage les

1. Personnellement jugé à Varsovie, il sera pendu le 15 avril 1947 sur le lieu même de ses crimes.

déportés qui arrivaient à Auschwitz. Ceux qui pouvaient encore travailler étaient envoyés au camp. Les autres partaient immédiatement pour les chambres d'extermination. Les enfants de moins de 10 ans étaient invariablement exterminés, puisqu'ils étaient trop jeunes pour travailler.

« A Treblinka, les victimes savaient presque toujours qu'elles allaient être exterminées. A Auschwitz, nous nous efforcions de persuader les détenus qu'on allait les épouiller. Néanmoins, ils devinaient souvent nos véritables intentions ; il y eut parfois quelques troubles. Les mères essayaient de cacher leurs enfants sous leurs vêtements, mais dès que nous nous en apercevions, nous les leur arrachions pour les expédier à la chambre à gaz.

« Nous avions l'ordre de procéder à ces exécutions en secret, mais l'odeur infecte qui se dégageait continuellement du four crématoire se répandait à distance et, bien entendu, tout le monde savait, dans les environs, ce qui se passait à Auschwitz. »

Pour parvenir à leurs fins, les SS utilisent le cyanure d'hydrogène mieux connu sous le nom de Zyklon B. Ils parviendront ainsi à des exterminations massives et rapides [1]. 152 000 Juifs périront à Kulmhof, 250 000 à Sobibor, 200 000 à Maïdanek, 600 000 à Belzec, 700 000 à Treblinka, plus d'un million à Auschwitz [2] qui sera reconnu « la plus grande entreprise d'extermination de tous les temps [3] ».

Au total, six millions de Juifs européens seront victimes de ce génocide. Les communautés israélites d'Allemagne, des États baltes, de Pologne, de Tchécoslovaquie disparaîtront pres-

1. Ils estiment la « capacité quotidienne d'extermination » à 15 000 personnes à Belzec, 20 000 à Sobibor, 25 000 à Treblinka et Maïdanek.

2. Auschwitz (nom allemand d'Oswiecim), à 30 km au sud-est de Katowice en Pologne, comprenait quatre camps ouverts en mai 1940. Celui d'Auschwitz II (Birkenau) était affecté aux exterminations. Celui d'Auschwitz III (Buna-Monowitz) renfermait des déportés sélectionnés pour travailler au profit de la firme d'industrie chimique IG Farben.

Auschwitz sera libéré par les Soviétiques en janvier 1945.

3. Sous réserve des révélations définitives sur les camps de concentration soviétiques.

que complètement. Des trois millions de Juifs que comptait la Pologne en 1939, 20 000 survivront.

Quelques rares pays seront moins frappés. Les 8 000 Juifs danois réussiront à passer en Suède. En Italie [1], 16 % seulement des 45 000 Juifs italiens seront déportés.

En Finlande, le gouvernement s'opposera énergiquement à toutes mesures de déportation.

Quant à la France, 76 000 Juifs sur 300 000 seront déportés. 2 000 reviendront [2].

En cinq ans, le tiers de la population juive mondiale aura été exterminée [3].

*
* *

Le « Jeudi noir ». La grande rafle du Vel' d'Hiv'

A la fin du mois de juin, Laval est informé par les Allemands que la France doit assurer l'arrestation et la déportation de 100 000 Juifs.

Laval, en avril, a remplacé Darlan à la tête du gouvernement. Il n'a pas varié. Il est en juin 1942, comme en décembre 1940, persuadé de la victoire allemande. Il l'a même souhaitée très officiellement le 22 juin [4]. Il est vrai que cette victoire semble se rapprocher. La Wehrmacht l'emporte sur le Don et marche sur Alexandrie.

Le chef du gouvernement français souhaite donc s'entendre avec le vainqueur potentiel. Il en fait la pierre de touche de sa

---

1. Les Italiens, aussi longtemps qu'ils seront les alliés de Hitler, se montreront très hostiles aux mesures antisémites. En France, leur zone d'occupation, le long des Alpes, sera un havre pour les Juifs. En février 1943, le chef de la police de Lyon fait arrêter 300 Juifs destinés à être déportés. Un général italien obtient leur libération immédiate. Début mars, la gendarmerie française arrête des Juifs en zone d'occupation italienne. Les militaires italiens interdisent leur déportation. A Annecy, ils cernent les casernes de la gendarmerie et exigent par la force la libération des prisonniers juifs.

Même attitude en Grèce et Croatie occupées par l'Italie. La capitulation italienne mettra évidemment un terme à cette situation privilégiée.

2. Cf. plus loin.

3. On l'estimait en 1939 à environ 17 millions d'âmes (dont 10 en Europe).

4. A la radio, à l'occasion de l'anniversaire de l'entrée en guerre de l'Allemagne contre l'URSS : « Je souhaite la victoire de l'Allemagne, car sans elle bientôt le communisme s'installera partout en Europe. »

politique, dans l'espoir de négocier pour la France une paix avantageuse. Il s'imagine bien dans le rôle de Monsieur Thiers en 1871. Les Français, apparemment, ont su gré au petit homme d'avoir traité avec Bismarck, si l'on en juge par le nombre de places Thiers existant en France.

Les exigences allemandes sur les Juifs le mettent dans une situation difficile. Vis-à-vis de ses collègues, de l'opinion nationale, comment cautionner l'arrestation et la déportation des Juifs de France ? Mais s'opposer sur ce point à l'Allemagne, c'est compromettre tout ce qu'il élabore.

Le chef de l'Etat ne pouvant rester dans l'ignorance d'un tel dossier, Laval l'aborde, à sa manière, en biaisant. Il parle de recensement pour bien différencier Juifs français et étrangers. Le Maréchal acquiesce : « Cette distinction est juste et sera comprise par l'opinion. »

Certes, mais les Allemands veulent autre chose. Oberg et Dannecker [1] se font pressants. Ils ont besoin de l'aide française pour conduire Vent printanier [2] à bonne fin.

Lorsque Pétain apprend la vérité, il ne déroge pas de son souci primordial : protéger les nationaux. Quitte, dans le cas présent, à sacrifier les Juifs étrangers.

René Bousquet, secrétaire général de la police et à ce titre membre du gouvernement, peut négocier avec Oberg un compromis pour l'immédiat.

> « En raison de l'intervention du Maréchal, les Juifs de nationalité française ne devraient pas être arrêtés. »

En contrepartie, Bousquet a promis :

> « de faire arrêter les Juifs étrangers dans toute la France par une action à réaliser en commun ». [3]

Laval croit s'être sorti d'un mauvais pas. Sur le fond, il expliquera à un diplomate américain, Tyler Thompson :

---

1. Respectivement chef des polices allemandes en France, soit en fait l'occupant qui a le plus de pouvoirs sur le territoire français (au détriment de la Wehrmacht), et Hauptsturmführer SS (capitaine) envoyé en France pour la « solution finale ».

2. Ainsi est baptisée l'opération qui concerne également Amsterdam et Bruxelles.

3. Réf. : *Histoire de Vichy*, *op. cit.*, p. 635.

> « que les Juifs étrangers avaient toujours posé un problème en France et que le gouvernement était heureux que le changement d'attitude des Allemands à leur égard ait donné à la France l'occasion de se débarrasser d'eux ». [1]

Quant à la suite, il s'en défendra, à l'heure des comptes à rendre :

> « J'ai essayé de savoir où les Allemands conduisaient les convois de Juifs, et leur réponse était invariable : "En Pologne, où nous voulons créer un Etat juif". » [2]

Réponse qui semble l'avoir satisfait.

Le chef de l'Etat, le chef du gouvernement en ont accepté le principe. Les Français aideront les Allemands, dans l'hypothétique espoir de limiter les dommages et d'épargner des Français. Ne sont-ils pas, ce faisant, dans la logique de leur politique ? Pris dans l'engrenage de la collaboration annoncée par Pétain, après Montoire, ils vont de marchandages en marchandages. Travailleurs contre prisonniers. Communistes contre otages, Juifs étrangers contre Juifs français... Ils en arriveront à ne plus voir les modalités d'exécution et les conditions des malheureux emmenés vers l'Est. Ils écarteront les protestations pour ne pas heurter leur partenaire. Attitude dont plus d'un Français a encore le rouge au front, dussent certains rétorquer qu'elle épargna bien des vies [3].

*
* *

Vichy a donné son aval. L'application peut suivre.

Le 7 juillet 1942, Dannecker réunit au siège de la Gestapo, avenue Foch à Paris, des responsables français. Parmi eux, Darquier de Pellepoix [4], commissaire aux Affaires juives, et de

1. *Laval*, par Fred Kupsferman, éditions Balland, 1987, p. 350
2. *Vichy et les Juifs*, *op. cit.*, p. 316.
3. Il sera mis à l'actif de Laval d'avoir saisi les ambassadeurs en poste à Vichy de ce qui se tramait, intervention qui sauva des Juifs espagnols, roumains, portugais, turcs.
4. Il a remplacé Xavier Vallat le 6 mai 1942. Personnage vénal, il s'est fait connaître de longue date par son antisémitisme hargneux.

hauts fonctionnaires, Leguay, directeur général de la police, Hennequin, directeur de la police municipale, Garnier, représentant du Préfet de police. Dannecker dévoile l'objet de la réunion : l'arrestation de 28 000 Juifs étrangers de la région parisienne, femmes et enfants compris. Tout doit être mené comme une véritable action militaire.

Le fichier établi par l'administration française fournit l'outil de base. Les Juifs y sont parfaitement ciblés, par ordre alphabétique, par rue, par profession, par nationalité. La police municipale étant étatisée depuis avril 1941, la gendarmerie relevant du ministère de l'Intérieur depuis juin 1942, toutes deux sont donc aux ordres de la Direction générale de la police, Bousquet et Leguay. Les 9 000 hommes impliqués de la gendarmerie, de la garde mobile, de la police judiciaire, des renseignements généraux, de la voie publique sont organisés en 888 équipes. (300 jeunes gens du PPF de Doriot les renforcent.) Toutes les arrestations seront effectuées par des Français.

*
* *

« Police, ouvrez ! »

Il est 4 heures, ce jeudi 16 juillet 1942.

Les policiers français se font ouvrir les portes des appartements et des demeures. Leurs ordres sont stricts : tirer si besoin, faire fermer eau, gaz, électricité, faire emporter pour deux jours de vivres.

Toute la matinée, des autobus, pleins à craquer, effectuent des navettes. Les personnes sans enfants sont dirigées sur le camp de Drancy, les familles avec enfants vers le Vélodrome d'Hiver, le Vel' d'Hiv' pour les Parisiens. Il a déjà servi de centre d'internement.

Vers 13 heures, tout est pratiquement terminé. Les Allemands sont mécontents. Ils ne dénombrent, au lieu des 28 000 programmées, que 12 884 arrestations dont 5 802 femmes et 4 051 enfants. Il y a eu des « fuites ». Certains ont pu s'éclipser la veille ou l'avant-veille. Quelques-uns ont filé au cours de l'opération.

Le désarroi, la peur, la misère étreignent vite tous les internés, en particulier ceux du Vel' d'Hiv'. Rien n'a été prévu. Tout manque. Les mères réclament de l'eau, de la nourriture. Les toilettes ne sauraient suffire. L'atmosphère devient irrespirable, puante, saturée de poussière. Des tentatives de suicide se produisent. Une dizaine réussissent.

Impassibles, gendarmes, gardes mobiles, agents de police ont arrêté, transporté, gardé. Ils exécutent les ordres, non sans brutalité parfois. Sauf erreur, il n'est pas signalé de cas de refus d'obéissance. Les témoignages sur les comportements de ces geôliers français sont accablants [1].

Machiavéliques, les Allemands laissent évacuer du Vel' d'Hiv' de grands malades vers l'hôpital Rothschild, où il sera facile de les retrouver. Dans l'immédiat, les apparences sont sauves : il n'existe pas de mauvais desseins.

Contrastant avec l'impassibilité policière, des mouvements de sympathie se font jour à l'annonce de la nouvelle. Des âmes charitables essaient d'apporter des vivres au Vel' d'Hiv'. La Croix-Rouge envoie des infirmières, des assistantes sociales. Des médecins se présentent [2]. Sur Paris, ceux qui ont réussi à s'esquiver trouvent accueil. Des enfants livrés à eux-mêmes sont hébergés par des familles généreuses.

En France occupée, des opérations similaires à celle de Paris ont lieu. On arrête à Bordeaux, Tours, Dijon, Saint-Malo, Nantes, La Baule. Partout, la police française se charge de la besogne...

Les arrestations gagnent la zone libre. Le 4 juillet, Vichy avait donné son accord à la déportation des Juifs étrangers des deux zones... Le 5 août, le ministre de l'Intérieur envoie sur ce point des instructions secrètes aux préfets régionaux. Dannecker, assisté de fonctionnaires français, peut se mettre en chasse. Police, gendarmerie, garde mobile, pompiers et même la troupe [3] entrent en action dans les nuits du 26 au 28 août. Les arrestations interviennent aussi bien à domicile que dans les camps (Noé, Le Récébedou, Gurs, Rivesaltes, Les Milles...). Toutes les personnes arrêtées – 7 000, semble-t-il – sont aussitôt transférées sur Drancy.

Des Français ont appris ce qui s'est passé à Paris, à Bordeaux, à Lyon, à Toulouse, dans de petites villes ou des villages. Un souffle d'indignation soulève les consciences surtout devant le sort réservé aux enfants.

---

1. Quelques cas de compassion seront rapportés. Quelques policiers auraient fermé les yeux, facilitant des évasions. Par contre, nombreux, les jours suivants, profiteront de l'occasion pour s'approprier montres, bijoux, etc.

2. Allemands et Préfecture de Police n'autorisent que deux entrées à la fois.

3. A Lyon, le général Robert de Saint-Vincent, commandant la région militaire, refuse de faire intervenir ses troupes. Il est aussitôt révoqué par le ministre de la Guerre, le général Bridoux.

Des hommes d'Eglise – mais ils ne sont pas les seuls – se dressent. A Lyon, le cardinal Gerlier refuse de livrer les enfants que les « Amitiés chrétiennes » ont retirés du camp de Vénissieux ou du train en gare de Lyon-Perrache. Mgr Salièges, archevêque de Toulouse, rédige une pastorale à lire en chaire le 23 août (donc avant même les arrestations effectuées en zone libre) :

> « Mes très chers frères, il y a une morale chrétienne, il y a une morale humaine qui imposent des devoirs et reconnaissent des droits. Ces devoirs et ces droits tiennent à la nature de l'homme ; ils viennent de Dieu. On peut les violer. Il n'est au pouvoir d'aucun mortel de les supprimer.
>
> « Que des enfants, des femmes, des hommes, des pères et mères soient traités comme un vil troupeau, que les membres d'une même famille soient séparés les uns des autres et embarqués pour une destination inconnue, il était réservé à notre temps de voir ce triste spectacle.
>
> « Pourquoi le droit d'asile dans nos églises n'existerait-il plus ? Seigneur, ayez pitié de nous ! Pourquoi sommes-nous les vaincus ? Seigneur, ayez pitié de nous !
>
> « Notre-Dame, priez pour la France !
>
> « Dans notre diocèse, des scènes émouvantes ont eu lieu dans les camps de Noé et du Récébedou. Les Juifs sont des hommes, les Juives sont des femmes. Tout n'est pas permis contre eux, contre ces hommes, contre ces femmes, contre ces pères et ces mères de famille. Ils font partie du genre humain ; ils sont nos frères comme tant d'autres. Un chrétien ne peut l'oublier.
>
> « France, patrie bien-aimée, France qui portes dans toutes les consciences de tous les enfants la tradition du respect de la personne humaine, France chevaleresque et généreuse, je n'en doute pas, tu n'es pas responsable de ces excès, de ces erreurs.
>
> « Recevez, mes bien chers frères, l'assurance de mon affectueux dévouement. »

Mgr Théas à Montauban, Mgr Rémond à Nice, tiennent le même langage.

Le pasteur Boegner va voir Laval.

> « Ferez-vous la chasse à l'homme ?
> – On les cherchera partout où ils sont cachés.
> – Consentez-vous à ce que nous sauvions les enfants ?
> – Les enfants doivent rester avec leurs parents. »

Pourtant, le chef du gouvernement ne peut plus prétendre à l'ignorance. Le Consistoire central juif, fin août, lui a adressé un message désespéré :

> « Il a été établi par des informations précises et concordantes que plusieurs centaines de milliers d'israélites ont été massacrés en Europe orientale ou y sont morts de mauvais traitements. Ce n'est pas en vue d'utiliser les déportés comme main-d'œuvre que le gouvernement allemand les réclame, mais dans l'intention bien arrêtée de les exterminer. »

Le ministre de France à Bucarest lui a également signalé que les déportations se faisaient dans des conditions telles que « peu peuvent y survivre » [1].

Laval a une seule réponse :

> « Je fais de la prophylaxie ! »

(sous-entendu, je troque des Juifs étrangers contre des Juifs français).

A Auschwitz, tout est prêt. Le 17 juillet, Himmler, en tournée d'inspection, a assisté à l'anéantissement d'un convoi de Juifs.

---

1. Ce ne seront pas les seules informations parvenues en Europe de l'ouest. Des évadés, la résistance polonaise, des Italiens ont rendu compte. Le colonel SS Kurt Gerstein avait rédigé un rapport arrivé en Suède et peut-être même au Vatican. Le 17 décembre 1942, aux Communes, Eden, secrétaire d'État aux Affaires étrangères, dénoncera l'exécution massive de Juifs dans les camps polonais.

Le génocide était mieux connu des dirigeants qu'on ne le soupçonne généralement, même si l'incrédulité prévalait chez certains.

Il est évident que si une incertitude pouvait demeurer dans leurs esprits sur le sort des déportés arrivés à destination, les conditions d'internement et de transfert ne leur étaient, elles, pas inconnues.

Ceux de France et d'Europe occidentale peuvent arriver. A Paris, Dannecker a rassemblé des wagons.

Les adultes doivent partir. Et les enfants de moins de 16 ans ? La question s'était posée avant le 16 juillet. Les responsables français et allemands avaient sollicité des ordres. Laval (par souci humanitaire ? Il est difficile de se prononcer) avait pris une lourde responsabilité : « Ne pas séparer les familles. » [1]

Eichmann, fin juillet, a répondu dans le même sens au nom de Himmler.

Sous contrôle français, Drancy se transforme en centre de triage et de départ. Entre deux haies de gardes mobiles, les malheureux embarquent dans les wagons à bestiaux, et s'y entassent à 90, 120 parfois, par wagon [2].

Le 19 juillet s'éloigne le premier train. 879 hommes, 121 femmes. Dès leur arrivée à Auschwitz, 375 hommes sont « passés par les gaz ». Et les convois se succèdent, le 22, le 24, le 27 et ainsi pendant des semaines [3], emmenant à chaque fois un millier de personnes. A la frontière, les Allemands réceptionnent, prenant la relève des gendarmes [4] et de quelques Feldgrau.

Les enfants, qui, entre-temps, ont été séparés de leurs parents, embarquent à leur tour, poussés eux aussi vers les wagons par les gardes mobiles.

42 000 personnes quitteront ainsi la France en 1942, 22 000 en 1943, 12 000 en 1944. Parmi elles, à partir de 1943, de plus en plus de Juifs français. L'occupation de la zone libre, en novembre 1942, a fait sauter le clivage entre Juifs étrangers et français. La police allemande, présente, se charge souvent elle-même des arrestations. Ses effectifs limités réduisent toutefois ses possibilités, alors que la résistance s'intensifie pour protéger et héberger les israélites, en particulier les enfants.

---

1. Deux mois plus tard, dans *Je suis partout* (25 septembre 1942), Robert Brasillach appuiera :

« Il faut se séparer des Juifs en bloc et ne pas garder les petits. »

A de tels propos et à d'autres, la justice des hommes apportera une expiation un matin de février 1945 au fort de Montrouge.

2. Il s'agit des fameux wagons SNCF, « hommes 40 – chevaux 8 ».

3. Le dernier convoi partira le 17 août 1944, cinq jours avant la libération de Paris.

4. Des hommes, au cours des transferts depuis les camps de regroupement de province, Beaune-la-Rolande, Pithiviers, essaient de s'enfuir. Les gendarmes de garde tirent. Les évadés sont souvent repris par la gendarmerie.

Sur 76 00 Juifs partis – dont 24 000 Français [1] – 2 000 seulement rentreront. Un historien a posé une question terrible :

> « Combien de morts y aurait-il eu en moins si les Nazis avaient été contraints d'identifier, d'arrêter et de transporter eux-mêmes, sans aucune assistance française, chacun des Juifs de France qu'ils voulaient assassiner ? On ne peut que le conjecturer. » [2]

---

1. En 79 convois. 2 000 de ces déportés avaient moins de 6 ans, plus de 6 000 moins de 13 ans et 8 700 un minimum de 60 ans. 70 000 d'entre eux furent envoyés à Auschwitz, les autres à Maïdanek, Sobibor, quelques dizaines à Buchenwald en août 1944. (Chiffres établis à partir des rapports des Allemands et des polices françaises, puis recoupés par Serge Klarsfeld.)

2. *Vichy et les Juifs*, *op. cit.*, p. 339.

Chapitre XV

GUADALCANAL

Les revers divisaient. Le succès n'y réussit pas moins. Les Américains et leurs alliés se partagent sur les suites à donner à Midway.

Car rien n'est réglé dans le Pacifique sud. La mer de Corail n'a écarté que le danger immédiat. Les Japonais rôdent toujours autour de l'Australie. Ils ont occupé Lae et Salamaua sur la côte nord-est de la Papouasie ; ils tiennent la Nouvelle-Bretagne et ont fait de Rabaul, à la corne orientale de l'île, une solide base avancée. En mai, ils se sont même installés dans l'îlot de Tulagi en face de Florida, dans les Salomon.

Comment donc les éliminer du Pacifique sud et des parages de l'Australie ?

Les Australiens pensent d'abord aux leurs qui mènent une guérilla active sur Timor. Ils voudraient les soutenir. MacArthur préconise de reprendre Rabaul, dard planté dans le Pacifique sud. Il n'hésite pas, pour ce faire, à réclamer une division entraînée aux opérations amphibies et deux porte-avions. Nimitz et la Marine ne veulent ni entendre parler d'une attaque directe sur Rabaul ni risquer leurs trop précieux porte-avions. Ils préfèrent remonter sur Rabaul par les Salomon. Dans ce cas, leur reviendrait évidemment le commandement de l'opération, ce qui n'est pas pour eux un mince détail.

La controverse remonte jusqu'à Washington, révélant une fois de plus le divorce Armée-Marine. Marshall et King sont condamnés à trancher et à élaborer un compromis ménageant les susceptibilités et respectant les prérogatives. En fin de compte, ils établissent un plan en trois temps :

Dans le premier, Nimitz et la marine attaqueront l'île de Tulagi, s'installant ainsi au cœur des Salomon.

Dans le deuxième, MacArthur avancera au nord-est de la Nouvelle-Guinée et dans les Salomon septentrionales.

Dans le troisième, il s'emparera de Rabaul.

Sur ces bases, les états-majors se mettent à l'ouvrage. L'amiral Ghormley, commandant des forces du Pacifique sud, compte mener son opération avec la 1re division de Marines du général Vandegrift. MacArthur prévoit d'établir une grande base aérienne près de Buna, sur la côte nord de la presqu'île de Papouasie. De là, il serait en bonne position pour reprendre Lae et Salamaua avant de pousser vers Rabaul.

Les Japonais en décident autrement.

En arrivant à Brisbane le 22 juillet au matin, avec le général Sutherland, son chef d'état-major, pour y installer son PC, MacArthur apprend qu'il a été pris de vitesse. 16 000 hommes du général Tonitaro viennent de prendre pied à Buna. Leur intention ne paraît pas douteuse : atteindre par terre Port-Moresby qu'ils n'ont pu gagner par mer deux mois et demi plus tôt. Une telle manœuvre les obligera à franchir les monts Owen Stanley, redoutable barrière dont les crêtes escarpées culminent à plus de 3 000, voire 4 000 m. Un seul itinéraire relie Buna à Port-Moresby, la piste Kokoda, mince lacet filant à travers la montagne, la jungle, les marais et les escarpements rocheux. Pour défendre ce passage, il n'y a qu'une poignée d'Australiens. Tonitaro et ses chefs ont toutefois sous-estimé une donne d'importance : le climat, autant que le relief, constitue un dangereux obstacle. Paludisme, dysenterie, typhus guettent les combattants, qu'ils soient australiens, américains ou japonais.

Occupé en Papouasie, MacArthur ne peut plus, dans l'immédiat, se préoccuper de Rabaul. Il doit coordonner la défense de Port-Moresby avec le peu de moyens dont il dispose à cette date.

Pour Ghormley, tout est également remis en cause.

Le 9 juillet, un Catalina de reconnaissance, se glissant de nuage en nuage au-dessus des Salomon, aperçoit soudain des chalands de débarquement à hauteur de Guadalcanal. Effectuant un passage rapproché, le pilote et son observateur, un colonel de l'état-major de MacArthur, découvrent, sous les plans de l'hydravion, des bulldozers occupés à construire une piste d'aviation [1].

Quelques heures plus tard, MacArthur, Nimitz, Washington sont informés : « Les Japs construisent une piste à Guadalcanal. »

Guadalcanal ? Il est grand besoin des cartes pour découvrir cette chenille montagneuse de 6 500 km^2, logée dans la partie sud des Salomon.

Si les Japonais s'y établissent solidement, ils réalisent ce qu'ils n'ont pu faire précédemment. L'Australie, la Nouvelle-Calédonie sont à 1 500 km, les Nouvelles-Hébrides à 1 000 km. Une intrusion sur les côtes australiennes, la rupture des communications États-Unis-Australie redeviennent possibles.

Le 10 juillet, un message de Washington prescrit à Nimitz et MacArthur :

> « Débarquez immédiatement à Guadalcanal, sans souci des pertes, pour vous emparer de l'aérodrome en cours de construction. »

Guadalcanal se situe dans le Pacifique sud, fief de Ghormley, lequel s'empresse de réclamer des troupes à MacArthur, qui refuse. Chacun joue pour sa paroisse. Le général craint pour Port-Moresby. L'amiral a reçu mission de prendre Guadalcanal. Pour la mener à bien, il ne disposera finalement que de deux bataillons, un de raiders, un de parachutistes, et de la 1re division de Marines du général Vandegrift. Si son chef a la solidité du vieux soldat, ses troupes comptent nombre de jeunes recrues, qui découvrent le Pacifique. Il avait été promis à Vandegrift de ne pas les engager avant 1943, afin qu'il pût les roder. La dure expérience de Guadalcanal leur tiendra lieu d'entraînement.

Côté marine, Ghormley est mieux pourvu. Fletcher avec sa Task Force des porte-avions *Enterprise*, *Saratoga* et *Wasp* (ces deux derniers nouveaux venus) assurera la couverture aérienne.

---

1. Cette observation aérienne ne fait que recouper et confirmer les renseignements – très précis – transmis depuis la mi-juin par Martin Clemens, le chef des « coast watchers » de Guadalcanal : les Japonais s'installent sur la face nord de l'île, entre Tenaru et Kukuni, sur le site plat de la plantation de cocotiers de Lunga. Le témoignage du pilote et celui du colonel de MacArthur servent de détonateur à la révélation de cette présence japonaise.

L'amiral Crutchley avec ses croiseurs et destroyers fournira la protection rapprochée de la force amphibie de l'amiral Turner. Ni les uns ni les autres, porte-avions, croiseurs, destroyers, ou Marines, n'ont l'expérience d'opérations amphibies. Comme les Anglais à Dieppe, dans quelques semaines, ils apprendront à l'épreuve des faits. Ainsi, par exemple, les marins doivent-ils travailler avec des cartes anciennes, sans indications des récifs ou avec des tables de marées fausses de plusieurs pieds. Pourtant, le temps presse. Washington, à contrecœur, n'a accordé qu'un ultime report au 7 août.

L'opération est donc précipitée, mal coordonnée, lorsque le corps expéditionnaire, parti de Koro, dans les Fidji, se présente le 7 août au matin devant Tulagi et Guadalcanal. Pourtant, le spectacle de son arrivée réchauffe le cœur des « coast watchers » tapis sur un promontoire. Les cinq croiseurs et les neuf destroyers de Crutchley se disposent en couverture à hauteur de l'île de Savo. Les transports de Turner s'avancent en petites colonnes. Dans le ciel, les appareils des porte-avions qui manœuvrent à 150 km au sud tournent sans relâche.

A 6 h 41 tombe l'ordre de débarquer. Des milliers de Marines descendent par les filets qui pendent sur le flanc des transporteurs et s'entassent dans les canots chargés de les mener au rivage, 6 500 à Tulagi, 10 500 à Guadalcanal. Tous s'attendent à percevoir, sur les plages, les crépitements rageurs des mitrailleuses japonaises.

Il n'en est rien. Pour les Japonais de Guadalcanal, de Tulagi et des îlots voisins, Gavutu et Tanambogo, rien ne laissait présager une telle irruption. Les bombes et obus qui s'abattent brutalement sur leurs positions les prennent totalement au dépourvu.

A Tulagi et Gavutu, si les plages sont désertes, l'intérieur est tenu. Les Japonais se sont repliés et retranchés dans leurs fortins et abris que les bombardements n'ont guère entamés. Bien équipés en mortiers légers, lance-grenades, mitrailleuses légères et lourdes, ils se défendent farouchement. A Tulagi, ils contre-attaquent quatre fois durant la nuit, et la journée du lendemain sera nécessaire pour les réduire [1].

Même situation à Gavutu, où les parachutistes peinent ainsi qu'à Tanambogo où les bateaux ont été pris à partie avant même d'accoster. Le destroyer *Buchanan* interviendra le 8, à courte portée, pour réduire les derniers blockhaus. Partout, les pertes

1. A Tulagi, sur 2 000 Japonais environ, il n'y aura que 23 prisonniers.

sont lourdes. Parfois supérieures à 20 % de l'effectif engagé. L'appui naval, en dehors du *Buchanan* tirant pratiquement à vue, n'a pas pu jouer, faute de cartes.

Ambiance initiale bien différente à Guadalcanal. Le premier adversaire n'est pas le Japonais. Les quelque 500 travailleurs du terrain d'aviation et leurs équipes de protection se sont enfuis précipitamment, abandonnant uniformes, casques, fusils. Les bols de riz à moitié consommés gisent sur le sol. Les Marines, durant les premières 24 heures, ne voient personne et n'entendent claquer aucune balle [1]. Ils font connaissance avec l'univers de Guadalcanal. Ses réseaux de lianes, ses plantes grimpantes ou rampantes, ses fougères et ses arbres gigantesques, ses fourmis géantes, ses guêpes longues de 7 cm, ses araignées, ses sangsues, ses moustiques porteurs de fièvres. Son humidité constante. Sa visibilité réduite à quelques mètres. Sa pénombre. La difficulté de progresser sur un sol détrempé où la végétation forme écran. Là, il faudra vivre et se battre.

Handicapés par leurs lourds chargements, fatigués par les journées de navigation, les Marines n'avancent que lentement. Ils n'atteindront que le 7 août en fin d'après-midi la fameuse piste en construction nichée entre les rivières Tenaru et Lunga. Les arrivants y mettent la main sur du matériel intact, quatre bulldozers, douze camions, de l'outillage, qui leur permettront de terminer la piste que Vandegrift baptise aussitôt Henderson Field, en hommage à un jeune commandant de flottille tombé à Midway.

Le débarquement a duré plus longtemps que prévu. Le matériel en désordre s'accumule sur la grève, et tout n'a pas été débarqué. En mer, l'impatience s'accroît devant les perspectives d'une réaction japonaise. Fletcher, inquiet pour ses porte-avions, invoque son ravitaillement en carburant et s'éloigne. Turner risque de se retrouver seul avec ses transports. Le 8, en fin d'après-midi, il convoque Vandegrift et Crutchley à son bord pour débattre de la décision à prendre. Faut-il laisser les navires de transport achever leur débarquement de matériel, avec la menace d'une intervention japonaise aérienne ou navale ? Ou abandonner Vandegrift et ses Marines dans la situation présente ?

1. Cette différence de résistance s'explique. Les Japonais voulaient initialement s'installer à Tulagi, moins impénétrable et protégée par Gavutu et Tanambogo. L'exiguïté des lieux conduit le commandement local à envoyer des travailleurs construire une piste à Guadalcanal.

Vandegrift, rude soldat, qui en a vu d'autres, n'hésite pas : « O.K. ! Laissez-nous ! »

L'écho d'une canonnade interrompt la conférence. La flotte de l'amiral Mikawa vient d'entrer en action, prenant les Américains en défaut. Les renseignements reçus dans la journée, soit négligence ou autre, n'ont pas été exploités [1]. Personne n'est vraiment sur ses gardes, à bord des bâtiments de Crutchley censés protéger les navires au mouillage devant Tulagi et Guadalcanal. Habitués au combat de nuit, sept croiseurs et un destroyer de Mikawa, venus de Rabaul, se glissent entre l'île de Savo et le cap Espérance, à la pointe septentrionale de Guadalcanal. A 1 h 38, leurs torpilles filent vers le *Canberra* et le *Chicago*. Un déluge d'obus de huit pouces les accompagne. Sans s'attarder, Mikawa contourne Savo et attaque à courte distance le *Quincy*, le *Vincennes* et l'*Astoria*, postés en surveillance nord. Le destroyer *Ralph Talbot*, au passage, est gravement endommagé. Disparaissant dans la nuit pour regagner sa base, Mikawa laisse derrière lui quatre croiseurs en train de sombrer [2].

Le coup est cruel pour les Américains, même si Mikawa n'est pas allé jusqu'au bout ! Les transports au mouillage ont été épargnés, mais Turner, le lendemain, s'éloignera sans avoir débarqué tout le matériel. Vandegrift et ses hommes sont isolés. Parviendront-ils à tenir sur une île aux abords infestés de Japonais ?

* * *

Une manche partout le 9 août au matin. Les Américains l'ont emporté sur terre, les Japonais sur mer. Savo illustre bien ce que sera Guadalcanal : une double bataille terrestre pour refouler l'adversaire, navale et aérienne pour interdire les renforts.

* * *

Vandegrift se doute que les Japonais ne tarderont pas à s'occuper de lui. Il s'organise pour tenir solidement un périmètre défensif de 10 km autour d'Henderson Field. Il se battra là et se retranche pour faire face tant du côté de la mer que du

---

1. Le sous-marin S/38 avait notamment signalé le passage de deux destroyers et trois croiseurs dans le canal Saint-George entre Nouvelle-Bretagne et Nouvelle-Irlande.

2. *Vincennes, Quincy, Astoria, Canberra.* Le *Chicago* n'a pas subi de dégâts irrémédiables.

côté de la terre. Il manque de barbelés, de mines, d'outillage. Heureusement qu'il dispose du matériel abandonné par les Japonais. Surtout, le 29 août, 19 Wildcat et 12 Dauntless se posent à Henderson Field achevé. Vandegrift possède désormais de quoi monter la garde autour de sa citadelle, mais cette garde sera loin d'être facile.

*
* *

A Tokyo, l'irruption des Américains à Guadalcanal a été très mal perçue. Le général Hyakutake, commandant la 17e armée dans le Pacifique sud, a reçu mission de les « éliminer ». Pour faire vite et croyant n'avoir en face de lui que de faibles détachements, il lance immédiatement sa première unité disponible. Une partie du régiment du colonel Ichiki, un millier d'hommes, débarque le 18 août à Tavu, à une trentaine de kilomètres à l'est de Vandegrift. Sur la foi des assertions de ses supérieurs, Ichiki estime les Américains à environ 2 000 hommes, le moral au plus bas. Il se trompe. Ses charges à la baïonnette, le 21 à l'aube, sont bloquées par un mur de feu, tiré de positions soigneusement établies. Poussant son avantage, Vandegrift le fait prendre à revers par un bataillon de réserve qui a traversé le Tenaru. En fin d'après-midi, la troupe d'Ichiki, encerclée, est décimée par les Wildcat qui décollent d'Henderson Field. L'artillerie et quelques chars légers Stuart finissent d'anéantir un adversaire qui refuse de se rendre. Ichiki parvient à s'échapper avec une poignée d'hommes et, pour expier sa défaite, se suicide par le traditionnel hara-kiri.

Les Marines ont gagné la bataille de Tenaru, mais ce n'est qu'un prélude. Les Japonais s'obstinent. Ils veulent enlever Guadalcanal. Question de prestige et de stratégie. D'autant qu'en Papouasie la situation ne s'améliore pas. La colonne du général Horii, partie conquérir Port-Moresby par la piste Kokoda, s'enlise. Les Australiens se battent avec opiniâtreté dans des conditions impitoyables. Un soldat racontera :

> « Du matin au soir, une brume épaisse reste accrochée aux arbres ; parfois, au plus profond de la jungle, on ne voit plus sa propre main levée à hauteur de visage. La plupart de nos gars n'ont jamais vu un Jap ! Le Jap qui vous tire dessus d'on ne sait où, on ne le voit jamais. »

Horii, bloqué à quelques kilomètres de Port-Moresby, reçoit l'ordre de s'accrocher à la position atteinte [1]. Guadalcanal devient le « pivot des opérations », imposant d'y acheminer des hommes et du matériel après l'échec d'Ichiki.

Les avions d'Henderson Field, la Cactus Force, compliquent la tâche en interdisant pratiquement les déplacements maritimes de jour. Troupes et approvisionnements ne peuvent être acheminés que de nuit.

Tanaka, promu responsable de cette mise en place, organise de petits convois de destroyers et de transports rapides. Les Américains les baptiseront le « Tokyo express ». Presque chaque nuit, ce « Tokyo express » déverse de petits contingents à l'est ou à l'ouest des positions américaines. Au passage, les destroyers ajustent leurs tirs sur Henderson Field, occasionnant toujours des pertes et des dégâts.

Les Japonais alimentent leur bataille avec le « Tokyo express ». Ils bénéficient, pour ce faire, d'une base de départ relativement proche, Rabaul, et d'un itinéraire en partie couvert par leur aviation.

Les Américains, pour leur part, sont obligés d'approvisionner Guadalcanal de beaucoup plus loin. Nouméa, le principal port de transit, en Nouvelle-Calédonie, se situe à 900 milles. Bien que parfaitement équipé, il est constamment surchargé. Les bâtiments venus de San Francisco s'y trouvent bloqués parfois des semaines dans l'attente d'être déchargés ou escortés vers leurs lieux de destination.

Comme pour le « Tokyo express », destroyers et cargos rapides constituent les convois destinés à Guadalcanal [2]. La couverture aérienne implique de faire intervenir des porte-avions mais heureusement existe la Cactus Force d'Henderson Field. De jour, elle contrôle, en principe, les approches de l'île. Mais, souvent, les navires en déchargement doivent perdre du temps pour éviter les bombes japonaises.

Les nombreuses batailles navales du dernier trimestre 1942 ont toutes, plus ou moins, la même origine : permettre à chaque camp le passage, par voie maritime, des hommes et du matériel indispensables à la survie des troupes engagées à Guadalcanal.

---

1. Le 18 septembre, il recevra l'ordre de se replier.
2. Des urgences amèneront des ravitaillements en essence par avion et même par sous-marin.

*
* *

Yamamoto veut faire davantage. Le 22 août, le « Tokyo express » de Tanaka part, escorté par le croiseur léger *Jintsu* et les deux porte-avions *Shokaku* et *Zuikaku*, habitués de la mer de Corail, en couverture lointaine. Le porte-avions léger *Ryujo,* en tête de convoi, sert d'appât pour attirer les Américains.

Fletcher, avec ses trois porte-avions, *Saratoga, Enterprise* et *Wasp,* patrouille à l'est des Salomon. Le 23, son aviation de reconnaissance repère la flotte japonaise, mais pluie et nuages bas empêchent les bombardiers de la retrouver.

Le lendemain, le *Ryujo* est à nouveau localisé. L'*Enterprise* lance 29 appareils, relayés à 13 h 45 par 38 autres du *Saratoga.* Attaqué à la bombe de 1 000 livres et à la torpille, le *Ryujo* est envoyé par le fond au moment où le *Shokaku* et le *Zuikaku* se manifestent en force contre Fletcher. Instruit par les expériences passées, celui-ci a gardé une solide protection de chasse. Avec la DCA, elle écarte le gros du danger mais ne peut empêcher des Val d'atteindre l'*Enterprise* à trois reprises. Les avaries sont vite colmatées. En moins d'une heure, le bâtiment est en mesure de réceptionner de nouveau ses avions.

Dans cet affrontement entre porte-avions et appareils embarqués, l'aviation basée à terre glane de beaux lauriers et fait basculer le dénouement. Le 25, les Dauntless des Marines d'Henderson Field mettent en feu le croiseur léger *Jintsu*, le navire amiral, et un bâtiment de transport. Les B/17, venus d'Espiritu Santo, ont l'heureuse fortune de couler le destroyer *Mutsuku* [1]. Tanaka, affaibli, se retire pour se refaire dans les îles Shortland, au sud de Bougainville. La bataille dite des Salomon orientales se termine bien pour les Américains. Elle a coûté un porte-avions léger et un destroyer aux Japonais.

Quoi qu'il en soit, les livraisons du « Tokyo express » se poursuivent. Les Japonais se retrouvent en force sur Guadalcanal. Installés sur une hauteur dominant la plaine côtière, le mont Ansten, à 5 ou 6 km d'Henderson Field, ils peuvent régler le tir de leurs mortiers et ajouter leur feu à celui des destroyers et des bombardiers qui, régulièrement, pilonnent le camp retranché. Vandegrift, indomptable, y conforte l'énergie de la garnison, soumise à rude épreuve. Le climat, les bombardements, les

1. Succès rarissime, on le sait, de B/17 sur des cibles mobiles.

nuits sans sommeil, les tireurs isolés, la nourriture aléatoire usent les organismes. Les combattants deviennent des fauves marqués par la fatigue et la tension nerveuse.

Grâce à ses patrouilles, aux reconnaissances aériennes, le patron des Marines situe les bases qu'implantent les Japonais. Le 7 septembre, à la tombée de la nuit, il lance un raid de parachutistes et de raiders sur Tavu où un camp a été installé. Le personnel de gardiennage est rapidement balayé et contraint de s'enfuir dans la jungle. Les Américains reviennent avec des vivres, du matériel et surtout une meilleure connaissance du potentiel ennemi. Ils ont en face d'eux le reste du régiment d'Ichiki et la 35e brigade du général Kawaguchi. Ils ont appris que celui-ci faisait mouvement pour enlever Henderson Field.

Vandegrift se prépare en connaissance de cause. Sur une légère hauteur, dans l'axe d'attaque supposé, il place ses raiders et ses parachutistes, soutenus par un bataillon de Marines en réserve.

Vandegrift ne s'était pas trompé. Kawaguchi lance, dans la nuit du 12 septembre, une première attaque contre raiders et parachutistes. Fatiguée par une épuisante marche d'approche, sa troupe manque de mordant et reflue. Le lendemain, à 21 heures, le Japonais relance l'assaut. 2 000 hommes abordent les pentes. Garant à la main ou rivés à leurs mitrailleuses de 30 et à leurs mortiers de 60, les Américains les entendent hurler leur célèbre « Banzaï » [1] ou vociférer dans un anglais approximatif : « Marine, you die ! » (« Marines, vous mourrez ! »). Sous la pluie battante, les feux croisés, les grenades brisent les tentatives. La « colline sanglante » se jonche de cadavres japonais. Au lever du jour, Kawaguchi se replie sur la jungle. Il a eu plus de 1 200 morts et blessés. Les chasseurs, qui ont pris l'air avec l'aube, mitraillent les groupes qui refluent. Les 750 raiders ont perdu 234 combattants, tués ou blessés, les 377 parachutistes, 212.

Les gros engagements sur mer, motivés toujours par le souci d'alimenter la bataille, alternent avec ceux sur terre. Celui de la nuit du 11 au 12 octobre sera appelé par les Américains bataille du cap Espérance, en raison de sa proximité. Le « Tokyo express », toujours lui, sort du Slot, le détroit entre Guadalcanal et Santa Isabel. A 23 h 25, il est signalé par les radars du croiseur *Helena*. Les Américains, réagissant vite mais en ordre dispersé, parviennent à couler le destroyer *Fubuki* et le croiseur

1. Littéralement « Dix mille années ! », sous-entendu « à l'Empereur ».

Furutaka, tout en perdant le destroyer *Duncan*. Leur croiseur léger *Boise* est endommagé.

*
* *

Guadalcanal est devenu un symbole. L'affrontement se transforme en bataille d'usure, en Verdun du Pacifique. Les deux parties s'obstinent pour ces hectares de jungle. Elles pourraient négliger cette île, en choisir une autre et engager une nouvelle stratégie. Non. Elles refusent de céder. Guadalcanal s'est transformé en un site privilégié où la fierté nationale interdit de lâcher pied et impose de l'emporter.

*
* *

Aussi, chaque camp se renforce. Les Japonais de nuit par le « Tokyo express », les Américains par air ou par mer. La 38e division, qui fut à Hong Kong, à Java et à Sumatra, rejoint, la 2e division également. Hyakutake débarque avec le PC de sa XVIIe armée. Début octobre, il y aura quelque 20 000 Japonais dans l'île, avec trois batteries d'artillerie lourde, un bataillon de mortiers, un escadron de chars. Vandegrift reçoit le 7e régiment de Marines, le 164e RI, un détachement d'artillerie, qui portent ses effectifs à 23 000 hommes. L'aviation d'Henderson Field s'est également étoffée. L'affaire, cependant, n'avait pas été si simple. Nimitz, dès la mi-octobre, avait rendu compte :

> « La preuve est faite que nous sommes incapables de contrôler la mer dans la zone de Guadalcanal. Nous ne pouvons donc continuer à ravitailler nos positions qu'au prix de très lourds sacrifices. Sans être désespérée, la situation est extrêmement critique. »

King, Marshall, à cette heure, préparaient Torch, le débarquement en Afrique du Nord qui réclamait des troupes et des convois. Pour un peu, Guadalcanal, d'après Marshall, aurait pu attendre. Alerté par King, toujours ardent partisan du Pacifique, Roosevelt, conscient de l'importance psychologique de Guadalcanal, avait tranché. Il avait enjoint à ses chefs d'état-major « de renforcer Guadalcanal, et vite ».

La force de Vandegrift serait consistante si elle ne souffrait pas, de plus en plus, de malnutrition, de dysenterie, d'affections de la peau et, tout simplement, d'épuisement. Dans un secteur moins exposé, plus du tiers des hommes serait déclaré inapte au combat. Mais les Japonais ne sont pas mieux lotis. Leurs conditions d'approvisionnement sont pires encore.

Le 23 octobre, huit bataillons (5 600 hommes) attaquent en force, avec des chars ayant passé la rivière Matanikau, le périmètre oriental. L'artillerie les stoppe. Le lendemain, 7 000 autres repartent, côté sud. Pendant deux jours, les combattants se tuent à courte distance sur les collines. Sa troupe décimée et épuisée, Kawaguchi doit se retirer, ayant perdu 3 500 hommes. Lui aussi paie le prix de la jungle. Son approche a été lente et pénible. Il a été contraint d'abandonner du matériel. Par deux fois, il a reporté son attaque, mais les contrordres n'ont pas toujours atteint les unités. Mal coordonnées, ses actions se sont échelonnées. Vandegrift a été plus à même de les repousser.

Les Américains ont remporté la phase défensive terrestre de Guadalcanal. Simultanément, ils vont repousser l'ultime grande offensive sur mer.

Halsey, rétabli, a remplacé Ghormley à la tête du Pacifique sud. L'homme a, entre autres, une solide réputation d'agressivité. Il le porte sur le visage avec ses yeux malicieux et son menton projeté en avant. L'occasion ne tardera pas pour lui d'honorer son image.

La flotte combinée japonaise s'approche de Guadalcanal, persuadée qu'elle pourra utiliser Henderson Field dont la prise paraît assurée avec l'offensive de Kawaguchi. Revoici Nagumo, le vainqueur de Pearl Harbor et le vaincu de Midway. Ses lieutenants ont eu du mal à l'empêcher de se suicider après sa défaite. Il a récupéré les *Shokaku* et *Zuikaku* de la mer de Corail ainsi qu'un petit porte-avions, le *Zuiho*. Il s'avance, protégé par un croiseur lourd et sept destroyers, bien couvert à bonne distance par deux flottes de croiseurs et de destroyers dont l'une comprend le nouveau porte-avions *Junyo*. Au fond de lui-même, il a une ambition : soutenir, certes, le « Tokyo express » et ses renforts, mais surtout prendre sa revanche contre la flotte américaine du Pacifique.

Celle-ci, depuis le torpillage du *Saratoga* et du *Wasp* [1], est bien amoindrie. Halsey ne dispose plus que du *Hornet* et de

---

1. Le *Saratoga*, torpillé par un sous-marin le 31 août, est indisponible pour trois mois. Deux semaines plus tard, le *Wasp*, en escorte de convoi, a été coulé par un autre sous-marin.

l'*Enterprise*, renforcés par le nouveau cuirassé *South Dakota*. Les Task Forces 16 (*Enterprise*) et 17 (*Hornet*) tournent, prêtes à intervenir, autour des îles Santa Cruz, au nord des Nouvelles-Hébrides.

Le 25 octobre, à midi, un Catalina aperçoit deux porte-avions japonais, mais les Américains perdent le contact à cause de la pluie qui limite la visibilité. Le 26, les flottes se repèrent : elles s'affronteront durant une bonne partie de la journée. Les vagues de bombardiers et de chasseurs s'efforcent de frapper, par petits groupes et par surprise, à contre-soleil. Le *Zuiho* reçoit deux bombes interdisant les décollages. Le croiseur *Chikuma*, le *Shokaku* sont sérieusement endommagés. Le *Hornet*, touché à plusieurs reprises, finit par être victime de deux avions suicides qui s'écrasent avec leurs projectiles. Il n'est bientôt plus qu'un brasier [1]. L'*Enterprise*, le *South Dakota* sont touchés. Après avoir récupéré leurs équipages en l'air, les Américains se décident à rompre le combat.

Chaque camp a payé fort cher la bataille de Santa Cruz. Avec la disparition du *Hornet*, les Japonais semblent vainqueurs, mais c'est une victoire à la Pyrrhus. Ils ont perdu dans les divers engagements une centaine de pilotes hautement expérimentés. Les Américains ont eu moins de pertes humaines. Ils sont capables de les combler très vite. La relève s'instruit aux États-Unis.

Halsey se rend compte que le temps de l'offensive pour détruire définitivement la XVIIe armée approche. Il comprend aussi qu'il lui faut d'abord, pour ce faire, songer à la relève. La 1re division de Marines est à bout. Si, en novembre, elle agrandit son périmètre et élimine les avant-postes japonais, elle ne peut aller plus loin. Début décembre, Vandegrift et ses hommes sont relevés par le XIVe CA du général Patch [2]. Il lui appartiendra, avec la nouvelle année, d'expulser définitivement de Guadalcanal les Japonais qui, entre le 7 août et le 31 décembre 1942, auront perdu 800 avions et 61 navires de guerre [3]. Guadalcanal, îlot hier inconnu des Salomon, aura bien contribué à laminer la puissance japonaise.

1. A la nuit, il sera achevé par les Japonais.
2. 25e DI, 2e division de Marines, American Division.
3. Des batailles navales sérieuses interviendront en novembre et décembre 1942.

Chapitre XVI

LA MARCHE SUR LE CAUCASE ET STALINGRAD

Que faire, avec les beaux jours, en 1942 ? Les deux belligérants, à Moscou et à Rastenburg, s'interrogent.

Le front du Ladoga à la mer d'Azov offre des quantités de possibilités. De Leningrad toujours encerclée, il redescend par le Volkhov jusqu'au lac Ilmen, se prolonge par la Lovat en incorporant le saillant de Demiansk. Après quoi, devant Moscou jusqu'à hauteur de Briansk et Orel, il hésite. Tel un gigantesque fjord, il lance des tentacules vers Rjev. S'il conserve Viazma et Smolensk aux Allemands, il recèle d'importantes zones tenues par les partisans au sud de ces deux villes. Après Elnye, il file plein sud, rejoint le Donetz qu'il abandonne pour gagner la mer d'Azov entre Taganrog et Rostov-sur-le-Don. La fameuse ligne Arkhangelsk-Astrakhan n'a pas été atteinte. Si la Wehrmacht détient toujours, au nord et au sud, ses acquis de 1941, elle a, en avant de Moscou, concédé bien du terrain.

La Stavka est partagée mais une opinion prévaut. Les hauts responsables soviétiques jugent la Wehrmacht terriblement affaiblie par la campagne d'hiver. Trompés par l'état misérable des prisonniers, ils sous-estiment son potentiel réel. Ils auraient ainsi tendance à se montrer résolument optimistes et enclins à passer à l'offensive. Seul Chapochnikov demeure prudent. Il préférerait camper sur la défensive, en attendant que s'améliore la production industrielle. Joukov garde les yeux sur Moscou qu'il souhaiterait dégager définitivement. Staline, plus confiant, pense à la Crimée, à Kharkov, à Leningrad, au Donbass (d'où les efforts de l'hiver et du printemps sur Kertch et Barvenkovo).

Hitler se montre assez réaliste. Il est arrivé à la conclusion qu'il ne peut renouveler l'offensive généralisée de 1941. Ses moyens ne le lui permettent pas. Il est donc résolu à faire l'impasse – provisoirement du moins – sur Leningrad et Moscou. L'économie guide sa future stratégie. Sur la foi de certains experts, il est persuadé que le pétrole du Caucase lui est absolument nécessaire pour poursuivre la guerre [1]. Il frappera donc au sud pour conquérir les puits de Maikop et Grozny. Cette avancée lui permettra, au passage, de s'approprier le reste du Donbass et de couper l'importante ligne de communications que constitue la Volga [2]. Il n'écarte pas l'idée de prendre Stalingrad sur cette même Volga et – qui sait ? – d'obliquer ensuite vers le nord en direction de Moscou.

De telles ambitions, ses lieutenants, à la fin de 1941, ne les partageaient pas. Les von Brauchitsch, von Rundstedt, von Bock, von Leeb, Guderian et autres, au contact de la dure réalité, avaient une autre conception des difficultés à surmonter : l'espace russe multiplie les distances ; l'armée Rouge fait continuellement surgir de nouveaux bataillons ; l'usure de la Wehrmacht, au terme d'une campagne éprouvante, impose de marquer le pas. Derrière la façade toujours brillante, l'édifice a souffert. Les DI n'ont plus que sept bataillons au lieu de neuf. Les compagnies partent à 80 hommes. Les PD ont beau en nombre être portées de 19 à 25, leur puissance absolue de frappe a diminué. Il y a moins de chars par division. Partout, des cadres, des équipages, des voltigeurs aguerris ont disparu. Près d'un million d'hommes mis hors de combat depuis le 22 juin 1941 [3] font défaut alors que Speer, ministre de l'Armement,

1. En quoi il fait erreur. Sans s'en être emparé, il tiendra jusqu'en 1945.

2. La Volga, fleuve large et puissant, permet la remontée vers l'intérieur de l'URSS d'une partie du pétrole du Caucase et de l'assistance anglo-américaine convoyée via l'Iran et la Caspienne. A Stalingrad, la Volga, souvent coupée d'îlots, a quelque 2 km de large.

3. A la fin de la campagne d'hiver, soit au 20 février 1942 (de source allemande), on déplore 199 448 morts, 708 351 blessés, 44 342 disparus, 112 627 gelures graves.

réclame davantage de bras pour ses usines. Aussi les anciens étaient-ils plutôt partisans de s'installer sur la défensive. Von Rundstedt aurait même suggéré de revenir sur la base de départ en Pologne. Mais ces vieilles gloires ne sont plus là. Hitler les a poussées vers la sortie. Les nouveaux promus, les Halder, von Kluge, von List, Paulus, von Kleist, tiennent à leurs dignités. Ils se montrent plus souples, plus enclins à écouter sans rechigner la voix de leur Führer.

Ses intentions pour 1942, Hitler les traduit dans sa directive n° 41 du 5 avril. Une opération Nordlicht visera, dès que possible, à la prise de Leningrad, mais là n'est pas l'essentiel. Celui-ci se situera au sud, avec l'opération « bleue » prévue en quatre phases :

1. franchissement du Don dans la région de Voronej par les IIe armée et IVe armée blindée ;
2. anéantissement des forces soviétiques à l'est de Kharkov ;
3. scission du GAS en deux :
   - le groupe B (VIe armée et IVe armée blindée) marchera sur Stalingrad par la rive droite du Don,
   - le groupe A (XVIIe armée et Ire armée blindée) se rabattra sur Stalingrad par le Don inférieur ;
4. conquête du Caucase jusqu'à la ligne Batoum-Bakou en vue de saisir les champs pétrolifères du nord Caucase et de l'Azerbaïdjan.

On notera qu'à la date de cette directive, le sort de la Crimée et de Borenkovo était encore en suspens. L'exécution de l'opération « bleue » imposait que leurs cas soient réglés.

Cette intention de manœuvre recelait une ambiguïté. Quel était le rôle exact dévolu à Stalingrad ? ou plus exactement à la région de Stalingrad mentionnée par les textes ? Bouchon pour couvrir la marche sur le Caucase ? Point de départ pour une autre avancée ? Dans l'esprit de Hitler, la seconde perspective – officieuse – était évidemment retenue. La résistance soviétique de cette ville symbole [1] sur ordre exprès du maître du Kremlin en décidera autrement. Les opérations prendront un tout autre aspect que ne l'envisageait la directive n° 41.

1. Ex-Tsaritsine, rebaptisée en 1920 en hommage à Staline, vainqueur devant ses murs de l'armée blanche du général Denikine.

*
* *

Le 28 juin au matin, sous un ciel lourd d'orage, les IIe, VIe armées et IVe armée blindée attaquent plein est en direction du Don. Voronej, leur objectif premier, est distant de 200 km.

L'été frappe avec force. Les colonnes des PD sur un sol desséché soulèvent de hautes colonnes de poussière. La plaine s'étale uniforme et se prête mal à la défensive. Pas de forêts ni de plans d'eau. Les rebords des thalwegs, les baraquements en bois des kolkhozes, autorisent seuls l'installation de points d'appui qui sont aisément débordés et réduits.

Avec 48 heures de décalage, la XVIIe armée et la Ire armée blindée démarrent à leur tour, plus au sud. Dans l'immense couloir entre Donetz et Don, elles doivent marcher plein sud, occuper le bassin du Donetz et atteindre le Don inférieur. Devant elles, les points d'appui s'organisent sur le carreau des mines, autour des puits et des crassiers.

La Wehrmacht retrouve ses jours de triomphe. Partout, la progression est rapide, facile. Les Soviétiques évitent le combat. Un jeune sous-officier écrit :

> « C'est tout à fait différent de l'an dernier. C'est plus comme en Pologne. Les Russes ne sont pas nombreux. Ils tirent comme des fous, mais ne nous font pas grand mal. »

Les Allemands ignorent que Timochenko, leur adversaire direct, qui commande le front du sud-ouest, a changé de méthode. Il ne veut plus risquer les terribles encerclements qui, à Kiev, à Kharkov, ont coûté si cher. Il troque de l'espace contre du temps. Sur le Don, comme sur la Moskova, l'été n'est pas si long. Les journées gagnées permettent à des armées de se forger à l'arrière.

Le 5 juillet, le Don de Voronej est atteint. Le surlendemain, la Stavka crée un front spécial, le front de Voronej, confié à Vatoutine, qui s'intercale entre front de Briansk et front sud-ouest. Persuadé que l'ennemi s'orientera vers le nord, en direction de Toula et Moscou, Staline conserve ses réserves autour de la capitale.

Von Bock, patron en titre de ce qui est encore le GAS, conteste la manœuvre qui lui a été imposée depuis Rastenburg. Il estime qu'elle ne lui permet pas d'encercler les armées soviétiques qui lui font face et, notamment, de détruire celles de Vatoutine. Il ne se cache pas pour le dire. Hitler n'apprécie pas qu'on lui tienne tête. Le 15 juillet, *exit* von Bock pour une retraite définitive [1].

L'éclatement prévu, du coup, s'effectue avant l'heure. Groupe B, au nord, sous Weichs, ancien commandant de la IIe armée. Groupe A, plus au sud, sous von List rappelé des Balkans.

Devant l'avance de ses armées (von Kleist approche du Don inférieur), Hitler, ragaillardi, a retrouvé jeunesse et gaieté.

« Les Russes sont finis ! », lance-t-il le 15 juillet à Halder qui réplique :

« Ils commencent en effet à donner cette impression. »

Impression lourde de conséquences qui conduit à modifier le dispositif initial. Hoth avec sa IVe AB devait ouvrir la route à Paulus jusqu'à Stalingrad avant de passer en réserve. Changement de cap. Il reçoit l'ordre de descendre plein sud jusqu'au Don afin d'y participer à la marche sur le Caucase. Il s'exécute. Le 22 juillet, il bordera le fleuve à Tsymlanskaïa. Du coup, la VIe armée de Paulus se retrouve seule dans sa progression sur la rive droite du Don jusqu'à sa grande boucle à l'ouest de Stalingrad.

Certes, elle est richement dotée [2], mais elle ne dispose pas du potientiel de chars, donc de la force de frappe, d'une armée blindée. Unité essentiellement à base d'infanterie, sa vitesse de marche s'en ressent. Plus grave, la IVe AB, de sa gauche, glisse sur sa droite. Cette permutation provoque des embouteillages monstres. En outre la IVe AB est prioritaire en carburant. Paulus, à court d'essence, s'immobilise pendant 18 jours. 18 jours perdus pour lui, et gagnés pour Timochenko !

Le général soviétique a encore, involontairement, glané des délais pour organiser une défense que Staline lui a imposée, le 12 juillet :

> « J'ordonne la formation du groupe d'armées (front) Stalingrad et la ville sera défendue jusqu'au dernier homme par la 62e armée. »

---

1. Il sera tué lors d'un bombardement allié en 1945.
2. Elle comprend, au déclenchement de l'offensive, les XIXe et XVIIe CA (2 DI chacun), les VIIe et LIe CA (3 DI chacun), le 40e corps cuirassé (2 PD et 1 DM), soit près de 260 000 hommes.

Le Géorgien, rajeuni de vingt ans, veut vaincre à Stalingrad comme en 1920. La ville porte son nom et constitue à ses yeux un haut lieu stratégique. Elle contrôle le couloir entre Don et Volga, la vallée de la Volga, et commande la porte d'accès à l'Oural. Si Stalingrad tombe, l'URSS est frappée à l'aine [1].

Dans quelques jours, Hitler facilitera encore la tâche présente et future des Soviétiques. Le 23 juillet, assuré de sa victoire proche, modifiant à nouveau ses plans, il expédiera von Manstein et 5 divisions de sa XIe armée sur le front de Leningrad. Il retire aussi du front sud 2 PD d'élite, la « Leibstandarte » et la « Grossdeutschland », qu'il envoie en France où il redoute un débarquement allié [2]. Il se prive ainsi de la réserve qui, le jour venu, lui manquera pour donner l'ultime coup de boutoir.

*
* *

VIe armée de Paulus vers Stalingrad, groupe A de von List et IVe AB de Hoth vers le Caucase, l'opération « bleue » connaît deux théâtres bien distincts. Manifestement, Hitler a mis deux fers au feu. N'en demande-t-il pas trop, après avoir allégé ses effectifs ?

*
* *

La marche au Caucase

Les pions sont en place. D'ouest en est : XVIIe armée, Ire AB de von Kleist, IVe AB de Hoth. Tous ont bien marché pour s'aligner sur le Don inférieur et se mettre en position de le franchir.

La prise de Rostov-sur-le-Don, attaquée de toutes parts, a été une lutte farouche. Des unités spéciales du NKVD s'étaient barricadées dans la ville. Fanatisés, disciplinés, leurs soldats se sont montrés de redoutables combattants et ont accumulé les pièges. Rostov et ses passages sur le Don n'ont été saisis que le

1. Une autre raison, plus spécifiquement militaire, explique sa volonté de défense de Stalingrad. En se repliant sur la Volga pour s'y retrancher, Staline et la Stavka imposent à la Wehrmacht de passer l'hiver en terrain découvert, c'est-à-dire dans les pires conditions. La plaine ou la steppe russes ne présentent qu'un univers désolé et gelé, sans forêts ni abris.

2. Celui-ci se produira, mais à une échelle très réduite, à Dieppe (cf. ci-dessus, chapitre 12).

25 juillet. Le même jour, les éléments légers de von Kleist franchissaient le fleuve atteint par Hoth dès le 22, on le sait.

La directive n° 45 du Führer, en date du 23 juillet, est désormais applicable :

1. encercler et anéantir les forces ennemies qui ont traversé le Don dans les secteurs sud et sud-est de Rostov ;
2. occuper la côte de la mer Noire, s'emparer des ports et mettre ainsi hors de combat les forces navales qui s'y abritent ; traverser le Kouban, occuper les hautes terres de Maïkop et Armavir ;
3. s'emparer des cols commandant les routes militaires de l'Ossétie et de la région de Grozny ; s'avancer le long de la Caspienne et occuper Bakou.

Vaste programme.

La plaine et bientôt la steppe s'étalent, vides et dégagées. En ce terrain trop plat, les Soviétiques refusent le combat. Les PD s'enfoncent librement. Von Kleist, au centre, atteint le Manytch dès le 29.

Au-delà de ce long fleuve de 700 km, succession de lacs et d'étangs, commence un autre monde. Ce n'est plus l'Europe, c'est l'Asie. L'arrière-garde soviétique, pourtant bien nantie en T/34, est balayée. Le 5 août, von Kleist pénètre dans Stavropol, le 7 dans Armavir, le 9 dans Maïkop où se dressent les premiers derricks. Mais les puits, les réservoirs ont été incendiés. La longue chevauchée n'aura pas permis de faire les pleins, alors qu'on aborde déjà la montagne. Les vraies difficultés commencent.

Sur la droite de von Kleist, la progression se déroule bien aussi, encore que la XVIIe armée, à base d'infanterie, ne puisse marcher aussi vite. Le 13 août, elle franchit le Kouban à Krasnodar et aborde les contreforts du Caucase. Le combat se durcit dans les collines et devant Novorossiysk, grand port industriel, dont toutefois le Ve CA se rend maître le 10 septembre.

Sur le flanc gauche, nouveau bouleversement. Hoth, qui a franchi le Don le 29 juillet à Tsymlanskaïa et s'apprête à filer vers le Caucase, reçoit de nouvelles instructions. Comme Paulus piétine, Hitler s'est ravisé. La IVe AB doit remonter le Don sur sa rive gauche, franchir l'Askia et prendre Stalingrad par le sud. Encore un virage à 90°, et nouvelle perte de temps.

Obligatoirement, une brèche énorme s'ouvre entre les groupes B au nord et A au sud dont les axes de marche divergent d'un quart de cercle, dans la steppe kalmouke qui s'étend jusqu'à la Caspienne. Hoth a reçu consigne d'y détacher la 16e DM en mission de surveillance. Croisant sur sa route des caravanes de chameaux et de dromadaires, celle-ci atteindra Elista le 12 août. Des patrouilles de cette « division des lévriers » s'engageront encore plus avant. Certaines atteindront la voie ferrée Grozny-Astrakhan. D'autres, à la mi-septembre, s'aventureront jusqu'à Senseli, à 100 km d'Astrakhan. Astrakhan, à l'embouchure de la Volga, Astrakhan, point phare de cette ligne Arkhangelsk-Astrakhan que Hitler avait fixée dans sa fameuse directive sur l'opération Barbarossa.

Le maître du IIIe Reich a révisé sa copie. Il fixe dorénavant comme objectif la diagonale Batoum-Tiflis-Bakou, sur le versant méridional du Caucase qui le mettrait en possession de tous les champs pétrolifères. La Turquie, devenue voisine, donnerait peut-être enfin la main à l'Allemagne. L'Iran serait à portée, l'Irak guère plus loin. Hitler a-t-il vraiment songé à cette gigantesque tenaille, Rommel surgissant du Sinaï et von List du Caucase ? Les deux hommes et leurs armées se joindraient quelque part du côté de Bagdad ou de Mossoul. Rêve fou, conforme à l'imagination débridée d'un Adolf Hitler ! S'y est-il attardé ? Rommel, ce dévoreur d'espace, n'a pas pu ne pas y songer.

Si séduisante soit-elle, ne serait-ce qu'à cause du pétrole, cette ligne Batoum-Tiflis-Bakou reste encore à atteindre. Sur 1 000 km, du Kouban à Bakou, le Caucase barre l'horizon de ses cimes altières dressées parfois à plus de 5 000 m. Dans la fournaise de la steppe, les combattants contemplaient avec envie ses calottes neigeuses. Les routes de pénétration y sont rares, les cols élevés. Les Soviétiques ont reflué sans se laisser anéantir. En embuscade à l'entrée des vallées, tapis sous l'épais manteau forestier, ils attendent, prêts à se battre en terrain favorable. Leurs bombardiers ont le champ libre. Absents en juillet, ils se précipitent en août, plongeant pour mitrailler et bombarder les colonnes. La Luftwaffe est trop occupée au nord vers Stalingrad pour se soucier d'eux. Les distances se sont allongées. 500 km séparent le Don du pied du Caucase. Le groupe von List se retrouve, phénomène bien connu, victime du kilométrage. Tous ses approvisionnements proviennent du nord.

Sauf une partie des vivres. Le piémont offre ses potagers, ses vergers, ses vignobles. Pays heureux où la Wehrmacht est bien reçue. Les populations non russes de ces régions méridionales lui font bon accueil [1]. Ukrainiens exilés, Cosaques du Don et du Kouban [2], Caucasiens, musulmans rejetant le communisme athée, Kalmouks, regardent souvent les soldats allemands comme des libérateurs. Beaucoup viendront, de leur plein gré, proposer leurs services.

Mais il faut poursuivre, sans s'abandonner aux délices d'une Capoue caucasienne. Hitler le veut. La Wehrmacht, où qu'elle soit, doit se battre.

Les fantassins de la XVIIe armée butent sur les contreforts occidentaux. Ils ne peuvent enlever Touapse. La route vers Batoum par la côte leur est fermée. La Ire AB s'engage dans la montagne. Elle y trouve des passages éboulés et des bouchons bien organisés. Solidement accrochée, elle est contrainte de marquer le pas.

Simple satisfaction d'amour-propre, 23 hommes des 1re et 3e divisions de montagne plantent, le 21 août, l'emblème allemand au sommet de l'Elbrouz, à 5 633 m d'altitude. Mais cet exploit, plus sportif que militaire, dont la propagande nazie se saisit, ne déverrouille pas l'accès aux barils de pétrole.

A la mi-septembre, la température chute. Les cols enneigés laborieusement conquis sont abandonnés, car le ravitaillement ne peut y accéder. Les divisions SS Viking et Nordland tentent un ultime effort en direction de Grozny. Les Allemands y épuisent leurs dernières forces et risquent même d'être encerclés par les contre-attaques adverses. Fantassins et chasseurs de montagne s'enterrent. La lisière septentrionale du Caucase, le Tcherek, délimite l'avance extrême de ces divisions lancées, un peu en enfants perdus, à l'assaut du toit de l'Europe.

Des généraux, le scénario est devenu rituel, paient la rancœur de Hitler devant l'échec de la percée du Caucase. Halder, von List sont remerciés. Le premier est remplacé par un homme plus jeune, moins connu, Kurt Zeitzler. List n'a pas de successeur. Hitler décide de coiffer lui-même directement ce groupe d'armées discrédité à ses yeux.

Et pourtant !... Dans quelle situation ne se trouve-t-il pas ! Aventuré jusqu'à 43° 20', latitude la plus méridionale atteinte par la Wehrmacht en URSS, il est tributaire du nord. Si, pour une raison ou pour une autre, les Allemands perdent la ligne du Don, il est condamné. Mais qui songe vraiment à lui ? Un seul objectif

1. La vengeance de Staline sera terrible. Des tribus entières seront déportées en Sibérie.

2. 40 000 Cosaques s'engageront sous l'uniforme allemand.

prime : Stalingrad. Là où tout se complique, où tout se décidera. L'objectif secondaire, devenu l'objectif essentiel, éclipse tous les autres.

*
* *

La marche vers Stalingrad

Paulus, qui aspirait certainement à un grand destin, va entrer tragiquement dans l'histoire comme le vaincu de Stalingrad. Qui est-il, ce commandant de cette VIe armée vouée, elle aussi et encore plus, à un sort tragique [1] ?

Friedrich Paulus, de par sa carrière et probablement son tempérament, est un officier d'état-major plus qu'un chef de guerre. Il n'a pas l'allant d'un Rommel, le coup d'œil d'un von Manstein, le sang-froid d'un von Rundstedt, la personnalité d'un von Bock ou d'un von Reichenau. Professionnel appliqué, ses chefs l'ont récompensé. (Il fut chef d'état-major de von Reichenau à la VIe armée, de Halder à l'OKH.) N'ayant jamais commandé un régiment, une division ou un corps d'armée, il s'est retrouvé, le 5 janvier 1942, à la tête de la VIe armée. A 52 ans, sérieux, honnête, renfermé, discipliné – trop, selon certains –, possède-t-il cette qualité que de Gaulle appelle la vertu des temps difficiles, le caractère ? L'avenir en jugera. Ses succès à Kharkov ne l'ont pas grisé, même s'ils l'ont confirmé dans sa confiance en ses propres talents et en son avenir. Il poursuit sa tâche avec une conscience égale, sans s'interroger sur le bien-fondé du nazisme. Il se fie aux vertus militaires du Führer et entend se montrer un soldat loyal.

Paulus paye le prix du départ de la IVe AB. Il avance à petits pas. La majeure partie de son armée marche à pied. Elle traîne 25 000 chevaux qui ont besoin de temps de repos. Les combats retardateurs menés par les Soviétiques lui imposent de fixer et de manœuvrer. Et Paulus n'a pas l'âme d'un Guderian pour presser la machine. Il entend progresser en sûreté. Ainsi joue-t-il les « Petit Poucet », égrenant des contingents tout le long du Don pour se garder. L'idée, en soi, est saine mais elle coûte du monde et Paulus n'a pas les moyens de tout régler. Des poches ennemies subsistent sur la rive droite du fleuve. Elles s'y

1. Paulus en réchappera. Sur les quelque 260 000 hommes de la VIe armée, quelques milliers à peine survivront à la bataille et aux camps soviétiques.

maintiendront, formant autant de têtes de pont pour d'éventuelles contre-offensives. Tel sera le cas le 19 novembre... Mais on n'en est pas là.

Avec la dernière décade de juillet, la VIe armée a passé le Tchir. La résistance se durcit. De Moscou, des unités de réserve convergent vers la Volga. Par voie ferrée, au prix de nombreux transbordements, ces renforts se hâtent pour défendre Stalingrad et ses approches. Ils étoffent les rangs de la 62e armée qui en a bien besoin ; le moral n'y est guère brillant. Fuyards et déserteurs ne manquent pas. Il appartiendra à la nouvelle génération des jeunes généraux de redonner une âme aux combattants.

Paulus perçoit-il, en dépit de l'obstination de certains, cette faiblesse générale ? Il a reçu de l'essence, il peut manœuvrer. Son XIVe CB, sur sa gauche, ne demande qu'à foncer. Sur sa droite, Hoth lui a prêté le XXIVe CB. Le patron de la VIe armée dispose de quoi lancer l'opération en tenailles chère aux Allemands. Longeant les rives du Don, XIVe et XXIVe CB poussent vers Kalatch. Entre eux, le CA de Seydlitz fait effort pour fermer le centre du V formé par le Don. Le 8 août, les éléments de tête des deux CB font jonction devant Kalatch. La Wehrmacht vient de réaliser son dernier grand encerclement.

Quinze jours seront nécessaires pour assurer le nettoyage complet de l'intérieur de la boucle du Don, mais le bilan est imposant. 9 divisions de tirailleurs, 2 DM, 7 brigades blindées anéanties. 1 000 chars, 750 canons détruits. De surcroît, Paulus a saisi des passages sur le fleuve. Stalingrad n'est plus qu'à 65 km. L'approche directe peut débuter.

*
* *

Maintenant, ils sont deux, Paulus avec sa VIe armée, Hoth avec sa IVe AB (incomplète) remontée de la steppe kalmouke par la rive gauche du Don. Le premier, plus ancien, coiffe l'ensemble.

Le front soviétique, convexe, se développe sur une circonférence de 130 km autour de Stalingrad. La manœuvre prévue par Paulus n'innove pas. Toujours la tenaille par efforts sur les ailes. La ville sera prise entre deux étaux, celui du XIVe CB au nord-ouest, celui du XXIVe CB au sud-ouest.

Staline, pendant longtemps, n'a vu dans l'attaque sur le Caucase qu'un piège. Il croyait que la Wehrmacht, depuis Voronej, remonterait sur Moscou. Grâce à « Lucy », il a compris désormais les véritables intentions allemandes. Hitler vise le Caucase pour son pétrole et Stalingrad pour se couvrir.

Dans la nuit du 1er août, le maître du Kremlin a reçu Eremenko, encore mal remis d'une blessure : « Te considères-tu comme rétabli ? »

Eremenko lui a répondu par l'affirmative. Staline lui a confié le commandement du front de Stalingrad avec ses consignes :

> « Étant donné la situation dans la région de Stalingrad, il faut agir rapidement pour fortifier ce secteur très important du front et renforcer l'autorité sur les troupes. »

Fort de ce viatique, Eremenko, toujours boitant, quoi qu'il en dise, a gagné les bords de la Volga.

Il y fait chaud, très chaud. Le vent d'ouest colporte une poussière sablonneuse. Gigantesque chenille de 35 km de long, collée au fleuve sur le rebord des hautes falaises de la rive droite, Stalingrad transpire. Dans quelques mois, elle grelottera. La rigueur du climat continental ne l'empêche pas de se montrer une cité active et prospère de 500 000 habitants. Grands immeubles, larges artères, vastes jardins publics, vergers même y côtoient les nombreuses usines.

Celles-ci, « usine de Tracteurs », « usine Octobre rouge », « usine Barricades », etc., sont implantées surtout au nord. Elles sont appelées à devenir des lieux de combats farouches.

Les solutions de Staline ne sont pas toujours des plus rationnelles. Machiavélisme ou défiance, il table sur la dualité du commandement. Gordov commande au nord devant Paulus, Eremenko, nouveau promu, au sud devant Hoth. Un tel manque de coordination n'est pas obligatoirement gage d'efficacité. Les événements – et le caractère ombrageux de Gordov – l'imposeront. Le 13 août, Eremenko se verra reconnaître l'autorité globale sur les deux fronts [1]. Assisté bien évidemment du traditionnel

---

1. Il y a de quoi se perdre dans les fronts (groupes d'armées) soviétiques suite aux changements d'appellation et de commandement.

A partir du 28 septembre et durant la bataille de Stalingrad, s'alignent du nord au sud le front du sud-ouest (Vatoutine) au nord de Kletskaïa, le front du Don (Rokossovsky) de Kletskaïa à Jersowska, à 20 km au nord de Rynok, le front de Stalingrad (Eremenko) dans la boucle de la Volga.

Pendant la phase défensive (jusqu'au 19 novembre), Eremenko en est le principal responsable.

« garde du corps » politique, Nikita Khrouchtchev, assisté à son tour bientôt par Malenkov.

*
* *

A partir du 21 août, Paulus traverse le Don. Il se sent plus fort. Hoth est là avec deux PD, une DM et trois DI, plus des Roumains pour le flanquer vers le sud-est. Les armées alliées relaient la VIe armée : hongroise, italienne, roumaine, elles s'échelonnent sur le cours du Don. Les Allemands ont délibérément placé les Italiens au centre afin de séparer les frères ennemis, Roumains et Hongrois.

Paulus sait en outre qu'il domine largement son adversaire. 300 000 Allemands marchent sur Stalingrad, appuyés par une armada dans le ciel. Devant eux s'alignent pour l'essentiel les 62e et 64e armées, fort malmenées par les combats précédents.

Le XIVe CB réussit le premier la percée. Le 23 août, en fin d'après-midi, la XVIe PD atteint la Volga à Rynok, à 25 km du centre de Stalingrad. Le couloir Don-Volga est coupé. Le pont de chemin de fer de Rynok, sur la Volga, est à portée des mortiers lourds. Par ce coup brutal, Paulus a interrompu les communications sur la Volga et rendu difficile le ravitaillement des défenseurs de Stalingrad.

Les Allemands qui dévalent les berges de la Volga, réalisent-ils, à cette heure, que leur terre natale se trouve à 1 600 km derrière eux ? Plus tard, de Gaulle, après avoir visité le champ de bataille, s'exclamera, à la stupeur de son entourage : « Quel peuple ! Ils sont venus jusqu'ici ! »

Les arrivants n'ont probablement pas de telles pensées. Quelques-uns, couverts de sueur et de poussière, se plongent dans l'eau froide. D'autres suivent, un certain temps, les tramways qui descendent vers la ville. Les voyageurs, de prime abord, n'ont pas compris. Manifestement, la surprise a joué.

La nouvelle, colportée par des fuyards, sème l'alerte. Les autorités décrètent la mobilisation. Les ouvriers reçoivent un fusil, un brassard, une ceinture de cartouches. Entraînés par les commissaires politiques et les agents du NKVD, ils partent barrer la route aux panzers. La défense héroïque de Stalingrad débute.

Il fait encore jour. Un vrombissement emplit le ciel. Tels des vols de grues, 600 Stuka et JU/88 arrivent en formant de gigantesques V. Les bombes s'abattent sur les quartiers résidentiels.

Avec la sécheresse des semaines précédentes, des blocs entiers s'embrasent. De 18 à 21 heures, la Luftwaffe tue 40 000 personnes. Les Allemands ont voulu donner le « coup de grâce » et terroriser la population.

A l'aube du 24 août, la Volga voit un double flux. Tandis que les civils se ruent sur tous les bacs et bateaux en partance, de petits détachements débarquent de la rive orientale. C'est avec ceux-ci que Eremenko entend défendre les faubourgs nord, les plus menacés. Plus que jamais, il faut des renforts pour soutenir un moral qui fléchit souvent.

> « Nous recevons beaucoup de déserteurs et certains nous livrent même des chars »,

signale la VIe armée.

Paulus et Weichs, son patron direct, se voient déjà vainqueurs. Staline, lui, se voit vaincu. Alors, une nouvelle fois, il fait appel à son joker. Le 27 août, Joukov devient commandant suprême adjoint. Le général qui n'a jamais été battu reçoit mission de sauver Stalingrad, la ville que Staline ne veut pas laisser tomber aux mains des Allemands.

La progression s'essouffle au sud, où Hoth, tombé sur une zone de collines au relief difficile, peine. Il perd des chars mais n'est pas homme à s'entêter stupidement. En deux nuits, les 30 et 31 août, il ripe vers l'ouest et retrouve un terrain plus favorable. Sa XXIVe PD perce vers le nord, à Gavrilouka. Une autre occasion d'encerclement se profile. Les 62e et 64e armées ont établi une espèce de ceinture fortifiée à une vingtaine de kilomètres des lisières de la ville. Elles seront tournées si Paulus rejoint. Hoth le presse d'infléchir ses éléments du nord en direction du sud. Le QG du groupe B intervient dans le même sens. C'est compter sans la pondération de Paulus qu'alarment des contre-attaques menées contre ses éléments avancés jusqu'à Rynok. Il perd 48 heures à se décider. Eremenko, plus vif, mesure la menace et ordonne à ses deux armées de se replier sur la ville. L'ultime occasion d'anéantir la force vive de la résistance de Stalingrad est manquée. Lorsque Paulus avancera, le gros de l'ennemi se sera échappé. Et Paulus aura montré un aspect de son personnage : sérieux mais hésitant.

*
* *

Inspectant les lieux, Joukov est loin de découvrir une situation brillante. Les derniers éléments des 62e et 64e armées refluent en désordre. L'ensemble des troupes a perdu confiance. Les civils ne songent qu'à fuir les bombardements qui s'y poursuivent. Pour comble, Staline, depuis Moscou, s'en mêle :

> « La situation à Stalingrad s'est encore détériorée. L'ennemi n'est plus qu'à 3 km de la ville. Celle-ci peut tomber aujourd'hui ou demain si le groupe nord de nos forces ne l'aide pas immédiatement. Veille que les commandants des forces situées au nord et au nord-est de Stalingrad passent à l'attaque sur-le-champ [...] Aucun retard ne peut être toléré [...] Attendre en ce moment, c'est commettre un crime. »

Attaquer ? Avec quoi ? Joukov n'obtient qu'un délai de 48 heures pour rameuter ce qu'il peut et l'approvisionner en munitions. L'assaut des « vagues humaines » qu'il lance contre le barrage allemand installé entre Don et Volga à hauteur de Rynok se termine en carnage.

Staline s'active. Hitler s'irrite. Il a quitté Rastenburg pour la forêt de Winnitsa, en Ukraine. Il veut être plus près pour hâter la chute de Stalingrad. Avec les nouvelles qui tombent, front du Caucase bloqué, Paulus n'ayant pas encore enlevé Stalingrad, son ire va croissant contre ses généraux. Il se replie sur lui-même. Il s'isole, prenant ses repas seul, n'acceptant que la compagnie de Blondi, son chien.

*
* *

Eremenko n'a que 25 000 combattants attitrés pour défendre Stalingrad. Les renforts, les approvisionnements ne parviennent que de nuit. Dans la journée, les Stuka mitraillent tout ce qui bouge. Eremenko lui-même et son état-major ont dû passer sur l'autre rive. Dans Stalingrad, il était devenu impossible de commander, faute de liaisons.

Plus que jamais, l'armée Rouge a besoin d'hommes forts pour commander les débris de ses unités chargées de défendre Stalingrad. D'hommes qui refusent le défaitisme. Tchouikov est de ceux-là. Eremenko lui donne le commandement de la 62e armée, la seule qui représente encore une force cohérente dans la ville [1]. Ce général massif, au visage joufflu, aux cheveux frisés, sera l'un des piliers d'une défense qu'il aborde sans complexes.

EREMENKO. – « La situation de l'armée est en effet critique, et je suis heureux que tu te rendes compte que ta tâche sera rude. »

TCHOUIKOV. – « Oui, mais je crois qu'à cet égard je ne te décevrai pas. »

Sur ces fortes paroles, Tchouikov part rejoindre son PC, terré dans le ravin de Tsaritsa [2], vallonnement d'une soixantaine de mètres de profondeur qui coupe Stalingrad en deux.

L'attaque de Stalingrad

Les Allemands ne sont plus devant Stalingrad. Ils pénètrent dans la ville. La véritable bataille pour la conquête de ce qui n'est qu'un amas de ruines durera deux mois.

Avec les faubourgs, les vraies difficultés surgissent pour la Wehrmacht. Les chars ne sont pas destinés au combat de rues. Des volontaires les assaillent avec des cocktails Molotov. Chaque maison, chaque immeuble se transforment en blockhaus dont quelques hommes rendent l'approche meurtrière. De loin, les tireurs isolés ajustent les fantassins. Les pertes augmentent, notamment parmi les cadres, premiers visés.

12 septembre

Tchouikov prend son commandement. Paulus répond à une convocation de Hitler à Winnitsa. Le commandant de la VIe armée est préoccupé par la faiblesse de son flanc gauche sur le Don, confié à des armées de pays satellites. Il insiste lourdement pour le voir renforcé. Hitler promet mais presse surtout de prendre Stalingrad. Prendre Stalingrad, la nouvelle obsession du maître du IIIe Reich.

Toujours le 12 septembre. Moscou. Trois hommes en conférence restreinte : Staline, Joukov, Vassilievsky. Le premier, irrité contre les Alliés, se plaint de la modicité de leur soutien. Les deux maréchaux laissent passer l'orage puis présentent une carte renseignée. Staline interroge :

« Qu'est-ce que ça représente ?

– Les préliminaires de la contre-offensive à Stalingrad. »

---

1. La IVe AB, en atteignant la Volga début septembre, a rejeté le gros de la 64e armée vers le sud. La 62e armée est donc quasiment seule dans la ville.

2. Il devra le quitter trois jours plus tard, l'endroit étant devenu intenable.

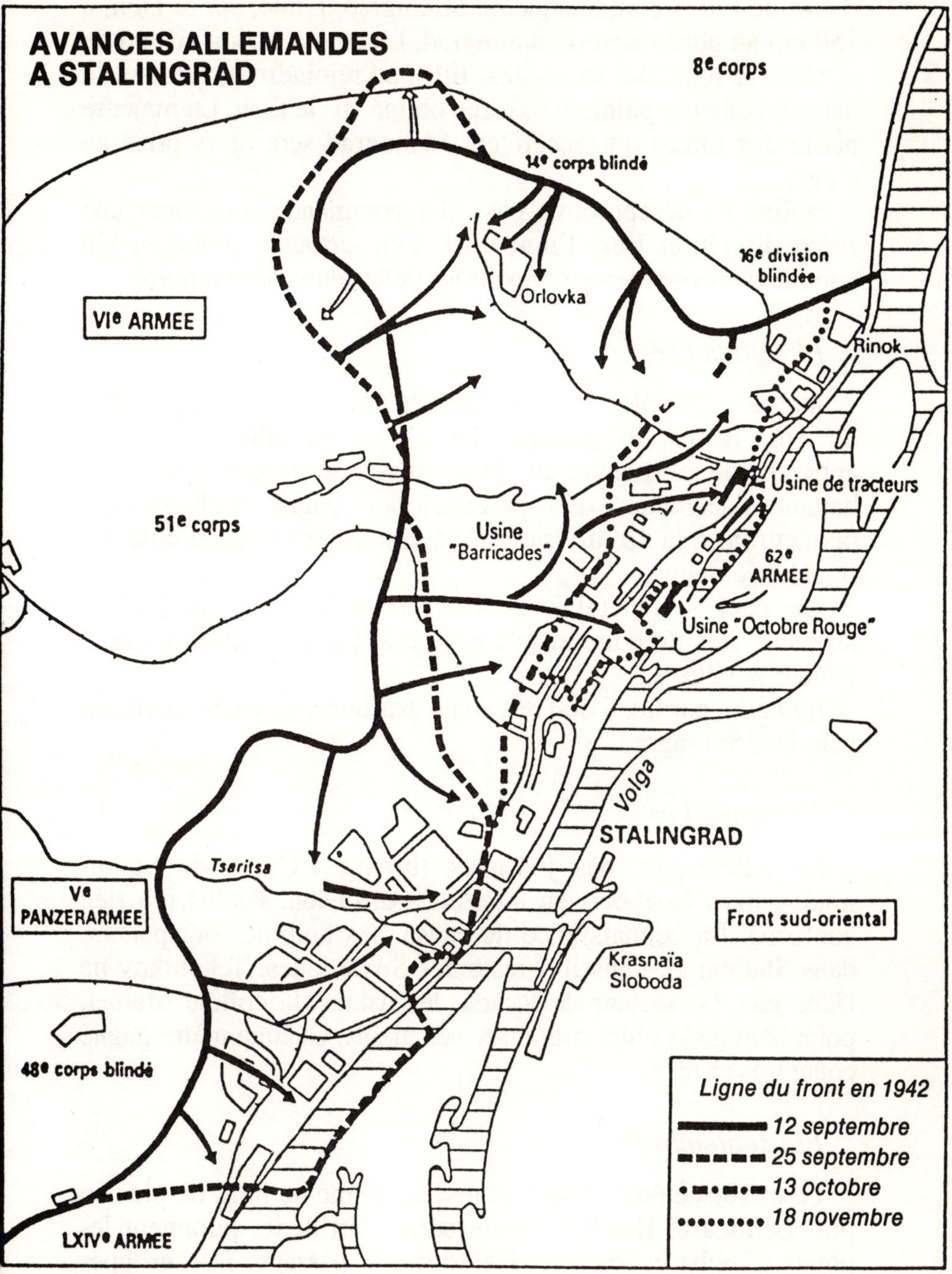
AVANCES ALLEMANDES
A STALINGRAD
8e corps
14e corps blindé
16e division
blindée
Orlovka
VIe ARMEE
Rinok
Usine de tracteurs
51e corps
Usine
"Barricades"
62e
ARMEE
Usine "Octobre Rouge"
Volga
STALINGRAD
Tsaritsa
Ve
PANZERARMEE
Front sud-oriental
Krasnaïa
Sloboda
48e corps blindé
Ligne du front en 1942
12 septembre
25 septembre
13 octobre
18 novembre
LXIVe ARMEE

Tout paraît perdu. L'ennemi s'enfonce dans la ville. Pourtant, ce 12 septembre, deux maréchaux soviétiques anticipent. Ils préparent la bataille de demain. Deux attaques enfonceront les flancs de l'armée allemande de Stalingrad. L'une, sur le Don, à 150 km au nord-ouest de Stalingrad. L'autre, à 80 km au sud de la ville, le long des lacs salés. Elles se rejoindront, fermant la nasse à Kalatch, point de passage obligé sur le Don. La majeure partie des forces qui encerclent Stalingrad sera alors prise au piège.

Staline ne désapprouve pas : il recommande seulement une stricte discrétion. Dans l'immédiat, il vit surtout le quotidien. Un quotidien encore bien amer pour les défenseurs de Stalingrad.

14 septembre

Journée difficile. Les Allemands progressent, sans souci de leurs pertes. Ils gagnent dans le centre ville. La 71e DI approche de la Volga et du débarcadère. Des poignées de combattants s'accrochent désespérément pour gagner les heures qui permettront à la 13e division de la Garde, une unité d'élite, de franchir le fleuve.

Son chef, le général Rodimtsev, ne tardera pas à se présenter : « Je suis un communiste et je n'ai pas l'intention d'abandonner la ville. »

Il tiendra parole. 6 000 des siens, par leur sacrifice, sauveront peut-être Stalingrad.

17 septembre

En Allemagne, des journaux titrent : « Chute de Stalingrad », mais Goebbels en interdit la diffusion. Paulus n'a rien confirmé. En connaissance de cause. Ses hommes ont pénétré dans Stalingrad, mais il y reste des Soviétiques. Tchouikov ne lâche pas. Le secteur de Rynok, les usines, la colline Mamei, point haut de la ville, sont entre ses mains. Chaque mètre gagné coûte très cher.

Fin septembre

La traversée de la Volga se révèle, même de nuit, de plus en plus périlleuse. Bombardement aérien, artillerie, pilonnent les points d'embarquement et les zones de passage. Des groupes entiers disparaissent dans les eaux tumultueuses du fleuve.

Dans le centre ville, les principaux immeubles, *Pravda*, Soviet municipal, théâtre Gorki... ne présentent plus que des façades béantes. L'incendie en a ravagé l'intérieur et les étages.

Début octobre

L'embarcadère, la gare principale, le ravin de Tsaritsa sont tombés. La rive de la Volga est sur plusieurs kilomètres aux mains de la VIe armée. Restent à conquérir le secteur des usines et 15 km de berges. La bataille a déjà coûté à Paulus 8 000 morts et 30 000 blessés.

Le combat est devenu affaire individuelle. Habilement, Tchouikov a prescrit à ses hommes de coller à l'ennemi. La Luftwaffe ne peut plus intervenir sous peine d'atteindre les siens. Il a aussi ordonné de créer des mini-forteresses aux carrefours et points de passage pour canaliser les blindés vers des itinéraires repérés par l'artillerie. Le fougueux Soviétique ne mâche pas ses mots :

> « Il s'agit de gagner du temps. Du temps pour amener des renforts. Du temps pour user les Allemands. »

Et il ajoute d'une voix grave :

> « Le temps, c'est du sang ! »

Alors on se tue. On se tue dans les décombres. On se tue dans les étages des maisons encore debout. On se tue dans les caves. Au fusil, Mauser contre Mossi-Nagant. Au pistolet, Walther contre Tokarev. Au pistolet mitrailleur, MP/40 contre PPSH. Si le Russe, avec sa mitraillette « à camembert », possède un formidable avantage, 71 coups contre 32 au chargeur, l'Allemand se rattrape avec sa merveilleuse MG/34. Seule son utilisation prolongée impose de changer le canon devenu par trop brûlant. Mais l'opération est rapide. La grenade reste la reine de ces combats rapprochés qui se déroulent souvent dans la pénombre ou la fumée. Tchouikov, toujours pratique, a recommandé :

> « N'entrez jamais seul dans une maison ; allez-y à deux : vous et une grenade ; tous les deux en tenue légère : vous sans havresac, et la grenade nue, prête à être lancée. Entrez, la grenade la première, vous

après ; visitez toute la maison, mais toujours de la même façon : une grenade d'abord, vous après. »

En ultime recours, les mains agrippent la baïonnette, le poignard, ou la pelle individuelle pour peu que les adversaires se retrouvent brusquement face à face. D'un étage à un autre, d'une pièce à une autre, d'un pan de mur à un autre, on s'entend, on s'injurie. Les Allemands hurlent : « Rus ! Rus ! Volga bul-bul ! » (« On va vous noyer dans la Volga ! ») ; les Russes répliquent, non moins vertement : « Aboyez toujours, bande de chiens ! »

Les snipers sont les plus dangereux. Des heures durant, ils guettent leurs victimes. Une silhouette, un visage se devinent derrière une meurtrière ou une embrasure de fenêtre. Une balle claque. Une seule. Une ombre s'affaisse. La nuit, l'activité redouble. Transfert des blessés, des munitions, des vivres. Embarquements et débarquements sur la Volga, seul lien des défenseurs avec l'extérieur.

Les renforts, Tchouikov les reçoit au compte-gouttes. 7 DI, 2 brigades, soit environ 100 000 hommes, gagnent la rive droite en septembre et octobre, mais cela ne suffit même pas à compenser ses pertes : en un mois, 80 000 morts, blessés ou disparus. Aussi se rabat-il sur les enrôlés locaux, combattants d'occasion plus riches de courage que d'expérience : 70 000 civils de l'armée populaire, 75 000 autres incorporés dans sa 62e armée. Sans oublier 3 000 jeunes filles engagées comme infirmières ou agents de liaison et 7 000 adolescents de 13 à 16 ans qui prennent le fusil comme leurs aînés.

La vérité sur ces renforts au compte-gouttes, nul ne la connaît encore. Joukov les garde. 27 DI, 19 brigades blindées se forment à l'arrière du front. Le commandant suprême adjoint prépare Uranus, la contre-attaque présentée à Staline le 12 septembre. Dût-il pour ce faire abandonner quelques pans de murs supplémentaires. Il sait comment la bataille de Stalingrad sera gagnée.

Des renforts, Paulus n'en reçoit pas [1]. Hitler, redoutant toujours un débarquement en Europe, maintient de solides unités en France. Paulus doit faire avec ce qu'il a : 11 divisions se pressent contre Stalingrad. Sont-elles encore des divisions ? Leurs compagnies ont été trop éprouvées pour que leurs sommes totalisent de vraies divisions.

1. Sauf quelques détachements de sapeurs.

La propagande nazie parle maintenant de bataille d'usure, évoque Verdun. Un Verdun sur la Volga.

Chez les combattants, la lassitude se fait sentir. La fatigue, les pertes, le sentiment d'impuissance, le froid hivernal qui se manifeste avec octobre. La belle certitude, fin août, de la victoire n'est plus. Sera-t-on obligé de passer un autre hiver sous le ciel soviétique ?

Mi-octobre

La bataille des usines fait rage dans la partie septentrionale de Stalingrad.

Depuis le début de son attaque sur la ville, Paulus a adopté une curieuse méthode. Tenant les entrées nord et sud, il aurait pu agir en piston. Forçant à partir des deux extrémités, il aurait progressivement comprimé son adversaire.

Non. Il a préféré pousser frontalement d'ouest en est, vers la Volga. Le résultat a donné des infiltrations et des îlots soviétiques accrochés aux berges. Même si elle a gagné du terrain, la VIe armée voit mal la tache de Stalingrad se résorber devant elle. La bande soviétique accrochée à la Volga s'étale encore de Rynok jusqu'aux abords du ravin de Tsaritsa, soit sur plus de 20 km. Seule sa profondeur s'amenuise : 4 à 5 km vers l'« usine de Tracteurs », quelques centaines de mètres vers Tsaritsa. Presque au centre du front, la colline Mamei se partage. Ilot de verdure, naguère lieu de pique-niques pour les citadins, elle domine la cité d'une centaine de mètres. Les Allemands occupent son sommet ; les Soviétiques résistent sur ses pentes.

Ces derniers ont désormais deux atouts. Leur aviation, qui se manifeste de plus en plus et tient tête à la Luftwaffe ; leur artillerie, qui intervient depuis la rive orientale avec ses batteries lourdes et ses katiouchas. A défaut d'un appui direct aux troupes au contact, leurs salves ininterrompues réconfortent les combattants et bouleversent les mouvements de l'arrière ennemi.

14 octobre

Journée « inoubliable », écrira Tchouikov, l'évoquant dans ses *Mémoires* :

> « Le 14 octobre marqua le début d'un combat d'une cruauté, d'une férocité sans précédent dans toute la bataille de Stalingrad. 3 divisions d'infanterie

> et 2 divisions de Panzers se ruèrent sur nous, sur un front de 5 km [...] Les avions allemands firent 3 000 sorties, ce jour-là [1]. De l'aube à la nuit, les canons et les mortiers allemands firent pleuvoir sur nous des obus et des bombes. Le soleil brillait, mais la fumée et la crasse rendaient la visibilité nulle au-delà de 100 m. Nos abris étaient secoués comme un château de cartes [...] Le coup principal était dirigé contre les troupes de Gorishnyi, de Joludev et de Gourtiev, et contre la 84e brigade de chars, c'est-à-dire contre l'"usine de Tracteurs". A 4 heures de l'après-midi, les troupes de Joludev et Gourtiev étaient encerclées, mais elles continuaient le combat... »

Certaines unités perdent 75 % de leurs effectifs. L'« usine de Tracteurs » tombe. Le périmètre soviétique se réduit. Stalingrad n'a jamais été aussi près de la fin. L'artillerie, les Stormovik [2], l'arrivée de trois nouveaux régiments sauvent la situation.

Dans la nuit du 17 au 18 octobre, Eremenko traverse la Volga au milieu des explosions. Il veut se rendre compte par lui-même et soutenir le moral de Tchouikov et de ses soldats. La rencontre entre les deux généraux est houleuse. Tchouikov a le verbe haut du combattant de première ligne, face aux embusqués des états-majors. Il réclame des hommes et des munitions.

Début novembre

Les positions russes sont réduites à une bande devant Krasnaïa Sloboda et à quelques poches ; parfois, la profondeur préservée n'excède pas 300 m. L'« usine Barricades » est à moitié perdue. Celle « d'Octobre Rouge » ne possède plus que trois petits postes isolés et ravitaillés la nuit. Les défenseurs ont creusé des abris dans la berge de la Volga. Ils y ont camouflé les PC, les postes de secours et les katiouchas. Leur moral remonte néanmoins. Ils sentent que leur adversaire fléchit.

Sa VIe armée est épuisée, mais Hitler s'obstine. Depuis deux mois, il a fait de la chute de Stalingrad son objectif essentiel : elle démontrera sa puissance et son invincibilité. Il est persuadé

---

1. Chiffres à prendre avec une certaine prudence.

2. Ou Sturmovik, chasseur monomoteur d'attaque au sol, appelé aussi Iliouchine Il-2 et célèbre par le mot de Staline : « Essentiel pour l'armée Rouge comme l'oxygène et le pain. »

que les Russes sont à bout, qu'un ultime effort permettra d'en finir. Peut-être a-t-il raison ? Une dernière poignée de brindilles permet souvent d'allumer un feu hésitant. Il ne manque à Paulus que cette poignée de brindilles bien sèches. Hitler ne la lui fournit pas. Il se refuse à admettre l'usure des siens, la longueur des communications, la fragilité des positions de ses alliés au nord et au sud de la citadelle investie. Certes, les plus lucides, à mots couverts, évoquent l'hypothèse d'une attaque soviétique contre des flancs aussi étirés et aussi mal gardés. A Winnitsa, personne n'ose avancer de telles craintes.

Le 11 novembre, Paulus lance une nouvelle attaque. Parviendra-t-elle, enfin, à éliminer les Soviétiques des hectares encore entre leurs mains ? Les combattants se ruent, ivres de fatigue, d'alcool et bourrés de benzadrine. On ne fait pas de prisonniers. La rage de vaincre et d'en finir a annihilé tous les sentiments humains. Les Allemands – mais à quel prix ? – gagnent encore quelques mètres puis, épuisés, à court de munitions, s'arrêtent. Le 18 novembre au soir, l'accalmie s'abat sur Stalingrad. Est-ce la fin ? Non. Le lendemain, Joukov frappera...

Echec ou succès

En cette mi-novembre 1942, au moment où Rommel recule en Egypte, où les Alliés s'installent en Afrique du Nord, où les Américains contrent les Japonais à Guadalcanal, les Allemands sont-ils les maîtres de Stalingrad ? Autrement dit, ont-ils pris cette cité symbole ?

Oui, car ils en tiennent les neuf dixièmes, les quartiers représentatifs, la gare centrale, l'hôtel de ville, l'opéra.

Non, car en s'accrochant à quelques arpents de berge ou à des décombres d'usines, les Soviétiques prouvent au monde que l'« ordre allemand » ne règne pas à Stalingrad. Le silence de la victoire n'y est pas encore tombé. Des hommes continuent de mourir dans le fracas des obus et le claquement des balles. Stalingrad n'est pas intégralement une ville allemande. La propagande de Goebbels ne peut revendiquer un tel succès.

Se doute-t-elle des terribles nouvelles que les semaines à venir lui imposeront de présenter ou de déformer ?

Chapitre XVII

LA SECONDE BATAILLE D'EL ALAMEIN

De nouveaux chefs

Winston Churchill est volontiers rancunier. Il n'est pas bon de ne pas être victorieux et lui procurer embarras. L'affront de Tobrouk lui reste au visage. Les critiques au Parlement, les réserves de l'opinion publique à son égard, ne sont pas oubliées. Pour le Premier ministre, le responsable de ses avatars, c'est Auchinleck. Auchinleck n'a pas obtempéré à ses ordres d'offensive au printemps. Auchinleck qui dispose de 635 000 rationnaires pour en faire quoi ? Auchinleck qui, outre Tobrouk, a perdu la Cyrénaïque. Auchinleck qui a laissé Rommel venir camper non loin du Nil.

La colère est mauvaise conseillère. Churchill ne se souvient pas qu'il a confié au commandant en chef au Moyen-Orient la Libye, l'Egypte, la Palestine, la Syrie, l'Irak, l'Iran. C'était beaucoup. Trop sans doute. Pourquoi ne pas se rappeler également qu'Auchinleck a su reconduire Rommel à mi-route de Benghazi et de Tripoli ? qu'il a personnellement gagné la première bataille d'El Alamein ?

Début août, en route pour Moscou, Churchill a fait étape au

Caire et rapidement jugé. Alexander remplacera Auchinleck, Gott prendra le commandement de la VIIIe armée.

Le sort, sur ce dernier point, en décide autrement. L'avion de Gott, convoqué au Caire, est abattu par deux Messerschmitt 109, le général tué. Montgomery, initialement prévu pour le débarquement en Afrique du Nord, est sur-le-champ désigné à sa place.

Churchill se garde bien de révéler de vive voix ses décisions à l'intéressé. Le 8, il les lui notifie par écrit, stipulant que les nouvelles nominations prendront effet le 15 août.

Auchinleck s'éloigne à son tour. Comme Wavell [1] un an plus tôt, il paie l'échec apparent et les humeurs du Premier ministre [2]. Avec Auchinleck s'en va, aussi élégamment que son prédécesseur, un chef « aussi modeste que grand », de l'aveu d'un de ses adjoints [3].

Ayant assumé deux fonctions, Auchinleck a deux successeurs : Alexander et Montgomery.

Le premier est un grand seigneur affable, courtois. Une mécanique intellectuelle bien huilée qui se voue avec distinction au service de son pays. Il est apprécié partout, drainant autour de lui sympathie et confiance. Soldat valeureux de 14-18, il s'est battu avec éclat à Dunkerque et en Birmanie. Le poste qui lui est confié répond pleinement à ses capacités.

Montgomery, Monty dans le langage familier, saura se faire un nom et se bâtir une légende [4]. Ce qui implique, au minimum, une certaine habileté.

Le personnage ne laisse pas indifférent. Il séduit ou irrite. Chef prestigieux pour les uns, général aux talents stratégiques très limités pour les autres. Son physique même suscite des

---

1. Et comme Hutton en Birmanie.

2. Auchinleck a surtout commis deux erreurs : les désignations de Cunningham et Ritchie, mal préparés à de tels commandements.

Son amour-propre lui fait refuser pour l'instant le poste de second plan que lui propose Churchill, l'Iran et l'Irak avec le commandement de la Xe armée.

L'année suivante, il sera nommé commandant en chef aux Indes.

En 1946, Churchill parti, il sera fait maréchal.

3. Le général Corbett.

4. Il a, alors, 55 ans. Fils de pasteur, ce qui explique peut-être sa rigueur. Sandhurst, le Saint-Cyr britannique. Blessé grièvement en 1914. Commandant de division dans le corps expéditionnaire britannique au début de 1940. Dunkerque. Responsable de la défense sud-est de l'Angleterre à partir de l'été 1940. Appelé à participer à l'élaboration du raid sur Dieppe du 19 août 1942, il porte une très lourde part des responsabilités dans l'échec.

jugements contradictoires. Visage de renard ou faciès accusé de l'homme de caractère ? Il n'est jusqu'à son couvre-chef qui ne prête à commentaires. Colifichet indigne de la fonction ou attribut sympathique d'un chef populaire ? Alors ? Qui écouter ? Que rappeler ? Le professionnalisme sans faille, le sens du commandement, les succès acquis ou bien le souci du faire-valoir, l'égocentrisme exacerbé, la façon pour le moins personnelle d'accommoder les événements [1].

Les Britanniques se souviennent avec raison d'El Alamein et du nom du vainqueur. Enfin un motif de fierté, une victoire, après tant d'humiliations ! Leur héros sera fait maréchal [2] puis vicomte d'El Alamein.

Par-delà l'auréole, la bataille d'El Alamein est révélatrice de la véritable personnalité de Montgomery. Un chef méthodique, tenace, mettant le maximum d'atouts de son côté, galvanisant ses troupes. En contrepartie, une prudence frileuse freinant l'action, une absence d'intuitions géniales laissant échapper les occasions prometteuses.

Montgomery, vicomte d'El Alamein, se range parmi les bons généraux de la Seconde Guerre mondiale. Il ne caracole pas dans le peloton de tête. L'avenir le montrera amplement.

*
* *

Alam Halfa

Rommel est condamné à attaquer au plus vite. Son adversaire va recevoir des renforts et il le sait. Eu égard aux délais d'acheminement par Le Cap, il ne dispose que d'un délai de quelques semaines. Ensuite, le rapport des forces jouera par trop contre lui.

Il a, au préalable, à remettre la Panzerarmee en condition. Là n'est pas sa tâche la plus facile. 380 km le séparent de Tobrouk sérieusement endommagé, 650 de Benghazi, 1 310 de Tripoli. La WDAF [3] se manifeste avec violence. La Méditerranée, après une accalmie, est redevenue un cimetière de navires marchands.

---

1. Ses *Mémoires* sont très éloquents à ce sujet, mais à utiliser avec une extrême circonspection.

2. Rang du 1er septembre 1944.

3. Western Desert Air Force (force aérienne du désert occidental) du général Tedder.

Pour son offensive, Rommel comptait sur 6 000 tonnes d'essence. Il n'en recevra que 1 800. Du moins dispose-t-il maintenant de troupes supplémentaires, la 164e DI et deux excellentes unités de parachutistes : la brigade allemande Ramcke, la division italienne Folgore constituent des troupes d'élite. Pour les chars, l'Afrika Korps en aligne 200 et les Italiens 240.

En face, l'héritage d'Auchinleck n'est pas si mauvais. Une ligne de défense bien choisie et bien organisée. Une VIIIe armée ressoudée et disposant de 700 chars. Un plan de bataille qu'Alexander, de son propre aveu, a décidé de maintenir intégralement :

> « [Il] prévoyait de tenir aussi fermement que possible le secteur compris entre la mer et l'arête de Ruweisat et de menacer par le flanc toute avance ennemie au sud de cette crête, à partir d'une position préparée, fortement défendue, sur l'arête d'Alam Halfa. Le général Montgomery, maintenant à la tête de la VIIIe armée, accepta le principe de ce plan, avec mon accord, et il espérait, si l'ennemi nous en laissait le temps, améliorer nos positions en renforçant le flanc gauche ou sud. »

La bataille dite d'Alam Halfa, prélude à celle d'El Alamein, est décrite avant l'heure.

Dans la nuit du 30 au 31 août, Rommel s'élance entre la crête de Ruweisat et la dépression d'El Qattara. Il a l'intention de marcher vers l'est sur 50 km, puis, reprenant une vieille formule, d'obliquer vers le nord. Il serait alors à même de frapper la VIIIe armée dans le dos tout en désorganisant ses communications. S'il réussit, la porte du Caire lui sera ouverte.

Pour galvaniser ses troupes avant l'action, il a signé un ordre du jour plein d'espoir :

> « L'armée, renforcée de nouvelles divisions, passe aujourd'hui à l'anéantissement définitif de l'adversaire. En ces jours décisifs, je compte que chaque soldat donnera le meilleur de lui-même. »

Les champs de mines s'avèrent plus denses que prévu. La progression nocturne s'en ressent. Au lever du jour, l'avant-garde n'a gagné que 12 km. L'Afrika Korps ne peut entamer son propre mouvement qu'à 10 heures, tandis que l'aviation anglaise se déchaîne. Son chef, le général Nehring, est blessé. Nombre de véhicules sont détruits. Celui du général von Bismarck, commandant de la XXIe PD, saute sur une mine. Le descendant du chancelier est tué.

Infortune supplémentaire, des bancs de sable mou non décelés fatiguent les moteurs. La consommation d'essence augmente.

Rommel se rend compte qu'il lui est impossible d'effectuer le large crochet envisagé. Il décide de se rabattre plus court sur la mer. La position clé à enlever est la cote 132 sur la crête d'Alam Halfa. Qui la tient domine l'ensemble de la position d'El Alamein.

A la corne sud-ouest d'Alam Halfa, la 22e brigade blindée reçoit le choc. Son chef, le général Roberts, a donné l'ordre de n'ouvrir le feu qu'à 1 000 m. A distance fixée, chars et antichars se dévoilent. La XXIe PD est stoppée. Les blindés allemands, toujours pris à partie par la RAF et l'artillerie, sont forcés de se replier légèrement vers le sud.

Sur leur gauche, le 20e corps italien, freiné par les mines, est demeuré en retrait.

La nuit est dure pour Rommel, bloqué entre El Qattara et les hauteurs de Ruweisat et d'Alam Halfa. La ronde des avions lucioles et des bombardiers ne cesse pas. La lumière des incendies s'ajoute à celle des fusées éclairantes anglaises.

Au jour, la pénurie d'essence contraint Rommel à limiter ses efforts. Ses troupes, à découvert, éprouvent des pertes sérieuses. Lui-même ne doit son salut qu'à un saut de dernière seconde dans un trou individuel.

Le 2 septembre, la pénurie de carburant, la supériorité de la RAF lui imposent de mettre un terme à son offensive. Celle-ci a été partout contenue. Au nord par les crêtes âprement défendues, à l'est et au sud-est par la 7e DB.

Contre un adversaire plus manœuvrier et plus agressif, Rommel serait même en grand danger. Montgomery dispose de brigades blindées qui n'ont pas été engagées. Débouchant du nord, les Néo-Zélandais bien placés pourraient refermer la trappe entre Ruweisat et El Qattara. Le commandant de la VIIIe armée y songe un moment mais n'insiste pas [1]. Les audaces

1. Une attaque, lancée dans la nuit du 3 au 4 contre les flancs arrière de Rommel, sera repoussée avec de lourdes pertes.

à la Rommel ou O'Connor ne sont pas son style. Il entend frapper fort, avec méthode, et appui d'artillerie. Rommel écrira :

> « La première impression que nous avions du nouveau commandant britannique, le général Montgomery, était celle d'un chef extrêmement prudent, qui se refusait à prendre aucune sorte de risque. »

Voilà certainement perdue une belle occasion d'enfermer Rommel dans l'un des fameux « chaudrons » de la Seconde Guerre mondiale. Le Renard du désert peut retraiter vers l'ouest. Seules quelques patrouilles le harcèlent à distance. Le 6 septembre, il s'installe sur un plateau, à une dizaine de kilomètres en avant de sa position initiale. Il est pratiquement de retour à la case départ.

Le bilan de cette « course des six jours » n'est pas si négatif pour les Britanniques. Comme un mois plus tôt devant Auchinleck, Rommel n'a pas réussi à percer. Cet échec marque pratiquement la fin de ses espoirs de l'emporter. Désormais, le temps travaille contre lui.

Facteur non négligeable, ses pertes sont sévères. 3 000 morts, blessés ou prisonniers, 400 véhicules, 50 chars, détruits, lourd tribut pour une armée qui n'espère guère de renforts.

Moralement, Montgomery a marqué un point. Ses hommes ont vu leur adversaire battre en retraite. Il leur a donné confiance en eux et en lui-même. Le choc psychologique en faveur du nouveau patron de la VIIIe armée est certain.

*
* *

19 mois que Rommel séjourne en Afrique. 19 mois de combats, de vie trépidante. Autour de lui, jaunisse, dysenterie amibienne, blessures, éloignent ses collaborateurs. Sans parler des tués et des prisonniers. A son tour il doit passer la main.

Le 22 septembre, il transmet ses consignes et instructions au général Stumme. Il part se faire soigner, mais avec l'intention bien affirmée d'interrompre son traitement si besoin.

A son passage à Rome, il s'efforce d'obtenir des Italiens un effort supplémentaire pour acheminer les approvisionnements et prendre Koufra, base de départ des raids de sabotages britanniques. Eminemment conscient de la gravité de la situation réelle en Afrique du Nord, il s'efforce aussi d'alerter

Mussolini. De bonnes paroles, plus que des actes, le raccompagnent.

Même accueil en Allemagne. Hitler lui promet des chars, des lance-fusées (*Nebelwerfer*) et des approvisionnements améliorés. Ce ne seront, là encore, que des promesses en l'air.

*
* *

La seconde bataille d'El Alamein

Rommel et son successeur vivent d'espérances. Montgomery, lui, se renforce. Chaque jour, il augmente son potentiel [1]. A la grande impatience de Churchill. Le Premier ministre a un besoin urgent d'offensives victorieuses. Même s'il ne l'avoue pas ! Pour prouver à Staline que les Britanniques agissent. Pour ne pas paraître inférieur aux Américains qui viennent de l'emporter dans la mer de Corail et à Midway. Pour rassurer son opinion publique et soigner son image. Pour impressionner Espagnols et Français. L'opération Torch, le débarquement en Afrique du Nord, approche. Si un succès intervient entre-temps en Afrique, Franco continuera à s'opposer à la traversée de son pays par la Wehrmacht. Les Français sauront de quel côté s'oriente la victoire. Au Maroc, en Algérie, en Tunisie, ils seront plus enclins à pactiser avec les arrivants.

Churchill se fait donc pressant pour une offensive en septembre [2]. Montgomery, soutenu par Alexander, s'y oppose. Rien avant la fin octobre ! Il veut parfaire entraînement et équipement.

---

1. Il reçoit 2 nouvelles DB, 8e et 10e équipées de Sherman, et 2 nouvelles DI, 44e et 51e.

2. Certains historiens se sont interrogés sur l'intérêt et la nécessité de déclencher la seconde bataille d'El Alamein. On savait qu'elle serait coûteuse, et elle le fut.

Rommel était fortement retranché ; le débarquement en Afrique du Nord était imminent. Il entraînerait obligatoirement, vu la menace sur les arrières, un repli de la Panzerarmee. Les troupes de Rommel, en déplacement, se trouveraient autrement vulnérables que dans leurs retranchements d'El Alamein.

Ce raisonnement présuppose un succès total de l'opération Torch. Si celui-ci paraissait plausible, avec toutes ses conséquences stratégiques, il n'était pas acquis pour autant.

Des critiques ont vu également en El Alamein l'ultime possibilité pour la Grande-Bretagne d'une victoire nationale avant que ses armées ne s'inféodent à la coalition dominée par les USA. El Alamein, bataille d'abord politique, alors ? Ce n'est pas impossible avec Churchill…

En contrepartie, il promet une victoire totale. Churchill, pour une fois, cède. La VIIIe armée déclenchera son action à son heure. Celle-ci sera finalement fixée à la nuit du 23 au 24 octobre, afin de profiter de la pleine lune.

Ce soir-là, Churchill reçoit le message convenu avec Alexander : « Zip ! »

La seconde bataille d'El Alamein vient de commencer.

*
* *

La surprise stratégique est impossible. Les Allemands ne peuvent ignorer les intentions des Britanniques. En revanche, il est loisible de les égarer sur les modalités précises de l'offensive, date, lieu, direction, ampleur [1].

En septembre et octobre, toute une simulation est réalisée pour faire supposer une attaque au sud, début novembre. Des véhicules factices sont mis en place. Un pipe-line donne l'impression d'être prolongé et de ne pas devoir être achevé avant novembre. Un débarquement fictif est même organisé. Des unités embarquent à Alexandrie et prennent la mer. Trois heures après le début réel de l'attaque, une solide canonnade de la Navy interviendra sur le littoral, bien à l'ouest d'El Alamein.

Pour barrer les 60 km de front entre la mer et El Qattara, Rommel s'est appuyé sur quelques principes simples repris par Stumme :

– champs de mines (500 000 environ) en protection ;

– interpénétration des unités allemandes et italiennes (Rommel appelle cette mesure « corseter » ses alliés) ;

– blindés au plus près (pour économiser l'essence) [2].

Montgomery, eu égard à ses moyens, a d'autres soucis. Son problème est de percer les lignes adverses. N'est-ce pas un peu pour lui le retour au dilemme de la guerre des tranchées de 14-18 ?

Son plan a fixé cette mission de rupture aux fantassins du XXXe CA. Ils devront réaliser deux couloirs, dans la partie nord

---

1. Les deux camps s'observent évidemment, grâce à l'étude approfondie des photographies aériennes.

2. Il aurait pu envisager un repli qui aurait diminué la longueur de ses voies de communications. Il est douteux que cette tactique ait eu l'aval du Führer.

du front, d'où débouchera le Xe CA. Ce dernier, une fois champs de mines et défenses d'infanterie dépassés, n'aura pas à exploiter mais s'installera, légèrement en avant, sur une ligne défensive dite Pierson pour y attendre les réactions obligatoires des PD. Interviendra ensuite une bataille de blindés destinée à laminer l'Afrika Korps.

Au sud du front, le XIIIe CA n'assurerait qu'une action de diversion, dans l'espoir toujours de saper l'adversaire.

Dix ans plus tard, en Indochine, les généraux français parleront de « casser du Viet » devant leurs points d'appui de Nassan ou de Dien Bien Phu. Montgomery tient sensiblement le même langage. « Tuez du Boche ! », ne cesse-t-il de répéter aux siens.

Propos peut-être curieux dans la bouche d'un fils de pasteur, mais assurément pragmatiques de la part d'un chef de guerre.

L'élan est donné. Et Montgomery de poursuivre, sans cacher ni l'aspect ni l'issue des combats à venir :

> « Ce sera une bataille d'usure. La VIIIe armée l'emportera. Elle est supérieure en hommes et en moyens. Nous gagnerons en onze jours. »

Le commandant de la VIIIe armée dit vrai. Sa suprématie est en effet totale :

195 000 combattants du Commonwealth ou des Alliés contre 104 000 Germano-Italiens [1] ; 1 029 chars [2] contre 489 [3] ; 2 311 pièces d'artillerie contre 1 219 ; 750 avions contre 675 [4].

La RAF et la Navy, au cours des quatre derniers mois, viennent de porter à la logistique de Rommel des coups sévères.

---

1. Ordre de bataille des deux adversaires :
   1. - VIIIe armée articulée en trois CA pour passer à l'offensive :
      - XXXe CA (général Geese), 5 DI, 2 DB ;
      - XIIIe CA (général Horrocks), 2 DI, 1 DB, 2 brigades françaises libres, 1 brigade grecque ;
      - Xe CB (général Lumsden), 3 DB.
   2. - Panzerarmee, sur la défensive, disposée en trois secteurs :
      - nord : XVe PD, 164e DM, DB Littorio et DI Trento ;
      - centre : XXIe PD, DI Brescia et Bologna, brigade parachutiste Ramcke ;
      - sud : DB Ariete, DI Pavia, division parachutiste Folgore.

      En réserve : 90e légère, DM Trieste, 19e division de DCA de la Luftwaffe.
2. Dont 170 Grant et 252 Sherman.
3. Dont 278 italiens.
4. Dont 400 italiens.

220 000 tonnes ont été envoyées par le fond. Les Allemands seront dans l'obligation d'économiser essence et munitions face à un adversaire peu avare de ses déplacements et de ses feux.

*
* *

Les commandos du désert

Un vocable récent parlerait d'une guerre « tous azimuts ». Par tous les moyens, Rommel doit être affaibli. Frapper ses lignes de communications y contribue. La Navy et la RAF s'y emploient sur mer comme sur terre. Distances, emplacements, camouflages mettent toutefois des limites à leurs actions. Ce que marins et aviateurs ne peuvent réaliser, des hommes courageux le tentent régulièrement : les commandos du désert [1].

Septembre 1942 voit éclore des fleurs plutôt inhabituelles pour la saison : Snowdrop (perce-neige), Daffodil (narcisse), Tulip, Hyacinth. Un cerveau « fécond » de l'état-major devait être d'humeur bucolique lorsqu'il a baptisé les quatre raids lancés sur les arrières allemands pour préparer Lightfoot (pied léger !) qui désigne l'offensive future de la VIIIe armée.

Narcisse visera Tobrouk, Perce-Neige Benghazi, Tulipe l'oasis de Jalo, Jacinthe l'aérodrome de Barce [2].

Les commandos du colonel Haselden mèneront l'affaire sur Tobrouk. Haselden est un vrai fennec. Déguisé ou non en Bédouin, il se meut à l'aise dans le désert. Ses missions derrière les lignes ne se comptent plus. Il était du coup de main de Beda Littoria contre le PC présumé de Rommel, en novembre 1941 [3]. Il projette, cette fois, de pénétrer dans Tobrouk en feignant de ramener une colonne de prisonniers. La RAF effectuera un bombardement pour atténuer les vigilances. Des fusiliers marins, arrivés par mer, viendront le soutenir. Objectif des uns et des autres : saboter les installations portuaires, détruire les réservoirs d'essence. Après quoi, l'évacuation s'effectuera par les navires ayant acheminé les fusiliers. La garnison est estimée

1. Cf. tome III, *De l'invasion de l'URSS à Pearl Harbor*, chap. 12.
2. Jalo se situe à environ 500 km au sud-ouest de Tobrouk ; Barce, non loin de la via Balbia, à une centaine de kilomètres au nord-ouest de Benghazi.
3. Cf. tome III, chapitre 12.

à deux bataillons italiens et à un millier de techniciens allemands.

Haselden quitte Koufra le 6 septembre guidé par une patrouille du LRDG [1]. Il dépasse Jalo, occupé par les Italiens, sans être remarqué et parvient aux abords de Tobrouk le 13 au soir.

Son commando compte 80 hommes. Des Juifs palestiniens d'origine allemande simulent l'escorte des prisonniers répartis dans trois camions.

Au crépuscule, les véhicules sur lesquels ont été peints le svastika et le palmier entremêlés, emblème de l'Afrika Korps, se mêlent aux convois qui se dirigent vers la ville. A 21 h 30, la DCA tonne. Le vacarme devient général. La RAF est fidèle au rendez-vous. Haselden passe à l'action. Ses éléments s'égaillent pour établir une tête de pont près du port. A la grenade, ils réduisent les postes et les emplacements de combat. Les heures filent. Aucun signal ne provient de la mer pour répondre aux appels de lampe. Le renfort attendu ne se manifeste pas. Seules, vers 3 heures, deux vedettes parviennent à débarquer quelques escouades. Les deux destroyers *Zulu* et *Sikh* s'approchant de la côte sont pris sous le feu des canons de 88. Avec l'aube, les Stuka interviennent. Le croiseur *Coventry*, qui se porte à la rescousse des destroyers, est coulé.

Dans Tobrouk, les Anglais ne sont pas nombreux : le commando Haselden, plus une centaine de fusiliers marins. Une défense globale est illusoire. La seule issue est d'essayer d'échapper par petits groupes. 17 hommes seulement rejoindront les lignes britanniques. Haselden a été tué.

A Benghazi, Perce-Neige ne connaît pas un meilleur sort. 200 hommes du SAS [2], commandés par le colonel Stirling, ont quitté Koufra le 4 septembre. Guidés eux aussi par le LRDG, ils gagnent, via Jalo et le djebel Akhdar, les abords de Benghazi. Des renseignements d'indigènes leur apprennent que la garnison est sur ses gardes. Stirling en informe Le Caire qui répond : « Ne vous souciez pas des informations de bazar et continuez ! »

Dans les faubourgs de la ville, mines et mitrailleuses l'attendent. Au jour, l'aviation s'en mêle. Impossible de forcer les défenses. Des véhicules sont incendiés. Stirling doit ordonner

---

1. Koufra, occupé par le détachement Leclerc le 1er mars 1941, est devenu la base avancée du LRDG.

2. Dont 22 Français du 3e bataillon, le « French Squadron », commandé par le capitaine Lambert et le lieutenant Jordan.

de « décrocher ». La traversée du djebel Akhdar est un cauchemar. Chasseurs et bombardiers allemands ou italiens traquent les SAS. Les rescapés seront heureux de retrouver la Sudan Force, placée en recueil près de Jalo le 19 septembre.

Pour Stirling, le raid sur Benghazi se solde par un pénible échec. Aucun objectif n'a été atteint. Le quart de l'effectif a été tué, blessé ou porté disparu. Les trois quarts des véhicules ont été détruits.

Parti rendre compte de sa mission au Caire, le patron du SAS est pourtant reçu en héros et félicité. Il ne comprend pas. Il lui est expliqué que Benghazi et Tobrouk ont inquiété l'ennemi. Des troupes auraient été retirées du secteur d'El Alamein.

Narcisse, Perce-Neige, opérations d'intoxication mais aussi de sacrifices montées par l'état-major britannique ? Aucune réponse absolue n'a été fournie. Les SAS à Benghazi étaient attendus, Stirling l'a constaté. Fuites malencontreuses, trop de personnes étant dans le secret, ou fuites voulues ? Le mystère demeure.

Jalo, oasis sans grand caractère, une douzaine de puits, quelques centaines de palmiers protégeant de petits carrés de culture, a l'avantage d'être bien située. En bordure occidentale de la grande mer de sable de Calansho, elle commande l'accès vers la Cyrénaïque au départ de Koufra. Les Italiens y ont installé un avant-poste. Ils y vivent en toute quiétude, retranchés dans leur fort. Koufra est à 700 km au sud.

La Sudan Defence Force du colonel Browne, 200 hommes équipés de petits obusiers et de canons de 20 pris aux Italiens, est arrivée devant Jalo le 15 septembre au crépuscule. Les soldats du Duce, lors du passage de Stirling et Haselden, quelques jours plus tôt, dormaient. Alertés par les attaques sur Tobrouk et Benghazi, ils se doutent que les Anglais vont repasser non loin de chez eux. Leurs guetteurs veillent.

Durant quatre jours, ce sera un duel d'artillerie à courte distance, coupé par les attaques de l'aviation italienne. Un appareil est abattu.

Touche folklorique au milieu des combats, les habitants de la palmeraie se glissent d'un emplacement à un autre. Sans perdre le sens des affaires, ils proposent, à prix fort, œufs et poulets... L'un d'eux présentera même sa note de dommage pour un palmier abîmé !

Browne se prépare à un autre assaut pour la nuit du 19 lorsqu'un message du Caire lui enjoint de se retirer. Tulipe a atteint son but : les détachements transitant par Jalo sont passés sans avatars.

Le vrai succès, non négligeable, proviendra de Jacinthe, lancée contre l'aérodrome de Barce, que 45 hommes, avec 5 jeeps et 12 camions Chevrolet, atteignent le 13 septembre vers 18 h 15.

Roulant tous phares allumés, ils bousculent les résistances, pénètrent dans la petite cité et sur le terrain d'aviation. En moins d'une heure, mitraillant et lançant des grenades, ils détruisent 32 avions [1]. Leur coup de main effectué, ils parviennent à se replier, certains effectuant une partie du trajet de retour à pied. La RAF réussira l'exploit de repérer un terrain de fortune, à 725 km de Koufra, et d'y récupérer les blessés.

*
* *

Ces quatre raids ont coûté cher, pour des résultats décevants, sauf à Barce.

Pour le reste ? L'ambiance d'insécurité créée sur les arrières est certaine. L'impact pratique sur le front d'El Alamein demeure des plus douteux...

Pour les vrais soldats, en exemple, subsistent l'endurance et l'audace des exécutants.

*
* *

El Alamein

23 octobre. 21 h 25, 1 000 pièces d'artillerie rugissent de la Méditerranée à El Qattara. Les stocks de munitions sont bien pourvus. Les salves de concentration s'abattent avec rage sur les positions germano-italiennes. Par intermittence, une flamme rougeâtre éclate et se prolonge : un objectif, véhicule, dépôt ou autre, s'est embrasé. A chaque lueur, le commandant de l'artillerie britannique pousse un hourra de satisfaction.

22 heures, les fantassins australiens, écossais, néo-zélandais, anglais, sud-africains, français partent à l'attaque. Au sud, 44e division et 1re BFL marchent sur le djebel Kalakh et le plateau d'El Himeimat. Au nord, point principal de l'action, quatre divisions du XXXe corps s'avancent sur un front étroit de 10 km.

1. 20 entièrement consumés, 12 très sérieusement endommagés.

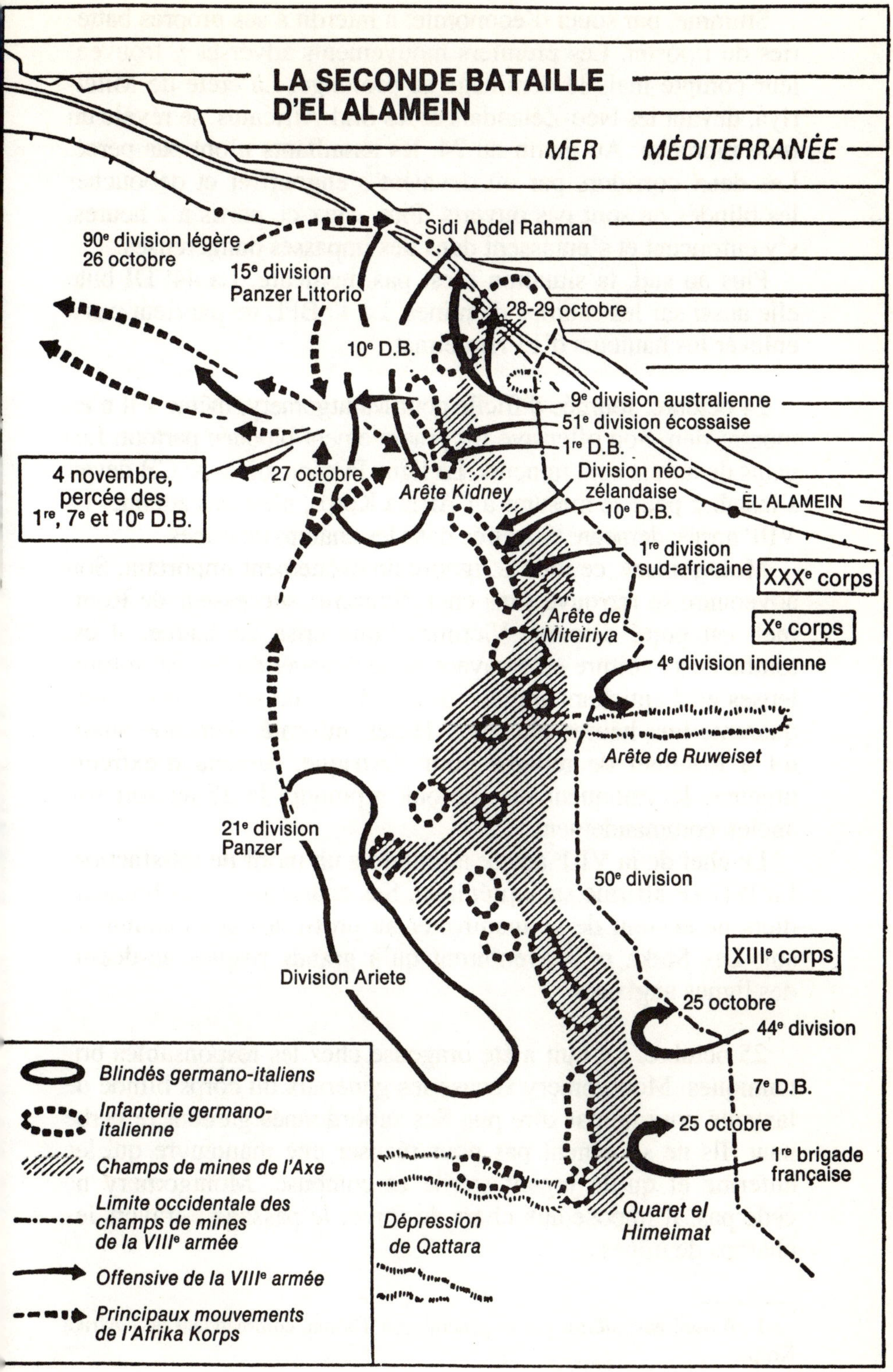

LA SECONDE BATAILLE
D'EL ALAMEIN
MER MÉDITERRANÉE
Sidi Abdel Rahman
90e division légère
26 octobre
15e division
Panzer Littorio
28-29 octobre
10e D.B.
9e division australienne
51e division écossaise
1re D.B.
4 novembre,
percée des
1re, 7e et 10e D.B.
27 octobre
Arête Kidney
Division néo-
zélandaise
10e D.B.
EL ALAMEIN
1re division
sud-africaine
XXXe corps
Arête de
Miteiriya
Xe corps
4e division indienne
Arête de Ruweiset
21e division
Panzer
50e division
XIIIe corps
Division Ariete
25 octobre
44e division
7e D.B.
25 octobre
1re brigade
française
Quaret el
Himeimat
Dépression
de Qattara
Blindés germano-italiens
Infanterie germano-
italienne
Champs de mines de l'Axe
Limite occidentale des
champs de mines
de la VIIIe armée
Offensive de la VIIIe armée
Principaux mouvements
de l'Afrika Korps

Stumme, par souci d'économie, a interdit à ses propres batteries de riposter. Les premiers mouvements adverses y trouvent leur compte mais le déminage se prolonge. La crête de Miteiriya, devant les Néo-Zélandais et les Sud-Africains, se révèle un rude morceau. Au matin du 24, les assaillants n'ont pas percé. Les deux corridors par où devaient s'engouffrer et déboucher les blindés ne sont pas ouverts. Pire, ceux-ci, partis à 2 heures, s'y enfoncent et s'entassent dans des impasses dangereuses.

Plus au sud, la situation n'est pas meilleure. La 44e DI bute elle aussi sur les champs de mines. La 1re BFL ne parvient pas à enlever les hauteurs d'El Himeimat.

24 octobre. Journée difficile pour Montgomery, même s'il n'en montre rien. Son offensive est pratiquement bloquée partout. Les gains de terrain sont mineurs. La ligne Pierson, où le Xe CB devait s'installer pour se mesurer à l'Afrika Korps, n'est pas atteinte. La VIIIe armée demeure empêtrée dans les champs de mines.

Montgomery, ce jour-là, ignore un événement important. Son adversaire se retrouve sans chef. Stumme, successeur de Rommel, est porté disparu. Victime d'une crise cardiaque, il est tombé de sa voiture en essayant de se dégager du feu de mitrailleuses et d'antichars anglais. Son cadavre ne sera retrouvé que quarante-huit heures plus tard. Hitler, informé, demande aussitôt à Rommel de repartir pour l'Afrique. Revenu d'extrême urgence, le vainqueur de Tobrouk reprendra le 25 au soir son ancien commandement [1].

Le chef de la VIIIe armée a toutefois un motif de satisfaction. La WDAF affirme sa suprématie. Ses chasseurs et ses bombardiers ne cessent de se manifester au profit des combattants au sol. Les Stuka ne s'aventurent qu'à grands risques au-dessus des lignes anglaises.

25 octobre. La nuit a été orageuse chez les responsables britanniques. Montgomery accuse les généraux du corps blindé de laxisme pour ne pas dire pis. Ses subordonnés gardent le verbe haut. Ils ne se gênent pas pour récuser une manœuvre qui les enferme et qu'ils jugent stérile et coûteuse. Montgomery ne cède pas. Il impose aux chars de forcer le passage à travers les champs de mines.

1. Assuré par intérim par le général von Thoma, commandant de l'Afrika Korps.

En fin de journée, un certain pessimisme se glisse dans les états-majors. L'offensive ne va-t-elle pas aboutir à une défaite ? La VIIIe armée ne progresse pas, ou si peu.

26 octobre. La profondeur du dispositif germano-italien a surpris. Les infanteries australienne, sud-africaine et anglaise ont souffert. 200 chars ont été perdus. Le XXXe CA est désorganisé.

Rommel, qui a ramené la 21e PD vers le nord, a contre-attaqué sur la crête de Kidney et y a laissé une cinquantaine de chars.

Montgomery sent qu'il doit essayer autre chose. Il ne percera pas au niveau des deux couloirs.

27-28 octobre. La bataille se transforme en « une guerre de tranchées ». La VIIIe armée applique la tactique prescrite : user l'adversaire.

Le long de la côte, le front, suite à une avance locale, a laissé en retrait un redan tenu par la 164e DI allemande. Le 28, partant de l'extrémité des positions atteintes, les Australiens font effort vers le nord. Ils tendent à isoler une partie de la division allemande.

29 octobre. Montgomery reçoit de la visite, en l'occurrence le ministre d'Etat Casey, en poste au Caire, et le général Alexander, commandant en chef. Il avait promis une « complete victory ». Londres s'inquiète. Où en est-on ? Montgomery affiche le même optimisme. Il avait toujours annoncé un « dog-fight », un combat de chiens, de onze jours. Celui-ci est en cours. Pour relancer l'offensive, l'opération Supercharge se prépare. Elle implique un certain délai.

30-31 octobre. Dans la nuit du 30 au 31, les Australiens relancent leur attaque et atteignent la route côtière. Le gros des éléments allemands, sur le point d'être encerclé, réussit toutefois à s'échapper grâce à une contre-attaque de la 90e légère. Les efforts australiens ne sont cependant pas inutiles. Ils attirent l'attention de Rommel vers le secteur côtier tout en lui occasionnant des dommages.

2 novembre. Montgomery est un partisan convaincu des attaques de nuit. Supercharge débute à 1 heure, après une violente

préparation d'artillerie. Au nord de la crête de Kidney, les 151e et 152e brigades s'enfoncent comme un coin sur un front de 6 km. A 6 h 15, la 9e brigade blindée prend le relais des fantassins. Sévèrement contrée par les 88, elle perd 87 chars, soit les trois quarts de sa force de frappe. La 1re DB arrive à la rescousse. Montgomery a du monde et des moyens : 600 chars contre 80. Pour les Britanniques, forts de leur supériorité numérique, l'essentiel est la destruction de l'adversaire.

3 novembre. Les reconnaissances aériennes de la RAF commencent à signaler des mouvements de repli, parfois à pied.

Rommel sait son armée à bout, laminée par dix jours de combats meurtriers. Son Afrika Korps ne possède plus que 30 chars. De tous côtés, il risque d'être pris à revers par des irruptions de brigades blindées. Aussi a-t-il fait entamer des replis aux unités les plus exposées.

Devant la gravité de la situation générale, il a adressé à Rastenburg, PC d'Hitler, plusieurs dépêches alarmantes. A 13 h 30 lui parvient un message du Führer :

> « Au maréchal Rommel,
>
> « C'est avec une pleine confiance dans votre talent de chef et dans la vaillance des troupes germano-italiennes que vous commandez que le peuple allemand et moi suivons le déroulement de l'héroïque bataille défensive en Egypte. Dans la situation où vous vous trouvez, votre seule pensée doit être de tenir, de ne pas reculer d'un mètre et de jeter dans la bataille toutes vos armes et tous vos combattants. D'importants renforts d'aviation sont envoyés au commandant en chef sud. De même le Duce et le Commando supremo ne négligeront aucun effort pour vous procurer les moyens de continuer la lutte. Malgré sa supériorité, l'ennemi doit se trouver lui aussi à la limite de ses forces. Ce ne serait pas la première fois dans l'histoire qu'une volonté forte triompherait d'un ennemi supérieur en nombre. Vous ne pouvez montrer d'autre voie à vos troupes que celle qui mène à la victoire ou à la mort. »
>
> « Adolf Hitler »

Hitler, devant Moscou, avait déjà rejeté la notion de retraite. Il avait imposé de résister sur place envers et contre tout. Les faits lui avaient donné raison. Ils n'avaient pu que conforter ses propres certitudes sur ses talents de stratège et les vertus de la défensive à tout prix. En Egypte comme en Russie, pas un pouce de terrain ne devait être abandonné.

Jusqu'à ce 3 novembre 1942, Rommel n'a pas eu à se plaindre du nazisme et de son chef. Ils lui ont permis de se faire un nom. Hitler l'a promu maréchal.

Brutalement, tout un capital de confiance s'écroule. « Cet ordre exigeait l'impossible », écrit-il. Il ne doute pas, au vu des réalités, qu'il conduit son armée au désastre. Le repli sur Fouka qu'il amorçait pouvait la sauver en grande partie. C'en est fini.

Soldat avant tout, il suspend ses ordres de retrait et lance une ultime bouteille à la mer. Son aide de camp, le lieutenant Berndt, s'envole pour essayer d'ouvrir les yeux du Führer.

4 novembre. L'Afrika Korps, la 90e légère, certaines unités italiennes se battent avec l'énergie du désespoir. Von Thoma cherche une mort qui ne veut pas de lui. Vers 13 heures, il sera fait prisonnier.

La division blindée Ariete finit d'être anéantie. Partout, la digue craque. Le flot de la VIIIe armée bouscule les Germano-Italiens.

A 15 h 30, enfreignant les instructions de son Führer, Rommel franchit le pas. Il donne un ordre de retraite générale.

Tard dans la soirée, contrairement à toute attente, arrive un message de Hitler :

> « Réponse à votre message n° 135/424 du 4 novembre. J'ai fait connaître ma conception au Duce. Etant donné la façon dont la situation a évolué, je suis d'accord avec votre résolution. Le Duce a donné les ordres nécessaires au Commando supremo. »

Rommel n'aura été un rebelle que durant quelques heures.

Les Britanniques ont gagné la bataille d'El Alamein.

*
* *

« Tu sais vaincre, Annibal, mais tu ne sais pas profiter de ta victoire ! »

Quel Maharbal de la cavalerie anglaise lancera un pareil défi à son général, le futur vicomte d'El Alamein ?

Dans la nuit du 4 au 5 novembre, la Panzerarmee se replie sur Fouka, distant de 70 km. Repli organisé ou fuite précipitée ? Les deux, à travers le désert et le long de la route côtière. Le désert est le plus sûr. Il offre son espace et son obscurité. A condition de savoir s'y diriger. Véhicules en panne, carcasses incendiées, cratères de bombes entravent, sur l'unique cordon routier, une circulation vite devenue chaotique. La WDAF, guidée par les lueurs des bombes éclairantes, multiplie ses passages et ajoute à la confusion.

Rommel a perdu plus de 24 heures, dans le contretemps imposé par le premier message d'Hitler. Montgomery aurait pu profiter de cet arrêt forcé de son adversaire pour le tourner. Il reste prudent. Souci permanent, de la part du commandant de la VIIIe armée, de progresser en sécurité sous la couverture de son artillerie ? Mythe du légendaire Rommel et de ses redoutables réactions ? Les deux sans doute.

Théoriquement, les 1re et 10e DB doivent se rabattre sur El Daba, la 7e DB et la division néo-zélandaise sur Fouka. Apportent-elles à ces mouvements l'ardeur voulue ? Les unités britanniques payent les dix jours de lutte. Aucune menace d'encerclement ou de capture ne pèse sur elles. Elles sont freinées par une insuffisance de carburant. Elles s'entremêlent avec les convois de ravitaillement. Trafic et circulation deviennent anarchiques.

Surtout, elles ne sont pas éperonnées par une volonté ardente. Une large manœuvre par le désert serait susceptible d'enfermer la Panzerarmee dans une gigantesque tenaille, style Guderian en URSS. Or, rien de tel. Les crochets sont trop courts et trop tardifs.

Le climat est tout autre chez les soldats de l'Axe. Le désespoir les talonne. Tous ceux qui ont eu la chance de trouver des moyens de transport prennent du champ. Les parachutistes de la brigade Ramcke n'ont pas eu ce bonheur. Alors ils marchent, ils marchent... Les Italiens aussi marchent, mais souvent avec moins d'ardeur. Grands oubliés dans l'attribution des camions, ils s'empressent de lever les bras pour peu que l'ennemi les rattrape.

Le premier désarroi passé, Rommel retraite habilement. « En tiroir », suivant la terminologie militaire. Des résistances isolées barrent la route quelque temps assurant recueil et couverture, avant de se dégager à leur tour sur d'autres résistances plus en retrait. A chaque barrage, les poursuivants, contraints de se déployer et de manœuvrer, perdent du temps. Ils en perdent aussi sur les pièges factices qui se mêlent aux obstacles réellement piégés.

Le 6 novembre, Rommel est hors d'atteinte. Abandonnant Fouka, il a atteint Marsa Matrouh. Ses forces sont bien réduites. A peine a-t-il autour de lui des débris de la 90ᵉ légère, de l'Afrika Korps et de la 164ᵉ division. Dans la défaite, ces vieux soldats continuent à marcher la garde haute. Les autres, à commencer par les Italiens, doivent être regroupés et ressoudés en unités cohérentes.

Le 7 novembre, la pluie se met de la partie et transforme en marécage les sables de Marsa Matrouh. Elle deviendra l'excuse de Montgomery, même si elle gêne de façon égale les deux parties.

Il ne s'agira plus d'une poursuite : jusqu'en Tunisie, la VIIIᵉ armée se transformera en serre-file de la Panzerarmee. Rommel s'en étonnera et s'en réjouira : « Je me demande pourquoi il ne se presse pas. Mais c'est une chance pour nous ! »

« Il », c'est Montgomery qui avance à petits pas, gardant ses troupes dans sa main, refusant les audaces, de peur d'être ramené en arrière « comme les autres ». El Alamein ne se terminera pas par un gigantesque K.O. Il faudra pour cela attendre Tunis six mois plus tard. Tunis, avec l'aide des Américains, des Français et d'autres Britanniques que ceux de la VIIIᵉ armée de Montgomery.

*
* *

Il reste un bilan à établir de ce « Dog-Fight ». Les Britanniques ont perdu 13 500 hommes, dont 4 000 tués, blessés, portés disparus, et 600 chars, les Allemands 1 000 tués, 8 000 prisonniers et 180 chars, les Italiens 1 000 tués et 16 000 prisonniers.

Le 5 novembre, Montgomery, théâtral, annonce aux journalistes :

« Messieurs, c'est une victoire totale, absolue. »

Victoire, oui. Totale ? La poursuite ne cueille pas les fruits du succès.

Cette réserve n'enlève rien à l'éclat d'El Alamein qui marque un tournant de la Seconde Guerre mondiale. Churchill, avec son sens de la formule, écrira :

> « Avant El Alamein, nous n'eûmes jamais de victoires. Après El Alamein, nous n'eûmes jamais de défaites. »

*
* *

El Himeimat

L'affaire, militairement, pèse très peu dans la bataille d'El Alamein. Elle est douloureuse pour le sang français. Elle aggrave les rapports difficiles du moment entre la France Libre et son allié britannique. Elle interfère sur le rôle des soldats français, les frustrant pour certains d'une part active au combat. Elle mérite donc d'être rapportée.

Montgomery, en fidèle sujet de Sa Majesté, ne prise pas ce qui n'est pas britannique. Il n'apprécie pas les Français. Dunkerque, où il se trouvait, n'a rien amélioré. Alors comment pourrait-il souffrir les « free French » ? Il est trop militaire et imbu du sens de la discipline pour les comprendre. Pour un peu, il regarderait en rebelles ces révoltés de l'honneur. Leur style « soldats de l'an II » lui déplaît.

Koenig et sa 1re BFL, très mal réarmée après Bir Hakeim, se voient attribuer un secteur ingrat. Ils doivent, à l'extrême sud du front, en limite de la dépression d'El Qattara, s'emparer des hauteurs du Quaret el Himeimat. Objectif difficile à seule fin de diversion. Sur leur droite opérera la 7e DB anglaise.

Le Quaret el Himeimat se détache légèrement du plateau dominant la plaine sableuse, base de départ. Le rebord sud est particulièrement escarpé ; le dispositif ennemi, assez mal localisé, solide, un bataillon de la division Folgore, le 5e, résolu et bien appuyé par l'artillerie.

L'approche nocturne est pénible. Les véhicules s'enlisent dans le sable. La 13e DBLE, chargée de l'assaut, marchant à pied se fatigue avant l'heure décisive.

Dans la nuit du 23 au 24 octobre, vers minuit, le 1er bataillon commence l'ascension du plateau. Très vite au contact, il est stoppé par les mines et le feu adverse. Des Bren Carriers qui s'efforcent d'ouvrir un passage sautent. Des chars allemands interviennent. Vers 4 heures, le commandant de Bollardière ordonne à son bataillon de décrocher.

Un peu plus au nord, le 2e bataillon est plus heureux. Compagnies Lalande et Messmer en tête, il submerge vers 6 heures la défense italienne. Au jour, des chars allemands débouchent en force. Les armes antichars n'ont pu être amenées sur le plateau. Sans armes lourdes, sans appui d'artillerie, les légionnaires reculent.

La demi-brigade a déjà eu 89 morts ou blessés. Les chars ennemis se font pressants. Les obus de 105 éclatent de toutes parts. La 7e DB, chargée de la couverture au nord, n'est pas là. Pour dégager ses hommes aventurés en terrain découvert, Koenig prescrit un regroupement et un repli général.

Vers 10 heures, dirigeant lui-même en queue de colonne le mouvement de ses légionnaires, le lieutenant-colonel Amilakvari est atteint par un éclat qui lui traverse la boîte crânienne. Il mourra peu après.

El Himeimat n'a pas été enlevé. La 13e DBLE a perdu 7 % de ses effectifs ; son chef est tombé.

Le lieutenant-colonel prince Dimitri Amilakvari aurait eu 36 ans le 31 octobre. De grande famille géorgienne, réfugié en France, saint-cyrien à titre étranger, il sert à la Légion dès sa sortie de l'école. Il se distingue au Maroc avec le 4e REI en 1932-33, rallie la France Libre après Narvik. Dès lors, il participera à l'épopée de la 13e dont il a pris le commandement à Homs, en Syrie, le 19 octobre 1941.

Le général Monclar tracera le portrait de celui dont une promotion de Saint-Cyr portera le nom :

> « Amilakvari, c'est la Légion. Sa vie militaire, son enthousiasme, ses faits et gestes se confondent avec elle. Chez lui, tout était grand : sa stature, le comportement dans la paix et dans la guerre, l'idéal et cette tension constante, voire un peu douloureuse, vers l'héroïsme qui voulait que toujours il songeât, chose difficile, à se surpasser lui-même. » [1]

1. Livre d'or de la Légion étrangère.

L'échec de la 1re BFL [1] est sévèrement commenté à la VIIIe armée. On y omet le terrain, l'absence d'appuis et de la 7e DB, les pertes. Montgomery en profite pour retirer les FFL des premières lignes. Quelques correspondances acides avec de Larminat ne changeront rien. Les « free French » n'intervien-dront plus avant la Tunisie.

1. Qu'on imputera en bonne partie au bataillon du commandant de Bollardière. Son chef, pourtant grièvement blessé dans l'opération, sera, pour éviter tout incident, remplacé par le capitaine de Sairigné. Bollardière partira chez les parachutistes et s'y illustrera.

Chapitre XVIII

MESSELMOUN

« Ouvrir un second front. »

Cette ouverture d'un second front est devenue le leitmotiv de Staline depuis l'invasion de l'URSS. Il ne cesse de harceler ses alliés de circonstance à ce sujet. A peine glisse-t-il dans ses correspondances quelques remerciements pour l'aide matérielle reçue. Son obsession est ailleurs. Il veut que les Anglo-Américains viennent se battre sur le continent européen pour soulager l'armée Rouge.

Se battre en Europe ? Au début de 1942, les Américains en sont militairement incapables. Les Anglais ont fort à faire avec la Libye, Malte, l'Extrême-Orient, les convois de l'Atlantique et du grand Nord. Sans parler de la défense de leur île, des raids de commandos, des bombardements sur l'Allemagne, etc.

Pourtant l'idée est dans l'air. Roosevelt et Churchill ne la rejettent pas.

En mai 1942, le président américain reçoit la visite de Molotov, ministre des Affaires étrangères soviétique. Imprudemment peut-être, car son interlocuteur ne l'oubliera pas, il s'engage. Il promet de soutenir activement l'URSS.

Roosevelt, pris au piège de sa bonne volonté, presse ses collaborateurs d'étudier l'hypothèse du second front réclamé par

Staline. Mais où frapper ? Les idées ne manquent pas, Churchill interrogé s'en mêlant. L'imaginatif Premier ministre n'est jamais à court de solutions possibles.

Le projet le plus grandiose serait évidemment un débarquement en Europe occidentale. En principe sur les côtes de France. On en parle. On le baptisera tour à tour Boléro, Round-up [1]. Il deviendra Overlord [2]. L'évidence s'impose vite. Une opération d'une telle envergure n'est pas possible en 1942. En 1943 peut-être, et encore !

Force est de se rabattre sur des objectifs plus modestes. Jupiter en Norvège du nord. Sledgehammer sur Brest ou Cherbourg. Gymnast en Afrique française du Nord [3].

Les militaires américains sont divisés. Le général Marshall penche pour Sledgehammer. L'amiral King privilégie le Pacifique et s'écarte de l'Europe. Eisenhower, envoyé en Angleterre préparer ce nouveau front, se veut discipliné mais préférerait l'AFN [4]. Churchill soutient Jupiter en Norvège. Il y verrait fort bien les Canadiens, familiers des grands froids.

Au fond de lui-même, il est cependant assez enclin à préconiser Gymnast, l'intervention en AFN. L'opération lui paraît militairement la moins risquée. Elle frapperait l'Allemagne directement en attaquant les armées de Rommel. Elle menacerait l'Italie. Elle gênerait très peu le futur grand débarquement en Europe. Elle devrait apporter de quoi satisfaire Staline.

Roosevelt, raisonnant de même, s'affirme vite résolument favorable à Gymnast. Il n'y pose qu'une condition : réaliser une action de caractère strictement américain. Les Anglais sont là-bas par trop *persona non grata* après Mers el-Kébir, Dakar, la Syrie, Madagascar. Les Etats-Unis y ont une tout autre image de marque. « La Fayette, nous voilà ! » A Vichy, les rapports Pétain-Leahy étaient courtois [5].

---

1. Boléro désigne la préparation de ce grand débarquement en Europe, Round-up, l'invasion elle-même.

2. Overlord sera le nom définitif du débarquement du 6 juin 1944 en Normandie.

3. Ce dernier projet a déjà été évoqué lors de la conférence Arcadie, à Noël 1941. Churchill songeait à un débarquement en Algérie pour prendre Rommel à revers, les Américains intervenant au Maroc.

4. Eisenhower est arrivé en Angleterre en juin 1942 pour y commander les forces américaines appelées à intervenir en Europe.

5. Washington avait rappelé Leahy en avril 1942 pour marquer sa désapprobation au retour de Laval au gouvernement.

Pour débattre de toutes ces virtualités et trancher, les grands responsables militaires se retrouvent à Londres à la mi-juillet. Marshall, King, Eisenhower, d'un côté ; Brooke, Pound, Portal, de l'autre [1]. Deux civils assistent aux débats : Hopkins, éminence grise de Roosevelt, Churchill, évidemment – d'autant qu'il est chez lui.

Les discussions s'enlisent et sombrent dans l'impasse.

Marshall juge Gymnast « coûteux et inefficace ». King met en cause les problèmes de tonnage qu'il faudra affronter. Tous les deux paraissent prêts à se retourner vers le Pacifique et à se contenter de rester sur la défensive vis-à-vis de l'Allemagne. Ce qui serait remettre en cause l'option stratégique initiale.

Roosevelt, de Washington, fait pencher une balance dont le fléau hésite en se prononçant définitivement pour Gymnast. Marshall et King s'inclinent, Churchill se réjouit et, très en verve, rebaptise l'opération Torch. Elle sera la torche de la liberté. A peine reste-t-il trois mois pour la préparer. Roosevelt veut un débarquement avant le 30 octobre au plus tard.

*
* *

Si un immense pas a été franchi au niveau de la conception stratégique, tout n'est pas résolu pour autant. Où et par qui sera effectué ce débarquement en Afrique du Nord ? Qui le commandera ? Et, en toile de fond, pèse une immense incertitude : quelle sera l'attitude des Français ?

Le choix du commmandant en chef est aisément résolu, Torch devant se dérouler sous les couleurs de la bannière étoilée. Roosevelt a encore insisté sur ce point. Le responsable ne peut être qu'américain. Un nom s'impose d'évidence pour cette charge qui s'annonce aussi lourde que potentiellement glorieuse : Marshall. Il possède l'expérience, l'autorité, le sens de l'organisation. Mais Roosevelt a trop besoin de son fidèle collaborateur. Eisenhower commandera Torch. Marshall le lui annonce le 26 juillet.

Quelle ascension ! Le 1er septembre 1939, le lieutenant-colonel Dwight D. Eisenhower est en service aux Philippines sous MacArthur. En mars 1941, il est colonel à titre temporaire ;

1. Le général Alan Brooke est chef de l'état-major impérial, l'amiral Dudley Pound, chef d'état-major de la Navy, le général Charles Portal, chef d'état-major de la RAF.

en septembre, général de brigade, toujours à titre temporaire. Marshall, qui l'a remarqué, le prend à son état-major, le nomme divisionnaire et l'envoie en Angleterre organiser les forces américaines qui commencent à s'y rassembler. C'est là qu'il apprend sa nomination comme commandant en chef du débarquement prévu.

La guerre favorise les carrières exceptionnelles. En août 1914, elle a préservé Pétain de la retraite. En 1917, il était commandant en chef des troupes françaises.

Voici Eisenhower, Ike pour ses amis, sur la même lancée. Mais, fait singulier pour un soldat promu à de telles responsabilités, il y accède sans avoir aucune véritable expérience de la guerre. Le premier conflit mondial n'a pas voulu de lui. Des postes d'état-major ont ensuite été le plus souvent son lot.

Ce général serait-il un diplomate plus qu'un guerrier ? un conciliateur plus qu'un soldat ? un organisateur plus qu'un stratège ? Sans doute.

On prête à Foch le mot fameux : « J'admire moins Napoléon depuis que j'ai commandé une guerre de coalition. »

Pour avoir émergé si vite afin de remplir le rôle redoutable jadis imparti à Foch, Eisenhower a certainement paru à ses supérieurs doté des qualités indispensables de l'emploi : souplesse intellectuelle, esprit de conciliation, sens du possible.

N'a-t-il pas à faire oublier qu'il est américain tout en privilégiant son pavillon ? N'a-t-il pas à établir une juste synthèse des propositions contraires où les amours-propres se complaisent ? N'a-t-il pas à satisfaire aussi bien les exigences d'un Churchill que les recommandations d'un Roosevelt ? N'a-t-il pas à forger une armée à partir de citoyens hier encore hostiles à l'uniforme et à toute intervention militaire ?

Oui, diplomate plus que guerrier. Il en a la silhouette, l'amabilité, le charme. Pas de faciès de condottiere hautain à la Colleone. Pas de visage de bouledogue agressif à la Patton. Un ovale très jeune pour un homme de 52 ans sous une calvitie marquée. Un sourire enjôleur. Un regard bleu très droit. L'homme draine la sympathie et la confiance. On découvrira qu'il sait aussi prendre ses responsabilités.

D'aucuns lui reprocheront peut-être ce manque de relief extérieur dont se parent volontiers certains capitaines. Point d'apparitions théâtrales à la MacArthur. Point de triomphalisme usurpé à la Montgomery. Point de foucades capricieuses à la de Lattre. Il reste équilibré, maître de lui.

Une fois investi, Eisenhower s'entoure. Pour adjoint, le général Clark, un grand jeune homme, à la démarche et aux réactions de cow-boy. Quoi qu'il arrive, le commandement demeurera entre des mains américaines. Aux responsabilités terrestres majeures : Patton, Fredendall, Ryder. A l'air, Doolittle. Seul, l'Anglais Cunningham, valeur reconnue, prend en charge la marine. Les Américains pour Torch se sont taillés la part du lion. Les Anglais sont réduits aux acquêts. C'était prévu [1]. Churchill lui-même se reconnaît comme le lieutenant de Roosevelt [2].

*
* *

L'état-major de Torch est constitué. Que décidera-t-il ? Plus exactement, que décideront les politiques et les hauts états-majors ?

Djeziret el Maghreb, l'île du couchant. Ainsi les conquérants arabes venus du Levant avaient-ils dénommé cette terre située pour eux entre deux océans, l'un marin, l'autre désertique. Ce Maghreb, devenu l'Afrique française du Nord, est vaste. Près de 2 000 km séparent Casablanca de Tunis, les rivages atlantiques du golfe de Gabès. Sa profondeur varie : 3 à 400 km entre Méditerranée et immensité saharienne, plus du double aux deux extrémités.

Cette topographie inquiète les Américains. Si l'approche atlantique leur est grande ouverte, le goulet des colonnes d'Hercule leur fait regarder la Méditerranée comme une souricière. Les Britanniques n'ont pas ces appréhensions. La Méditerranée, ils la connaissent bien. Ils ont transformé Gibraltar en forteresse, havre pour leurs bateaux, piste d'envol pour leurs avions. Ils se battent pour préserver Malte. Ils tiennent Alexandrie et Suez. De tous ces points, ils ne cessent de porter des coups redoutables aux forces de l'Axe.

Obligatoirement donc, les avis des deux alliés divergent. Les Américains, plaidant la sécurité, ne voudraient débarquer qu'au Maroc. Les Anglais, familiers des lieux, n'hésitent pas à parler Algérie, voire Tunis et Bizerte ! La grande base navale française à la corne orientale du Maghreb constituerait un atout précieux pour

1. Le général anglais Anderson doit, par la suite, prendre le commandement d'une 1re armée britannique.

2. Il est même prêt à voir les soldats britanniques endosser l'uniforme américain pour ne pas heurter les Français.

la sauvegarde de Malte et l'interception des convois germano-italiens. En outre, s'installer en Tunisie, quel péril pour Rommel !

Le 9 août, les Américains se laissent fléchir. Ils acceptent d'inclure dans leurs plans l'Oranais qui, par la trouée de Taza, jouxte le Maroc. Gibraltar n'est pas loin. La couverture aérienne sera assurée.

Churchill cependant revient à la charge pour Alger et Tunis. Il écrit à Roosevelt. Avec raison, il souligne l'état de la mer :

> « A l'intérieur de la Méditerranée, on peut débarquer en octobre pendant quatre jours sur cinq. Sur la côte Atlantique, au Maroc, la proportion est exactement inverse. »

Il mentionne la perte de la force et de l'ampleur nécessaires pour impressionner favorablement les Français d'Afrique du Nord. Il déplore surtout le risque de voir les Allemands s'installer les premiers à Tunis. De Sardaigne ils ne sont qu'à 200 km du cap Bon.

Roosevelt, devant tant d'insistance, accepte. Il donne son accord pour Casablanca, Oran et Alger, l'est-Constantinois, avec Bône, restant exclu. Tunis sera pour plus tard. Persuadé que les Français réserveront bon accueil à ses compatriotes, il estime essentiel que les contacts avec eux lui soient réservés. Aux Anglais de s'occuper des Espagnols. Car comment réagira Franco [1] ? Et les Allemands ? Obligatoirement informés par leurs espions des concentrations sur Gibraltar, n'exigeront-ils pas un droit de passage ou l'autorisation d'implanter leurs avions à Valence ? Ils n'en feront rien. Trop absorbé par l'URSS, Hitler ne regarde le secteur méditerranéen que de loin.

Le plan allié, peu à peu, prend forme. 35 000 Américains, sous Patton, débarqueront au Maroc, 39 000 autres en Oranais, 10 000 encore et 23 000 Anglais dans l'Algérois. Plus de 100 000 hommes sont ainsi appelés à prendre pied en AFN. Le 6 septembre, Eisenhower fixe la date : 8 novembre [2].

---

1. En 1949, aux Cortès, celui-ci révélera que Churchill lui avait promis des compensations au Maroc français en échange de sa neutralité.

2. Roosevelt désirait aller vite. Après avoir envisagé les 15 septembre, 7 octobre, 14 octobre, les impératifs de la préparation finirent par imposer le 8 novembre. Cette date permettait également de marcher de pair avec l'offensive de la VIIIe armée à El Alamein (cf. chap. 17).

La question épineuse demeure le tonnage. Des options sont nécessaires. Des bâtiments de guerre seront détournés, des convois sur Mourmansk interrompus.

Il faut évidemment donner le change aux agents ennemis. Les tenues légères distribuées tendent à faire supposer que l'opération est destinée à la Tripolitaine ou à Bassorah. Eisenhower et ses adjoints savent du reste qu'ils bénéficieront de quelques jours d'avance. Allemands et Italiens sont trop éloignés pour être en mesure de réagir immédiatement, même avec une complicité espagnole. Leurs chasseurs peuvent difficilement effectuer des aller et retour au-dessus de l'Algérois ou de l'Oranais [1]. La seule vraie menace provient des sous-marins. L'Italie n'aventurera pas sa flotte en Méditerranée occidentale.

La véritable, la grande inconnue, dans ce dossier Torch, réside dans l'attitude des Français d'Afrique du Nord. Comment se comporteront-ils ? En amis ou en ennemis ? L'état-major allié envisage jusqu'à 18 000 hommes hors de combat s'ils résistent. Le succès dépend d'eux en grande partie. D'où l'impérieuse nécessité de les amener à ne pas opposer de résistance dans un premier temps et à se regarder dans un second comme des alliés.

*
* *

La France est chez elle en Afrique du Nord. Bourmont a planté l'emblème à fleurs de lys sur Alger le 5 juillet 1830. Bugeaud, Lyautey et d'autres moins connus mais tout aussi patriotes ont complété l'ouvrage [2]. Le drapeau tricolore flotte de Rabat à Tunis. La France régente les deux protectorats, Tunisie et Maroc, et les trois départements d'Alger, d'Oran et de Constantine.

Plus d'un million d'Européens [3] s'y sont implantés, parfois depuis des décennies, parfois dans un passé récent. Latins en terre d'islam, ils ont apporté leur foi et leurs coutumes. Deux

---

1. Par la suite, des bombardiers basés en Tunisie viendront bombarder Alger.

2. Clauzel, le duc d'Aumale, de Lamoricière, Changarnier, Jules Ferry, d'Amade, Lyautey…

3. Soit, en 1939 : Algérie, 950 000 (sur 7 200 000 habitants). Tunisie, 213 000 (sur 2 600 000 habitants). Maroc, 200 000 (sur 6 300 000 habitants).

civilisations se côtoient sans s'interpénétrer. Apparemment, l'autorité de la France, en l'occurrence celle de Vichy, ne s'y discute pas. Les menées nationalistes apparues dans les années trente [1] se sont estompées avec la guerre.

Weygand fut le grand maître de cette Afrique du Nord et y a prêché la revanche. Evincé sur ordre des Allemands en novembre 1941, il n'a pas été remplacé. Le général Noguès, résident général, commande à Rabat. Héritier de Lyautey, il réussit bien près de la population marocaine et bénéficie de l'amitié du souverain, Mohammed. L'amiral Estéva assure les mêmes fonctions à Tunis auprès du bey Moncef. Ce marin austère impressionne par sa foi profonde ses administrés tunisiens, eux-mêmes, en bons musulmans, profondément religieux. A Alger, l'autorité se divise.

Chatel est gouverneur général. Sa fonction détenait jadis les pouvoirs de la République. Elle détient aujourd'hui ceux de l'Etat français. A ses côtés, le général Alphonse Juin, libéré d'Allemagne sur l'intervention expresse de Weygand, commande les forces terrestres d'Afrique du Nord. La marine est évidemment aux mains des amiraux : Michelier à Casablanca, Moreau à Alger, Derrien à Bizerte.

L'AFN de 1942 est pétainiste et ne s'en cache pas. Les gaullistes sont rares. Les musulmans se sont félicités de l'abolition du décret Crémieux et sont sensibles au prestige de Philippe Pétain. Les Européens apprécient le régime. L'ordre y est respecté. La Révolution nationale a des adeptes. L'armée, tout autant, est pétainiste. Elle n'est pas pour cela pro-allemande. Bien au contraire. Weygand y a laissé sa marque. La revanche se prépare. Les moyens accordés par l'armistice sont modestes mais maintenus en état. Des caches d'armes, de matériel, de munitions ont été soustraites aux commissions d'armistice allemandes ou italiennes. Des supplétifs, goums, douairs, présentés comme de simples forces de protection civile, sont prêts à se transformer en unités régulières. Mal équipée mais bien encadrée, l'armée française d'AFN peut représenter un obstacle sérieux pour un envahisseur éventuel. Son aviation est de taille à se mesurer avec l'aviation embarquée britannique. Sa marine a payé Mers el-Kébir mais n'est pas à négliger. Le

1. Messali Hadj en Algérie, Bourguiba en Tunisie, Allal El Fassi et Ahmed Balafrej au Maroc n'avaient eu à l'époque qu'une audience encore limitée.

Jean-Bart, ancré à Casablanca, n'est pas seul [1]. Ses 380 sont redoutables.

D'entrée, Roosevelt a posé un préalable aux contacts à prendre avec les Français : pas un mot à de Gaulle.

L'homme du 18 Juin n'a pas réussi à se faire admettre par la Maison-Blanche. Son style a été jugé cassant, autoritaire. Son entourage, où se sont glissés d'anciens compagnons de route de l'extrême droite, a donné l'impression d'une certaine coloration. Certains émigrés français aux États-Unis ont noirci le tableau [2]. Bref, le « démocrate » Roosevelt ne voit pas en de Gaulle un autre démocrate. Il a même tendance à le regarder comme un apprenti dictateur.

L'affaire de Saint-Pierre-et-Miquelon a encore creusé le fossé et aggravé le contentieux.

Saint-Pierre-et-Miquelon était terre française avant la naissance de George Washington. Les Américains l'admettent mal. Cette présence étrangère près de leurs côtes est contraire à la célèbre doctrine de Monroe. Ils ont des vues pour un contrôle canadien des moyens de télécommunication.

En décembre 1941, de Gaulle a chargé l'amiral Muselier, commandant des forces navales françaises libres, d'occuper

---

1. Sont également au Maroc : 1 croiseur léger, le *Primauguet,* 3 contre-torpilleurs, 7 torpilleurs, 11 sous-marins, et 3 avisos, 8 patrouilleurs, 11 dragueurs.

2. Outre la traditionnelle communauté française vivant habituellement outre-Atlantique, de nombreux Français se sont retrouvés aux États-Unis pour fuir la défaite et l'occupation :

– des politiques : Camille Chautemps, Pierre Cot, Guy La Chambre... ;

– des écrivains : André Maurois, Jules Romains, Antoine de Saint-Exupéry ;

– des journalistes : Geneviève Tabouis, André Géraud (Pertinax), Philippe Barrès, Pierre Lazareff ;

– des parlementaires : Henri Torrès, Henri de Kérillis ;

– des diplomates et militaires : Alexis Léger, le général Odic ;

– des cinéastes et acteurs : Julien Duvivier, René Clair, Jean Renoir, Jean Gabin, Victor Francen, etc...

Tous ne sont pas gaullistes, loin de là ! Seul Saint-Exupéry saura s'élever au-dessus des passions partisanes. Dans sa « Lettre ouverte aux Français », publiée le 15 novembre 1942 par le *New York Times,* il proposera la mobilisation de tous les Français. Ayant repris du service, à plus de quarante ans, il disparaîtra en Méditerranée, le 31 juillet 1944, après une mission de reconnaissance aérienne au-dessus de la France occupée.

l'archipel encore sous administration vichyste. Connaissant les bonnes relations de Washington avec Vichy et soucieux d'éviter des tensions avec les Américains et les Canadiens, Muselier a préconisé de solliciter leur aval. De Gaulle a décidé de passer outre pour gagner du temps. La Maison-Blanche, informée, a fait connaître son opposition formelle. Prenant ses responsabilités, le chef de la France Libre a prescrit à Muselier d'effectuer l'opération.

Le 24 décembre 1941, à 3 heures, Muselier, avec le sous-marin *Surcouf* et trois corvettes, *Mimosa, Alysse, Aconit,* est entré en rade de Saint-Pierre. Le pavillon à croix de Lorraine a été hissé sans incidents sur l'archipel. La population s'est ralliée d'enthousiasme [1]. Londres, Washington, Washington surtout, ont mal accepté le fait accompli. Le ton est monté. Washington aura-t-il recours à la force pour rétablir le précédent *statu quo* ? Churchill, beau joueur, a finalement soutenu de Gaulle. La tempête s'est calmée. Mais les séquelles subsistent, auprès de Roosevelt et de ses collaborateurs.

Il n'est donc pas étonnant que le Président, dans le cadre de la préparation de Torch, écrive à Churchill, le 16 septembre :

> « Je considère comme indispensable que de Gaulle soit tenu à l'écart de cette affaire et ne puisse avoir aucun renseignement d'aucune sorte, quelque irritant et irrité qu'il puisse être. »

D'un trait de plume, Roosevelt a rayé les free French, ce qui n'empêche pas leur chef de pressentir l'imminence de l'opération.

Les Français dits libres éliminés d'office, demeurent les autres. Ils constituent, pour l'heure, en AFN les gros bataillons. Par là s'explique peut-être aussi le comportement américain. Roosevelt a son homme dans la place, Robert Murphy, son consul à Alger. Murphy a de l'entregent, la poignée de main facile. Il touche beaucoup de monde. Il a négocié avec Weygand des accords économiques, dans l'espoir d'aboutir à des accords politiques. Le départ de son interlocuteur a tout remis en question. Il a dû en chercher d'autres. Il les a trouvés aisément, car les partisans de la revanche ne manquent pas dans la capitale algérienne aussi bien parmi les civils que parmi les militaires.

---

1. L'archipel fournira 500 volontaires à la France Libre.

Le plus remuant est un industriel connu, directeur général des huiles Lesieur, Lemaigre-Dubreuil. Il a rassemblé ceux qui formeront avec lui le groupe dit des « Cinq » : Rigault, l'un de ses collaborateurs, Van Hecke, chef des Chantiers de jeunesse en Algérie, Henri d'Astier de la Vigerie, frère de deux autres d'Astier bien connus [1], et Saint-Hardouin, diplomate en disponibilité. En liaison avec eux, des militaires et non des moindres, le général Mast, commandant la division d'Alger, le général de Monsabert, commandant d'armes à Blida, le colonel Jousse, de l'état-major du XXe corps.

Tous ces hommes sont en relations étroites avec Murphy. Leur objectif : assurer la rentrée de la France dans la guerre, rentrée qui, selon eux, se fera depuis la plate-forme que constitue l'AFN. Artisans de l'ombre, ils ont conscience d'avoir besoin d'un chef de renom. Weygand ? L'ancien généralissime se refuse à devenir un rebelle. De Gaulle ? Ils ne veulent pas connaître cet obligé de Churchill. Juin ? Intelligent, germanophobe, il manque par trop de caractère pour se risquer spontanément.

La solution surgit brusquement en avril 1942. Le général Henri Giraud, ancien commandant de la VIIe armée, fait prisonnier en mai 1940, réussit une évasion spectaculaire de la forteresse de Koenigstein où il était détenu. A 63 ans, il se laisse glisser avec une corde le long des murs de 40 m, traverse l'Allemagne, gagne la Suisse puis la zone libre. Il brûle d'ardeur revancharde et ne s'en cache pas. Ce bel enthousiasme ne l'empêche pas, maladroitement, de se brûler les doigts au passage : il signe une lettre d'allégeance à Pétain [2]. Les bévues

---

1. Emmanuel, résistant, fondateur avec Edouard Corniglion-Molinier du mouvement Libération et François, général d'aviation, rallié à de Gaulle en novembre 1942.

2. « Monsieur le Maréchal,

« Comme suite à nos récents entretiens, et pour dissiper toute équivoque sur mon attitude, je tiens à vous exprimer mes sentiments de parfait loyalisme. Vous avez bien voulu m'expliquer, ainsi que le chef du gouvernement, la politique que vous entendez suivre vis-à-vis de l'Allemagne. Je suis pleinement d'accord avec vous. Je vous donne ma parole d'officier que je ne ferai rien qui puisse gêner en quoi que ce soit vos rapports avec le gouvernement allemand ou entraver l'œuvre que vous avez chargé l'amiral Darlan et le président Pierre Laval d'accomplir sous votre haute autorité.

Mon passé est garant de ma loyauté. Je vous prie, monsieur le Maréchal, de vouloir bien accepter l'assurance de mon absolu dévouement. »

Cette lettre, de Gaulle ne manquera pas de la ressortir, et on la reprochera à Giraud. Celui-ci plaidera l'avoir écrite pour éviter son arrestation.

politiques de Giraud commencent. Il en commettra d'autres. De Gaulle n'aura qu'à se baisser pour les ramasser. La lutte du soldat Giraud [1] contre le politique de Gaulle sera celle du pot de terre contre le pot de fer. Très bientôt.

Quoi qu'il en soit, Giraud a du prestige. Son verbe grandiloquent et assuré réchauffe, en ces temps de défaite. Contacté par les uns et par les autres, il donne son accord, trop heureux d'exprimer son patriotisme qui est certain et de pouvoir manifester ses talents, qu'il juge grands. D'ores et déjà, il a dit oui à Lemaigre-Dubreuil venu lui demander de prendre la tête de la résistance que les « Cinq » organisent à Alger.

Pour Roosevelt et Murphy, ce général au passé glorieux apparaît comme l'homme dont ils ont besoin. Sur son nom il ralliera les Français d'Afrique du Nord et les mènera à la bataille à leurs côtés. Même Churchill lassé de ses démêlés avec de Gaulle se laisse séduire. « King Pin », alias Giraud, sera le troisième larron entre Pétain et de Gaulle.

Sans attendre, les Américains font demander à Giraud s'il est disposé « à travailler avec le président Roosevelt à la libération de la France, et dans quelles conditions ».

Ses conditions, l'évadé de Koenigstein s'empresse de les faire connaître :

1. la France sera rétablie dans son intégrité territoriale du 1er septembre 1939, en métropole et en dehors de la métropole ;

---

1. Henri Giraud – né en 1879, saint-cyrien (promotion Marchand 1898-1900), officier au 4e Zouaves en Tunisie. Ecole de Guerre. Capitaine en 1912. Blessé, laissé pour mort, est fait prisonnier le 30 août 1914. S'évade, sa blessure à peine guérie. Se distingue en 1917 à la prise du fort de La Malmaison. Termine la guerre officier de la Légion d'honneur, cinq fois cité à l'ordre de l'armée.

Commande un régiment de tirailleurs durant la guerre du Rif devant Taza. Grièvement blessé en août 1925, reprend, à peine rétabli, son commandement. En février 1930, commande les confins algéro-marocains. Promu général en fin d'année, se consacre à la pacification de cette région, marquée par la soumission du Tafilalet. Y confirme sa réputation de grand baroudeur.

En 1936, nommé gouverneur militaire de Metz, se trouve avoir sous ses ordres les colonels de Lattre de Tassigny et de Gaulle, commandant, l'un le 152e RI, l'autre, le 507e régiment de chars de combat. Chef cocardier, se taille une popularité certaine auprès de populations régulièrement menacées par l'Allemagne. En 1939, prend le commandement de la VIIe armée de réserve. Après le 10 mai 1940, pénètre en Belgique et Hollande. Nommé à la tête de la IXe armée en remplacement de Corap, est fait prisonnier le 19 mai. Mourra en 1949.

2. la souveraineté française sera entière en territoire français, partout où des troupes françaises combattront aux côtés des troupes américaines ;

3. le général Giraud aura le commandement en chef des forces alliées sur le théâtre d'opérations où combattront des troupes françaises ;

4. le taux du franc par rapport au dollar équivaudra à celui consenti par l'Angleterre au général de Gaulle par rapport à la livre sterling.

Fin juillet, Washington fait connaître sa réponse : « conditions acceptées ».

Giraud, nouveau Foch d'une vaste coalition groupant Français et Américains voire Anglais pour la libération de la France ! Il s'en persuade aisément et raisonne en commandant en chef. Avec son petit noyau de fidèles, il étudie un projet de débarquement, dans le sud de la France, qu'épauleraient les 100 000 hommes de l'armée de l'armistice. Le général de Lattre, qui commande à Montpellier, lui donne un accord enthousiaste (qu'il tiendra le moment venu). Les mécomptes à l'heure de vérité seront pénibles. Les Américains oublieront vite leurs promesses. Maîtres à bord, ils ont d'autres vues, aussi bien sur le commandement que sur le débarquement. Churchill n'envisage pour « King Pin » que le poste de délégué général en Afrique française.

En Algérie, les « Cinq », Mast, promu représentant personnel de Giraud, s'impatientent. Ils voudraient y voir clair. Ils réclament à Murphy la tenue d'une conférence avec des représentants qualifiés. Fait extraordinaire mais révélateur de l'intérêt porté à la collaboration française, il leur est rendu une réponse positive. Des militaires de haut rang se rendront clandestinement sur la côte algérienne pour y rencontrer les « Cinq ». Se déroulera alors un rendez-vous secret digne des meilleurs romans d'espionnage.

Cette perspective proche n'interdit pas à Murphy de « doubler » entre-temps ses amis algérois. Il contacte Juin par l'intermédiaire du commandant Dorange, son chef de cabinet. Il a des entretiens avec le lieutenant-colonel Chrétien, chef des services spéciaux en Algérie. Il noue des liens avec l'amiral Darlan, par l'amiral Fenard, proche de l'amiral de la Flotte. A plusieurs reprises, il rencontre Alain Darlan, fils et émissaire officieux de l'amiral.

La tâche, il est vrai, lui est facilitée. L'amiral comme le général ont esquissé des pas en avant. Le premier, depuis décembre 1941, a perdu sa belle certitude en la victoire allemande. Il s'attend à d'autres lendemains. Après avoir songé à une paix de compromis, il envisage désormais un succès allié. Il table sur un débarquement en AFN ou dans le Midi de la France au printemps 1943, pas avant, vu les délais matériels que réclame une telle opération. Juin raisonne de même. Responsable de la défense de l'Afrique du Nord, il redoute une intervention militaire allemande au Maroc. Dans cette hypothèse, il désire connaître l'aide militaire éventuelle des Américains.

Darlan et Juin sont condamnés à la prudence. Rien ne doit risquer de remettre en cause l'armistice ou compromettre prématurément la rentrée de la France dans la guerre. L'invasion de la zone libre en serait, au minimum, le prix. D'où la nécessité d'intermédiaires discrets dans ces contacts entre les « Vichystes » et le représentant de Roosevelt pour assurer le revirement politique et militaire de la France [1].

Efficacité prime. Churchill, de son côté, en a accepté le principe. N'aurait-il pas glissé à Eisenhower avant son départ pour Gibraltar : « Léchez, s'il le faut, ... la poupe à Darlan pour qu'il nous donne la flotte. » [2]

Il y a la flotte à Toulon. Il y a l'AFN. Plus subtil, mieux informé des réalités françaises que ses partenaires américains, le Premier ministre britannique connaît l'impérieuse nécessité de traiter avec des chefs investis d'une autorité conférée par le chef de l'Etat français. Il ne se trompe pas. Giraud, parlant en son nom propre, ne sera pas obéi. Darlan, couvert de l'égide du Maréchal, sera suivi.

*
* *

1. Toutefois, le 2 novembre 1942, une entrevue secrète Juin-Murphy aura lieu. Le général en conclut qu'un soutien armé américain ne se produirait qu'à la demande expresse du gouvernement français. Le futur maréchal de France, dans ses *Mémoires*, ne manquera pas de reprocher au diplomate son silence de ce jour-là. Pouvait-il se conduire autrement devant l'esprit de discipline bien connu de son interlocuteur ?

2. Il existe plusieurs versions plus ou moins crues des propos de Churchill, mais le fond demeure identique.

Messelmoun

Et voici donc, en cette fin octobre 1942, que se produit cette rencontre réclamée par les « Cinq ». L'emplacement en a été fixé à Messelmoun, à une centaine de kilomètres à l'ouest d'Alger.

Mardi 21 octobre.

4 heures, le lieutenant de vaisseau Jewell, commandant le *HMS Seraph*, se glisse dans la baignoire de son submersible. La côte algérienne est à une dizaine de kilomètres, la visibilité bonne. Lentement, le *Seraph* se rapproche du rivage. Il en est maintenant à 2 000 m. Tout est calme. Sur la gauche, brillent les lumières du petit village de Cherchell. Loin, à l'ouest, par-delà l'avancée du cap Caxine, se cache Alger. En arrière de la grève se distingue un tracé régulier : les eucalyptus qui bordent la route côtière. Devant, une masse plus sombre se détache, encadrant un bloc blanchâtre : la ferme de Messelmoun dans son îlot de feuillus. En fond de tableau se profilent les premières hauteurs du Dahra.

Derrière une fenêtre, un feu clignote par intermittence : le signal convenu avec le comité d'accueil. Mais il est trop tard pour se hasarder à débarquer. Le jour ne tardera pas. « Diving station. » La journée d'attente en plongée sera longue.

21 heures, le *Seraph* refait surface. Le signal se fait attendre. Il n'apparaîtra qu'à minuit. Pleine lune. Mer calme. Les passagers occasionnels se glissent dans quatre kayaks. Ils sont huit en tout, dont deux généraux et non des moindres : Clark, adjoint d'Eisenhower, et Lemnitzer, chef du bureau des opérations. Trois officiers anglais des commandos, « armés jusqu'aux dents », servent de gardes du corps. Une fausse manœuvre détériore l'un des esquifs, mais il parviendra à rejoindre.

Chacun pagaie ferme. Le clignotant donne l'axe de marche. Le sable crisse sous les embarcations. Terre ! Une silhouette sort de l'ombre, puis une autre. Les amis sont au rendez-vous. Murphy qui accourt reconnaît les siens. Dans quelques minutes, il présentera les principaux émissaires français : le général Mast, le colonel Jousse, le capitaine de vaisseau Barjot, le commandant Dartois, aviateur, Jean Rigault, Henri d'Astier de la Vigerie.

La ferme de Messelmoun se trouve dans un site discret, à une vingtaine de kilomètres à l'est de Cherchell. Elle est bâtie en retrait de la nationale Alger-Ténès, presque en bordure de mer. Cette belle demeure de style mauresque est la propriété d'un Algérois dont le gérant, Jacques Tessier, qui l'habite, appartient au réseau d'Henri d'Astier. C'est lui qui, à l'étage, brandissait la lampe devant une couverture.

Le débat se veut essentiellement technique. Les experts militaires sont là pour débattre des modalités du débarquement. Les Français se montrent volontiers loquaces. Ils étalent leurs cartes, précisent les dispositifs de défense à éviter. Les Américains n'ont pas cette belle franchise. Ils doutent de la discrétion de leurs partenaires et dissimulent largement leurs plans.

Les zones de débarquement ? Maroc, OK ! Oranais, OK ! Alger, NO ! Rigault s'insurge. Jousse argumente et démontre que l'opération sur Alger est bien préparée. Clark se laisse convaincre. Alger, OK ! mais Bône, NO ! Il en référera.

Les moyens ? Les Américains ont de pieux mensonges. Ils ont eu vent des propos de Weygand et Darlan, annonçant qu'ils réagiraient en fonction des effectifs débarqués [1]. Ils laissent entendre 500 000 hommes et 2 000 avions. Crédules, les Français les croiront et le mentionneront dans leur rapport à Giraud.

Le commandement ? Les Français sont unanimes : Giraud. Il faut aller le chercher. Et s'il n'est pas là ? s'inquiète Clark. Réplique de Mast : « I command. »

La date ? La duplicité américaine pèsera lourdement par la suite en Oranais et au Maroc. Clark toujours méfiant se refuse à préciser une date. En soupirant, il finit par lâcher que l'opération aura lieu avant la fin novembre. Pourtant, ce 22 octobre, les navires de Torch sont déjà en mouvement pour l'opération du 8 novembre...

Mast revient sur l'idée chère à Giraud d'un débarquement dans le Midi de la France. « Non, commente Clark. Faute de tonnage, nous préférons mettre tous nos moyens sur un seul objectif pour assurer un succès sans conteste. »

---

1. Weygand, durant son proconsulat, n'avait pas caché qu'il accueillerait les Américains à bras ouverts s'ils débarquaient avec 20 divisions. Dans le cas contraire, il serait contraint de tirer. Darlan avait tenu un langage identique en avril 1942, réclamant 500 000 hommes et 2 000 avions à l'amiral Leahy.

20 heures, la nuit est tombée, la conférence s'achève. Les conjurés français s'éloignent. Pour les Américains, il est à regagner le *Seraph.* Soudain, un guetteur donne l'alarme : la police ! Un indigène avait repéré les kayaks. Soupçonneux, croyant à un trafic de contrebande, il a signalé le fait. A la hâte, Clark et ses compagnons sont dissimulés dans un cellier à vin. Nerveux, ils étreignent leurs armes, redoutant d'avoir à s'en servir. Mais le commissaire de police est bon enfant. Le lieutenant Le Nen, qui fait partie du complot et qui est resté sur place, le rassure. Ce ne sont que des voitures du corps consulaire américain qui stationnent près de la maison. « Soyez discret, recommande-t-il, ce sont des diplomates en "partie fine". »

Le commissaire se laisse convaincre et s'éloigne.

Un danger est écarté, un autre se révèle : la mer. La Méditerranée s'est durcie. Les vagues drossent les kayaks. Les premières tentatives pour mettre à l'eau sont infructueuses. Les embarcations se retournent. Les visiteurs pataugent dans l'eau rugissante. Il leur faut finalement attendre que la houle se calme.

Vers 4 heures, enfin, elle semble s'être légèrement adoucie. Se souvenant des pratiques des indigènes de la Côte-de-l'Or, l'un des convoyeurs s'avance le plus possible au large. Les lames les plus violentes sont derrière lui. L'embarquement s'effectue vaille que vaille. Ce sont huit hommes trempés jusqu'aux os qui rejoindront le *Seraph* aux premières lueurs de l'aube. Il était temps. De l'agitation se devine à Messelmoun. La police revient sur les lieux. Les Français parviendront à lui donner le change.

L'équipée se termine bien ; le général peut être satisfait. Il repart avec de précieux renseignements et la certitude de complicités.

Mast et le groupe des « Cinq » peuvent-ils en dire autant ?

Leur travail et leur importance ne sont pas méconnus, puisqu'ils ont suscité ce scabreux déplacement de l'adjoint d'Eisenhower. Pour le reste ? Les premières conclusions des conjurés ne sont guère optimistes. Les Américains n'ont pas confiance en eux. Leur plan est tracé. Ils ne s'en écarteront pas. La France n'aura à jouer qu'un rôle secondaire.

Il y a certes des promesses, celle « d'accorder à Giraud le commandement suprême dès que possible » ; celle de « fournir des dizaines de tonnes d'armement et de munitions destinés à armer les volontaires français et les groupes de choc des Chantiers de jeunesse », mais qu'en sera-t-il exactement [1] ?

Découvrant fin octobre l'imminence du débarquement, les Français seront surtout fondés d'exprimer leur colère et leur rancœur. Les flottes étaient en mer, les dates fixées, alors qu'ils conversaient avec Clark ! Eux aussi, pourtant, ont pris de gros risques ! Pour déboucher sur une telle défiance ! Pour disposer de délais trop courts pour tout mettre au point ! A Alger, puisqu'ils sont sur place, passe encore, mais au Maroc et à Oran, les liaisons ne sont ni rapides ni faciles… !

*
* *

Les derniers jours

Le *Seraph* se hâte pour rejoindre l'hydravion qui doit ramener Clark et ses équipiers à Gibraltar. Quinze jours seulement séparent maintenant la « rencontre de Cherchell » du débarquement.

Et les Allemands, se doutent-ils ?

Ils ont des présomptions mais pas de certitudes. Leurs observateurs à Algésiras rendent compte de l'agitation accrue de Gibraltar. Le sultan du Maroc, Mohammed, informé par des indiscrétions [2], a prévenu en septembre et octobre le grand mufti de Jérusalem, qui travaille pour l'Abwehr, de l'imminence d'une action américaine au Maroc. Les indices existent, les preuves manquent. Le contre-espionnage français de Rivet, Chrétien, Paillole, a habilement fait le vide des agents allemands. Faute d'éléments, Hitler et l'OKW en restent au ravitaillement de Malte ou à une action en Cyrénaïque sur les arrières de Rommel.

---

1. L'armement prévu ne sera pas livré. Durant trois nuits, un groupe de jeunes attendra en vain sur une plage un débarquement qui ne viendra pas.

Quant au rôle imparti à Giraud, la suite du récit apprendra ce qu'il en sera.

2. Sans doute d'origine diplomatique américaine. Les représentants des États-Unis s'efforcent de gagner la confiance des milieux marocains. D'où certaines révélations. On verra bientôt, au début de 1943, le jeu anti-français mené par Roosevelt auprès de Mohammed.

Côté Alliés, l'heure du branle-bas a sonné.

Gibraltar est devenu la plaque tournante de l'opération. Eisenhower y a installé son PC. Atterrissages, décollages se succèdent au même rythme que les entrées et sorties de navires. Sous le rocher, grottes et abris recèlent services et dépôts.

Les convois ont pris la mer. Depuis les États-Unis, la Western Task Force, sous Patton, vogue vers le Maroc. La Center Task Force, sous Fredendall, a quitté la Clyde. L'Eastern Task Force de Ryder est partie, elle, de Grande-Bretagne. Toutes deux naviguent sous la protection de la Navy. D'après le programme, elles passeront Gibraltar dans la nuit du 5 novembre. L'imposante colonne de 40 navires de transport et de 160 bâtiments de guerre se dirigera ensuite vers l'Oranais et l'Algérois.

Si la machine de guerre américaine s'est mise en route, elle n'a pas atteint toute sa puissance. Elle présente des défauts de jeunesse. Ses cadres et ses soldats sont dans leur immense majorité inexpérimentés. Du moins bénéficient-ils de la quantité et de la qualité de leur matériel. Les Français en seront les premiers impressionnés.

Des Français qui attendent. Qu'ils soient conjurés ou représentants de Vichy.

Vis-à-vis des premiers, Murphy, fin octobre, se jette à l'eau. Le 29, il informe Mast : débarquement dans la nuit du 7 au 8 novembre. Le général français ne dispose que d'une grande semaine pour agir.

Lemaigre-Dubreuil repart pour la France. C'est un habitué de la traversée. Il vient d'effectuer un aller retour pour apporter à Giraud le compte rendu de la réunion de Messelmoun. Il emporte, cette fois, des lettres de Murphy, écrites au nom de Roosevelt et qu'on retiendra sous le nom d'accords Giraud-Murphy :

> « Les États-Unis reconnaissent la France comme un allié souverain. Ils affirment leur volonté formelle de rétablir la souveraineté française sur tous les territoires métropolitains et coloniaux sur lesquels flottait, en 1939, un drapeau français. »

Ils s'engagent à rééquiper l'armée française et précisent le caractère purement franco-américain de leur expédition [1].

1. Ces lettres de Murphy ne font que confirmer les accords passés en France avec Giraud par les représentants américains.

Giraud est déçu. Il vient d'apprendre la date du débarquement. Trop proche, selon lui. Son plan sur le Midi de la France n'a pas été retenu. Cependant, il n'a plus le choix. Il vit à demi recherché par la police. Dans la nuit du 5 au 6 novembre, il embarque, avec son fils Bernard, le capitaine Beaufre et le lieutenant de vaisseau Viret, à bord du *Seraph* devenu le grand spécialiste des missions délicates [1]. Récupérés par un hydravion, ils seront à Gibraltar le 7 au soir.

Une autre déception y attend le général. Il partait pour devenir commandant en chef des forces alliées, Eisenhower lui signifie qu'il n'en saurait être question. Alors « Giraud simple spectateur », comme il l'annonce, dans son dépit ? La nuit porte conseil. Il acceptera finalement de ne se voir imparti de responsabilités qu'en arrivant à Alger. D'autres déconvenues l'y attendent...

A Casablanca, le général Béthouart, commandant la division, a de longue date donné son accord aux « Cinq ». Le vainqueur de Narvik a sur place une solide réputation de gaulliste. Pourtant, il n'a pas de relations directes avec son camarade de promotion de Gaulle. Par Lemaigre-Dubreuil et Rigault, il s'est placé dans l'obédience de Giraud.

Le 2 novembre, Rigault, arrivé par train, lui apprend l'imminence du débarquement. Il doit donc, avec ses adjoints, le colonel Magnan, commandant le RICM, le lieutenant-colonel Molle, son chef d'état-major, neutraliser les éléments suspects ou douteux, le moindre d'entre eux n'étant pas le résident général, le général Noguès, qu'un vieux réflexe de respect militaire interdit d'arrêter.

Béthouart, plus encore que les autres, est bousculé par le temps. Il ne connaîtra que le 6 l'heure H du débarquement : 8 novembre à 2 heures. Trop tard ! Les incidents dramatiques du Maroc trouvent là une première explication. Comme à Oran où la conjuration demeure embryonnaire.

A Alger, par contre, les conjurés sont mieux à même de prendre leurs dispositions. Dans la nuit du 7 au 8 novembre, ils seront près de 400, jeunes dans leur majorité, à occuper les

1. Il appartient à la Royal Navy. Pour éviter un incident, Giraud y est accueilli par deux officiers américains, le colonel Gaylord et le capitaine Wright qui se font passer pour les maîtres à bord. Giraud ne se rendra pas compte de la supercherie. Ce détail illustre cependant le climat du moment...

points sensibles, suivant les plans de Mast et de Jousse. Cette action entravera les réactions immédiates d'un commandement discipliné et épargnera du sang.

Ces bonnes volontés qui œuvrent ainsi pour faciliter l'arrivée des Américains et préparer la revanche ne sont globalement pas politiquement marquées. Les communistes ont refusé de s'associer. Les gaullistes sont trop peu nombreux pour avoir exercé une quelconque influence. Le professeur Capitant, leur chef de file, ne peut se targuer d'amener qu'une vingtaine de partisans. Tous les autres, militaires, civils, jeunes gens des Chantiers de jeunesse, se lancent avec foi, sous réserve de certaines ambitions personnelles, dans une aventure qu'ils veulent hautement patriotique. Leur gros problème est leur manque de chef reconnu. Il y a bien Giraud, mais il n'est pas là. Ce « miles gloriosus », comme le qualifiera de Gaulle, se présente en drapeau plus qu'en tête pensante et agissante. Cette double absence de clivage politique et de responsable d'envergure profitera le moment venu à d'autres. A d'autres qui sauront s'appuyer sur le bâton d'un maréchal de France dont le prestige est intact en Afrique du Nord.

Car, curieusement, ceux-là mêmes qui tireront – provisoirement – profit de l'événement se retrouvent à Alger la veille du 8 novembre 1942.

Le général Bergeret, ancien secrétaire d'État à l'Air, inspecteur de la Défense aérienne du territoire, en est. Cet aviateur est habile. Trop peut-être. Il a eu, en 1941, des faiblesses pour l'Allemagne. Il soutient maintenant les partisans de la revanche. Par le commandant de Beaufort [1], en liaison avec les services secrets alliés, il a été informé. Avant de partir pour Alger, il a prévenu Pétain et lui a proposé de l'emmener. Le Maréchal s'est récusé. Bergeret arrive seul à Alger sous couvert d'une inspection en Afrique du Nord. Pendant quelques mois, il sera parmi les bénéficiaires de la traversée de la Méditerranée.

La traversée de Darlan, elle, semble tout à fait fortuite. Alain Darlan, fils unique de l'amiral de la Flotte, est depuis la mi-octobre hospitalisé à Alger, frappé de poliomyélite. Son état

1. Futur chef de l'état-major particulier du général de Gaulle à l'Elysée.

s'est aggravé brusquement, et les médecins redoutent une issue fatale. Alerté par son ami, l'amiral Fenard, Darlan se précipite par avion à Alger, le 5 novembre. Sa présence dans la capitale algérienne ne répond donc qu'à des impératifs strictement familiaux. Ceux-ci n'empêchent pas le dauphin en titre de Pétain, responsable de la Défense nationale, de suivre l'évolution de la situation internationale. Les renseignements se précisent sur les regroupements signalés à Gibraltar par le 2e Bureau. Une véritable flotte de débarquement est entrée en Méditerranée. Darlan, fort de ses contacts indirects avec Murphy et de ses propres conclusions, ne croit pas à une action sur les côtes françaises du Maghreb [1].

Le 7 au matin, il câble à Vichy :

> « Voici comment je vois la situation :
>
> 1. je ne pense pas qu'une action délibérée contre le territoire français soit actuellement envisagée par les Anglo-Saxons ;
> 2. nature et force combat britannique me font plutôt penser qu'Anglo-Saxons envisagent action contre bases Axe en Tripolitaine et Cyrénaïque pour empêcher envoi renforts Afrika Korps et prendre celui-ci à revers ;
> 3. ma présence à Alger est encore indispensable pour trois ou quatre jours. Je suis au courant situation et peux prendre décisions. »

Darlan est-il sincère en rédigeant ce télégramme ? Les témoignages de tous ceux qui l'ont côtoyé ce 7 novembre le laissent penser. Il sera le premier surpris d'être réveillé dans la nuit pour apprendre la nouvelle. Son courroux sera significatif de sa méconnaissance de ce qui se tramait.

A l'instar de Darlan, les autorités responsables en Afrique du Nord ne s'inquiètent pas outre mesure. Le gouverneur général Chatel est à Vichy, convoqué par le gouvernement. Juin ne donne pas d'ordres d'alerte particuliers. Pourtant, le 7 novembre au soir, l'amiral Moreau qui commande la marine à Alger fait

---

1. Selon lui, les Américains sont incapables de disposer d'un potentiel militaire d'envergure avant le printemps 1943. Le tonnage signalé ne permet pas d'amener les forces suffisantes pour un débarquement général en AFN.

remarquer que les intervalles entre les convois correspondent aux distances séparant les grands ports d'Algérie. Avec une abattée de 90° vers la droite, ils coifferaient simultanément Oran et Alger. Moreau ne croit pas si bien dire. Au même moment, des dizaines de navires de l'armada anglo-américaine s'apprêtent à virer de cap.

*
* *

La Seconde Guerre mondiale est sur le point de vivre son grand tournant.

Volume suivant : Novembre 1942 - Octobre 1943. Du débarquement allié en AFN à l'invasion de l'Italie.

ANNEXES

Chronologie

1941

Décembre	6	Début de la contre-offensive d'hiver soviétique
	8	Attaque japonaise contre Pearl Harbor Débarquement japonais en Malaisie
	10	Débarquement japonais au nord de Luçon Destruction du *Prince of Wales* et du *Repulse*
	11	L'Allemagne et l'Italie déclarent la guerre aux Etats-Unis
	22	Reddition de Wake
	24	Ralliement de Saint-Pierre-et-Miquelon à la France Libre
	25	Ralliement de Hong Kong
Fin de mois		Conférence Arcadie à Washington

1942

Janvier	1er	Signature de la « Déclaration commune des nations unies »
	2	Chute de Manille
	11	Débarquement japonais à Bornéo
	13	Offensive soviétique sur le Volkhov
	21	Début de l'offensive de Rommel en Libye
	31	Début du siège de Singapour
Février	14	Débarquement et parachutage japonais à Sumatra
	15	Reddition de Singapour
	19	Débarquement japonais à Bali
	20	Débarquement et parachutage japonais à Timor
	28	Raid aéroporté britannique sur Bruneval
Mars	1er	Débarquement japonais à Java
	8	Chute de Rangoon
	9	Chute de Bandoung
	11	MacArthur quitte Corregidor
	28	Raid britannique sur Saint-Nazaire
Avril	9	Attaque japonaise sur Colomb Reddition de Bataan
	18	Raid américain sur Tokyo

Mai	1er	Chute de Mandalay
	5	Débarquement anglais à Diégo-Suarez
	6	Reddition de Corregidor
	7-8	Bataille de la mer de Corail
	8	Offensive allemande dans la presqu'île de Kertch
	26	Début de l'attaque de Rommel contre la ligne de Gazala
	27	Assassinat de Heydrich à Prague
	31	Bombardement des « 1 000 » sur Cologne
Juin	4-5	Bataille de Midway
	11	Evacuation de Bir-Hakeim
		Capture du général Vlassov
	21	Reddition de Tobrouk
Seconde quinzaine		Défaite soviétique devant Kharkov
Juillet	4	Chute de Sébastopol
	16	Rafle du « Vel' d'Hiv »
	1er au 27	Première bataille d'El Alamein
	25	Chute de Rostov-sur-le-Don
Août	7	Débarquement américain à Guadalcanal
	12-16	Churchill à Moscou
	15	Montgomery remplace Auchinleck à la tête de la VIIIe armée
	19	Opération « Jubilee » à Dieppe
	21	Allemands au sommet de l'Elbrouz
	23	La VIe armée allemande atteint la Volga
		Début de la bataille de Stalingrad
	27	Joukov commandant suprême adjoint
	31 août-3 sept	Bataille d'Alam Halfa
Septembre	23	Occupation de Tananarive par les Anglais
Octobre	12	Bataille navale du cap Espérance
	22	Rencontre franco-américaine de Cherchell
	23	Début de la seconde bataille d'El Alamein
	25	Bataille navale de Santa Cruz
Novembre	5	Armistice franco-anglais à Madagascar
	8	Débarquement allié en AFN

FORCES FRANÇAISES LIBRES — Q.G. le 10 juin 1942

FORCE I
Ist FREE FRENCH GROUP TRÈS SECRET

ÉTAT-MAJOR – 3e BUREAU

N° 948/3 — ORDRE GÉNÉRAL N° 12

1. La 1re brigade sortira de vive force, cette nuit, de la position. Elle s'ouvrira un passage vers le sud-ouest, les armes à la main.
   Un faible détachement sera laissé pour tromper l'ennemi jusqu'à 2 heures du matin (voir Par. 5).

2. La sortie s'effectuera par la porte du BP/1 au sud-ouest qui sera déminée et élargie par le Génie – sauf le BP/1 qui sortira par une sortie en chicane à l'est du fort.

3. *Point de 1re destination :* B 837 marqué par 3 lampes feux rouges. Azimut : magné 210° 30.

4. *Exécution :*
   L'opération s'effectuera en 4 temps.
   1er temps : préparation.
   2e temps : rassemblement.
   3e temps : marche de nuit.
   4e temps : arrêt-embarquement.
   1er temps : Préparation dès reçu et, pour tout ce qui serait visible, de 21 h 15 à 22 h 30.
   – mise en état des véhicules en *parfait état de marche* (plein plus 100 km d'essence).
   – reconnaissance et jalonnement des itinéraires intérieurs du camp.
   – destructions silencieuses et sans feu du carburant, véhicules, matériel, bagages – pièces ne pouvant être emportées.
   – lacération des paquetages.
   – répartition des vivres, eau, munitions individuellement.
   – enterrement sur place des morts avec croix – quelques pierres dessinant la tombe et le nom inscrit lisiblement sur la croix.
   – destruction des papiers importants dont la conservation n'est pas nécessaire – Les pièces essentielles dont la conservation est indispensable seront emportées sur des personnes qui devront être connues de tous.
   – renvoi sur le GSD de la manière la plus discrète possible des blessés couchés – après 20 h 45 et avant 21 h 30 – blessés légers dans les camions des unités.
   – choisir des conducteurs sûrs et de sang-froid.
   – mettre des sacs de sable contre les mines sur les planchers des voitures.

2e temps – voir croquis.
– rassemblement terminé 23 h 15.
– les véhicules se formeront en deux colonnes :
colonne 1, aux ordres du commandant du 1er R.A.
comprenant les véhicules de combat et de commandement.
colonne 2, aux ordres du commandant BOURGEOIS
comprenant les camions.
Chaque colonne comprendra 5 files.

3e temps – marche de nuit (*ne tirer qu'en cas de nécessité absolue*).
1°) *à 23 h 30 :* les 3 bataillons de tête se mettent en marche pour occuper leurs emplacements au sud-ouest – croquis 2.
3e B.L.E., sa droite tenant 806 (pointe est du marais de mines est) sortira derrière le 2e B.L.E.
2e B.L.E., tenant un front nord-ouest sud-est à 2 500 m de la position centre du bataillon sur l'azimut, sortira en tête.
B.P. 1, tenant front nord-sud au sud du fort.
2°) *sur ordre, vers 23 h 50 :* départ de la colonne de véhicules de commandement.
3°) 5 minutes après, départ, dans les mêmes conditions, de la colonne des camions.
4°) Aussitôt après passage des véhicules, les bataillons se rendent isolément à B 837 au pas accéléré.

4e temps – arrêt – embarquement.
Des véhicules, des ambulances, des ordres nous attendent à B 837.

5. Chaque face laissera un petit détachement de 1 gradé – 4 hommes avec une voiture excellente et 1 FM – *Mission :* réagir par le feu en cas de patrouille ennemie. Tirer de temps à autre quelques coups de feu.

6. Les ordres ci-dessus sont à exécuter avec discipline, grande exactitude et minimum de bruit ou de mouvement (en particulier, ne pas emballer les moteurs).

Le Général de Brigade KOENIG
Cdt de Ist Free French Group :
Signé : KOENIG.

Bibliographie

Ouvrages d'intérêt général

CAVE BROWN Anthony, *La Guerre secrète* (deux tomes), Pygmalion, 1981.
CHURCHILL Winston, *Mémoires de la Seconde Guerre mondiale* (dix tomes), Editions de la Palatine, 1950.
COSTELLO John, *La Guerre du Pacifique* (deux tomes), Pygmalion, 1982.
DE GAULLE Charles, *Mémoires de guerre* (trois tomes), Plon, 1959.
JOUKOV, Maréchal, *Mémoires*, Fayard, 1970.
LEAHY, Amiral, *J'étais là*, Plon, 1950.
SHIRER William, *Le IIIe Reich* (deux tomes), Stock, 1959.
TOLAND John, *Adolf Hitler* (deux tomes), Pygmalion, 1978.
WERTH Alexander, *La Russie en guerre* (deux tomes), Stock, 1964.
YBERT Benoît, *Dictionnaire des ministres*, Perrin, 1990.
Le Front de l'Est 1941-1945, Editions du Progrès, Moscou, 1974.

Chapitre I. Contre-offensive d'hiver devant Moscou

CARELL Paul, *Opération Barbarossa,* R. Laffont, 1964.
CLARK Alan, *La Guerre à l'Est*, R. Laffont, 1966.

Chapitre II. La ruée japonaise

SPECTOR Ronald, *La Guerre du Pacifique*, Albin Michel, 1987.
VULLIEZ Albert, *Tonnerre sur le Pacifique*, Fayard, 1966.

Chapitre III. Drapeaux blancs sur Singapour et Corregidor

BARBER Noël, *La nuit tombe sur Singapour*, R. Laffont, 1969.
BELOTE J.H. et W.M., *Corregidor. La forteresse perdue et reconquise*, R. Laffont, 1967.
MANCHESTER William, *MacArthur. Un césar américain*, R. Laffont, 1988.

Chapitre V. Alarme dans l'océan Indien

ANNET Armand, *Aux heures troublées de l'Afrique française*, Éditions du Conquistador, 1952.

Chapitre IX. La prise d'une forteresse

VON MANSTEIN, Maréchal., *Victoires perdues*, Plon, 1958.

Chapitre X. Bir-Hakeim

BROCHE François, *Le bataillon des guitaristes*, Fayard, 1970.
GRAVIER A., *La vérité sur Bir-Hakeim*, Imprimerie Christmann, 1990.
KOENIG, Général, *Bir-Hakeim*, R. Laffont, 1971.
MORDAL J., *Bir-Hakeim*, Amiot-Dumont, 1951.
ROMMEL, Maréchal, *La guerre sans haine*, tome 1, Amiot-Dumont, 1955.

Chapitre XI. « Tobruk Falls »

CARELL Paul, *Afrika Korps*, R. Laffont, 1960.

Chapitre XII. Commandos et opérations combinées

PASSY, Colonel, *Souvenirs*, Raoul Solar, 1947.
PHILLIPS Lucas, *Commandos sur Saint-Nazaire*, Presses de la Cité, 1959.
RÉMY, Colonel, *Compagnons de l'honneur. Mémoires d'un agent secret de la France libre*, France Empire, 1964.
ROBERTSON, Terence, *Dieppe*, Presses de la Cité, 1963.
ROCOLLE Pierre, *L'arme aéroportée, clé de la victoire ?*, Charles Lavauzelle, 1948.
SANDERS Hilary St. George, *The Red Beret*, Michael Joseph, II, 1950.
H.M. STATIONERY OFFICE, *Du ciel au combat*, Charles Lavauzelle, 1949.

Chapitre XIII. Le globe-trotter de la victoire

CHASTENET Jacques, *W. Churchill*, Fayard, 1965.

Chapitre XIV. La solution finale

DREYFUS F.G., *Histoire de Vichy*, Perrin, 1990.
KUPFERMAN Fred, *Laval*, Balland, 1987.
LAZARD Didier, *Le procès de Nuremberg*, Éditions Nouvelle France, 1947.
LÉVY Claude, TILLARD Paul, *La grande rafle du Vel' d'Hiv'*, R. Laffont, 1967.
MARRUS M., PAXTON R.O., *Vichy et les Juifs*, Calmann-Lévy, 1981.

Chapitre XVI. La marche sur le Caucase et Stalingrad

CRAIG William, *Vaincre ou mourir à Stalingrad*, R. Laffont, 1973.
PAULUS, Maréchal, *Stalingrad*, Fayard, 1961.

Chapitre XVII. La seconde bataille d'El Alamein

CEMOR André-Paul, *L'épopée de la 13e DBLE*, Nouvelles Éditions latines, 1988.
FORGEAT Raymond, *Remember*, Service historique de l'Armée de terre, 1992.
MACMILLAN Richard, *Montgomery et ses hommes*, Plon, 1945.
MOOREHEAD Alan, *Montgomery*, Plon, 1949.

MACMILLAN Richard, *Montgomery et ses hommes*, Plon, 1945.
MOOREHEAD Alan, *Montgomery*, Plon, 1949.

Chapitre XVII. Messelmoun

BEAUFRE, Général, *Mémoires*, Presses de la Cité, 1965.
BÉTHOUART, Général, *5 années d'espérance*, Plon, 1968.
JUIN, Maréchal, *Mémoires,* tome 1, Fayard, 1959.
KAMMERER Albert, *Du débarquement africain au meurtre de Darlan*, Flammarion, 1949.
ORDIONI Pierre, *Le secret de Darlan*, Éditions Albatros, 1974.
PAILLAT Claude, *L'échiquier d'Alger*, R. Laffont.
Avantage à Vichy, 1966.
DG joue et gagne, 1967.

Index sélectif

Abraham, 207
Alexander (lord), (gal), 67-68, 70-71, 261, 263, 266-267, 275
Amade, 289
Amiel (cdt), 145
Amilakvari, prince Dimitri (lt-col), 145, 156, 281
Amyot d'Inville (cne de frégate), 145
Anders (gal), 206
Anderson (gal), 287
Annet (gouverneur général), 79-80, 82-83
Annibal, 278
Arnold, Henry Harley (gal), 39, 98, 197
Assolant, Jean (cne), 81
Astier de la Vigerie, Emmanuel d', 293
Astier de la Vigerie, François d', 293
Astier de la Vigerie, Henri d', 293, 297-298
Aubert (gouverneur), 85
Auchinleck, Claude John Eyre (Sir), (gal), 138, 141, 160-161, 164-172, 203, 260-261, 263, 265
Aumale, duc d', 289
Aung San, 69

Babonneau (cdt), 145, 147, 149-151, 157
Balafrej, Ahmed, 290
Barjot (cne de vaisseau), 297
Barrès, Philippe, 291
Bastico (gal), 165
Bayerlein, 172
Battenberg, 178
Beattie (cdt), 186-188
Beaufort (cdt), 303
Beaufre (cne), 302
Beaverbrook (lord), 38
Bellec (aspirant), 156
Belov (gal), 22
Benett (gal), 48, 53
Bergé (cne), 179
Bergeret (gal), 303
Beria, 14
Berndt (lt), 277
Béthouart (gal), 302
Billotte (cne), 177
Bismarck, Otto, prince de, 216
Bismarck, von (gal), 177, 264
Bock, Fedor von (mal), 12, 15, 17-18, 124, 238, 240-241, 246
Boegner, Marc (pasteur), 221
Bollardière de (cdt), 281-282
Boudienny, 14
Bourget (lt), 157
Bourguiba, 290
Bourmont, comte Louis de (gal), 289
Bousquet, René, 216, 218
Brasillach, Robert, 222
Brauchitsch, Walter von (gal), 17, 238
Brereton (gal), 35, 44
Bricogne (cne), 157
Bridoux (gal), 219
Broche (lt-col), 145, 149-150, 154
Brockdorff-Ahlefeldt comte (gal), 125
Brooke Alan (Sir), (gal), plus tard Alanbrooke, 38, 53, 166, 169, 197, 201, 206, 285
Brown (amiral), 33
Browne (col), 271
Buckmeister (cdt), 115
Bugeaud, Thomas Robert (mal), 289

Cadogan (Sir A.), (amiral), 206
Canrobert, 135
Capageny (adm), 85
Capitant (professeur), 303
Casey, 275
Catroux, Georges (gal), 64
Cavallero (mal), 138-139
Cazaud (gal), 145
Ceccaldi (lt), 148, 152
Changarnier, 289
Chapochnikov (mal), 14, 238
Charteris (lt), 182
Chatel, 290, 304
Chautemps, Camille, 291
Chennault, Lee Claire (gal), 65, 100
Choltitz von (col), 134
Chrétien (lt-col), 295, 300
Churchill, Winston, 26, 37-44, 46, 51-53, 56, 67-70, 75, 78-80, 82-84, 93, 97, 126, 134, 141, 160-161, 163-164, 166, 168, 171, 173-176, 178, 186, 189-190, 197, 200-206, 260-261, 266-267, 280, 283-288, 292-296
Churchill, Lady, 200
Clair, René, 291
Clark (gal), 287, 297-298, 300
Clarke, Dudley (col), 174
Clauzel, 289

Clemens, Martin, 226
Cool, commander, 183
Corbett (gal), 261
Corniglion Molinier, Edouard, 293
Cot, Pierre, 291
Cox (sergent-chef), 181-182
Crace (amiral), 104, 106
Crémieux, 290
Cripps, Stafford (Sir), 70
Cruewell (gal), 142, 172
Crutchley (amiral), 227-228
Cunningham (amiral), 169, 261, 287
Curtin, 68, 97

Dannecker, 216-219, 222
Darlan, François (amiral), 215, 293, 295-296, 298, 303-304
Darlan, Alain, 295, 303
Darquier de Pellepoix, Louis, 217
Dartois (cdt), 297
De Gaulle *voir* Gaulle, Charles de
de Roux *voir* Roux, de
Devereux (cdt), 32, 34
Derrien (amiral), 290
Dewey (lt), 156
Dill (gal, futur mal), 38, 40
Doolittle James (lt-col, puis gal), 73, 98-101, 104, 287
Doorman (amiral), 90-91
Dorange (cdt), 295
Doriot, Jacques, 218
Dorman-Smith, Reginald (Sir), gouverneur général, 64, 166-167
Duce, *voir* Mussolini
Dupérier (cdt), 191
Durnford-Slater, 174
Duvivier, Julien, 291

Eden Anthony, 38, 84-85, 175, 201, 221
Efremov (gal), 22-23
Eichmann, 211, 222
Eisenhower, Dwight D. (gal), 284-289, 296-297, 299, 301-302
Eremenko (gal), 125, 248, 250-252, 258
Estéva (amiral), 290

Fassy, Allal El, 290
Fenard (amiral), 295, 304
Ferry, Jules, 289
Fertig (col), 62
Field, Henderson (cdt), 228
Fitch, Aubrey (amiral), 103, 105
Fletcher (amiral), 33, 103-105, 107, 109, 111-112, 115, 226, 228, 232
Foch, Ferdinand (mal), 286, 295
Fontaine (cne de frégate), 81
Francen, Victor, 291
Franco (gal), 266, 288
Fredendall (gal), 287, 301
Freyberg (gal), 168
Frost (major), 181-183
Fuchida (cdt), 32, 76

Gabchik, Joseph, 212
Gabin, Jean, 291
Gallieni, Joseph (gal), 78
Gandhi, 70
Garnier, 218
Gaulle, Charles de (gal), 40, 78-79, 84-85, 94, 103, 156-157, 177, 246, 249, 291-295, 302-303
Gay (enseigne), 114
Gaylord (col), 302
Geese (gal), 268
Geille (cne), 22
Geraud, André (Pertinax), 291
Gerlier (cardinal), 220
Gerstein, Kurt (col), 221
Ghormley (amiral), 94, 225-226, 235
Giraud, Bernard, 302
Giraud, Henri, 85, 293, 295-296, 298-299, 300-303
Godfroy (amiral), 166
Goebbels, Joseph, 136, 254, 259
Goering, Hermann (mal), 120, 127, 208
Gordov (gal), 248
Gorin (gal), 22
Gorishnyi (gal), 258
Goto (amiral), 102, 105
Gott (gal), 142, 159, 168, 261
Gourtiev (gal), 258
Grand Mufti, 300
Gravier (cne), 145-146, 155-156
Gräbe, Hermann, 209
Guderian Heinz (col-gal), 12, 14, 16, 18, 167, 238, 246, 278
Gufflet (cne), 157
Guillemet (gal), 80

Hadj Messali, 290
Halder, Franz (gal), 239, 241, 245-246
Halsey, William (amiral), 33, 99, 109, 235-236
Harriman, Averell William, 205
Harris (air marshal), 127
Hart (amiral), 35, 44, 90
Hart, Lidell, 79, 83
Harwood (amiral), 169
Haselden (col), 269-271
Hasler (cne), 199
Haydon (brigadier), 176
Helfrich (amiral), 90
Hennequin, 218
Heydrich, Reinhard, 208, 211-212
Himmler, Heinrich, 120, 209, 211-212, 221-222

Hiro-Hito, empereur, 74
Hitler, Adolf, 15-19, 21, 24, 38, 120, 124-126, 130, 134, 136, 139, 141, 163-165, 169, 173, 178-179, 192, 207-209, 211, 238-239, 241-246, 248, 251-252, 256, 258-259, 266, 274, 276-278, 288, 300
Hoepner (gal), 12, 18
Hoess, 211, 213
Holmes (gal), 168
Homma (gal), 35-36, 54-55, 57, 59-61
Hopkins, 285
Horii (col-gal), 230-231
Horrocks (gal), 268
Hosogaya (amiral), 111
Hoth, Hermann (col-gal), 241-244, 247-250
Howard (gal), 61
Hull, Cordell, 42
Hutton (gal), 65, 67-68, 261
Hyakutake (gal), 230, 234

Iakovlevtitch (gal), 124
Ichiki (col), 230-231, 233
Inouye (amiral), 102-103, 105-107

Jacquin (cne), 145
Jewell (lt de vaisseau), 297
Joffre (mal), 79
Joludev (gal), 258
Jordan (lt), 270
Joukov, Gregor (gal), 12-14, 16, 19-21, 23, 238, 250-252, 256, 259
Jousse (col), 293, 297-298, 303
Juin Alphonse (gal), 290, 293, 296, 304

Kajioka, 34
Kaganovitch, 14
Kakuta (amiral), 111
Kawaguchi, 233, 235
Kerillis, Henri de, 291
Kerr, A. Clark (Sir), 205
Kesselring Albert (mal), 138, 164, 169
Key (gal), 30
Keyes, Roger (Sir), (amiral), 175, 177
Keyes (lt-col), 175
Khrouchtchev, Nikita, 123, 249
Kimmel, H.E. (amiral), 32-33, 103
King (amiral), 33, 39-40, 96, 98, 103, 108-109, 197, 225, 234, 284-285
King (gal), 57-58
King Pin, *voir* Giraud, Henri
Klarsfeld, Serge, 223
Kleist, Ervald von (col-gal), 123-124, 239, 241-243
Klopper (gal), 161-162
Kluge, Günther von (mal), 12, 16, 18, 23, 239
Knox, Frank, 33
Koenig, Marie Pierre, 144-145, 149-150, 152-157, 280-281
Kondo (amiral), 111, 115
Koniev, Ivan (mal), 12
Kubis, Jan, 212
Kunika, 111
Küchler von, 18

La Chambre, Guy, 291
Lalande (cne), 281
Lamaze de (cne), 147, 157
Lambert (cne), 270
Lamoricière de, 289
Larminat de (gal), 145, 148, 282
Lattre de Tassigny, Jean de (gal, futur mal), 286, 294-295
Laurent-Champrosay (cdt), 145, 151, 153, 155, 157
Laval, Pierre, 215-217, 221-222, 293
Lawson (gal), 28
Laycock (col), 174
Layton (cne de corvette), 103, 109
Lazareff, Pierre, 291
Leahy (amiral), 39, 79, 284, 298
Leclerc (Philippe de Hauteclocque dit) (maréchal à titre posthume), 148, 177
Leeb von (mal), 18, 238
Legentilhomme (gal), 84-85
Léger, Alexis, 291
Leguay, 218
Lemaigre-Dubreuil, 292, 294, 301-302
Lemnitzer (cdt), 297
Le Nen (lt), 299
Lénine, 118, 131
Lequesne (cne), 145, 152
Leslie (lieutenant-commander), 114-115
Lida (gal), 66, 68, 71
List von (mal), 179, 239, 241-242, 244-245
Litvinov, 41
Lovat (lord), 174, 194
Lumsden (gal), 268
Lyautey, Louis Hubert Gonzalve (mal), 289-290

MacArthur, Douglas (gal), 34-37, 44, 49, 54-57, 59-62, 73, 94, 96, 104, 224-226, 285-286
McClusky (lieutenant-commander), 114
Mackenzie King, 189
Mac Duffie, 34
Mac-Mahon, comte de (mal), 135
Magnan (col), 302
Malenkov, Gheorghi, 14, 249
Maltby (gal), 26-28
Manstein, Erich von (mal), 120-122, 130, 132-136, 242, 246
Marchand (gal), 294

Marshall, George C (gal), 39-40, 96, 197, 225, 234, 284-286
Masson (cdt), 145, 150, 155, 157
Mast (gal), 293, 295, 297-301, 303
Maurois, André, 291
Meretskov (gal), 19
Merritt (col), 195-196
Messmer, Pierre (cne), 147, 153-154, 281
Michelier (amiral), 290
Mikawa, 229
Mitchell, Billy, 99
Mohammed V Ibn Yüsuf, sultan, 290, 300
Molle (lt-col), 302
Molotov, 14, 190, 203-205, 283
Moncef bey, 290
Monclar (gal), 281
Monsabert de (gal), 293
Montgomery Bernard (gal, futur mal), 164, 189-192, 206, 261-268, 274-276, 278-280, 282, 286
Moore (gal), 61
Moreau (amiral), 290, 304-305
Morel (cne), 147
Morioka (gal), 36
Mountbatten, lord Louis (amiral), 178, 184, 189, 191, 197
Muller, 211
Murphy, Robert (consul), 79, 292-297, 301, 304
Muselier (amiral), 291-292
Mussolini Benito, 139, 165, 169, 266

Nagumo, Chuichi (amiral), 34, 76-78, 94, 111-115, 235
Napoléon, 286
Neame (gal), 172
Nehring (gal), 142, 264
Nehru, 70
Nelson, Donald, 43
Newman (col), 174, 185, 188
Nimitz (amiral), 33, 73, 94, 96, 103-104, 107-109, 112, 224-226, 234
Noguès, Charles (gal), 290, 302
Norrie (gal), 142

Oberg, 216
O'Connor (gal), 137, 172, 265
Odic (gal), 291
Oktchaberskii (amiral), 132, 134, 136
Ozawa (amiral), 76-78

Paillole (cdt), 300
Parker (gal), 35, 55
Passy (col), 177
Patch, Alexander (gal), 236
Patton, George (gal), 286-287, 288, 301
Paulus, Friedrich (mal), 123-124, 239, 241-243, 246-252, 254-257, 259
Percival (gal), 30-31, 46, 48-54
Petrov (gal), 132, 136
Pétain, Philippe (mal), 79, 216-217, 284, 286, 290, 293-294, 296, 303-304
Pickard (commander), 181
Polad (gal), 124
Portal, Charles (gal), 38, 98, 285
Pound Dudley (amiral), 38, 285
Pownall (gal), 30
Puchois (cdt), 145, 152, 157
Pye (amiral), 33-34

Quezon, Manuel, 34, 37, 55

Ramsden (gal), 160
Ravenstein (cdt), 172
Reichenau von (mal), 17, 124, 246
Reinhard (gal), 12
Reza, Mohammed, 204
Rémond (Mgr), 220
Rémy (col), 180
Renard (cne), 145
Renoir, Jean, 291
Richard (cne de frégate), 85
Richthofen von, 121-122, 132, 135
Rigault Jean, 293, 297-298, 302
Ritchie (gal), 137, 139, 141-144, 151, 158, 160-162, 165-167, 261
Rivet (col), 300
Roberts (gal), 190, 192, 195-196, 264
Rochefort (cne), 103, 109
Rodimtsev (gal), 254
Rogers, Kelly (cne), 201
Rokossovsky, 248
Romains, Jules, 291
Rommel (col gal, plus tard mal), 69, 137-139, 141-144, 147-151, 153, 158, 159-160, 162-165, 167-172, 175, 190, 244, 246, 259-260, 262-269, 274-279, 284, 288, 300
Roosevelt, Franklin D., 38-43, 55-56, 62, 68, 70, 79-80, 93-94, 96, 98, 101, 163-164, 189-190, 201-202, 211, 234, 283-288, 291-294, 296, 300-301
Roux de (lt-col), 145, 153
Rundstedt, Gerd von (mal), 17-18, 124, 193, 238-239, 246
Ryder (gal), 287, 301
Ryder (commander cne de frégate), 185-186, 188, 191

Saint-Exupéry, Antoine de, 291
Saint-Hardouin, 293
Saint-Mart (gouverneur), 85
Saint Vincent, Robert (gal), 219
Sairigne de (cne), 282
Salièges (archevêque), 220

Saskatchewan, 191, 195
Sauvagnac (cne), 22
Savey (cdt), 145, 149, 154, 157
Saw U, 64, 69
Seydlitz (gal), 125
Sharp (gal), 35, 56, 61
Shigeyoshi (amiral), 32
Short (gal), 33
Sikorski (gal), 203
Simon (cne), 152
Slim, William (gal), 68, 70-71
Smuts (mal), 79, 82, 197
Smyth (gal), 66-67
Somerville (amiral), 75-77
Soong, 41
Sorge, Richard, 13
Sparks (cne), 199
Speer, Albert, 192, 238
Sponeck von (gal), 120
Spruance (amiral), 109, 111, 116
Staline, Joseph, 13-14, 19-21, 24, 38-39, 42, 119-120, 123-124, 130-135, 177, 188-190, 200, 202-206, 238-242, 245, 247-248, 250-254, 256, 258, 266, 283-284
Stark (amiral), 33
Stilwell (gal), 40, 68-72
Stirling (col), 270-271
Strauss von, 12
Stumme (gal), 265, 267, 274
Sutherland (gal), 225
Syfret (amiral), 80

Tabouis, Geneviève, 291
Tagaki (amiral), 105
Tagatre (amiral), 102
Taikaishi, Sakai (gal), 27
Tanaka (amiral), 111, 231-232
Tchang Kaï-chek (mal), 40, 63-65, 68-69, 72, 95, 100-101
Tchouikov (gal), 251-252, 254-258
Tedder, Arthur (gal), 262
Ter Poorten (gal), 44, 90
Tessier Jacques, 298
Théas (Mgr), 220
Thiers, Louis Adolphe, 216
Thoma von (gal), 172, 274, 277
Thomas, Shenton (gouverneur), 51
Timochenko (mal), 12, 14, 123-124, 240-241
Todt, Fritz, 192
Tomkins (cne), 145
Tomonaga (lt), 113
Tonitaro (gal), 225
Torrès, Henri, 291
Travers, Mrs., 157
Tsuji (col), 29
Turner (amiral), 227-229
Tydings, 34

Ulysse, 173

Vallat Xavier, 217
Vandegrift (gal), 225-226, 228-230, 232-236
Van Hecke, 293
Vassilievsky (gal), 252
Vatoutine (gal), 240-241, 248
Vialar-Goudron (méd lt-col), 145
Viret (lt de vaisseau), 302
Vlassov, Andrei (gal), 119-120
Vorochilov, Kliment (mal), 14, 205
Voznessensky, 14

Wainwright (gal), 35, 55-57, 59-62
Washington, George, 291
Wavell, Archibald (gal), 30, 43, 46, 48-49, 51-53, 65, 67-68, 92-93, 261
Weichs (gal), 241, 250
Weith (gal), 12
Weygand, Maxime (gal), 79, 290, 292-293, 298
Wright (cne), 302

Yamamoto (amiral), 95-96, 101, 103, 107, 109, 111-112, 115-116, 232
Yamashita (gal), 28-29, 31, 45-46, 48-54
Young (lt), 182
Young Mark (Sir), 27-28
Young (maj), 193-194

Zeitzler, Kurt (gal), 245

TABLE

I. CONTRE-OFFENSIVE D'HIVER CONTRE MOSCOU 11
II. LA RUÉE JAPONAISE 25
III. DRAPEAUX BLANCS SUR SINGAPOUR ET CORREGIDOR 45
IV. RETRAITE EN BIRMANIE 63
V. ALARME DANS L'OCÉAN INDIEN 74
VI. LA PERTE DES INDES NÉERLANDAISES MENACE SUR L'AUSTRALIE 86
VII. PREMIERS SUCCES : TOKYO, MER DE CORAIL, MIDWAY 98
VIII. MAUVAIS PRINTEMPS POUR L'ARMÉE ROUGE 118
IX. LA PRISE D'UNE FORTERESSE 130
X. BIR-HAKEIM 137
XI. « TOBRUK FALLS » (La chute de Tobrouk) 159
XII. COMMANDOS ET OPÉRATIONS COMBINÉES 173
XIII. LE GLOBE-TROTTER DE LA VICTOIRE 200
XIV. LA SOLUTION FINALE 207
XV. GUADALCANAL 224
XVI. LA MARCHE SUR LE CAUCASE ET STALINGRAD 237
XVII. LA SECONDE BATAILLE D'EL ALAMEIN 260
XVIII. MESSELMOUN 283

Abréviations 8
Chronologie 309
Documents 311
Bibliographie 313
Index 316

Hors collection

DE GAULLE SECRET
par François Broche
Le visage méconnu du plus illustre des Français.

•

LE SURVIVANT DU DOGGERBANK
par Hans Herlin
Par l'auteur des « Damnés de l'Atlantique », l'authentique odyssée de l'unique survivant d'un croiseur auxiliaire ayant à son bord 365 hommes, torpillé le 3 mars 1943 au large des Açores par un sous-marin allemand, le U-43. Une hallucinante tragédie maritime de la Seconde Guerre mondiale.

•

LE COMPLOT WINDSOR
par Michael Bloch
Dans quel but et par quel moyen Hitler voulut-il faire enlever le duc de Windsor au mois de juillet 1940 ? Un épisode étrange et méconnu de la guerre souterraine.

•

LA FOUDRE ET LE CANCER
par le Général Jean Delaunay
ancien chef d'état-major de l'armée de terre démissionnaire en mars 1983
La guerre psychologique et la subversion menacent davantage le monde libre que la guerre nucléaire. Moscou s'est élevé à plusieurs reprises contre la publication de ce livre. C'est dire l'importance du péril évoqué.

•

L'AGENT AMÉRICAIN KLAUS BARBIE
par Ehrard Dabringhaus
Les révélations de l'officier du contre-espionnage américain chargé de contrôler les activités du criminel nazi au lendemain de la Seconde Guerre mondiale.

•

LES DERNIERS JOURS DE DARLAN
par l'amiral Jacques Moreau
S'étayant sur des textes officiels souvent occultes, la relation d'un témoin de premier plan du débarquement anglo-américain en A.F.N. le 8 novembre 1942 jusqu'à l'assassinat de l'amiral Darlan le 24 décembre 1942.

•

HUIT ANS OTAGE CHEZ LES VIETS
par René Moreau
(Prix Vauban 1982)
Ministre plénipotentiaire, fils de l'amiral Jacques Moreau, l'auteur a vécu l'enfer de 1946 à 1954. Un livre de courage, de dignité et d'héroïsme.

•

MÉDECINS AU COMBAT
par Marc Flament
L'épopée des médecins en uniforme sur les champs de bataille de France, d'Indochine, de Corée, d'Algérie, du Tchad racontée par « le photographe des paras ».

•

COMMANDO VANDENBERGHE
le pirate du Delta
par Erwan Bergot
Cité en exemple par le général de Lattre, le destin exceptionnel du commando « Tigre Noir » et de son chef valeureux, héros légendaire de la Guerre d'Indochine, qui infligèrent à l'ennemi plus de pertes qu'une division d'infanterie.

Achevé d'imprimer en septembre 1993
sur presse CAMERON,
dans les ateliers de la S.E.P.C.
à Saint-Amand-Montrond (Cher)

N° d'Édition : 428. N° d'Impression : 2128.
Dépôt légal : septembre 1993.

Imprimé en France